税务干部素质能力提升系列辅导丛书

税务系统征管科技条线通关宝典及全真模拟测试

税务干部素质能力提升研究编写组　编

中国财经出版传媒集团
中国财政经济出版社

图书在版编目（CIP）数据

税务系统征管科技条线通关宝典及全真模拟测试 / 税务干部素质能力提升研究编写组编. -- 北京：中国财政经济出版社，2023.5

（税务干部素质能力提升系列辅导丛书）

ISBN 978-7-5223-2175-2

Ⅰ.①税…　Ⅱ.①税…　Ⅲ.①税收管理－中国－岗位培训－习题集　Ⅳ.①F812.423-44

中国国家版本馆 CIP 数据核字（2023）第 072763 号

责任编辑：陈志伟　　责任印制：史大鹏
封面设计：卜建辰　　责任校对：胡永立

中国财政经济出版社 出版

URL：http：//www.cfeph.cn

E-mail：cfeph@cfeph.cn

社址：北京市海淀区阜成路甲 28 号　邮政编码：100142

营销中心电话：010-88191522

天猫网店：中国财政经济出版社旗舰店

网址：https：//zgczjjcbs.tmall.com

北京时捷印刷有限公司印刷　各地新华书店经销

成品尺寸：185mm×260mm　16 开　30.75 印张　611 000 字

2023 年 5 月第 1 版　2023 年 5 月北京第 1 次印刷

定价：98.00 元

ISBN 978-7-5223-2175-2

（图书出现印装问题，本社负责调换，电话：010-88190548）

本社质量投诉电话：010-88190744

打击盗版举报热线：010-88191661　QQ：2242791300

前　言

本套丛书共分为办公室、社保、非税、征管科技等4个业务条线分册通关宝典。本套丛书以全国税务系统业务比武、选拔总局级“2271”工程中的业务标兵为出发点，通过整理知识要点、配套精华习题、辅以精准解析，既能帮助读者理解知识点，还帮助读者达到知识的点线面结合，重建知识体系，不仅做到轻松通关，更能全方位提升税务干部的素质素养和税收治理能力。

本套丛书有如下特色：

1. 配套题目更加新颖。“观千剑而后识器，闻千曲而后知音。”本系列丛书配套试题新颖，参考税收政策截至2023年3月底，并与税务总局业务比武难度高度吻合。全书试题多数来源于各地税务局最新内训试题，让读者摆脱四处搜集资料之苦，全身心投入备考学习中，真正达到“会当凌绝顶，一览众山小”的最佳竞技状态。

2. 结构设计更加合理。为帮助科学复习迎考，业务比武系列通关宝典按照业务比武条线划分为七册辅导书，内容分为应试辅导和模拟试卷两大专题。应试辅导专题重点归纳整理日常考点，习题精练巩固知识、补漏补缺；模拟试卷部分，吸收最新考情信息，从各地模考中筛选精华试题，通过科学优化组合，力求模考试卷多角度、全方位覆盖全书各类考点，高度还原业务比武场景，多维度考查读者业务能力，实现业务比武应试水平和税收治理能力双提升。

3. 细节考虑更加用心。人们常说，细节决定成败。应试辅导部分进一步优化内容组合，突出重点难点，减轻记忆负担；为方便读者学习查阅，将答案解析直接注释在章节模拟题后，直观高效。读者在使用本书时会真切感受到方便快捷，让读者的复习过程事半功倍。

希望本套丛书的面世，不仅能帮助各位读者更快抵达业务比武考试成功的彼岸，更能帮助读者更好地拓宽视野、提升格局，在今后的工作生涯中获得更好的发展。

编者

目 录

上 篇 应试辅导

第一章 税（费）管理 …… 2

第一节 增值税 …… 2
第二节 消费税 …… 29
第三节 企业所得税 …… 34
第四节 个人所得税 …… 50
第五节 土地增值税 …… 65
第六节 其他税种 …… 69
第七节 非税收入 …… 87
第八节 社会保险费 …… 89
★习题精练及答案解析 …… 94

第二章 税收征管体制改革与基础事项规范 …… 163

第一节 税收管理体制与征管体制改革 …… 163
第二节 税（费）基础事项管理 …… 166
第三节 税收征管信息化 …… 197
第四节 法律追责与救济事项 …… 203
★习题精练及答案解析 …… 208

第三章 税收风险管理 …… 245

第一节 税收风险管理概述 …… 245
第二节 税收风险管理的内容 …… 251
第三节 税收风险应对方法（纳税评估） …… 257
★习题精练及答案解析 …… 263

第四章　大企业税收服务与管理 …… 293

第一节　大企业税收服务与管理综述 …… 293
第二节　大企业数据管理 …… 296
第三节　大企业个性化纳税服务 …… 297
第四节　大企业税收风险管理 …… 300
第五节　大企业经济分析指标 …… 304
★习题精练及答案解析 …… 307

第五章　国际税收 …… 334

第一节　税收管辖权 …… 334
第二节　非居民企业及个人税收管理 …… 335
第三节　反避税与 BEPS 行动计划 …… 338
第四节　税收协定 …… 341
第五节　国际税收情报交换及 CRS …… 344
第六节　税收服务“一带一路”建设 …… 345
★习题精练及答案解析 …… 347

第六章　收入规划核算 …… 379

第一节　收入规划 …… 379
第二节　税收分析 …… 381
第三节　税收会计 …… 384
第四节　税收统计 …… 388
第五节　重点税源监控 …… 393
★习题精练及答案解析 …… 395

第七章　信息化管理 …… 412

第一节　信息化管理制度 …… 412
第二节　信息化基础知识 …… 417
第三节　计算机终端设备 …… 418
★习题精练及答案解析 …… 421

下　篇　模拟试卷及答案解析

模拟试卷（一） …………………………………………………………… 438

模拟试卷（一）答案及解析 ………………………………………………… 451

模拟试卷（二） …………………………………………………………… 463

模拟试卷（二）答案及解析 ………………………………………………… 474

上　篇　应试辅导

第一章 税（费）管理

★知识要点归纳

第一节 增值税

一、增值税的基本要素

（一）增值税纳税人与扣缴义务人

1. 纳税人

凡在中华人民共和国境内销售货物或者提供加工、修理修配劳务（以下简称“劳务”），销售服务、无形资产或者不动产，以及进口货物的单位和个人，为增值税的纳税人。

单位是指一切从事销售或进口货物，提供劳务，销售服务、无形资产或不动产的单位，包括企业、行政单位、事业单位、军事单位、社会团体及其他单位。

个人，是指个体工商户和其他个人。个人包括一般纳税人个体工商户、小规模个体工商户、自然人。

单位以承包、承租、挂靠方式经营的，承包人、承租人、挂靠人以发包人、出租人、被挂靠人名义对外经营并由发包人承担相关法律责任的，以该发包人为纳税人；否则，以承包人为纳税人。

对报关进口的货物，以进口货物的收货人或办理报关手续的单位和个人为进口货物的纳税人。对代理进口货物，以海关开具的完税凭证上的纳税人为增值税纳税人。

资管产品运营过程中发生的增值税应税行为，以资管产品管理人为增值税纳税人。

2. 扣缴义务人

《中华人民共和国增值税暂行条例》（以下简称《增值税暂行条例》）第十八条规定：“中华人民共和国境外的单位或者个人在境内提供应税劳务，在境内未设有经营机构的，以其境内代理人为扣缴义务人；在境内没有代理人的，以购买方为扣缴义务人。”

《财政部 国家税务总局关于全面推开营业税改征增值税试点的通知》（财税〔2016〕36号）附件1——《营业税改征增值税试点实施办法》第六条规定：“中华人

民共和国境外单位或者个人在境内发生应税行为，在境内未设有经营机构的，以购买方为增值税扣缴义务人。财政部和国家税务总局另有规定的除外。”

（二）征税范围

1. 我国现行增值税征税范围的一般规定

（1）销售货物。

销售货物是指有偿转让货物的所有权，即转让方以取得货币、货物或者其他经济利益等为对价，将自己拥有的货物所有权转移给购买方的行为。另外需要注意的是，这里所说的“货物”，是指有形动产，也包括电力、热力、气体等一些肉眼无法识别的货物，但不包括不动产和无形资产。

（2）销售劳务。

销售劳务，是指有偿提供加工和修理修配劳务。但单位或个体工商户聘用的员工为本单位或雇主提供加工、修理修配劳务则不包括在内。

（3）销售服务。

销售服务，是指提供交通运输服务、邮政服务、电信服务、建筑服务、金融服务、现代服务、生活服务。

（4）销售无形资产。

（5）销售不动产。

（6）进口货物。

（7）相关政策。

非营业活动的界定：

一、《增值税暂行条例》第六条第一款所称价外费用，包括价外向购买方收取的手续费、补贴、基金、集资费、返还利润、奖励费、违约金、滞纳金、延期付款利息（银行承兑汇票贴现利息费用）、赔偿金、代收款项、代垫款项、包装费、包装物租金、储备费、优质费、运输装卸费以及其他各种性质的价外收费。但下列项目不包括在内：

（一）受托加工应征消费税的消费品所代收代缴的消费税；

（二）同时符合以下条件的代垫运输费用：

1. 承运部门的运输费用发票开具给购买方的；

2. 纳税人将该项发票转交给购买方的。

（三）同时符合以下条件代为收取的政府性基金或者行政事业性收费：

1. 由国务院或者财政部批准设立的政府性基金，由国务院或者省级人民政府及其财政、价格主管部门批准设立的行政事业性收费；

2. 收取时开具省级以上财政部门印制的财政票据；

3. 所收款项全额上缴财政。

（四）销售货物的同时代办保险等而向购买方收取的保险费，以及向购买方收取的代购买方缴纳的车辆购置税、车辆牌照费。

二、销售服务、无形资产或者不动产，是指有偿提供服务、有偿转让无形资产或者不动产，但属于下列非经营活动的情形除外：

（1）行政单位收取的同时满足以下条件的政府性基金或者行政事业性收费。

由国务院或者财政部批准设立的政府性基金，由国务院或者省级人民政府及其财政、价格主管部门批准设立的行政事业性收费；收取时开具省级以上（含省级）财政部门监（印）制的财政票据；所收款项全额上缴财政。

（2）单位或者个体工商户聘用的员工为本单位或者雇主提供取得工资的服务。

（3）单位或者个体工商户为员工提供应税服务。

（4）财政部和国家税务总局规定的其他情形。

各党派、共青团、工会、妇联、中科协、青联、台联、侨联收取党费、团费、会费，以及政府间国际组织收取会费，属于非经营活动，不征收增值税。

三、境内销售服务或无形资产的界定

1. 在境内销售服务或无形资产，是指销售服务或无形资产的提供方或者接受方在境内。

（1）下列情形不属于在境内提供销售服务或无形资产：

①境外单位或者个人向境内单位或者个人销售完全在境外发生的服务。

②境外单位或者个人向境内单位或者个人销售完全在境外使用的无形资产。

③境外单位或者个人向境内单位或者个人出租完全在境外使用的有形动产。

④财政部和国家税务总局规定的其他情形。

（2）境外单位或者个人发生的下列行为不属于在境内销售服务或者无形资产：

①为出境的函件、包裹在境外提供的邮政服务、收派服务。

②向境内单位或者个人提供的工程施工地点在境外的建筑服务、工程监理服务。

③向境内单位或者个人提供的工程、矿产资源在境外的工程勘察勘探服务。

④向境内单位或者个人提供的会议展览地点在境外的会议展览服务。

2. 对视同销售货物行为的征税规定

单位或个体工商户的下列行为，视同销售货物，征收增值税：

（1）将货物交付其他单位或者个人代销。

（2）销售代销货物。

（3）设有两个以上机构并实行统一核算的纳税人，将货物从一个机构移送其他机构用于销售，但相关机构设在同一县（市）的除外。

（4）将自产或委托加工的货物用于非增值税应税项目。

（5）将自产、委托加工的货物用于集体福利或个人消费。

（6）将自产、委托加工或购进的货物作为投资，提供给其他单位或个体工商户。

（7）将自产、委托加工或购进的货物分配给股东或投资者。

（8）将自产、委托加工或购进的货物无偿赠送给其他单位或者个人。

（9）营改增试点规定的视同销售服务、无形资产或者不动产。

根据《营业税改征增值税试点实施办法》第十四条的规定，下列情形视同销售服务、无形资产或者不动产：

①单位或者个体工商户向其他单位或者个人无偿提供服务，但用于公益事业或者以社会公众为对象的除外。

②单位或者个人向其他单位或者个人无偿转让无形资产或者不动产，但用于公益事业或者以社会公众为对象的除外。

③财政部和国家税务总局规定的其他情形。

3. 对混合销售行为的征税规定

一项销售行为如果既涉及货物又涉及服务，为混合销售。从事货物的生产、批发或者零售的单位和个体工商户的混合销售行为，按照销售货物缴纳增值税；其他单位和个体工商户的混合销售行为，按照销售服务缴纳增值税。

4. 对兼营的征税规定

纳税人销售货物、加工修理修配劳务、服务、无形资产或者不动产适用不同税率或者征收率的，应当分别核算适用不同税率或者征收率的销售额，未分别核算销售额的，按照以下方法适用税率或者征收率：

（1）兼有不同税率的销售货物、加工修理修配劳务、服务、无形资产或者不动产，从高适用税率。

（2）兼有不同征收率的销售货物、加工修理修配劳务、服务、无形资产或者不动产，从高适用征收率。

（三）税率和征收率

1. 我国增值税的税率

（1）纳税人销售货物、劳务、有形动产租赁服务或者进口货物，除本条（2）（3）（5）另有规定外，税率为13%。

（2）纳税人提供交通运输、邮政、基础电信、建筑、不动产租赁服务，销售不动产，转让土地使用权，销售或者进口下列货物，税率为9%：

①粮食等农产品、食用植物油、食用盐；

②自来水、暖气、冷气、热水、煤气、石油液化气、天然气、二甲醚、沼气、居

民用煤炭制品；

③图书、报纸、杂志、音像制品、电子出版物；

④饲料、化肥、农药、农机、农膜；

⑤国务院规定的其他货物。

（3）纳税人销售服务、无形资产，除本条（1）（2）（5）另有规定外，税率为6%。

（4）纳税人出口货物，税率为零；但是，国务院另有规定的除外。

（5）境内单位和个人跨境销售国务院规定范围内的服务、无形资产，税率为零。具体范围由财政部和国家税务总局另行规定（详见应税服务适用零税率的范围）。

税率的调整，由国务院决定。

2. 征收率

（1）3%征收率的适用范围。

①小规模纳税人。

A. 小规模纳税人在中华人民共和国境内销售货物，销售服务、无形资产或不动产，适用简易方法计税，增值税征收率为3%（适用5%征收率的除外）。

B. 小规模纳税人（除其他个人外，下同）销售自己使用过的固定资产，减按2%的征收率征收增值税，并且只能开具普通发票，不得由税务机关代开增值税专用发票。

C. 小规模纳税人销售自己使用过的除固定资产以外的物品，应按3%的征收率征收增值税。

D. 纳税人销售旧货，按照简易办法依照3%征收率减按2%征收增值税。

E. 自2020年5月1日至2023年12月31日，从事二手车经销的纳税人销售其收购的二手车，由原按照简易办法依3%征收率减按2%征收增值税，改为减按0.5%征收增值税。

②一般纳税人。

对于一般纳税人生产销售的特定货物和应税服务，可以选择适用简易计税方法计税，增值税征收率为3%。

A. 建筑业（清包工、甲供工程、建筑工程老项目），可以选择适用简易计税方法按照3%的征收率计算缴纳增值税。

B. 农村信用社、村镇银行、农村资金互助社、由银行业机构全资发起设立的贷款公司、法人机构在县（县级市、区、旗）及县以下地区的农村合作银行和农村商业银行提供金融服务收入，可以选择适用3%征收率。

C. 劳务派遣，小规模纳税人全额简易计税适用3%征收率。

D. 自2018年1月1日起，资管产品管理人运营资管产品的增值税应税行为，暂按3%征收率。

（2）5%征收率的适用范围。

①小规模纳税人。

小规模纳税人销售2016年4月30日前取得（不含自建）的不动产，减去购置原价或作价，简易计税按5%征收率。

小规模纳税人销售2016年4月30日前自建的不动产，简易计税按5%征收率。

小规模纳税人出租不动产，征收率为5%。

自然人出租住房，按照5%征收率减按1.5%计算应纳税额。自然人出租不动产（不含住房），按照5%征收率计算应纳税额。

个体工商户出租住房，按照5%征收率减按1.5%计算应纳增值税税额。

②一般纳税人。

一般纳税人销售不动产，选择适用简易计税方法，征收率为5%。

房地产开发企业的一般纳税人销售自行开发的房地产老项目，选择适用简易计税方法，征收率为5%。

一般纳税人出租其2016年4月30日前取得的不动产，选择按简易方法计税，征收率为5%。

一般纳税人收取试点前开工的一级公路、二级公路、桥、闸通行费，选择按简易方法计税，征收率为5%。

一般纳税人2016年4月30日前签订的不动产融资租赁合同，或以2016年4月30日前取得不动产提供的融资租赁服务，简易计税按5%征收率。

一般纳税人提供人力资源外包服务，选择简易计税方式计税的，征收率为5%。

以下三种情形，一般纳税人和小规模纳税人可以同时适用：

纳税人提供劳务派遣服务，选择差额纳税的，征收率为5%；

纳税人提供安全保护服务，选择差额纳税的，征收率为5%；

纳税人转让2016年4月30日前取得的土地使用权，减去土地原价后的余额为销售额，简易计税按5%征收率。

3. 预征率

预征率的税率有1%、2%、3%和5%。

（1）自2020年3月1日至2022年3月31日，小规模纳税人适用3%预征率的项目减按1%预征，湖北省执行期限为2021年4月1日至2022年3月31日。

自2023年1月1日至2023年12月31日，增值税小规模纳税人适用3%征收率的应税销售收入，减按1%征收率征收增值税；适用3%预征率的预缴增值税项目，减按1%预征率预缴增值税。

（2）建筑业。

①建筑业一般计税项目，跨省市异地预征2%，应预缴税款＝（全部价款和价外费

用－支付的分包款）÷（1＋税率）×2%。

②建筑业简易计税项目，跨省市异地预征3%，应预缴税款＝（全部价款和价外费用－支付的分包款）÷（1＋3%）×3%。

③自2017年5月1日起，市内跨县不再在建筑服务发生地预缴。

④自2017年7月1日起，收到预收款扣除分包款，一般计税按预征率2%、简易计税按预征率3%预缴。市内跨县，在机构地预缴、申报、抵缴预缴税款；跨省（市），在建筑服务发生地预缴，回机构地申报、抵缴预缴税款。

⑤小规模纳税人，自2021年4月1日至2022年12月31日，预缴地月销售额不超过15万元（季度销售额不超过15万元），当期无须预缴。已预缴可向预缴地申请退还。2023年1月1日起，按照现行规定应当预缴增值税税款的小规模纳税人，凡在预缴地实现的月销售额未超过10万元的（季度销售额不超过30万元），当期无须预缴税款。在预缴地实现的月销售额超过10万元的（季度销售额不超过30万元），适用3%预征率的预缴增值税项目，减按1%预征率预缴增值税。

（3）销售不动产［不含销售土地使用权］。

①房地产老项目，选择一般计税，以全部价款和价外费用为销售额，异地预征率3%。

②房地产项目预收款，预征率为3%；应预缴税款＝预收款÷（1＋适用税率或征收率）×3%。

③销售不动产，外购项目（不包括个人出售二手房），差额异地预征按5%。

④销售不动产，自建项目（不包括其他个人），全额异地预征按5%。

⑤除其他个人之外的小规模纳税人转让其取得的不动产，应向不动产所在地预缴税款，向机构所在地申报纳税。国地税合并后同城不动产转让仍需预缴，但15万元以下免税、免预缴。

⑥个体工商户转让其购买的住房，应向住房所在地预缴税款，向机构所在地申报纳税。

（4）不动产出租。

不动产出租选择一般计税，按全部价款和价外费用为销售额，异地按3%预缴；

不动产出租选择简易计税，全部价款和价外费用为销售额，异地按5%预缴；

4. 扣除率（购进农产品、通行费）

（1）农产品加计扣除率。

自2019年4月1日起，原10%扣除率降为9%，用于生产加工13%税率货物的扣除率为10%，即9%＋1%。

从小规模纳税人取得增值税专用发票，以发票金额乘以扣除率计算应纳税额；取得（开具）农产品销售发票或收购发票的，以农产品买价乘以扣除率计算应纳税额。

购进农产品既用于生产13%税率货物又用于其他的，应当分别核算农产品进项税额。未分别核算的，统一以专票或海关缴款书上注明的增值税额为进项税额，或农产品买价和扣除率计算进项税额。

（2）农产品核定扣除。

①投入产出法：购进农产品生产货物，进项税额 = 当期农产品耗用数量 × 农产品平均购买单价 × 扣除率/(1 + 扣除率)［扣除率为货物适用税率］

当期农产品耗用数量 = 当期销售货物数量（不含采购除农产品以外的半成品生产的货物数量）× 农产品单耗数量

成本法：依据试点纳税人年度会计核算资料，计算确定耗用农产品的外购金额占生产成本的比例（以下称“农产品耗用率”）。当期允许抵扣农产品增值税进项税额依据当期主营业务成本、农产品耗用率以及扣除率计算。公式为：

当期允许抵扣农产品增值税进项税额 = 当期主营业务成本 × 农产品耗用率 × 扣除率/(1 + 扣除率)

农产品耗用率 = 上年投入生产的农产品外购金额/上年生产成本

参照法：新办的试点纳税人或者试点纳税人新增产品的，试点纳税人可参照所属行业或者生产结构相近的其他试点纳税人确定农产品单耗数量或者农产品耗用率。次年，试点纳税人向主管税务机关申请核定当期的农产品单耗数量或者农产品耗用率，并据此计算确定当年允许抵扣的农产品增值税进项税额，同时对上一年增值税进项税额进行调整。核定的进项税额超过实际抵扣增值税进项税额的，其差额部分可以结转下期继续抵扣；核定的进项税额低于实际抵扣增值税进项税额的，其差额部分应按现行增值税的有关规定将进项税额做转出处理。

②购进农产品用于生产经营且不构成货物实体的（用于包装物、辅料、燃料、低值易耗品等）。自 2019 年 4 月 1 日起，进项税额 = 当期耗用农产品数量 × 农产品平均购买单价 ×(10% 或 9%)÷[1 +(10% 或 9%)]

③购进农产品直接销售的，自 2019 年 4 月 1 日起，进项税额 = 当期销售农产品数量 ÷(1 − 损耗率)× 农产品平均购买单价 ×9% ÷(1 +9%)

（3）通行费。

①自 2016 年 5 月 1 日起，桥、闸通行费暂凭通行费发票（不含财政票据）计算抵扣，桥、闸通行费可抵扣进项税款 = 桥、闸通行费发票上注明的金额 ÷(1 +5%)×5%。

②自 2018 年 1 月 1 日起，收费公路通行费按其增值税电子普通发票上注明的增值税额抵扣。2018 年 1 月 1 日至 6 月 30 日，纳税人支付的高速公路通行费，如暂未能取得收费公路通行费增值税电子普通发票，可凭取得的通行费发票（不含财政票据，下同）上注明的收费金额按照下列公式计算可抵扣的进项税额：

高速公路通行费可抵扣进项税额 = 高速公路通行费发票上注明的金额 ÷(1 +3%)×3%

2018 年 1 月 1 日至 12 月 31 日，纳税人支付的一级、二级公路通行费，如暂未能取得收费公路通行费增值税电子普通发票，可凭取得的通行费发票上注明的收费金额按照下列公式计算可抵扣进项税额，计算公式如下：

一级、二级公路通行费可抵扣进项税额＝一级、二级公路通行费发票上注明的金额÷(1＋5%)×5%

③2019年4月1日起，国内旅客运输凭证可以计算抵扣：

取得增值税电子普通发票的，为发票上注明的税额；

取得注明旅客身份信息的航空运输电子客票行程单，进项税额＝（票价＋燃油附加费）÷(1＋9%)×9%；

取得注明旅客身份信息的铁路车票，进项税额＝票面金额÷(1＋9%)×9%；

取得注明旅客身份信息的公路、水路等其他客票，进项税额＝票面金额÷(1＋3%)×3%。

二、增值税税额计算

增值税一般纳税人销售货物、劳务、服务、无形资产、不动产（以下统称“应税销售行为”），采用一般计税方法计税缴纳增值税。

一般计税方法的应纳税额，是指当期销项税额抵扣当期进项税额后的余额。应纳税额计算公式为：当期应纳增值税额＝当期销项税额－当期进项税额，当期销项税额小于当期进项税额不足抵扣时，其不足部分可以结转下期继续抵扣。

（一）销项税额

纳税人销售货物、劳务、服务、无形资产或者不动产，按照销售额和税法规定的税率计算收取的增值税额为销项税额。其计算公式如下：

销项税额＝销售额×税率

或销项税额＝组成计税价格×税率

1. 销售额的一般规定

《增值税暂行条例》第六条规定：销售额为纳税人发生应税销售行为收取的全部价款和价外费用，但是不包括收取的销项税额。具体来说，应税销售额包括以下内容：

（1）销售货物或提供应税劳务取自购买方的全部价款。

（2）向购买方收取的各种价外费用。具体包括手续费、补贴、基金、集资费、返还利润、奖励费、违约金、延期付款利息、滞纳金、赔偿金、包装费、包装物租金、储备费、优质费、运输装卸费、代收款项、代垫款项及其他各种性质的价外收费。上述价外费用无论其会计制度如何核算，都应并入销售额计税。

2. 特殊销售方式的销售额

（1）以折扣方式销售货物。

按照现行税法规定：纳税人采取折扣方式销售货物，如果销售额和折扣额在同一张发票上并分别注明，可以按折扣后的销售额征收增值税。

（2）以旧换新方式销售货物。

纳税人采取以旧换新方式销售货物的（金银首饰除外），应按新货物的同期销售价格确定销售额。

（3）还本销售方式销售货物。

纳税人采取还本销售货物的，不得从销售额中减除还本支出。

（4）采取以物易物方式销售。

在以物易物活动中，双方应各自开具合法的票据，并计算销项税额，但如果收到货物不能取得相应的增值税专用发票或者其他增值税扣税凭证，则不得抵扣进项税额。

（5）包装物押金计税问题。

根据税法规定，纳税人为销售货物而出租出借包装物收取的押金，单独记账的、时间在1年内又未过期的，不并入销售额征税；但对逾期未收回不再退还的包装物押金，应按所包装货物的适用税率计算纳税。对销售除啤酒、黄酒以外的其他酒类产品收取的包装物押金，无论是否返还以及会计上如何核算，均应并入当期销售额征税。

3. 视同销售行为销售额的确定

纳税人销售货物价格明显偏低并无正当理由或发生视同销售货物行为而无销售额的，是视同销售行为，主管税务机关有权按照下列顺序核定其计税销售额：

（1）按纳税人最近时期同类货物的平均销售价格确定。

（2）按其他纳税人最近时期同类货物的平均销售价格确定。

（3）用以上两种方法均不能确定其销售额的情况下，可按组成计税价格确定销售额。计算公式为：组成计税价格 = 成本 ×（1 + 成本利润率）。

属于应征消费税的货物，其组成计税价格应加计消费税税额。计算公式为：组成计税价格 = 成本 ×（1 + 成本利润率）+ 消费税税额

或：组成计税价格 = 成本 ×（1 + 成本利润率）÷（1 − 消费税税率）

公式中，“成本”分为两种情况：属于销售自产货物的为实际生产成本；属于销售外购货物的为实际采购成本。

“成本利润率”为10%。但属于应从价定率征收消费税的货物，其组成计税价格公式中的成本利润率，为《消费税若干具体问题的规定》（国税发〔1993〕156号）中规定的成本利润率。

（二）进项税额

进项税额，是指纳税人购进货物、劳务、服务、无形资产、不动产支付或者负担的增值税额。

1. 准予从销项税额中抵扣的进项税额

（1）从销售方取得的增值税专用发票上注明的增值税额，是指增值税一般纳税人在购进劳务、服务、无形资产或不动产时，取得对方的增值税专用发票已注明的增值税税额。

（2）从海关取得的海关进口增值税专用缴款书上注明的增值税额，是指进口货物报关进口时海关代征进口环节增值税，从海关取得进口增值税专用缴款书上已注明增值税额。

（3）税控机动车销售统一发票上注明的增值税额。

（4）接受境外单位或者个人购进劳务、服务、无形资产或者境内的不动产，从税务机关或者代扣代缴义务人取得的代扣代缴税款的完税凭证上注明的增值税额。纳税人凭完税凭证抵扣进项税额的，应当具备书面合同、付款证明和境外单位的对账单或者发票。资源不全的，其进项税额不得从销项税额中抵扣。

（5）购进农产品，按照农产品收购发票或者销售发票上注明的农产品买价和13%的扣除率计算的进项税额，核定扣除试点除外。自2019年4月1日起，纳税人购进农产品，原适用10%扣除率的，扣除率调整为9%。纳税人购进用于生产或者委托加工13%税率货物的农产品，按照10%的扣除率计算进项税额。

2. 纳税人从批发、零售环节购进适用免征增值税政策的蔬菜、部分鲜活肉蛋而取得的普通发票，不得作为计算抵扣进项税额的凭证。

3. 纳税人购进国内旅客运输服务，其进项税额允许从销项税额中抵扣。

4. 信托融资模式下，项目运营方在建设期内取得的增值税专用发票等，虽然产权属于信托公司但进项税允许按规定抵扣。

5. 纳税人自办理税务登记至认定或登记为一般纳税人期间，未取得生产经营收入，未按照销售额和征收率简易计算应纳税额申报缴纳增值税的，其在此期间取得的增值税扣税凭证，可以在认定或登记为一般纳税人后抵扣进项税额。

6. 无运输工具承运人自行采购并交给实际承运人使用的成品油和支付的道路、桥、闸通行费，同时符合下列条件的，准予抵扣：①成品油和道路、桥、闸通行费，应用于纳税人委托实际承运人完成的运输服务；②取得的增值税扣税凭证符合现行规定。

7. 不动产进项税额的抵扣

自2019年4月1日起，纳税人取得不动产或者不动产在建工程的进项税额不再分2年抵扣。在此之前纳税人购进不动产进项税额分2年抵扣而尚未抵扣完毕的待抵扣进项税额，可自2019年4月税款所属期起从销项税额中抵扣。

8. 纳税人未取得增值税专用发票准予扣除的进项税额的确定

自2019年4月1日起，纳税人未取得增值税专用发票，暂按照以下规定确定进项税额：

（1）取得增值税电子普通发票的，为发票上注明的税额。

（2）取得注明旅客身份信息的航空运输电子客票行程单的，为按照下列公式计算的进项税额：

航空旅客运输进项税额 =（票价 + 燃油附加费）÷（1 + 9%）× 9%

（3）取得注明旅客身份信息的铁路车票的，为按照下列公式计算的进项税额：

铁路旅客运输进项税额 = 票面金额 ÷（1 + 9%）× 9%

（4）取得注明旅客身份信息的公路、水路等其他客票的，为按照下列公式计算的进项税额：

公路、水路等其他旅客运输进项税额 = 票面金额 ÷（1 + 3%）× 3%

9. 不得从销项税额中抵扣的进项税额

（1）用于简易计税方法计税项目、免征增值税项目、集体福利或者个人消费的购进货物、劳务、服务、无形资产和不动产。其中涉及的固定资产、无形资产、不动产，仅指专用于上述项目的固定资产、无形资产（不包括其他权益性无形资产）、不动产。

专用于简易计税等的固定资产、无形资产（不包括其他权益性无形资产）、不动产，不得抵扣。

混用项目原可抵扣，后用途改变，用于不得抵扣项目，需要转出的进项税额 =（固定资产、无形资产、不动产）净值/（1 + 适用税率）× 适用税率。

因一般计税兼营简易计税、免税项目而无法划分进项税额的，不可抵扣的进项税额 = 当期无法划分的全部进项税额 ×（当期简易计税方法计税项目销售额 + 免征增值税项目销售额）÷ 当期全部销售额。

（2）非正常损失，是指因管理不善造成货物被盗、丢失、霉烂变质，以及因违法造成货物或者不动产被依法没收、销毁、拆除的情形。

①非正常损失的购进货物，以及相关的加工修理修配劳务和交通运输服务。

②非正常损失的在产品、产成品所耗用的购进货物（不包括固定资产）、加工修理修配劳务和交通运输服务。

③非正常损失的不动产，以及该不动产所耗用的购进货物、设计服务和建筑服务。

④非正常损失的不动产在建工程所耗用的购进货物、设计服务和建筑服务。其中，纳税人新建、改建、扩建、修缮、装饰不动产，均属于不动产在建工程。

（3）购进的贷款服务、餐饮服务、居民日常服务和娱乐服务。

（4）自 2017 年 11 月 1 日起，代办退税专用发票不得作为综服企业的增值税扣税凭证。综服企业向其主管税务机关申报代办退税，应退税额按代办退税专用发票上注明的金额和出口货物适用的出口退税率计算。

应退税额 = 代办退税专用发票上注明的金额 × 出口货物适用的出口退税率

（5）研发机构采购国产设备，采购国产设备取得的增值税专用发票，已用于抵扣的不得退税；已用于退税的不得抵扣。

（6）纳税人接受贷款服务向贷款方支付的与该笔贷款直接相关的投融资顾问费、手续费、咨询费等费用，其进项税额不得从销项税额中抵扣。

（7）有下列情形之一者，应按销售额乘以增值税税率计算应纳税额，不得抵扣进项税额，也不得使用增值税专用发票：

①一般纳税人会计核算不健全，或者不能够提供准确税务资料的。

②除另有规定，纳税人销售额超过小规模纳税人标准，未申请办理一般纳税人认定手续的。

（8）财政部和国家税务总局规定的其他情形。

（三）进项税额的加计扣减政策

自 2019 年 4 月 1 日至 2019 年 9 月 30 日，允许生产、生活性服务业纳税人按照当期可抵扣进项税额加计 10%，抵减应纳税额。自 2019 年 10 月 1 日至 2022 年 12 月 31 日，允许生产、生活性服务业纳税人按照当期可抵扣进项税额加计 15%，抵减应纳税额。

自 2023 年 1 月 1 日至 2023 年 12 月 31 日，增值税加计抵减政策按照以下规定执行：允许生产性服务业纳税人按照当期可抵扣进项税额加计 5% 抵减应纳税额；允许生活性服务业纳税人按照当期可抵扣进项税额加计 10% 抵减应纳税额。

生产性服务业纳税人，是指提供邮政服务、电信服务、现代服务、生活服务（以下简称“四项服务”）取得的销售额占全部销售额的比重超过 50% 的纳税人。

2019 年 4 月 1 日后设立的纳税人，自设立之日起 3 个月的销售额符合上述规定条件的，自登记为一般纳税人之日起适用加计抵减政策。

纳税人确定适用加计抵减政策后，当年内不再调整，以后年度是否适用，根据上年度销售额计算确定。

纳税人可计提但未计提的加计抵减额，可在确定适用加计抵减政策当期一并计提。

纳税人应按照当期可抵扣进项税额的 5%（或者 10%）计提当期加计抵减额。按照现行规定不得从销项税额中抵扣的进项税额，不得计提加计抵减额；已计提加计抵减额的进项税额，按规定作进项税额转出的，应在进项税额转出当期，相应调减加计抵减额。

计算公式如下：

当期计提加计抵减额 = 当期可抵扣进项税额 ×5%（或者 10%）

当期可抵减加计抵减额 = 上期末加计抵减额余额 + 当期计提加计抵减额 – 当期调减加计抵减额

（四）增值税增量留抵退税

自 2019 年 4 月 1 日起，试行增值税期末留抵税额退税制度。

1. 一般留抵退税

（1）同时符合以下条件的纳税人，可以向主管税务机关申请退还增量留抵税额：

①自 2019 年 4 月税款所属期起，连续六个月（按季纳税的，连续两个季度）增量留抵税额均大于零，且第六个月增量留抵税额不低于 50 万元；

②纳税信用等级为 A 级或者 B 级；

③申请退税前 36 个月未发生骗取留抵退税、出口退税或虚开增值税专用发票情形的；

④申请退税前 36 个月未因偷税被税务机关处罚两次及以上的；

⑤自 2019 年 4 月 1 日起未享受即征即退、先征后返（退）政策的。

（2）上述增量留抵税额，是指与 2019 年 3 月底相比新增加的期末留抵税额。

（3）纳税人当期允许退还的增量留抵税额，按照以下公式计算：

允许退还的增量留抵税额 = 增量留抵税额 × 进项构成比例 × 60%

进项构成比例，为 2019 年 4 月至申请退税前一税款所属期内已抵扣的增值税专用发票（含税控机动车销售统一发票）、海关进口增值税专用缴款书、解缴税款完税凭证注明的增值税额占同期全部已抵扣进项税额的比重。

（4）纳税人应在增值税纳税申报期内，向主管税务机关申请退还留抵税额。

（5）纳税人出口货物劳务、发生跨境应税行为，适用免抵退税办法的，办理免抵退税后，仍符合规定条件的，可以申请退还留抵税额；适用免退税办法的，相关进项税额不得用于退还留抵税额。

（6）纳税人取得退还的留抵税额后，应相应调减当期留抵税额。按照本条规定再次满足退税条件的，可以继续向主管税务机关申请退还留抵税额，但上述第（1）项第①点规定的连续期间，不得重复计算。

（7）以虚增进项、虚假申报或其他欺骗手段，骗取留抵退税款的，由税务机关追缴其骗取的退税款，并按照《中华人民共和国税收征收管理法》等有关规定处理。

2. 先进制造业留抵退税

（1）自 2019 年 6 月 1 日起，同时符合以下条件的部分先进制造业纳税人，可以自 2019 年 7 月及以后纳税申报期向主管税务机关申请退还增量留抵税额：

①增量留抵税额大于零；[先进制造业可以每月退税，而普通行业只能每六个月一轮退税。财政部、税务总局、海关总署公告 2019 年第 39 号：自 2019 年 4 月税款所属期起，连续六个月（按季纳税的，连续两个季度）增量留抵税额均大于零，且第六个月增量留抵税额不低于 50 万元]

②纳税信用等级为A级或者B级；

③申请退税前36个月未发生骗取留抵退税、出口退税或虚开增值税专用发票情形；

④申请退税前36个月未因偷税被税务机关处罚两次及以上；

⑤自2019年4月1日起未享受即征即退、先征后返（退）政策。

（2）部分先进制造业纳税人，是指按照《国民经济行业分类》，生产并销售非金属矿物制品、通用设备、专用设备及计算机、通信和其他电子设备销售额占全部销售额的比重超过50%的纳税人。

上述销售额比重根据纳税人申请退税前连续12个月的销售额计算确定；申请退税前经营期不满12个月但满3个月的，按照实际经营期的销售额计算确定。

（3）增量留抵税额，是指与2019年3月31日相比新增加的期末留抵税额。

（4）部分先进制造业纳税人当期允许退还的增量留抵税额，按照以下公式计算：

允许退还的增量留抵税额＝增量留抵税额×进项构成比例

进项构成比例，为2019年4月至申请退税前一税款所属期内已抵扣的增值税专用发票（含税控机动车销售统一发票）、海关进口增值税专用缴款书、解缴税款完税凭证注明的增值税额占同期全部已抵扣进项税额的比重。

3. 进一步加大增值税期末留抵退税政策

（1）加大小微企业增值税期末留抵退税政策力度，将先进制造业按月全额退还增值税增量留抵税额政策范围扩大至符合条件的小微企业（含个体工商户，下同），并一次性退还小微企业存量留抵税额。

符合条件的小微企业，可以自2022年4月纳税申报期起向主管税务机关申请退还增量留抵税额。在2022年12月31日前，退税条件按照第（3）条规定执行。

符合条件的微型企业，可以自2022年4月纳税申报期起向主管税务机关申请一次性退还存量留抵税额；符合条件的小型企业，可以自2022年5月纳税申报期起向主管税务机关申请一次性退还存量留抵税额。

（2）加大“制造业”“科学研究和技术服务业”“电力、热力、燃气及水生产和供应业”“软件和信息技术服务业”“生态保护和环境治理业”和“交通运输、仓储和邮政业”（以下统称“制造业等行业”）增值税期末留抵退税政策力度，将先进制造业按月全额退还增值税增量留抵税额政策范围扩大至符合条件的制造业等行业企业（含个体工商户），并一次性退还制造业等行业企业存量留抵税额。

符合条件的制造业等行业企业，可以自2022年4月纳税申报期起向主管税务机关申请退还增量留抵税额。

符合条件的制造业等行业中型企业，可以自2022年7月纳税申报期起向主管税务机关申请一次性退还存量留抵税额。

（3）适用本公告政策的纳税人需同时符合以下条件：

①纳税信用等级为 A 级或者 B 级；

②申请退税前 36 个月未发生骗取留抵退税、骗取出口退税或虚开增值税专用发票情形；

③申请退税前 36 个月未因偷税被税务机关处罚两次及以上；

4. 2019 年 4 月 1 日起未享受即征即退、先征后返（退）政策。

5. 加快小微企业留抵退税政策实施进度，按照《关于进一步加大增值税期末留抵退税政策实施力度的公告》（财政部 税务总局公告 2022 年第 14 号，以下称“2022 年第 14 号公告”）规定，抓紧办理小微企业留抵退税，在纳税人自愿申请的基础上，加快退税进度，积极落实微型企业、小型企业存量留抵税额分别于 2022 年 4 月 30 日前、6 月 30 日前集中退还的退税政策。

提前退还中型企业存量留抵税额，将 2022 年第 14 号公告第二条第二项规定的“符合条件的制造业等行业中型企业，可以自 2022 年 7 月纳税申报期起向主管税务机关申请一次性退还存量留抵税额”调整为“符合条件的制造业等行业中型企业，可以自 2022 年 5 月纳税申报期起向主管税务机关申请一次性退还存量留抵税额”。2022 年 6 月 30 日前，在纳税人自愿申请的基础上，集中退还中型企业存量留抵税额。

三、增值税税收优惠

（一）法定免税项目

1. 农业生产者销售的自产农产品
2. 避孕药品和用具
3. 古旧图书
4. 直接用于科学研究、科学试验和教学的进口仪器、设备
5. 外国政府、国际组织无偿援助的进口物资和设备
6. 由残疾人的组织直接进口供残疾人专用的物品
7. 销售的自己使用过的物品（自己使用过的物品是指其他个人使用过的物品）

除上述规定外，增值税的免税、减税项目由国务院规定，任何地区、部门均不得规定免税、减税项目。

纳税人兼营免税、减税项目的，应当分别核算免税、减税项目的销售额；未分别核算销售额的，不得免税、减税。

纳税人销售货物或者应税劳务适用免税规定的，可以放弃免税，依照《增值税暂行条例》的规定缴纳增值税。放弃免税后，36 个月内不得再申请免税。

（二）营业税改征增值税试点过渡政策的规定（财税〔2016〕36号）

1. 免征增值税的项目

（1）托儿所、幼儿园提供的保育和教育服务。

托儿所、幼儿园，是指经县级以上教育部门审批成立、取得办园许可证的实施0—6岁学前教育的机构，包括公办和民办的托儿所、幼儿园、学前班、幼儿班、保育院、幼儿园。

（2）养老机构提供的养老服务。

（3）残疾人福利机构提供的育养服务。

（4）婚姻介绍服务。

（5）殡葬服务。

（6）残疾人员本人为社会提供的服务。

残疾人个人提供的加工、修理修配劳务，免征增值税。

（7）医疗机构提供的医疗服务。

（8）从事教育的学校提供的教育服务。

①提供学历教育的学校提供的教育服务收入免征增值税。

提供教育服务免征增值税的收入，是指对列入规定招生计划的在籍学生提供学历教育服务取得的收入。

②一般纳税人提供非学历教育服务，可以选择适用简易计税方法按照3%征收率计算应纳税额。

（9）学生勤工俭学提供的服务。

（10）农业机耕、排灌、病虫害防治、植物保护、农牧保险以及相关技术培训业务，家禽、牲畜、水生动物的配种和疾病防治。

（11）纪念馆、博物馆、文化馆、文物保护单位管理机构、美术馆、展览馆、书画院、图书馆在自己的场所提供文化体育服务取得的第一道门票收入。

（12）寺院、宫观、清真寺和教堂举办文化、宗教活动的门票收入。

（13）行政单位之外的其他单位收取的符合《营业税改征增值税试点实施办法》第十条规定条件的政府性基金和行政事业性收费。

（14）个人转让著作权。

（15）个人销售自建自用住房。

（16）2018年12月31日以前，公共租赁住房经营管理单位出租公共租赁住房。

（17）台湾航运公司、航空公司从事海峡两岸海上直航、空中直航业务在大陆取得的运输收入。

（18）纳税人提供的直接或者间接国际货物运输代理服务。

（19）下列利息收入：

①自2016年1月1日起，中国邮政集团公司及其所属邮政企业为金融机构代办金融保险业务取得的代理收入，在营改增试点期间免征增值税。

该规定发文之日前，已征的按照规定应予免征的营业税，予以退还；已征的应予免征的增值税，可抵减纳税人以后月份应缴纳的增值税或予以退还。

②国家助学贷款。

③国债、地方政府债。

④人民银行对金融机构的贷款。

⑤住房公积金管理中心用住房公积金在指定的委托银行发放的个人住房贷款。

⑥外汇管理部门在从事国家外汇储备经营过程中，委托金融机构发放的外汇贷款。

⑦统借统还业务中，企业集团或企业集团中的核心企业以及集团所属财务公司按不高于支付给金融机构的借款利率水平或者支付的债券票面利率水平，向企业集团或者集团内下属单位收取的利息。

（20）被撤销金融机构以货物、不动产、无形资产、有价证券、票据等财产清偿债务。

（21）保险公司开办的一年期以上人身保险产品取得的保费收入。

（22）下列金融商品转让收入：

①合格境外投资者（QFII）委托境内公司在我国从事证券买卖业务。

②香港市场投资者（包括单位和个人）通过沪港通买卖上海证券交易所上市A股。

③香港市场投资者（包括单位和个人）通过基金互认买卖内地基金份额。

④证券投资基金（封闭式证券投资基金，开放式证券投资基金）管理人运用基金买卖股票、债券。

⑤个人从事金融商品转让业务。

（23）金融同业往来利息收入。

（24）2018年1月1日至2019年12月31日，纳税人为农户、小型企业、微型企业及个体工商户借款、发行债券提供融资担保取得的担保费收入，以及为上述融资担保（以下简称“原担保”）提供再担保取得的再担保费收入，免征增值税。再担保合同对应多个原担保合同的，原担保合同应全部适用免征增值税政策。否则，再担保合同应按规定缴纳增值税。《财政部 税务总局关于延续实施普惠金融有关税收优惠政策的公告》（财政部 税务总局公告2020年第22号）规定，实施期限延长至2023年12月31日。

（25）国家商品储备管理单位及其直属企业承担商品储备任务，从中央或者地方财政取得的利息补贴收入和价差补贴收入。

（26）纳税人提供技术转让、技术开发和与之相关的技术咨询、技术服务。

（27）同时符合下列条件的合同能源管理服务：

①节能服务公司实施合同能源管理项目相关技术，应当符合国家质量监督检验检

疫总局和国家标准化管理委员会发布的《合同能源管理技术通则》（GB/T24915－2010）规定的技术要求。

②节能服务公司与用能企业签订节能效益分享型合同，其合同格式和内容，符合《中华人民共和国合同法》和《合同能源管理技术通则》（GB/T24915－2010）等规定。

（28）2017年12月31日以前，科普单位的门票收入，以及县级及以上党政部门和科协开展科普活动的门票收入。

（29）政府举办的从事学历教育的高等、中等和初等学校（不含下属单位），举办进修班、培训班取得的全部归该学校所有的收入。

（30）政府举办的职业学校设立的主要为在校学生提供实习场所，并由学校出资自办、由学校负责经营管理、经营收入归学校所有的企业，从事《销售服务、无形资产、不动产注释》（财税〔2016〕36号附件）中“现代服务”（不含融资租赁服务、广告服务和其他现代服务）、“生活服务”（不含文化体育服务、其他生活服务和桑拿、氧吧）业务活动取得的收入。

（31）家政服务企业由员工制家政服务员提供家政服务取得的收入。

（32）福利彩票、体育彩票的发行收入。

（33）军队空余房产租赁收入。

（34）为了配合国家住房制度改革，企业、行政事业单位按房改成本价、标准价出售住房取得的收入。

（35）将土地使用权转让给农业生产者用于农业生产。

纳税人采取转包、出租、互换、转让、入股等方式将承包地流转给农业生产者用于农业生产取得的收入，免征增值税。

（36）涉及家庭财产分割的个人无偿转让不动产、土地使用权。

（37）土地所有者出让土地使用权和土地使用者将土地使用权归还给土地所有者。

（38）县级以上地方人民政府或自然资源行政主管部门出让、转让或收回自然资源使用权（不含土地使用权）。

2. 增值税即征即退

（1）一般纳税人提供管道运输服务，对其增值税实际税负超过3%的部分实行增值税即征即退政策。

（2）经人民银行、银监会或者商务部批准从事融资租赁业务的试点纳税人中的一般纳税人，提供有形动产融资租赁服务和有形动产融资性售后回租服务，对其增值税实际税负超过3%的部分实行增值税即征即退政策。

（3）对安置残疾人的单位和个体工商户（以下简称“纳税人”），由税务机关按纳税人安置残疾人的人数，限额实行即征即退增值税。

（4）对纳税人销售自产的列入《享受增值税即征即退政策的新型墙体材料目录》

的新型墙体材料，实行增值税即征即退50%的政策。

（5）自2019年9月1日起，纳税人销售自产磷石膏资源综合利用产品，可享受增值税即征即退政策，退税比例为70%。

磷石膏资源综合利用产品，包括墙板、砂浆、砌块、水泥添加剂、建筑石膏、α型高强石膏、Ⅱ型无水石膏、嵌缝石膏、粘结石膏、现浇混凝土空心结构用石膏模盒、抹灰石膏、机械喷涂抹灰石膏、土壤调理剂、喷筑墙体石膏、装饰石膏材料、磷石膏制硫酸，且产品原料40%以上来自磷石膏。

纳税人利用磷石膏生产水泥、水泥熟料，继续按照财政部、国家税务总局关于印发《资源综合利用产品和劳务增值税优惠目录》的通知（财税〔2015〕78号）附件《资源综合利用产品和劳务增值税优惠目录》"废渣"项目执行。纳税人适用磷石膏资源综合利用增值税即征即退政策的其他有关事项，按照财税〔2015〕78号文件执行。

（6）自2019年9月1日起，将财税〔2015〕78号文件附件《资源综合利用产品和劳务增值税优惠目录》"废玻璃"项目退税比例调整为70%。

（三）增值税小规模纳税人减免增值税政策

自2021年4月1日起，小规模纳税人发生增值税应税销售行为，合计月销售额未超过15万元（以1个季度为1个纳税期的，季度销售额未超过45万元）的，免征增值税。小规模纳税人发生增值税应税销售行为，合计月销售额超过15万元，但扣除本期发生的销售不动产的销售额后未超过15万元的，其销售货物、劳务、服务、无形资产取得的销售额免征增值税。

自2022年4月1日至2022年12月31日，增值税小规模纳税人适用3%征收率的应税销售收入，免征增值税；适用3%预征率的预缴增值税项目，暂停预缴增值税。

2023年1月起，增值税小规模纳税人（以下简称"小规模纳税人"）发生增值税应税销售行为，合计月销售额未超过10万元（以1个季度为1个纳税期的，季度销售额未超过30万元）的，免征增值税。小规模纳税人发生增值税应税销售行为，合计月销售额超过10万元，但扣除本期发生的销售不动产的销售额后未超过10万元的，其销售货物、劳务、服务、无形资产取得的销售额免征增值税。

四、增值税的征收管理

（一）一般纳税人资格登记管理

1. 一般纳税人的登记范围

（1）一般规定。

增值税纳税人年应税销售额超过财政部、国家税务总局规定的小规模纳税人标准的，除（3）所述情况外，应当向主管税务机关办理一般纳税人登记。

年应税销售额是指纳税人在连续不超过12个月或4个季度的经营期内累计应征增值税销售额，包括纳税申报销售额、稽查查补销售额、纳税评估调整销售额。

销售服务、无形资产或者不动产（以下简称“应税行为”）有扣除项目的纳税人，其应税行为年应税销售额按未扣除之前的销售额计算。纳税人偶然发生的销售无形资产、转让不动产的销售额，不计入应税行为年应税销售额。

（2）特殊规定。

年应税销售额未超过规定标准的纳税人，会计核算健全，能够提供准确税务资料的，可以向主管税务机关办理一般纳税人登记。

会计核算健全，是指能够按照国家统一的会计制度规定设置账簿，根据合法、有效凭证进行核算。

（3）不需要办理一般纳税人登记的情形。

①年应税销售额超过规定标准但不经常发生应税行为的单位和个体工商户可选择按照小规模纳税人纳税。[“不经常发生应税行为”是指不经常发生“服务、销售无形资产、销售不动产”等行为，例如风险投资、天使投资，以增值税非应税项目“投资”为主业，偶然发生应税行为]

年应税销售额超过规定标准的纳税人符合上述规定的，应当向主管税务机关提交书面说明。

②年应税销售额超过规定标准的其他个人不属于一般纳税人。“其他个人”是指自然人。

2. 办理一般纳税人登记的程序

（1）纳税人向主管税务机关填报“增值税一般纳税人登记表”，如实填写固定生产经营场所等信息，并提供税务登记证件（包括纳税人领取的由工商行政管理部门或者其他主管部门核发的加载法人和其他组织统一社会信用代码的相关证件）。

（2）纳税人填报内容与税务登记信息一致的，主管税务机关当场登记。

（3）纳税人填报内容与税务登记信息不一致，或者不符合填列要求的，税务机关应当场告知纳税人需要补正的内容。

3. 办理登记的时限和地点

纳税人在年应税销售额超过规定标准的月份（或季度）的所属申报期结束后15日内按照《增值税一般纳税人登记管理办法》第六条或者第七条的规定办理相关手续。未按规定时限办理的，主管税务机关应当在规定时限结束后5日内制作《税务事项通知书》，告知纳税人应当在5日内向主管税务机关办理相关手续；逾期仍不办理的，次月起按销售额依照增值税税率计算应纳税额，不得抵扣进项税额，直至纳税人办理相关手续为止。

纳税人应当向其机构所在地主管税务机关办理一般纳税人登记手续。

纳税人登记为一般纳税人后，不得转为小规模纳税人，国家税务总局另有规定的除外。

（二）增值税的发票管理

1. 增值税专用发票

增值税专用发票（以下简称“专用发票”）是增值税一般纳税人销售或进口货物，提供劳务，销售服务、无形资产或不动产开具的发票，是购买方支付增值税额并可按照增值税有关规定抵扣增值税进项税额的凭证。

（1）专用发票的构成。

专用发票由基本联次或者基本联次附加其他联次构成，基本联次为三联：发票联、抵扣联和记账联。

（2）专用发票的领购。

纳税信用A级的纳税人可一次领取不超过3个月的增值税发票用量，纳税信用B级的纳税人可一次领取不超过2个月的增值税发票用量。以上两类纳税人生产经营情况发生变化，需要调整增值税发票用量，手续齐全的，按照规定即时办理。

领购范围。按照规定，增值税专用发票只限于增值税一般纳税人和小规模纳税人（其他个人）领购使用，非增值税纳税人不得领购使用增值税专用发票。

此外，按照规定，纳税人当月购买增值税专用发票而未申报纳税的，不得向其发售增值税专用发票。

（3）专用发票的开具范围。

一般纳税人发生应税销售行为，应向购买方开具专用发票。

一般纳税人有下列销售情形，不得开具专用发票：

①商业企业一般纳税人零售的烟、酒、食品、服装、鞋帽（不包括劳保专用部分）、化妆品等消费品不得开具专用发票。

②销售免税货物不得开具专用发票，法律、法规及国家税务总局另有规定的除外。

③一般纳税人单采血浆站销售非临床用人体血液，可按简易办法按3%征收率纳税，但不得对外开具增值税专用发票。

④向消费者个人销售服务、无形资产或者不动产。

⑤适用免征增值税规定的应税行为。

⑥金融商品转让。

⑦经纪代理服务向委托方收取的政府性基金或者行政事业性收费。

⑧有形动产融资性售后回租服务，向承租方收取的有形动产价款本金，不得开具增值税专用发票。

⑨旅游服务，在销售额中扣除的费用（住宿、餐饮、交通、签证、门票和接团费），不得开具专票。

⑩移动、联通、电信通过手机短信公益特服号接受捐款，扣除支付给公益性机构捐款。接受的捐款，不得开具增值税专用发票。

⑪差额纳税的劳务派遣公司，向用工单位收取用于支付工资、福利、社保及住房公积金的费用，不得开具增值税专用发票。

⑫人力资源外包服务，按照经纪代理服务，其销售额不包括代发工资和代缴社保。代发部分不得开具增值税专用发票。

⑬单用途商业预付卡、支付机构预付卡业务按照以下规定执行：《商品和服务税收分类与编码（试行）》“6 未发生销售行为的不征税项目”下设 601“预付卡销售和充值”。发票税率栏应填写“不征税”，不得开具增值税专用发票。

⑭教育部考试中心及其直属单位应以取得的考试费收入扣除支付给境外单位考试费，按提供“教育辅助服务”项目缴纳增值税；代收并支付给境外单位的考试费，不得开具增值税专用发票，可以开具增值税普通发票。

⑮签证代理服务，需扣除支付给外交部和外国驻华使（领）馆的签证费、认证费。签证费、认证费，不得开具增值税专用发票，可以开具增值税普通发票。

⑯代理进口按规定免征进口增值税的货物，其销售额不包括向委托方收取并代为支付的货款。向委托方收取并代为支付的款项，不得开具增值税专用发票，可以开具增值税普通发票。

⑰销售报关出口的货物、在境外销售应税劳务。

⑱将货物无偿赠送他人（如果受赠者为一般纳税人，可根据受赠人的要求开具增值税专用发票）。

⑲向小规模纳税人销售应税项目，可以不开具增值税专用发票。

⑳城镇公共供水企业缴纳的水资源税对应的水费收入，不计征增值税，按“不征税自来水”项目开具增值税普通发票。

（4）专用发票的开具要求。

①项目齐全，与实际交易相符；

②字迹清楚，不得压线、错格；

③发票联和抵扣联加盖发票专用章；

④按照增值税纳税义务的发生时间开具。

对不符合上述要求的专用发票，购买方有权拒收。

一般纳税人销售货物或者提供应税劳务可汇总开具专用发票。汇总开具专用发票的，同时使用增值税发票管理新系统开具“销售货物或者提供应税劳务清单”，并加盖发票专用章。

2. 增值税普通发票

（1）增值税普通发票的格式、字体、栏次、内容与增值税专用发票完全一致，按发票联次分为两联票和五联票两种。基本联次为两联，第一联为记账联，销货方用作记账凭证；第二联为发票联，购货方用作记账凭证。此外为满足部分纳税人的需要，在基本联次后添加了三联的附加联次，即五联票，供企业选择使用。

（2）增值税普通发票代码。2017 年 12 月，税务总局发布公告，自 2018 年 1 月 1 日起，调整增值税普通发票（折叠票）代码从现行的 10 位到 12 位。

（3）增值税普通发票第二联（发票联）采用防伪纸张印制。

3. 增值税电子普通发票

增值税电子普通发票的开票方和受票方需要纸质发票的，可以自行打印增值税电子普通发票的版式文件，其法律效力、基本用途、基本使用规定等与税务机关监制的增值税普通发票相同。

4. 机动车销售统一发票

5. 增值税电子专用发票

自 2020 年 12 月 21 日起，在天津、河北、上海、江苏、浙江、安徽、广东、重庆、四川、宁波和深圳等 11 个地区的新办纳税人中实行专票电子化，受票方范围为全国。其中，宁波、石家庄和杭州等 3 个地区已试点纳税人开具增值税电子专用发票（以下简称“电子专票”）的受票方范围扩至全国。

自 2021 年 1 月 21 日起，在北京、山西、内蒙古、辽宁、吉林、黑龙江、福建、江西、山东、河南、湖北、湖南、广西、海南、贵州、云南、西藏、陕西、甘肃、青海、宁夏、新疆、大连、厦门和青岛等 25 个地区的新办纳税人中实行专票电子化，受票方范围为全国。

（三）增值税出口退（免）税管理

1. 增值税出口退税率

（1）退税率的一般规定。

除财政部和国家税务总局根据国务院决定而明确的增值税出口退税率（以下简称“退税率”）外，出口货物的退税率为其适用税率。

自 2019 年 4 月 1 日起，原适用 16% 税率且出口退税率为 16% 的出口货物劳务，出口退税率调整为 13%；原适用 10% 税率且出口退税率为 10% 的出口货物、跨境应税行为，出口退税率调整为 9%。境外旅客购物离境退税物品适用 13%、9% 税率的，分别调整退税率为 11%、8%。

（2）退税率的特殊规定。

①外贸企业购进按简易办法征税的出口货物、从小规模纳税人购进的出口货物，

其退税率分别为简易办法实际执行的征收率、小规模纳税人征收率。上述出口货物取得增值税专用发票的，退税率按照增值税专用发票上的税率和出口货物退税率孰低的原则确定。

②出口企业委托加工修理修配货物，其加工修理修配费用的退税率，为出口货物的退税率。

③中标机电产品、出口企业向海关报关进入特殊区域，销售给特殊区域内生产企业生产耗用的列名原材料、输入特殊区域的水电气，其退税率为适用税率。如果国家调整列名原材料的退税率，列名原材料应当自调整之日起按调整后的退税率执行。

④海洋工程结构物退税率的适用。适用不同退税率的货物劳务，应分开报关、核算并申报退（免）税，未分开报关、核算或划分不清的，从低适用退税率。

2. 出口货物劳务服务的增值税退（免）税的计税依据，按出口货物劳务的出口发票（外销发票）、其他普通发票或购进出口货物劳务服务的增值税专用发票、海关进口增值税专用缴款书确定。

（四）纳税义务发生时间

1.《增值税暂行条例》第十九条规定，增值税纳税义务发生时间如下：

①发生应税销售行为，为收讫销售款项或者取得索取销售款项凭据的当天；先开具发票的，为开具发票的当天。

②进口货物，为报关进口的当天。增值税扣缴义务发生时间为纳税人增值税纳税义务发生的当天。

2.《增值税暂行条例实施细则》第三十八条规定，《增值税暂行条例》第十九条第一款第（1）项规定的收讫销售款项或者取得索取销售款项凭据的当天，按销售结算方式的不同，具体表现为：

（1）采取直接收款方式销售货物，不论货物是否发出，均为收到销售款或取得索取销售款凭据的当天。

（2）采取托收承付和委托银行收款方式销售货物，为发出货物并办妥托收手续的当天。

（3）采取赊销和分期收款方式销售货物，为书面合同约定收款日期的当天。无书面合同或者书面合同没有约定收款日期的，为货物发出的当天。

（4）采取预收货款方式销售货物，为货物发出的当天。但生产销售、生产工期超过 12 个月的大型机械设备、船舶、飞机等货物，为收到预收款或者书面合同约定的收款日期的当天。

（5）委托其他纳税人代销货物，为收到代销单位销售的代销清单，或者收到全部或者部分货款的当天；未收到代销清单及货款的，其纳税义务发生时间为发出代销货物满 180 日的当天。

（6）销售应税劳务，为提供劳务同时收讫销售款或取得索取销售款项凭据的当天。

（7）纳税人发生视同销售货物行为，为货物移送的当天。

3. 营改增行业增值税纳税义务、扣缴义务发生时间

（1）纳税人发生应税行为并收讫销售款项或者取得索取销售款项凭据的当天；先开具发票的，为开具发票的当天。

收讫销售款项，是指纳税人销售服务、无形资产、不动产过程中或者完成后收到款项。

取得索取销售款项凭据的当天，是指书面合同确定的付款日期；未签订书面合同或者书面合同未确定付款日期的，为服务、无形资产转让完成的当天或者不动产权属变更的当天。

（2）纳税人提供租赁服务采取预收款方式的，其纳税义务发生时间为收到预收款的当天。

（3）纳税人从事金融商品转让的，为金融商品所有权转移的当天。

（4）纳税人发生视同销售服务、无形资产或者不动产情形的，其纳税义务发生时间为服务、无形资产转让完成的当天或者不动产权属变更的当天。

（5）增值税扣缴义务发生时间为纳税人增值税纳税义务发生的当天。

（五）纳税地点

1. 固定业户的纳税地点

（1）固定业户应当向其机构所在地主管税务机关申报纳税。总机构和分支机构不在同一县（市）的，应当分别向各自所在地主管税务机关申报纳税；经国务院财政、税务主管部门或者其授权的财政、税务机关批准，可以由总机构汇总向总机构所在地主管税务机关申报纳税。

（2）固定业户到外县（市）销售货物或者应税劳务的，应当向其机构所在地主管税务机关报告外出经营事项，并向其机构所在地主管税务机关申报纳税。未报告的，应当向销售地或者劳务发生地主管税务机关申报纳税；未向销售地或者劳务发生地主管税务机关申报纳税的，由其机构所在地主管税务机关补征税款。

（3）固定业户（指增值税一般纳税人）临时到外省、市销售货物的，必须向经营地税务机关出示《外出经营活动税收管理证明》回原经营地纳税；需要向购货方开具专用发票的，也回原经营地补开。

2. 非固定业户增值税纳税地点

非固定业户销售货物或者提供应税劳务和行为，应当向销售地或者劳务和应税行为发生地主管税务机关申报纳税。未向销售地或者劳务和应税行为发生地主管税务机

关申报纳税的，由其机构所在地或居住地主管税务机关补征税款。

3. 按照现行规定应在建筑服务发生地预缴增值税的项目，纳税人收到预收款时在建筑劳务发生地预缴增值税。按现行规定无须在建筑服务发生地预缴增值税的项目，纳税人预收款时在机构所在地预缴增值税。

4. 其他个人提供建筑服务，销售或者租赁不动产，转让自然资源使用权，应向建筑服务发生地、不动产所在地、自然资源所在地主管税务机关申报纳税。

5. 纳税人跨县（市）提供建筑服务，在建筑服务发生地预缴税款后，向机构所在地主管税务机关进行纳税申报。自2017年5月1日起，纳税人在同一地级行政区范围内跨县（市、区）提供建筑服务，不再在建筑服务发生地预缴税款。

6. 纳税人销售不动产，在不动产所在地预缴税款后，向机构所在地主管税务机关进行纳税申报。

7. 纳税人租赁不动产，在不动产所在地预缴税款后，向机构所在地主管税务机关进行纳税申报。

一般纳税人跨省（自治区、直辖市或者计划单列市）提供建筑服务或者销售、出租取得的与机构所在地不在同一省（自治区、直辖市或者计划单列市）的不动产，在机构所在地申报纳税时，计算的应纳税额小于已预缴税额，且差额较大的，由国家税务总局通知建筑服务发生地或者不动产所在地省级税务机关，在一定时期内暂停预缴增值税。

8. 进口货物增值税纳税地点

（1）进口货物，应当由进口人或其代理人向报关地海关申报纳税。

（2）扣缴义务人应当向其机构所在地或者居住地的主管税务机关申报缴纳其扣缴的税款。

（六）增值税纳税申报表

1. 增值税一般纳税人纳税申报表

（1）增值税纳税申报表（一般纳税人适用）。

（2）增值税纳税申报表附列资料（一）（本期销售情况明细）。

（3）增值税纳税申报表附列资料（二）（本期进项税额明细）。

（4）增值税纳税申报表附列资料（三）（服务、不动产和无形资产扣除项目明细）。

一般纳税人销售服务、不动产和无形资产，在确定服务、不动产和无形资产销售额时，按照有关规定可以从取得的全部价款和价外费用中扣除价款的，需填报“增值税纳税申报表附列资料（三）”。其他情况不填写该附列资料。

（5）增值税纳税申报表附列资料（四）（税务抵减情况表）。

（6）增值税减免税申报明细表。

2. 增值税小规模纳税人纳税申报表

（1）增值税纳税申报表（小规模纳税人适用）。

（2）增值税纳税申报表（小规模纳税人适用）附列资料。

（3）增值税减免税申报明细表。

小规模纳税人销售服务，在确定服务销售额时，按照有关规定可以从取得的全部价款和价外费用中扣除价款的，需填报“增值税纳税申报表（小规模纳税人适用）附列资料”。其他情况不填写该附列资料。

3. 自2021年8月1日起，增值税、消费税分别与城市维护建设税、教育费附加、地方教育附加申报表整合，启用“增值税及附加税费申报表（一般纳税人适用）”“增值税及附加税费申报表（小规模纳税人适用）”“增值税及附加税费预缴表”及其附列资料和“消费税及附加税费申报表”。

第二节　消费税

一、消费税的基本要素

（一）纳税人

消费税的纳税人，是指在中华人民共和国境内生产、委托加工和进口应税消费品的单位和个人。

（二）税目

现行的消费税税目共有15个，具体征收范围如下：

1. 烟

自2022年11月1日起，将电子烟纳入消费税征收范围，在烟税目下增设电子烟子目。电子烟实行从价定率的办法计算纳税。生产（进口）环节的税率为36%，批发环节的税率为11%。

2. 酒

（1）白酒是指以高粱、玉米、大米、糯米、大麦、小麦、青稞等各种粮食为原料，经过糖化、发酵后，采用蒸馏方法酿制的白酒。

（2）黄酒的征收范围包括各种原料酿制的黄酒和酒度超过12度（含12度）的土甜酒。

（3）啤酒的征收范围包括各种包装和散装的啤酒。

（4）其他酒是指除白酒、黄酒、啤酒以外，酒度在1度以上的各种酒，包括糠麸白酒、其他原料白酒、土甜酒、复制酒、果木酒、汽酒、药酒等。调味料酒不征消费税。

3. 高档化妆品

4. 贵重首饰及珠宝玉石

5. 鞭炮、焰火

体育上用的发令纸、鞭炮引线，不按本税目征收。

6. 成品油

本税目包括汽油、柴油、石脑油、溶剂油、航空煤油、润滑油、燃料油 7 个子目

7. 摩托车

8. 小汽车

(1) 本税目包括中巴，但不含大客车、电动车。

(2) 自 2016 年 12 月 1 日起，对超豪华小汽车在零售环节加征 10% 的消费税。征收范围为每辆零售价格 130 万元（不含增值税）及以上的乘用车和中轻型商用客车，即乘用车和中轻型商用客车子税目中的超豪华小汽车。对超豪华小汽车，在生产（进口）环节按现行税率征收消费税基础上，在零售环节加征消费税，税率为 10%。

9. 高尔夫球及球具

10. 高档手表

11. 游艇

12. 木制一次性筷子

13. 实木地板

14. 电池

对无汞原电池、金属氢化物镍蓄电池（又称"氢镍蓄电池"或"镍氢蓄电池"）、锂原电池、锂离子蓄电池、太阳能电池、燃料电池和全钒液流电池免征消费税。2015 年 12 月 31 日前对铅蓄电池缓征消费税；自 2016 年 1 月 1 日起，对铅蓄电池按 4% 税率征收消费税。

15. 涂料

对施工状态下挥发性有机物（Volatile Organic Compounds，VOC）含量低于 420 克/升（含）的涂料免征消费税。

（三）税率

消费税的税率有两种形式：一种是比例税率；另一种是定额税率，即单位税额。

一般情况下，对一种消费品只选择一种税率形式，但为了更有效地保全消费税税基，对一些应税消费品如卷烟、白酒，则采用了定额税率和比例税率双重征收形式。

存在下列情况时，应按适用税率中最高税率征税：

(1) 纳税人兼营不同税率的应税消费品，即生产销售两种税率以上的应税消费品

时，应当分别核算不同税率应税消费品的销售额或销售数量，未分别核算的，按最高税率征税。

（2）纳税人将应税消费品与非应税消费品以及适用税率不同的应税消费品组成成套消费品销售的，应根据组合产制品的销售金额按应税消费品中适用最高税率的消费品税率征税。

二、消费税的税额计算

（一）从价定率计税

在从价定率计算方法下，应纳税额的计算取决于应税消费品的销售额和适用税率两个因素。

基本计算公式为：应纳税额 = 应税消费品的销售额 × 比例税率

（二）从量定额计税

在从量定额计算方法下，应纳税额的计算取决于消费品的应税数量和单位税额两个因素。

基本计算公式为：应纳税额 = 应税消费品的销售数量 × 定额税率

（三）复合计税

现行消费税的征税范围中，只有卷烟、白酒采用复合计算方法。

基本计算公式为：应纳税额 = 销售数量 × 定额税率 + 销售额 × 比例税率

（四）自产自用应税消费品应纳税额的计算

根据《中华人民共和国消费税暂行条例》的规定，纳税人自产自用的应税消费品，凡用于其他方面的，应当纳税。具体分以下两种情况：

（1）有同类消费品销售价格的，按照纳税人生产的同类消费品销售价格计算纳税。

（2）没有同类消费品销售价格的，应按组成计税价格计算纳税。

①实行从价定率办法计算纳税的组成计税价格的计算公式是：

组成计税价格 = （成本 + 利润）÷（1 − 消费税税率）= 成本 ×（1 + 成本利润率）÷（1 − 消费税税率）

应纳税额 = 组成计税价格 × 适用税率

②实行复合计税办法计算纳税的组成计税价格的计算公式是：

组成计税价格 = （成本 + 利润 + 自产自用数量 × 定额税率）÷（1 − 比例税率）× 应纳税额

应纳税额 = 组成计税价格 × 比例税率 + 自产自用数量 × 定额税率

（五）委托加工应税消费品应纳税额的计算

1. 委托加工应税消费品的确定

委托加工的应税消费品，是指由委托方提供原料和主要材料，受托方只收取加工费和代垫部分辅助材料加工的应税消费品。对于由受托方提供原材料生产的应税消费品，或者受托方先将原材料卖给委托方，然后再接受加工的应税消费品，以及由受托方以委托方名义购进原材料生产的应税消费品，不论纳税人在财务上是否作销售处理，都不得作为委托加工应税消费品，而应当按照销售自制应税消费品缴纳消费税。

2. 委托加工应税消费品组成计税价格

根据《中华人民共和国消费税暂行条例》的规定，委托加工的应税消费品，按照受托方的同类消费品的销售价格计算纳税；没有同类消费品销售价格的，按照组成计税价格计算纳税。

有同类消费品销售价格的，其应纳税额的计算公式为：

应纳税额 = 同类消费品销售单价 × 委托加工数量 × 适用税率

没有同类消费品销售价格的，按组成计税价格计税，计算公式为：

组成计税价格 = （材料成本 + 加工费）÷（1 − 比例税率）

自 2009 年 1 月 1 日起，增加了实行复合计税办法计算纳税的组成计税价格计算公式如下：

组成计税价格 = （材料成本 + 加工费 + 委托加工数量 × 定额税率）÷（1 − 比例税率）

应纳税额 = 组成计税价格 × 适用税率

（六）进口应税消费品的管理

1. 纳税义务人

进口或代理进口应税消费品的单位和个人，为进口应税消费品消费税的纳税义务人。

2. 课税对象

进口应税消费品以进口商品总值为课税对象。

3. 进口应税消费品组成计税价格的计算

（1）实行从价定率办法计算应纳税额的，按照组成计税价格计算纳税。计算公式为：

组成计税价格 = （关税完税价格 + 关税）÷（1 − 消费税比例税率）

应纳税额 = 组成计税价格 × 适用税率

（2）实行从量定额办法的应税消费品的应纳税额的计算公式为：

应纳税额 = 应税消费品数量 × 消费税定额税率

（3）实行复合计税办法计算纳税的组成计税价格计算公式为：

组成计税价格 =（完税价格 + 关税 + 进口数量 × 消费税定额税率）÷（1 − 消费税适用比例税率）

应纳消费税税额 = 进口应税消费品组成计税价格 × 消费税适用比例税率 + 消费税定额税

（七）出口应税消费品管理

出口应税消费品退（免）消费税在政策上分为以下三种情况：

（1）出口免税并退税。

适用范围：有出口经营权的外贸企业购进应税消费品直接出口，以及外贸企业受其他外贸企业委托代理出口应税消费品。需要注意的是，外贸企业只有受其他外贸企业委托，代理出口应税消费品才可办理退税，外贸企业受其他企业（主要是非生产性的商贸企业）委托，代理出口应税消费品是不予退（免）税的。

（2）出口免税但不退税。

适用范围：有出口经营权的生产性企业自营出口或生产企业委托外贸企业代理出口自产的应税消费品，依据其实际出口数量免征消费税，不予办理退还消费税。

（3）出口不免税也不退税。

适用范围：除生产企业、外贸企业外的其他企业，具体是指一般商贸企业，这类企业委托外资企业代理出口应税消费品一律不予退（免）税。

三、申报与缴纳

1. 纳税义务发生时间

（1）纳税人销售的应税消费品，其纳税义务发生的时间分为以下几种情况：

①纳税人采取赊销和分期收款结算方式的，为书面合同约定的收款日期的当天，书面合同没有约定收款日期或者无书面合同的，为发出应税消费品的当天。

②纳税人采取预收货款结算方式的，为发出应税消费品的当天。

③纳税人采取托收承付和委托银行收款方式的，为发出应税消费品并办妥托收手续的当天。

④纳税人采取其他结算方式的，为收讫销售款或者取得索取销售款凭据的当天。

（2）纳税人自产自用的应税消费品，其纳税义务的发生时间，为移送使用的当天。

纳税人生产的应税消费品，于纳税人销售时纳税。纳税人自产自用的应税消费品，用于连续生产应税消费品的，不纳税；用于其他方面的，于移送使用时纳税。

（3）纳税人委托加工的应税消费品，其纳税义务的发生时间，为纳税人提货的当天。

委托加工的应税消费品，除受托方为个人外，由受托方在向委托方交货时代收代缴税款。委托加工的应税消费品，委托方用于连续生产应税消费品的，所纳税款准予按规定抵扣。

（4）纳税人进口的应税消费品，其纳税义务的发生时间，为报关进口的当天。

2. 纳税地点

（1）纳税人销售的应税消费品及自产自用的应税消费品，除国家另有规定外，应当向纳税人机构所在地或者居住地的主管税务机关申报纳税。

纳税人总机构和分支机构不在同一县（市）的，应当分别向各自机构所在地的主管税务机关申报纳税；经财政部、国家税务总局或者授权的财政、税务机关批准，可以由总机构汇总向总机构所在地的主管税务机关申报缴纳消费税。

（2）纳税人到外县（市）销售或委托外县（市）代销自产应税消费品的，于应税消费品销售后，向机构所在地或者居住地主管税务机关申报纳税。

（3）委托加工的应税消费品，受托方为个人的，由委托方向其机构所在地或者居住地主要税务机关申报纳税；受托方为企业等单位的，由受托方向机构所在地或者居住地的主管税务机关报缴税款。

（4）进口的应税消费品，由进口人或由其代理人向报关地海关申报纳税。此外，个人携带或者邮寄进境的应税消费品，连同关税由海关一并计征。具体办法由国务院关税税则委员会会同有关部门制定。

第三节　企业所得税

一、企业所得税的基本规定

（一）纳税人

企业所得税的纳税人一般是在中华人民共和国境内的企业和其他取得收入的组织。个人独资企业、合伙企业不适用《中华人民共和国企业所得税法》。

企业所得税的纳税人分为居民企业和非居民企业。

（二）扣缴义务人

1. 对非居民企业在中国境内未设立机构、场所，或者虽设立机构、场所但取得的所得与其所设机构、场所没有实际联系的，应缴纳的所得税，实行源泉扣缴，以支付人为扣缴义务人。税款由扣缴义务人在每次支付或者到期应支付时，从支付或者到期应支付的款项中扣缴。

上述所称支付人，是指依照有关法律规定或者合同约定对非居民企业直接负有支付相关款项义务的单位或者个人；所称支付，包括现金支付、汇拨支付、转账支付和权益兑价支付等货币支付和非货币支付；所称到期应支付的款项，是指支付人按照权责发生制原则应当计入相关成本、费用的应付款项。

2. 对非居民企业在中国境内取得工程作业和劳务所得应缴纳的所得税，税务机关可以指定工程价款或者劳务费的支付人为扣缴义务人。

3. 支付人委托代理人或指定第三方代为支付，或者因担保等原因由第三方保证人或担保人支付的，仍由委托人、指定人或被保证人、被担保人承担扣缴义务。

（三）居民企业

居民企业，是指依法在中国境内成立，或者依照外国（地区）法律成立但实际管理机构在中国境内的企业。

（四）非居民企业

非居民企业，是指依照外国（地区）法律成立且实际管理机构不在中国境内，但在中国境内设立机构、场所，或者在中国境内未设立机构、场所，但有来源于中国境内所得的企业。

二、征税对象与基本税率

（一）居民企业的征税对象

企业所得税的征税对象，是指企业取得的生产经营所得、其他所得和清算所得。

1. 居民企业应以来源于中国境内、境外的所得作为征税对象。所得，包括销售货物所得、提供劳务所得、转让财产所得、股息红利等权益性投资所得、利息所得、租金所得、特许权使用费所得、接受捐赠所得和其他所得。

2. 非居民企业在中国境内设立机构、场所的，应当就其所设机构、场所取得的来源于中国境内的所得，以及发生在中国境外但与其所设机构、场所有实际联系的所得，缴纳企业所得税。非居民企业在中国境内未设立机构、场所，或者虽设立机构、场所，但取得的所得与其所设机构、场所没有实际联系的，应当就其来源于中国境内的所得缴纳企业所得税。

上述所称实际联系，是指非居民企业在中国境内设立的机构、场所拥有的据以取得所得的股权、债权，以及拥有、管理、控制据以取得所得的财产。

（二）基本税率

1. 25%的税率

（1）适用于居民企业。

（2）适用于在中国境内设有机构、场所且所得与机构、场所有关联的非居民企业（认定为境内常设机构）。

2. 20%的税率（实际是10%）

（1）适用于在中国境内未设立机构、场所，或者虽设立机构、场所但取得的所得与其所设机构、场所没有实际联系的非居民企业。

（2）小型微利企业优惠政策（见表1-1）。

①自2021年1月1日至2022年12月31日，对小型微利企业年应纳税所得额不超过100万元的部分，减按12.5%计入应纳税所得额，按20%的税率缴纳企业所得税。

②自2023年1月1日至2024年12月31日，对小型微利企业年应纳税所得额不超过100万元的部分，减按25%计入应纳税所得额，按20%的税率缴纳企业所得税。

③2022年1月1日至2024年12月31日，对小型微利企业年应纳税所得额超过100万元但不超过300万元的部分，减按25%计入应纳税所得额，按20%的税率缴纳企业所得税。

表1-1　小型微利企业优惠政策

类型	年应纳税所得额	项目	2019年	2020年	2021年	2022年	2023年	2024年
小型微利企业	税率		20%					
	不超过100万元的部分	减按计入应纳税所得额的比例	25%	25%	12.5%	12.5%	25%	25%
		综合税率	5%	5%	2.5%	2.5%	5%	5%
	超过100万元但不超过300万元的部分	减按计入应纳税所得额的比例	50%	50%	50%	25%	25%	25%
		综合税率	10%	10%	10%	5%	5%	5%
	等于300万元	综合税率	8.33%	8.33%	7.50%	4.17%	5%	5%
超过300万元的情况下，全部年应纳税所得额不再分段计算，税率为25%。								

3. 15%的税率

高新企业、先进集成电路生产企业（2011年起）、技术先进型服务企业（2017年起、服务贸易类2018年起）、西部大开发鼓励类产业（2020—2030）；第三方污染防治企业（2019—2021）；海南自贸港鼓励类产业（2020—2014）；上海自贸区临港新片区重点产业（2020年起，设立5年内减按15%税率）适用于15%的税率。

西部大开发鼓励类产业（2011—2030）（2011 年开始到 2020 年也是 15%，后又从 2021 年延长至 2030 年）。

第三方污染防治企业（2019—2023）（财政部 税务总局公告 2022 年第 4 号延长了）。

海南自贸港鼓励类产业（2020—2024）。

三、应纳税所得额的基本构成

（一）一般规定

企业的收入总额包括以货币形式和非货币形式从各种来源取得的收入，具体有：销售货物收入，提供劳务收入，转让财产收入，股息、红利等权益性投资收益，利息收入，租金收入，特许权使用费收入，接受捐赠收入，其他收入。

（二）收入总额

1. 销售货物收入

销售货物收入是指企业销售商品、产品、原材料、包装物、低值易耗品以及其他存货取得的收入。

2. 提供劳务收入

提供劳务收入是指企业从事建筑安装、修理修配、交通运输、仓储租赁、金融保险、邮电通信、咨询经纪、文化体育、科学研究、技术服务、教育培训、餐饮住宿、中介代理、卫生保健、社区服务、旅游、娱乐、加工以及其他劳务服务活动取得的收入。

3. 转让财产收入

转让财产收入是指企业转让固定资产、生物资产、无形资产、股权、债权等财产取得的收入。

4. 股息、红利等权益性投资收益

权益性投资收益是指企业因权益性投资从被投资方处取得的收入。

5. 利息收入

利息收入是指企业将资金提供给他人使用但不构成权益性投资，或者因他人占用本企业资金取得的收入，包括存款利息、贷款利息、债券利息、欠款利息等收入。

6. 租金收入

租金收入是指企业提供固定资产、包装物或者其他有形资产的使用权取得的收入。

7. 特许权使用费收入

特许权使用费收入是指企业提供专利权、非专利技术、商标权、著作权以及其他特许权的使用权取得的收入。

8. 接受捐赠收入

接受捐赠收入是指企业接受的来自其他企业、组织或者个人无偿给予的货币性资产、非货币性资产。

9. 其他收入

其他收入是指企业取得的除上述收入外的其他收入，包括企业资产溢余收入、逾期未退包装物押金收入、确实无法偿付的应付款项、已作坏账损失处理后又收回的应收款项、债务重组收入、补贴收入、违约金收入、汇兑收益等。

（三）扣除项目

1. 扣除项目的范围

《中华人民共和国企业所得税法》规定，企业实际发生的与取得收入有关的、合理的支出，包括成本、费用、税金、损失和其他支出，准予在计算应纳税所得额时扣除。

（1）成本。

成本是指企业在生产经营活动中发生的销售成本、销货成本、业务支出以及其他耗费，即企业销售商品（产品、材料、下脚料、废料、废旧物资等），提供劳务，转让固定资产、无形资产（包括技术转让）的成本。

（2）费用。

费用是指企业每一个纳税年度为生产、经营商品和提供劳务等所发生的销售（经营）费用、管理费用和财务费用。已经计入成本的有关费用除外。

（3）税金。

税金是指企业发生的除企业所得税和允许抵扣的增值税以外的企业缴纳的各项税金及其附加，即企业按规定缴纳的消费税、城市维护建设税、关税、资源税、土地增值税、房产税、车船税、城镇土地使用税、印花税、教育费附加等产品的销售税金及附加。

（4）损失。

损失是指企业在生产经营活动中发生的固定资产和存货的盘亏、毁损、报废损失，转让财产损失，呆账损失，坏账损失，自然灾害等不可抗力因素造成的损失以及其他损失。

（5）其他支出。

其他支出是指除成本、费用、税金、损失外，企业在生产经营活动中发生的与生产经营活动有关的合理的支出。

2. 扣除项目及其标准

在计算应纳税所得额时，下列项目可按照实际发生额或规定的标准扣除：

（1）工资、薪金支出。

企业发生的合理的工资、薪金支出准予据实扣除。工资、薪金支出是企业每一纳税年度支付给本企业任职或与其有雇佣关系的员工的所有现金或非现金形式的劳动报酬，包括基本工资、奖金、津贴、补贴、年终加薪、加班工资，以及与任职或者是受雇有关的其他支出。

（2）职工福利费、工会经费、职工教育经费。

企业发生的职工福利费、工会经费、职工教育经费按标准扣除，未超过标准的按实际数扣除，超过标准的当年只能按标准扣除，除职工教育经费外，超出标准的部分不得扣除，也不得在以后年度结转扣除。

①企业发生的职工福利费支出，不超过工资、薪金总额14%的部分准予扣除。

②企业拨缴的工会经费，不超过工资、薪金总额2%的部分准予扣除。

③企业发生的职工教育经费支出，自2018年1月1日起不超过工资、薪金总额8%的部分，准予在计算企业所得税应纳税所得额时扣除；超过部分，准予在以后纳税年度结转扣除。

（3）社会保险费。

企业依照国务院有关主管部门或者省级人民政府规定的范围和标准为职工缴纳的基本养老保险费、基本医疗保险费、失业保险费、工伤保险费、生育保险费等基本社会保险费和住房公积金，准予扣除。

自2008年1月1日起，企业根据国家有关政策规定，为在本企业任职或者受雇的全体员工支付的补充养老保险费、补充医疗保险费，分别在不超过职工工资总额5%标准内的部分，在计算应纳税所得额时准予扣除；超过的部分，不予扣除。

（4）利息费用。

企业在生产经营活动中发生的利息支出，按下列规定扣除：

①非金融企业向金融企业借款的利息支出、金融企业的各项存款利息支出和同业拆借利息支出、企业经批准发行债券的利息支出可据实扣除。

②非金融企业向非金融企业借款的利息支出，不超过按照金融企业同期同类贷款利率计算的数额的部分可据实扣除，超过部分不允许扣除。

“同期同类贷款利率”是指在贷款期限、贷款金额、贷款担保以及企业信誉等条件基本相同的情况下，金融企业提供贷款的利率。既可以是金融企业公布的同期同类平均利率，也可以是金融企业对某些企业提供的实际贷款利率。

③关联企业利息费用的扣除。

企业从其关联方接受的债权性投资与权益性投资的比例超过规定标准而发生的利息支出，不得在计算应纳税所得额时扣除。金融企业的债权比为5∶1；其他企业的债权比为2∶1。

（5）借款费用。

（6）业务招待费。

①企业发生的与生产经营活动有关的业务招待费支出，按照发生额的60%扣除，但最高不得超过当年销售（营业）收入的5‰。当年销售（营业）收入包括《中华人民共和国企业所得税法实施条例》第二十五条规定的视同销售（营业）收入额。

②企业在筹建期间，发生的与筹办活动有关的业务招待费支出，可按实际发生额的60%计入企业筹办费，并按有关规定在税前扣除。

（7）广告费和业务宣传费。

企业发生的符合条件的广告费和业务宣传费支出，除国务院财政、税务主管部门另有规定外，不超过当年销售（营业）收入15%的部分，准予扣除；超过部分，准予结转以后纳税年度扣除。

对部分行业广告费和业务宣传费税前扣除的特殊规定包括：

①2021年1月1日—2025年12月31日，对化妆品制造与销售、医药制造和饮料制造（不含酒类制造，下同）企业发生的广告费和业务宣传费支出，不超过当年销售（营业）收入30%的部分，准予扣除；超过部分，准予在以后纳税年度结转扣除。

②烟草企业的烟草广告费和业务宣传费支出，一律不得在计算应纳税所得额时扣除。

③企业在筹建期间发生的广告费和业务宣传费，可按实际发生额计入企业筹办费，并按有关规定在税前扣除。

（8）公益性捐赠支出。

企业当年发生以及以前年度结转的公益性捐赠支出，不超过年度利润总额12%的部分，准予扣除。超过年度利润总额12%的部分，准予以后三年内在计算应纳税所得额时结转扣除企业发生的公益性捐赠支出未在当年税前扣除的部分，准予向以后年度结转扣除，但结转年限自捐赠发生年度的次年起计算最长不得超过三年。企业在对公益性捐赠支出计算扣除时，应先扣除以前年度结转的捐赠支出，再扣除当年发生的捐赠支出。

（9）研发费用加计扣除。

①自2008年1月1日起，是指企业为开发新技术、新产品、新工艺发生的研究开发费用，未形成无形资产计入当期损益的，在按照规定据实扣除的基础上，按照研究开发费用的50%加计扣除；形成无形资产的，按照无形资产成本的150%摊销。

②企业开展研发活动中实际发生的研发费用，未形成无形资产计入当期损益的，在按规定据实扣除的基础上，在2018年1月1日至2023年12月31日期间，再按照实际发生额的75%在税前加计扣除；形成无形资产的，在上述期间按照无形资产成本的175%在税前摊销。

③制造业企业开展研发活动中实际发生的研发费用，未形成无形资产计入当期损益的，在按规定据实扣除的基础上，自 2021 年 1 月 1 日起，再按照实际发生额的 100% 在税前加计扣除；形成无形资产的，自 2021 年 1 月 1 日起，按照无形资产成本的 200% 在税前摊销。

④科技型中小企业开展研发活动中实际发生的研发费用，未形成无形资产计入当期损益的，在按规定据实扣除的基础上，自 2022 年 1 月 1 日起，再按照实际发生额的 100% 在税前加计扣除；形成无形资产的，自 2022 年 1 月 1 日起，按照无形资产成本的 200% 在税前摊销。

⑤高新技术企业在 2022 年 10 月 1 日至 2022 年 12 月 31 日期间新购置的设备、器具，允许当年一次性全额在计算应纳税所得额时扣除，并允许在税前实行 100% 加计扣除。

现行适用研发费用税前加计扣除比例 75% 的企业，在 2022 年 10 月 1 日至 2022 年 12 月 31 日期间，税前加计扣除比例提高至 100% 。

⑥企业开展研发活动中实际发生的研发费用，未形成无形资产计入当期损益的，在按规定据实扣除的基础上，自 2023 年 1 月 1 日起，再按照实际发生额的 100% 在税前加计扣除；形成无形资产的，自 2023 年 1 月 1 日起，按照无形资产成本的 200% 在税前摊销。

（四）资产的税务处理

1. 固定资产的税务处理

固定资产是指企业为生产产品、提供劳务、出租或者经营管理而持有的、使用时间超过 12 个月的非货币性资产，包括房屋、建筑物、机器、机械、运输工具以及其他与生产经营活动有关的设备、器具、工具等。

（1）固定资产的计税基础。

①外购的固定资产，以购买价款和支付的相关税费以及直接归属于使该资产达到预定用途发生的其他支出为计税基础。

②自行建造的固定资产，以竣工结算前发生的支出为计税基础。

③融资租入的固定资产，以租赁合同约定的付款总额和承租人在签订租赁合同过程中发生的相关费用为计税基础；租赁合同未约定付款总额的，以该资产的公允价值和承租人在签订租赁合同过程中发生的相关费用为计税基础。

④盘盈的固定资产，以同类固定资产的重置完全价值为计税基础。

⑤通过捐赠、投资、非货币性资产交换、债务重组等方式取得的固定资产，以该资产的公允价值和支付的相关税费为计税基础。

⑥改建的固定资产，除已足额提取折旧的固定资产和租入的固定资产以外的其他

固定资产，以改建过程中发生的改建支出增加计税基础。

（2）固定资产折旧的范围。

在计算应纳税所得额时，企业按照规定计算的固定资产折旧，准予扣除。下列固定资产不得计算折旧扣除：

①房屋、建筑物以外未投入使用的固定资产；

②以经营租赁方式租入的固定资产；

③以融资租赁方式租出的固定资产；

④已足额提取折旧仍继续使用的固定资产；

⑤与经营活动无关的固定资产；

⑥单独估价作为固定资产入账的土地。

（3）固定资产折旧的计提方法。

①企业应当自固定资产投入使用月份的次月起计算折旧；停止使用的固定资产，应当自停止使用月份的次月起停止计算折旧。

②企业应当根据固定资产的性质和使用情况，合理确定固定资产的预计净残值。固定资产的预计净残值一经确定，不得变更。

固定资产按照直线法计算的折旧，准予扣除。

（4）固定资产折旧的计提年限。

除国务院财政、税务主管部门另有规定外，固定资产计算折旧的最低年限如下：

①房屋、建筑物，为 20 年；

②飞机、火车、轮船、机器、机械和其他生产设备，为 10 年；

③与生产经营活动有关的器具、工具、家具等，为 5 年；

④飞机、火车、轮船以外的运输工具，为 4 年；

⑤电子设备，为 3 年。

从事开采石油、天然气等矿产资源的企业，在开始商业性生产前发生的费用和有关固定资产的折耗、折旧方法，由国务院财政、税务主管部门另行规定。

（5）加速折旧。

①自 2014 年 1 月 1 日起，对生物药品制造业，专用设备制造业，铁路、船舶、航空航天和其他运输设备制造业，计算机、通信和其他电子设备制造业，仪器仪表制造业，信息传输、软件和信息技术服务业等 6 个行业的企业，其新购进的固定资产，可缩短折旧年限或采取加速折旧的方法。对上述 6 个行业的小型微利企业自 2014 年 1 月 1 日后新购进的研发和生产经营共用的仪器、设备，单位价值不超过 100 万元的，允许一次性计入当期成本费用在计算应纳税所得额时扣除，不再分年度计算折旧；单位价值超过 100 万元的，可缩短折旧年限或采取加速折旧方法。

②2014 年 1 月 1 日后对所有行业企业新购进的专门用于研发的仪器、设备，单位价

值不超过100万元的，允许一次性计入当期成本费用在计算应纳税所得额时扣除，不再分年度计算折旧；单位价值超过100万元的，可缩短折旧年限或采取加速折旧的方法。

③对所有行业企业持有的单位价值不超过5 000元的固定资产，允许一次性计入当期成本费用在计算应纳税所得额时扣除，不再分年度计算折旧。

④2015年1月1日起，对轻工、纺织、机械、汽车等四个领域重点行业的企业新购进的固定资产，可由企业选择缩短折旧年限或采取加速折旧的方法。对上述行业的小型微利企业自2015年1月1日后新购进的研发和生产经营共用的仪器、设备，单位价值不超过100万元的，允许一次性计入当期成本费用在计算应纳税所得额时扣除，不再分年度计算折旧；单位价值超过100万元的，可由企业选择缩短折旧年限或采取加速折旧的方法。

⑤自2019年1月1日起，适用《财政部 国家税务总局关于完善固定资产加速折旧企业所得税政策的通知》（财税〔2014〕75号）和《财政部 国家税务总局关于进一步完善固定资产加速折旧企业所得税政策的通知》（财税〔2015〕106号）规定固定资产加速折旧优惠的行业范围，扩大至全部制造业领域。

⑥企业在2018年1月1日至2023年12月31日期间新购进的设备、器具，单位价值不超过500万元的，允许一次性计入当期成本费用在计算应纳税所得额时扣除，不再分年度计算折旧；单位价值超过500万元的，仍按《中华人民共和国企业所得税法实施条例》《财政部 国家税务总局关于完善固定资产加速折旧企业所得税政策的通知》（财税〔2014〕75号）《财政部 国家税务总局关于进一步完善固定资产加速折旧企业所得税政策的通知》（财税〔2015〕106号）等相关规定执行。所称设备、器具，是指除房屋、建筑物以外的固定资产。

2. 生物资产的税务处理

（1）生物资产的计税基础。

生产性生物资产按照以下方法确定计税基础：

①外购的生产性生物资产，以购买价款和支付的相关税费为计税基础。

②通过捐赠、投资、非货币性资产交换、债务重组等方式取得的生产性生物资产，以该资产的公允价值和支付的相关税费为计税基础。

（2）生物资产的折旧方法和折旧年限。

生产性生物资产按照直线法计算的折旧，准予扣除。企业应当自生产性生物资产投入使用月份的次月起计算折旧；停止使用的生产性生物资产，应当自停止使用月份的次月起停止计算折旧。

企业应当根据生产性生物资产的性质和使用情况，合理确定生产性生物资产的预计净残值。生产性生物资产的预计净残值一经确定，不得变更。

生产性生物资产计算折旧的最低年限如下：

①林木类生产性生物资产，为10年；

②畜类生产性生物资产，为3年。

3. 无形资产的税务处理

（1）无形资产的计税基础。

无形资产按照以下方法确定计税基础：

①外购的无形资产，以购买价款和支付的相关税费以及直接归属于使该资产达到预定用途发生的其他支出为计税基础。

②自行开发的无形资产，以开发过程中该资产符合资本化条件后至达到预定用途前发生的支出为计税基础。

③通过捐赠、投资、非货币性资产交换、债务重组等方式取得的无形资产，以该资产的公允价值和支付的相关税费为计税基础。

（2）无形资产摊销的范围。

在计算应纳税所得额时，企业按照规定计算的无形资产摊销费用，准予扣除。下列无形资产不得计算摊销费用扣除：

①自行开发的支出已在计算应纳税所得额时扣除的无形资产。

②自创商誉。

③与经营活动无关的无形资产。

（3）无形资产的摊销方法及年限。

无形资产的摊销，采取直线法计算。无形资产的摊销年限不得低于10年。

4. 长期待摊费用的税务处理

长期待摊费用是指企业发生的应在一个年度以上或几个年度进行摊销的费用。在计算应纳税所得额时，企业发生的下列支出作为长期待摊费用，按照规定摊销的，准予扣除：

（1）已足额提取折旧的固定资产的改建支出。

（2）租入固定资产的改建支出。

（3）固定资产的大修理支出。

税法所指固定资产的大修理支出，是指同时符合下列条件的支出：

①修理支出达到取得固定资产时的计税基础的50%以上；

②修理后固定资产的使用年限延长2年以上。

（4）其他应当作为长期待摊费用的支出。

其他应当作为长期待摊费用的支出，自支出发生月份的次月起，分期摊销，摊销年限不得低于3年。

5. 存货的税务处理

存货是指企业持有以备出售的产品或者商品、处在生产过程中的在产品、在生产或者提供劳务过程中耗用的材料和物料等。

（1）存货的计税基础。

存货按照以下方法确定成本：

①通过支付现金方式取得的存货，以购买价款和支付的相关税费为成本。

②通过支付现金以外的方式取得的存货，以该存货的公允价值和支付的相关税费为成本。

③生产性生物资产收获的农产品，以产出或者采收过程中发生的材料费、人工费和分摊的间接费用等必要支出为成本。

（2）存货的成本计算方法。

企业使用或者销售的存货的成本计算方法，可以在先进先出法、加权平均法、个别计价法中选用一种。计价方法一经选用，不得随意变更。

（五）亏损弥补

1. 税法规定，企业某一纳税年度发生的亏损可以用下一年度的所得弥补，下一年度的所得不足以弥补的，可以逐年延续弥补，但最长不得超过 5 年。而且，企业在汇总计算缴纳企业所得税时，其境外营业机构的亏损不得抵减境内营业机构的盈利。

（1）自 2018 年 1 月 1 日起，当年具备高新技术企业或科技型中小企业资格（以下统称“资格”）的企业，其具备资格年度之前 5 个年度发生的尚未弥补完的亏损，准予结转以后年度弥补，最长结转年限由 5 年延长至 10 年。

（2）自 2020 年 1 月 1 日起，国家鼓励的线宽小于 130 纳米（含）的集成电路生产企业，属于国家鼓励的集成电路生产企业清单年度之前 5 个纳税年度发生的尚未弥补完的亏损，准予向以后年度结转，总结转年限最长不得超过 10 年。

（3）受疫情影响较大的困难行业企业 2020 年度发生的亏损，最长结转年限由 5 年延长至 8 年。困难行业企业，包括交通运输、餐饮、住宿、旅游（指旅行社及相关服务、游览景区管理两类）四大类，具体判断标准按照现行《国民经济行业分类》执行。困难行业企业 2020 年度主营业务收入须占收入总额（剔除不征税收入和投资收益）的 50% 以上。

（4）对电影行业企业 2020 年度发生的亏损，最长结转年限由 5 年延长至 8 年。电影行业企业限于电影制作、发行和放映等企业，不包括通过互联网、电信网、广播电视网等信息网络传播电影的企业。

2. 企业筹办期间不计算为亏损年度，企业开始生产经营的年度，为开始计算企业损益的年度。

3. 税务机关对企业以前年度纳税情况进行检查时调增的应纳税所得额，凡企业以前年度发生亏损，且该亏损属于《中华人民共和国企业所得税法》规定允许弥补的，应允许调增的应纳税所得额弥补该亏损。

（六）企业清算的所得税处理

1. 企业清算的所得税处理包括以下内容：

（1）全部资产均应按可变现价值或交易价格，确认资产转让所得或损失；

（2）确认债权清理、债务清偿的所得或损失；

（3）改变持续经营核算原则，对预提或待摊性质的费用进行处理；

（4）依法弥补亏损，确定清算所得；

（5）计算并缴纳清算所得税；

（6）确定可向股东分配的剩余财产、应付股息等。

2. 企业的全部资产的可变现价值或交易价格，减除资产的计税基础、清算费用、相关税费，加上债务清偿损益等后的余额，为清算所得。

企业应将整个清算期作为一个独立的纳税年度计算清算所得。

3. 企业全部资产的可变现价值或交易价格减除清算费用，职工的工资、社会保险费用和法定补偿金，结清清算所得税、以前年度欠税等税款，清偿企业债务后的余额，按规定计算可以向所有者分配的剩余资产。

四、应纳税额的计算

（一）居民企业应纳税额的计算

居民企业应缴纳所得税额等于应纳税所得额乘以适用税率，基本计算公式为：

应纳税额＝应纳税所得额×适用税率－减免税额－抵免税额

在实际过程中，应纳税所得额的计算一般有两种方法。

1. 直接计算法

在直接计算法下，企业每一纳税年度的收入总额减除不征税收入、免税收入、各项扣除以及允许弥补的以前年度亏损后的余额为应纳税所得额。计算公式与前述相同，即：

应纳税所得额＝收入总额－不征税收入－免税收入－各项扣除金额－弥补亏损

2. 间接计算法

在间接计算法下，在会计利润总额的基础上加或减按照税法规定调整的项目金额，即为应纳税所得额。计算公式为：

应纳税所得额＝会计利润总额±纳税调整项目金额

纳税调整项目金额包括两方面的内容：一是企业财务会计制度规定的项目范围与税收法规规定的项目范围不一致应予以调整的金额；二是企业财务会计制度规定的扣

除标准与税法规定的扣除标准不一致的差异应予以调整的金额。

（二）境外所得抵扣税额的计算

1. 企业应按照《中华人民共和国企业所得税法》及其实施条例、税收协定以及相关规定，准确计算下列当期与抵免境外所得税有关的项目后，确定当期实际可抵免分国别（地区）的境外所得税税额和抵免限额：

（1）境内所得的应纳税所得额（以下称“境内应纳税所得额”）和分国别（地区）的境外所得的应纳税所得额（以下称“境外应纳税所得额”）；

（2）分国别（地区）的可抵免境外所得税税额；

（3）分国别（地区）的境外所得税的抵免限额。

企业不能准确计算上述项目的，在相应国家（地区）缴纳的税收均不得在该企业当期应纳税额中抵免，也不得结转以后年度抵免。

2. 企业应就其按照《中华人民共和国企业所得税法实施条例》第七条规定确定的中国境外所得（境外税前所得），按以下规定计算《中华人民共和国企业所得税法实施条例》第七十八条规定的境外应纳税所得额：

（1）居民企业在境外投资设立不具有独立纳税地位的分支机构，其来源于境外的所得，以境外收入总额扣除与取得境外收入有关的各项合理支出后的余额为应纳税所得额。各项收入、支出按《中华人民共和国企业所得税法》及其实施条例的有关规定确定。

居民企业在境外设立不具有独立纳税地位的分支机构取得的各项境外所得，无论是否汇回中国境内，均应计入该企业所属纳税年度的境外应纳税所得额。

（2）居民企业应就其来源于境外的股息、红利等权益性投资收益，以及利息、租金、特许权使用费、转让财产等收入，扣除按照《中华人民共和国企业所得税法》及其实施条例等规定计算的与取得该项收入有关的各项合理支出后的余额为应纳税所得额。

（3）非居民企业在境内设立机构、场所的，应就其发生在境外但与境内所设机构、场所有实际联系的各项应纳税所得，比照上述第（2）项的规定计算相应的应纳税所得额。

（4）在计算境外应纳税所得额时，企业为取得境内、境外所得而在境内、境外发生的共同支出，与取得境外应纳税所得有关的、合理的部分，应在境内、境外/［分国别（地区），下同］应税所得之间，按照合理比例进行分摊后扣除。

（5）在汇总计算境外应纳税所得额时，企业在境外同一国家（地区）设立不具有独立纳税地位的分支机构，按照《中华人民共和国企业所得税法》及其实施条例的有关规定计算的亏损，不得抵减其境内或他国（地区）的应纳税所得额，但可以用同一国家（地区）其他项目或以后年度的所得按规定弥补。

3. 可抵免境外所得税税额，是指企业来源于中国境外的所得依照中国境外税收法律以及相关规定应当缴纳并已实际缴纳的企业所得税性质的税款。但不包括：

（1）按照境外所得税法律及相关规定属于错缴或错征的境外所得税税款。

（2）按照税收协定规定不应征收的境外所得税税款。

（3）因少缴或迟缴境外所得税而追加的利息、滞纳金或罚款。

（4）境外所得税纳税人或者其利害关系人从境外征税主体得到实际返还或补偿的境外所得税税款。

（5）按照《中华人民共和国企业所得税法》及其实施条例规定，已经免征我国企业所得税的境外所得负担的境外所得税税款。

（6）按照国务院财政、税务主管部门有关规定已经从企业境外应纳税所得额中扣除的境外所得税税款。

五、税收优惠

税法规定的企业所得税的税收优惠方式包括免税、减税、加计扣除、加速折旧、减计收入、税额抵免等。

（一）免税收入

企业的下列收入为免税收入：一是国债利息收入；二是符合条件的居民企业之间的股息、红利等权益性投资收益；三是在中国境内设立机构、场所的非居民企业从居民企业取得与该机构、场所有实际联系的股息、红利等权益性投资收益；四是符合条件的非营利组织的收入。

（二）免征与减征优惠

企业的下列所得项目，可以免征、减征企业所得税；企业如果从事国家限制和禁止发展的项目，不得享受企业所得税优惠。

1. 从事农、林、牧、渔业项目的所得

企业从事农、林、牧、渔业项目的所得，包括免征和减征两部分。

（1）企业从事下列项目的所得，免征企业所得税：

①蔬菜、谷物、薯类、油料、豆类、棉花、麻类、糖料、水果、坚果的种植；

②农作物新品种的选育；

③中药材的种植；

④林木的培育和种植；

⑤牲畜、家禽的饲养；

⑥林产品的采集；

⑦灌溉、农产品初加工、兽医、农技推广、农机作业和维修等农、林、牧、渔服务业项目；

⑧远洋捕捞。

（2）企业从事下列项目的所得，减半征收企业所得税：

①花卉、茶以及其他饮料作物和香料作物的种植；

②海水养殖、内陆养殖。

2. 从事国家重点扶持的公共基础设施项目投资经营的所得

企业从事国家重点扶持的公共基础设施项目投资经营的所得，自项目取得第一笔生产经营收入所属纳税年度起，第1年至第3年免征企业所得税，第4年至第6年减半征收企业所得税。

3. 从事符合条件的环境保护、节能节水项目的所得

环境保护、节能节水项目的所得，自项目取得第一笔生产经营收入所属纳税年度起，第1年至第3年免征企业所得税，第4年至第6年减半征收企业所得税。

4. 符合条件的技术转让所得

税法所称符合条件的技术转让所得免征、减征企业所得税，是指一个纳税年度内，居民企业转让技术所有权所得不超过500万元的部分，免征企业所得税；超过500万元的部分，减半征收企业所得税。

5. 高新技术企业优惠

国家需要重点扶持的高新技术企业减按15%的税率征收企业所得税。

6. 小型微利企业优惠

小型微利企业减按20%的税率征收企业所得税。

7. 加计扣除优惠

加计扣除优惠包括两项内容：研发费用、企业安置残疾人员所支付的工资。

（1）研发费用加计扣除详细内容见本章（三）扣除项目第2条第9款。

（2）企业安置残疾人员所支付的工资的加计扣除，是指企业安置残疾人员的，在按照支付给残疾职工工资据实扣除的基础上，按照支付给残疾职工工资的100%加计扣除。残疾人员的范围适用《中华人民共和国残疾人保障法》的有关规定。

8. 税额抵免优惠

税额抵免，是指企业购置并实际使用《环境保护专用设备企业所得税优惠目录》《节能节水专用设备企业所得税优惠目录》和《安全生产专用设备企业所得税优惠目录》规定的环境保护、节能节水、安全生产等专用设备的，该专用设备的投资额的10%可以从企业当年的应纳税额中抵免；当年不足抵免的，可以在以后5个纳税年度结转抵免。

9. 非居民企业优惠

非居民企业减按10%的税率征收企业所得税。这里的非居民企业是指在中国境内未设立机构、场所，或者虽设立机构、场所但取得的所得与其所设机构、场所没有实际联系的企业。

10. 西部大开发的税收优惠

对设在西部地区的鼓励类产业企业减按15%的税率征收企业所得税。

六、源泉扣缴

为规范和加强非居民企业所得税源泉扣缴管理，对非居民企业取得来源于中国境内的股息、红利等权益性投资收益和利息、租金、特许权使用费所得，转让财产所得以及其他所得应当缴纳的企业所得税，实行源泉扣缴。

第四节　个人所得税

一、个人所得税的相关概念

（一）纳税人

个人所得税的纳税人是指在中国境内有住所，或者虽无住所但（一个纳税年度）在境内居住累计满183天；以及无住所又不居住或（一个纳税年度）居住不满183天但从中国境内取得所得的个人，包括中国公民、个体工商户、外籍个人，以及香港、澳门、台湾同胞等。

（二）扣缴义务人

以支付所得的单位或者个人为扣缴义务人。

（三）居民个人

在中国境内有住所，或者无住所而一个纳税年度内在中国境内居住累计满183天的个人，为居民个人。居民个人从中国境内和境外取得的所得，依照规定缴纳个人所得税。

（四）非居民个人

在中国境内无住所又不居住，或者无住所而一个纳税年度内在中国境内居住累计不满183天的个人，为非居民个人。非居民个人从中国境内取得的所得，依照本法规定缴纳个人所得税。

二、征税对象与税率

（一）征税对象

个人所得税的征税对象是个人取得的应税所得。

1. 工资、薪金所得

工资、薪金所得，是指个人因任职或者受雇而取得的工资、薪金、奖金、年终加薪、劳动分红、津贴、补贴以及与任职或者受雇有关的其他所得。

除工资、薪金以外，奖金、年终加薪、劳动分红、津贴、补贴也被确定为工资、薪金范畴。其中，年终加薪、劳动分红不分种类和取得情况，一律按工资、薪金所得课税；津贴、补贴等则有例外。

根据我国目前个人收入的构成情况，规定对于一些不属于工资、薪金性质的补贴、津贴或者不属于纳税人本人工资、薪金所得项目的收入，不予征税。这些项目包括：（1）独生子女补贴。（2）执行公务员工资制度未纳入基本工资总额的补贴、津贴差额和家属成员的副食品补贴。（3）托儿补助费。（4）差旅费津贴、误餐补助。其中，误餐补助是指按照财政部门规定，个人因公在城区、郊区工作，不能在工作单位或返回就餐，根据实际误餐顿数，按规定的标准领取的误餐费。单位以误餐补助名义发给职工的补助、津贴不包括在内。（5）符合条件的福利费。

2. 劳务报酬所得

劳务报酬所得，是指个人从事设计、装潢、安装、制图、化验、测试、医疗、法律、会计、咨询、讲学、新闻、广播、翻译、审稿、书画、雕刻、影视、录音、录像、演出、表演、广告、展览、技术服务、介绍服务、经纪服务、代办服务以及其他劳务报酬的所得。

3. 稿酬所得

稿酬所得，是指个人因其作品以图书报刊形式出版、发表而取得的所得。这里所说的作品，包括文学作品、书画作品、摄影作品，以及其他作品。

作者去世后，财产继承人取得的遗作稿酬，亦应征收个人所得税。

创作的影视分镜头剧本作为文学创作而在书报杂志上出版、发表取得的所得，应按“稿酬所得”应税项目计征个人所得税。

除报刊、杂志、出版等单位的职员外，其他人员在本单位的报刊、杂志上发表作品取得的所得，应按“稿酬所得”项目征收个人所得税。

出版社的专业作者撰写、编写或翻译的作品，由本社以图书形式出版而取得的稿费收入，应按“稿酬所得”项目计算缴纳个人所得税。

4. 特许权使用费所得

特许权使用费所得，是指个人提供专利权、商标权、著作权、非专利技术以及其他特许权的使用权取得的所得。提供著作权的使用权的所得，不包括稿酬所得。

5. 经营所得

（1）个体工商户从事生产、经营活动取得的所得，个人独资企业投资人、合伙企业的个人合伙人来源于境内注册的个人独资企业、合伙企业生产、经营的所得（不含个人独资企业和合伙企业对外投资分回的利息股息红利）。

（2）个人依法从事办学、医疗、咨询以及其他有偿服务活动取得的所得。

（3）个人对企业、事业单位承包经营、承租经营以及转包、转租取得的所得。

（4）个人从事其他生产、经营活动取得的所得。

6. 利息、股息、红利所得

7. 财产租赁所得

8. 财产转让所得

9. 偶然所得

（二）税率

个人所得税区分不同个人所得项目，规定了超额累进税率和比例税率两种形式。

1. 综合所得（工资薪金所得、劳务报酬所得、稿酬所得、特许权使用费所得），适用3%—45%的七级超额累进税率。

2. 经营所得，适用5%—35%的五级超额累进税率。

3. 财产租赁所得，财产转让所得，利息、股息、红利所得，偶然所得适用20%的比例税率。

三、应纳税所得额的确定

（一）应纳税所得额的一般规定

个人所得税的应纳税所得额是个人取得的各项收入减去税法规定的扣除项目或扣除金额之后的余额。

1. 收入的形式

个人所得的形式，包括现金、实物、有价证券和其他形式的经济利益。纳税人的所得为实物的，应当按照所取得的凭证上注明的价格计算应纳税所得额；无凭证的实物或者凭证上所注明的价格明显偏低的，参照市场价格核定应纳税所得额；纳税人的所得为有价证券的，根据票面价格和市场价格核定应纳税所得额；所得为其他形式的经济利益的，参照市场价格核定应纳税所得额。

2. 费用扣除的方法

在计算应纳税所得额时，除特殊项目外，一般允许从个人的应纳税收入中减去税法规定的扣除项目或扣除金额，包括为取得收入所支出的必要的成本或费用。

（1）对综合所得（工资、薪金所得，劳务报酬所得，稿酬所得，特许权使用费所得）涉及的个人生计费用，采取定额和定率扣除的办法。

（2）对经营所得（个体工商户的生产、经营所得和对企事业单位的承包经营、承租经营所得）及财产转让所得，涉及生产、经营有关成本或费用的支出，采取会计核算办法扣除有关成本、费用或规定的必要费用。

（3）对财产租赁所得，因涉及既要按一定比例合理扣除费用，又要避免扩大征税范围等两个需同时兼顾的因素，故采取定额和定率两种扣除办法。

（4）利息、股息、红利所得和偶然所得，因不涉及必要费用的支付，所以规定不得扣除任何费用。

（二）应纳税所得额的特殊规定

1. 个人将其所得通过中国境内的社会团体（公益性社会组织）、国家机关向教育、扶贫、济困等公益慈善事业的捐赠，捐赠额未超过纳税人申报的应纳税所得额30%的部分，可以从应纳税所得额中扣除，超过部分不得扣除。

2. 个人捐赠住房作为公共租赁住房，符合税收法律法规规定的，对其公益性捐赠支出未超过其申报的应纳税所得额30%的部分，准予从其应纳税所得额中扣除。

3. 企业、事业单位、社会团体和个人等社会力量，通过非营利性的社会团体和国家机关（包括中国红十字会）向红十字事业的捐赠，在计算缴纳个人所得税时准予全额扣除。

4. 企业、事业单位、社会团体和个人等社会力量，对公益性青少年活动场所（其中包括新建），农村义务教育，福利性、非营利性的老年服务机构的捐赠，在计算缴纳个人所得税时准予全额扣除。

5. 个人捐赠北京2022年冬奥会、冬残奥会、测试赛的资金和物资支出在计算缴纳个人所得税时准予全额扣除。

四、应纳税额计算

由于个人所得税采取分项计税的办法，每项个人收入的扣除范围和扣除标准不尽相同，应纳税所得额的计算方法存在差异，下面分别介绍应纳税所得额的确定和应纳税所得额的计算方法。

（一）居民个人预扣预缴办法

扣缴义务人向居民个人支付工资、薪金所得，劳务报酬所得，稿酬所得，特许权使用费所得时，按以下方法预扣预缴个人所得税，并向主管税务机关报送“个人所得税扣缴申报表”。年度预扣预缴税额与年度应纳税额不一致的，由居民个人于次年3月1日至6月30日向主管税务机关办理综合所得年度汇算清缴，税款多退少补。

1. 扣缴义务人向居民个人支付工资、薪金所得时，应当按照累计预扣法计算预扣税款，并按月办理全员全额扣缴申报。对上一完整纳税年度内每月均在同一单位预扣预缴工资、薪金所得个人所得税且全年工资、薪金收入不超过6万元的居民个人，扣缴义务人在预扣预缴本年度工资、薪金所得个人所得税时，累计减除费用自1月起直接按照全年6万元计算扣除。即在纳税人累计收入不超过6万元的月份，暂不预扣预缴个人所得税；在其累计收入超过6万元的当月及年内后续月份，再预扣预缴个人所得税。

累计预扣法，是指扣缴义务人在一个纳税年度内预扣预缴税款时，以纳税人在本单位截至当前月份工资、薪金所得累计收入减除累计免税收入、累计减除费用、累计专项扣除、累计专项附加扣除和累计依法确定的其他扣除后的余额为累计预扣预缴应纳税所得额，适用表1-2所示的预扣率，计算累计应预扣预缴税额，再减除累计减免税额和累计已预扣预缴税额，其余额为本期应预扣预缴税额。余额为负值时，暂不退税。纳税年度终了后余额仍为负值时，由纳税人通过办理综合所得年度汇算清缴，税款多退少补。

表1-2　　个人所得税预扣率

（居民个人工资、薪金所得预扣预缴适用）

级数	累计预扣预缴应纳税所得额	预扣率	速算扣除数
1	不超过36 000元的部分	3%	0
2	超过36 000元至144 000元的部分	10%	2 520
3	超过144 000元至300 000元的部分	20%	16 920
4	超过300 000元至420 000元的部分	25%	31 920
5	超过420 000元至660 000元的部分	30%	52 920
6	超过660 000元至960 000元的部分	35%	85 920
7	超过960 000元的部分	45%	181 920

具体计算公式如下：

本期应预扣预缴税额=（累计预扣预缴应纳税所得额×预扣率-速算扣除数）-累计减免税额-累计已预扣预缴税额

累计预扣预缴应纳税所得额=累计收入-累计免税收入-累计减除费用-累计专项扣除-累计专项附加扣除-累计依法确定的其他扣除

其中：累计减除费用，按照5 000元/月乘以纳税人当年截至本月在本单位的任职受雇月份数计算。

2. 劳务报酬所得、稿酬所得、特许权使用费所得以收入减除费用后的余额为收入额；其中，稿酬所得的收入额减按70%计算。

①劳务报酬所得：每次收入不超过4 000元的，预扣预缴税额 = （收入 －800）× 预扣率；

每次收入4 000元以上的，预扣预缴税额 = （1 －20%）× 预扣率。

②稿酬所得：每次收入不超过4 000元的，预扣预缴税额 = （收入 －800）×70% ×20%；

每次收入4 000元以上的，预扣预缴税额 = 收入 ×（1 －20%）×70% ×20%。

③特许权使用费：每次收入不超过4 000元的，预扣预缴税额 = （收入 －800）×20%；

每次收入4 000元以上的，预扣预缴税额 = 收入 ×（1 －20%）×20%。

（二）个人所得税综合所得汇算清缴内容

1. 居民个人取得综合所得，按年计算个人所得税；有扣缴义务人的，由扣缴义务人按月或者按次预扣预缴税款；需要办理汇算清缴的，应当在取得所得的次年3月1日至6月30日办理。

居民个人（以下称“纳税人”）的综合所得，以每一纳税年度的工资薪金、劳务报酬、稿酬、特许权使用费等四项所得（以下称“综合所得”）收入额，减除基本费用60 000元以及专项扣除、专项附加扣除、依法确定的其他扣除和符合条件的公益慈善事业捐赠（以下简称“捐赠”）后的余额，为应纳税所得额。计算公式为：

综合所得 = 综合所得收入额 －60 000元 － “三险一金”等专项扣除 － 子女教育等专项附加扣除 － 依法确定的其他扣除 － 捐赠

以居民个人一个纳税年度的应纳税所得额为限额；一个纳税年度扣除不完的，不结转以后年度扣除。

依据税法规定，年度汇算不涉及财产租赁等分类所得，以及纳税人按规定选择不并入综合所得计算纳税的全年一次性奖金等所得。

2. 无须办理年度汇算的纳税人

依据税法规定，纳税人在纳税年度内已依法预缴个人所得税且符合下列情形之一的，无须办理午度汇算：

（1）年度汇算需补税但综合所得收入全年不超过12万元的；

（2）年度汇算需补税金额不超过400元的；

（3）已预缴税额与年度汇算应纳税额一致的；

（4）符合年度汇算退税条件但不申请退税的。

3. 需要办理年度汇算的纳税人

符合下列情形之一的，纳税人需办理年度汇算：

（1）已预缴税额大于年度汇算应纳税额且申请退税的；

（2）纳税年度内取得的综合所得收入超过12万元且需要补税金额超过400元的。

因适用所得项目错误或者扣缴义务人未依法履行扣缴义务，造成纳税年度内少申报或者未申报综合所得的，纳税人应当依法据实办理年度汇算。

4. 可享受的税前扣除

下列在纳税年度内发生的，且未申报扣除或未足额扣除的税前扣除项目，纳税人可在年度汇算期间填报扣除或补充扣除：

（1）纳税人及其配偶、未成年子女符合条件的大病医疗支出；

（2）纳税人符合条件的子女教育、继续教育、住房贷款利息或住房租金、赡养老人专项附加扣除，以及减除费用、专项扣除、依法确定的其他扣除；

（3）纳税人符合条件的公益慈善事业捐赠。

（4）符合条件的个人养老金扣除。

同时取得综合所得和经营所得的纳税人，可在综合所得或经营所得中申报减除费用6万元、专项扣除、专项附加扣除以及依法确定的其他扣除，但不得重复申报减除。

5. 受理年度汇算申报的税务机关

按照方便就近原则，纳税人自行办理或受托人为纳税人代为办理年度汇算的，向纳税人任职受雇单位的主管税务机关申报；有两处及以上任职受雇单位的，可自主选择向其中一处申报。

纳税人没有任职受雇单位的，向其户籍所在地、经常居住地或者主要收入来源地的主管税务机关申报。主要收入来源地，是指一个纳税年度内向纳税人累计发放劳务报酬、稿酬及特许权使用费金额最大的扣缴义务人所在地。

单位为纳税人代办年度汇算的，向单位的主管税务机关申报。

为方便纳税服务和征收管理，年度汇算期结束后，税务部门将为尚未办理申报的纳税人确定主管税务机关。

6. 年度汇算的退税、补税

（1）办理退税。

纳税人申请年度汇算退税，应当提供其在中国境内开设的符合条件的银行账户。税务机关按规定审核后，按照国库管理有关规定，在《国家税务总局关于办理2020年度个人所得税综合所得汇算清缴事项的公告》（国家税务总局公告2021年第2号）第九条确定的接受年度汇算申报的税务机关所在地（即汇算清缴地）就地办理税款退库。纳税人未提供本人有效银行账户，或者提供的信息资料有误的，税务机关将通知纳税人更正，纳税人按要求更正后依法办理退税。

为方便办理退税，综合所得全年收入额不超过6万元且已预缴个人所得税的纳税人，可选择使用个税 APP 及网站提供的简易申报功能，便捷办理年度汇算退税。

申请 2022 年度汇算退税的纳税人，如存在应当办理 2021 年及以前年度汇算补税但未办理，或者经税务机关通知 2021 年及以前年度汇算申报存在疑点但未更正或说明情况的，需在办理 2021 年及以前年度汇算申报补税、更正申报或者说明有关情况后依法申请退税。

（2）办理补税。

纳税人办理年度汇算补税的，可以通过网上银行、办税服务厅 POS 机刷卡、银行柜台、非银行支付机构等方式缴纳。邮寄申报并补税的，纳税人需通过自然人电子税务局或者主管税务机关办税服务厅及时关注申报进度并缴纳税款。

年度汇算需补税的纳税人，年度汇算期结束后未足额补缴税款的，税务机关将依法加收滞纳金，并在其“个人所得税纳税记录”中予以标注。

纳税人因申报信息填写错误造成年度汇算多退或少缴税款的，纳税人主动或经税务机关提醒后及时改正的，税务机关可以按照“首违不罚”原则免予处罚。

（三）经营所得的计税方法

1. 个体工商户的生产、经营所得适用五级超额累进税率，以其应纳税所得额按适用税率计算应纳税额。其计算公式为：

应纳税额 = 应纳税所得额 × 适用税率 - 速算扣除数

在实际工作中，需要分别计算按月预缴税额和年终汇算清缴税额。

其计算公式为：

本月应预缴税额 = 本月累计应纳税所得额 × 适用税率 - 速算扣除数 - 上月累计已预缴税额

全年应纳税额 = 全年应纳税所得额 × 适用税率 - 速算扣除数汇算清缴税额 = 全年应纳税额 - 全年累计已预缴税额所得

自 2021 年 1 月 1 日至 2022 年 12 月 31 日，对个体工商户经营所得年应纳税所得额不超过 100 万元的部分，在现行优惠政策基础上，再减半征收个人所得税。个体工商户不区分征收方式，均可享受优惠政策。

减免税额 =（个体工商户经营所得应纳税所得额不超过 100 万元部分的应纳税额 - 其他政策减免税额 × 个体工商户经营所得应纳税所得额不超过 100 万元部分 ÷ 经营所得应纳税所得额）×（1 - 50%）。

2. 个人独资企业和合伙企业投资者

（1）投资者兴办两个或两个以上企业应纳税额的计算方法。

应纳税额的具体计算方法为：汇总其投资兴办的所有企业的经营所得作为应纳税所得额，以此确定适用税率，计算出全年经营所得的应纳税额，再根据每个企业的经营所得占所有企业经营所得的比例，分别计算出每个企业的应纳税额和应补缴税额。

计算公式如下：

应纳税所得额 = ∑各个企业的经营所得

应纳税额 = 应纳税所得额 × 税率 − 速算扣除数

本企业应纳税额 = 应纳税额 × 本企业的经营所得 ÷ ∑各个企业的经营所得

本企业应补缴的税额 = 本企业应纳税额 − 本企业预缴的税额

（2）个人独资企业和合伙企业不允许核定。

（3）企事业单位承包经营、承租经营所得应纳税所得额的计算。

2018 年新版个税实施条例将企事业单位承包经营、承租经营所得并入经营所得或综合所得。企事业单位承包经营、承租经营所得应纳税所得额 = 该年度承包、承租经营收入额 −（5 000 × 该年度实际承包、承租经营月份数）

应纳税额 = 应纳税所得额 × 适用税率 − 速算扣除数

（四）利息、股息、红利所得的计税方法

利息、股息、红利所得适用 20% 的比例税率。其应纳税额的计算公式为：

应纳税额 = 应纳税所得额（每次收入额）× 适用税率

（五）财产租赁所得的计税方法

每次（月）收入不超过 4 000 元，其计算公式为：

应纳税所得额 = 每次（月）收入额 − 准予扣除项目 − 修缮费用（800 元为限）− 800 元

每次（月）每次（月）收入超过 4 000 元，其计算公式为：

应纳税所得额 = 每次（月）收入额 − 准予扣除项目 − 修缮费用（800 元为限）×（1 − 20%）

财产租赁所得适用 20% 的比例税率。

但对个人按市场价格出租的居民住房取得的所得，自 2001 年 1 月 1 日起暂减按 10% 的税率征收个人所得税。其应纳税额的计算公式为：

应纳税额 = 应纳税所得额 × 适用税率

（六）财产转让所得的计税方法

应纳税所得额 = 每次收入额 − 财产原值 − 合理税费应纳税额

应纳税额 = 应纳税所得额 × 适用税率（六）偶然所得的计税方法

偶然所得适用 20% 的比例税率，其应纳税额的计算公式为：

应纳税额 = 应纳税所得额（每次收入额）× 适用税率

五、减免税优惠

（一）免税项目

根据《中华人民共和国个人所得税法》和相关法规、政策，对下列各项个人所得，免征个人所得税：

（1）省级人民政府、国务院部委和中国人民解放军军级以上单位，以及外国组织、国际组织颁发的科学、教育、技术、文化、卫生、体育、环境保护等方面的奖金；

（2）国债和国家发行的金融债券利息；

（3）按照国家统一规定发给的补贴、津贴；

（4）福利费、抚恤金、救济金；

（5）保险赔款；

（6）军人的转业费、复员费、退役金；

（7）按照国家统一规定发给干部、职工的安家费、退职费、基本养老金或者退休费、离休费、离休生活补助费；

（8）依照有关法律规定应予免税的各国驻华使馆、领事馆的外交代表、领事官员和其他人员的所得；

（9）中国政府参加的国际公约、签订的协议中规定免税的所得；

（10）国务院规定的其他免税所得。

（二）减税项目

有下列情形之一的，可以减征个人所得税，具体幅度和期限，由省、自治区、直辖市人民政府规定，并报同级人民代表大会常务委员会备案：

（1）残疾、孤老人员和烈属的所得；

（2）因严重自然灾害造成重大损失的；

（3）国务院可以规定其他减税情形，报全国人民代表大会常务委员会备案。

（三）暂免征税项目

1. 外籍个人以非现金形式或实报实销形式取得的住房补贴、伙食补贴、搬迁费、洗衣费。

2. 外籍个人按合理标准取得的境内、境外出差补贴。

3. 外籍个人取得的探亲费、语言训练费、子女教育费等。

4. 外籍个人从外商投资企业取得的股息、红利所得。

5. 凡符合下列条件之一的外籍专家取得的工资、薪金所得，可免征个人所得税。

（1）根据世界银行专项贷款协议由世界银行直接派往我国工作的外国专家；

（2）联合国组织直接派往我国工作的专家；

（3）为联合国援助项目来华工作的专家；

（4）援助国派往我国专为该国无偿援助项目工作的专家；

（5）根据两国政府签订文化交流项目来华工作两年以内的文教专家，其工资、薪金所得由该国负担的；

（6）根据我国大专院校国际交流项目来华工作两年以内的文教专家，其工资、薪金所得由该国负担的；

（7）通过民间科研协定来华工作的专家，其工资、薪金所得由该国政府机构负担的。

6. 个人举报、协查各种违法、犯罪行为而获得的奖金。

7. 个人办理代扣代缴手续，按规定取得的扣缴手续费。

8. 个人转让自用达5年以上，并且是唯一的家庭生活用房取得的所得。

9. 对个人购买社会福利有奖募捐奖券体育彩票，一次中奖收入在1万元以下（含）的暂免征收个人所得税，超过1万元的，全额征收个人所得税。

10. 达到离休、退休年龄，但确因工作需要，适当延长离休、退休年龄的高级专家（指享受国家发放的政府特殊津贴的专家、学者），其在延长离休、退休期间的工资、薪金所得，视同离休、退休工资免征个人所得税。

11. 企事业单位按照国家或省（自治区、直辖市）人民政府规定的缴费比例或办法实际缴付的基本养老保险费、基本医疗保险费和失业保险费，免予征收个人所得税。

12. 个人领取原提存的住房公积金、医疗保险金、基本养老保险金，以及具备《失业保险条例》规定条件的失业人员领取的失业保险金，免予征收个人所得税。

13. 按照国家或省级地方政府规定的比例缴付的住房公积金、医疗保险金、基本养老保险金、失业保险金存入银行个人账户所取得的利息所得，免予征收个人所得税。

14. 生育妇女按照县级以上人民政府根据国家有关规定制定的生育保险办法，取得的生育津贴、生育医疗费或其他属于生育保险性质的津贴、补贴，免予征收个人所得税。

15. 个人根据国家有关政策规定缴付的年金个人缴费部分，在不超过本人缴费工资计税基数的4%标准内的部分，暂从个人当期的应纳税所得额中扣除。个人达到国家规定的退休年龄，领取的企业年金、职业年金，符合《财政部 人力资源社会保障部 国家税务总局关于企业年金 职业年金个人所得税有关问题的通知》（财税〔2013〕103号）规定的，不并入综合所得，全额单独计算应纳税款。其中按月领取的，适用月度税率表计算纳税；按季领取的，平均分摊计入各月，按每月领取额适用月度税率表计算纳税；按年领取的，适用综合所得税率表计算纳税。

六、征收管理

（一）申报纳税方式

个人所得税的申报纳税方式主要有三种，即由本人直接申报纳税，委托他人代为申报纳税，以及采用邮寄方式在规定的申报期内申报纳税。其中，采取邮寄申报纳税的，以寄出地的邮戳日期为实际申报日期。

（二）申报纳税地点

申报纳税地点一般应为收入来源地的税务机关。但是，纳税人在两处或两处以上取得工资、薪金所得的，可选择并固定在一地税务机关申报纳税；从境外取得所得的，应向境内户籍所在地或经常居住地税务机关申报纳税。

对在中国境内几地工作或提供劳务的临时来华人员，应以税法所规定的申报纳税日期为准，在某一地区达到申报纳税的日期，即应在该地申报纳税。但为了方便纳税，也可准予个人提出申请，经批准后固定在一地申报纳税。对由在华企业或办事机构发放工资、薪金的外籍纳税人，由在华企业或办事机构集中向当地税务机关申报纳税。

纳税人要求变更申报纳税地点的，须经原主管税务机关备案。

（三）申报纳税期限

1. 居民个人取得综合所得，按年计算个人所得税；有扣缴义务人的，由扣缴义务人按月或者按次预扣预缴税款；需要办理汇算清缴的，应当在取得所得的次年 3 月 1 日至 6 月 30 日内办理汇算清缴。

居民个人向扣缴义务人提供专项附加扣除信息的，扣缴义务人按月预扣预缴税款时应当按照规定予以扣除，不得拒绝。

非居民个人取得工资、薪金所得，劳务报酬所得，稿酬所得和特许权使用费所得，有扣缴义务人的，由扣缴义务人按月或者按次代扣代缴税款，不办理汇算清缴。

2. 纳税人取得经营所得，按年计算个人所得税，由纳税人在月度或者季度终了后 15 日内向税务机关报送纳税申报表，并预缴税款；在取得所得的次年 3 月 31 日前办理汇算清缴。纳税人取得利息、股息、红利所得，财产租赁所得，财产转让所得和偶然所得，按月或者按次计算个人所得税，有扣缴义务人的，由扣缴义务人按月或者按次代扣代缴税款。

3. 纳税人取得应税所得没有扣缴义务人的，应当在取得所得的次月 15 日内向税务机关报送纳税申报表，并缴纳税款。

4. 纳税人取得应税所得，扣缴义务人未扣缴税款的，纳税人应当在取得所得的次年6月30日前，缴纳税款；税务机关通知限期缴纳的，纳税人应当按照期限缴纳税款。

5. 居民个人从中国境外取得所得的，应当在取得所得的次年3月1日至6月30日内申报纳税。

6. 非居民个人在中国境内从两处以上取得工资、薪金所得的，应当在取得所得的次月15日内申报纳税。

7. 纳税人因移居境外注销中国户籍的，应当在注销中国户籍前办理税款清算。

8. 扣缴义务人每月或者每次预扣、代扣的税款，应当在次月15日内缴入国库，并向税务机关报送“扣缴个人所得税申报表”。

纳税人办理汇算清缴退税或者扣缴义务人为纳税人办理汇算清缴退税的，税务机关审核后，按照国库管理的有关规定办理退税。

七、专项附加扣除

专项附加扣除，是指《中华人民共和国个人所得税法》规定的子女教育、继续教育、大病医疗、住房贷款利息或者住房租金、赡养老人等6项专项附加扣除。

（一）子女教育专项附加扣除

1. 纳税人的子女接受全日制学历教育的相关支出，按照每个子女每月1 000元的标准定额扣除。

学历教育包括义务教育（小学、初中教育）、高中阶段教育（普通高中、中等职业、技工教育）、高等教育（大学专科、大学本科、硕士研究生、博士研究生教育）。

年满3岁至小学入学前处于学前教育阶段的子女，按上述的规定执行。

2. 父母可以选择由其中一方按扣除标准的100%扣除，也可以选择由双方分别按扣除标准的50%扣除，具体扣除方式在一个纳税年度内不能变更。

3. 纳税人子女在中国境外接受教育的，纳税人应当留存境外学校录取通知书、留学签证等相关教育的证明资料备查。

（二）继续教育专项附加扣除

1. 纳税人在中国境内接受学历（学位）继续教育的支出，在学历（学位）教育期间按照每月400元定额扣除。同一学历（学位）继续教育的扣除期限不能超过48个月。纳税人接受技能人员职业资格继续教育、专业技术人员职业资格继续教育的支出，在取得相关证书的当年，按照3 600元定额扣除。

2. 个人接受本科及以下学历（学位）继续教育，符合规定扣除条件的，可以选择由其父母扣除，也可以选择由本人扣除。

3. 纳税人接受技能人员职业资格继续教育、专业技术人员职业资格继续教育的，应当留存相关证书等资料备查。

（三）大病医疗专项附加扣除

1. 在一个纳税年度内，纳税人发生的与基本医保相关的医药费用支出，扣除医保报销后个人负担（指医保目录范围内的自付部分）累计超过 15 000 元的部分，由纳税人在办理年度汇算清缴时，在 80 000 元限额内据实扣除。

2. 纳税人发生的医药费用支出可以选择由本人或者其配偶扣除；未成年子女发生的医药费用支出可以选择由其父母一方扣除。

纳税人及其配偶、未成年子女发生的医药费用支出，按规定分别计算扣除额。

3. 纳税人应当留存医药服务收费及医保报销相关票据原件（或者复印件）等资料备查。医疗保障部门应当向患者提供在医疗保障信息系统记录的本人年度医药费用信息查询服务。

（四）住房贷款利息专项附加扣除

1. 纳税人本人或者配偶单独或者共同使用商业银行或者住房公积金个人住房贷款为本人或者其配偶购买中国境内住房，发生的首套住房贷款利息支出，在实际发生贷款利息的年度，按照每月 1 000 元的标准定额扣除，扣除期限最长不超过 240 个月。纳税人只能享受一次首套住房贷款的利息扣除。

上述所称首套住房贷款是指购买住房享受首套住房贷款利率的住房贷款。

2. 经夫妻双方约定，可以选择由其中一方扣除，具体扣除方式在一个纳税年度内不能变更。

夫妻双方婚前分别购买住房发生的首套住房贷款，其贷款利息支出，婚后可以选择其中一套购买的住房，由购买方按扣除标准的 100% 扣除，也可以由夫妻双方对各自购买的住房分别按扣除标准的 50% 扣除，具体扣除方式在一个纳税年度内不能变更。

3. 纳税人应当留存住房贷款合同、贷款还款支出凭证备查。

（五）住房租金专项附加扣除

1. 纳税人在主要工作城市没有自有住房而发生的住房租金支出，可以按照以下标准定额扣除：

（1）直辖市、省会（首府）城市、计划单列市以及国务院确定的其他城市，扣除标准为每月 1 500 元。

（2）除上述（1）所列城市以外，市辖区户籍人口超过 100 万的城市，扣除标准为每月 1 100 元；市辖区户籍人口不超过 100 万的城市，扣除标准为每月 800 元。

2. 纳税人的配偶在纳税人的主要工作城市有自有住房的，视同纳税人在主要工作城市有自有住房。

市辖区户籍人口，以国家统计局公布的数据为准。

3. 住房租金支出由签订租赁住房合同的承租人扣除。

4. 纳税人及其配偶在一个纳税年度内不能同时分别享受住房贷款利息和住房租金专项附加扣除。

5. 纳税人应当留存住房租赁合同、协议等有关资料备查。

（六）赡养老人专项附加扣除

1. 纳税人赡养一位及以上被赡养人的赡养支出，统一按照以下标准定额扣除：

（1）纳税人为独生子女的，按照每月 2 000 元的标准定额扣除。

（2）纳税人为非独生子女的，由其与兄弟姐妹分摊每月 2 000 元的扣除额度，每人分摊的额度不能超过每月 1 000 元。可以由赡养人均摊或者约定分摊，也可以由被赡养人指定分摊。约定或者指定分摊的须签订书面分摊协议，指定分摊优先于约定分摊。具体分摊方式和额度在一个纳税年度内不能变更。

2. 被赡养人是指年满 60 岁的父母，以及子女均已去世的年满 60 岁的祖父母、外祖父母。

专项附加扣除相关信息，包括纳税人本人、配偶、子女、被赡养人等个人身份信息，以及国务院税务主管部门规定的其他与专项附加扣除相关的信息。

规定纳税人需要留存备查的相关资料应当留存 5 年。

（七）3 岁以下婴幼儿照护专项附加扣除

自 2022 年 1 月 1 日起，纳税人照护 3 岁以下婴幼儿子女的相关支出，按照每个婴幼儿每月 1 000 元的标准定额扣除。父母可以选择由其中一方按扣除标准的 100% 扣除，也可以选择由双方分别按扣除标准的 50% 扣除，具体扣除方式在一个纳税年度内不能变更。

（八）符合条件的个人养老金扣除

1. 自 2022 年 1 月 1 日起，对个人养老金实施递延纳税优惠政策。在缴费环节，个人向个人养老金资金账户的缴费，按照 12 000 元/年的限额标准，在综合所得或经营所得中据实扣除；在投资环节，计入个人养老金资金账户的投资收益暂不征收个人所得税；在领取环节，个人领取的个人养老金，不并入综合所得，单独按照 3% 的税率计算缴纳个人所得税，其缴纳的税款计入“工资、薪金所得”项目。

2. 个人缴费享受税前扣除优惠时，以个人养老金信息管理服务平台出具的扣除凭证为扣税凭据。取得工资薪金所得、按累计预扣法预扣预缴个人所得税劳务报酬所得的，其缴费可以选择在当年预扣预缴或次年汇算清缴时在限额标准内据实扣除。选择在当年预扣预缴的，应及时将相关凭证提供给扣缴单位。扣缴单位应按照本公告有关要求，为纳税人办理税前扣除有关事项。取得其他劳务报酬、稿酬、特许权使用费等所得或经营所得的，其缴费在次年汇算清缴时在限额标准内据实扣除。个人按规定领取个人养老金时，由开立个人养老金资金账户所在市的商业银行机构代扣代缴其应缴的个人所得税。

第五节 土地增值税

一、土地增值税的纳税人、征税范围和税率形式

（一）纳税人

土地增值税的纳税义务人为转让国有土地使用权、地上的建筑物及其附着物并取得收入的单位和个人。单位，是指各类企业、事业单位、国家机关和社会团体及其他组织。个人，包括个体经营者。

（二）征税范围

1. 凡转让国有土地使用权、地上建筑物及其附着物并取得收入的行为均属于土地增值税的征税范围。

2. 土地增值税既对转让土地使用权征税，也对转让地上建筑物及其附着物的产权征税。地上的建筑物，是指建于土地上的一切建筑物，包括地上地下的各种附属设施；附着物，是指附着于土地上的不能移动，一经移动即遭损坏的物品。

3. 土地增值税只对有偿转让的房地产征税，对以继承、赠与等方式无偿转让的房地产因未取得收入，则不予征税。但是，不征收土地增值税的房地产赠与行为仅指以下两种情况：

（1）房产所有人、土地使用权所有人将房屋产权、土地使用权赠与直系亲属或承担直接赡养义务人的；

（2）房产所有人、土地使用权所有人通过中国境内非营利的社会团体、国家机关将房屋产权、土地使用权赠与教育、民政和其他社会福利、公益事业的。

4.《财政部 国家税务总局关于调整房地产交易环节税收政策的通知》财税〔2008〕137号第三条规定，自2008年11月1日起对个人销售住房暂免征收土地增值税。

（三）税率形式

土地增值税采用最低30%、最高60%的四级超率累进税率。超率累进税率是以征税对象数额的相对率为累进依据，按超率累进方式计算和确定适用税率。在确定适用税率时，要确定征税对象数额的相对率，即以增值额与扣除项目金额的比率（增值率）从低到高划分为4个级次。

（1）增值额未超过扣除项目金额50%的部分，税率为30%。

（2）增值额超过扣除项目金额50%、未超过扣除项目金额100%的部分，税率为40%。

（3）增值额超过扣除项目金额100%、未超过扣除项目金额200%的部分，税率为50%。

（4）增值额超过扣除项目金额200%的部分，税率为60%。

（四）计税依据及应纳税额的一般计算

1. 计税依据

土地增值税的计税依据是纳税人转让房地产所取得的增值额。转让房地产的增值额，是纳税人转让房地产的收入减除税法规定的扣除项目金额后的余额。

2. 应纳税额的一般计算

应纳土地增值税税额 = 转让房地产增值额 × 适用税率 − 扣除项目金额 × 速算扣除系数

具体计算步骤如下：

第一步，确定收入项目及金额；

第二步，确定扣除项目及金额；

第三步，计算土地增值额：土地增值额 = 转让房地产的收入 − 扣除项目金额

第四步，计算增值比率：增值比率 = 土地增值额 ÷ 扣除项目金额 ×100%

第五步，确定适用税率和速算扣除系数；

第六步，计算应纳税额。

二、征收管理

（一）纳税期限

纳税人应自转让房地产合同签订之日起7日内向房地产所在地主管税务机关办理纳税申报，向税务机关提交房屋及建筑物产权、土地使用权证书，土地转让、房产买卖合同，房地产评估报告及其他与转让房地产有关的资料，并在税务机关核定的期限

内缴纳土地增值税。纳税人因经常发生房地产转让而难以在每次转让后申报的，可以定期进行纳税申报，具体期限由税务机关根据情况确定。

（二）纳税地点

土地增值税的纳税地点为房地产所在地。房地产所在地是指房地产的坐落地。纳税人转让房地产坐落在两个或两个以上地区的，应按房地产所在地分别申报纳税。

在实际工作中，纳税地点的确定又可分为以下两种情况：

（1）纳税人是法人的，当转让的房地产坐落地与机构所在地或经营所在地一致时，则向办理税务登记的原管辖税务机关申报纳税；如果转让的房地产坐落地与其机构所在地或经营所在地不一致时，则应向房地产坐落地所管辖的税务机关申报纳税。

（2）纳税人是自然人的，当转让的房地产坐落地与其居住地一致时，则向其居住地税务机关申报纳税；当转让的房地产坐落地与其居住地不一致时，向办理过户手续所在地税务机关申报纳税。

（三）预征

纳税人在项目全部竣工结算前转让房地产取得的收入，由于涉及成本确定或其他原因，而无法据以计算土地增值税的，可以预征土地增值税，待该项目全部竣工办理结算后再进行清算，多退少补。具体办法由各省、自治区、直辖市税务局根据当地情况制定。除保障性住房外，东部省份预征率不低于2%，中部和东北部不低于1.5%，西部不低于1%。

营改增后，纳税人转让房地产的土地增值税应税收入不含增值税。适用增值税一般计税方法的纳税人，其转让房地产的土地增值税应税收入不含增值税销项税额；适用简易计税方法的纳税人，其转让房地产的土地增值税应税收入不含增值税应纳税额。

为方便纳税人，简化土地增值税预征税款计算，房地产开发企业采取预收款方式销售自行开发的房地产项目的，可按照以下方法计算土地增值税预征计征依据：

土地增值税预征的计征依据 = 预收款 - 应预缴增值税税款

对未按预征规定期限预缴税款的，应根据《税收征收管理法》及其实施细则的有关规定，从限定的缴纳税款期限届满的次日起，加收滞纳金。

（四）清算管理

土地增值税的清算是指纳税人在符合土地增值税清算条件后，依照税收法律、法规及土地增值税有关政策规定，计算房地产开发项目应缴纳的土地增值税税额，并填写“土地增值税清算申报表”，向主管税务机关提供有关资料，办理土地增值税清算手续，结清该房地产项目应缴纳土地增值税税款的行为。由于取得预售收入的时候，按照预征率计算了土地增值税，所以满足土地增值税清算条件的时候，要按照收入总额减去扣除项目金额计算出增值额，然后计算应纳的土地增值税，减去预缴的土地增值税，多退少补。

1. 清算单位

土地增值税以国家有关部门审批的房地产开发项目为单位进行清算，对于分期开发的项目，以分期项目为单位清算。开发项目中同时包含普通住宅和非普通住宅的，应分别计算增值额。

2. 清算条件

（1）纳税人符合下列条件之一的，应进行土地增值税的清算：

①房地产开发项目全部竣工、完成销售的；

②整体转让未竣工决算房地产开发项目的；

③直接转让土地使用权的。

纳税人应当在满足条件之日起 90 日内到主管税务机关办理清算手续并提供相应的清算资料。

（2）对符合以下条件之一的，主管税务机关可要求纳税人进行土地增值税清算：

①已竣工验收的房地产开发项目，已转让的房地产建筑面积占整个项目可售建筑面积的比例在 85% 以上，或该比例虽未超过 85%，但剩余的可售建筑面积已经出租或自用的；

②取得销售（预售）许可证满 3 年仍未销售完毕的；

③纳税人申请注销税务登记但未办理土地增值税清算手续的；

④省（自治区、直辖市、计划单列市）税务机关规定的其他情况。

对上述第③项情形，应在办理注销登记前进行土地增值税清算。

对于确定需要进行清算的项目，由主管税务机关下达清算通知，纳税人应当在收到清算通知之日起 90 日内办理清算手续并提供相应的清算资料。

3. 主管税务机关收到纳税人清算资料后，对符合清算条件的项目，且报送的清算资料完备的，予以受理；对纳税人符合清算条件，但报送的清算资料不全的，应要求纳税人在规定限期内补报，纳税人在规定的期限内补齐清算资料后，予以受理；对不符合清算条件的项目，不予受理。上述具体期限由各省、自治区、直辖市、计划单列市税务机关确定。主管税务机关已受理的清算申请，纳税人无正当理由不得撤销。

4. 清算审核

主管税务机关受理纳税人清算资料后，应在一定期限内及时组织清算审核。

清算审核包括案头审核、实地审核。案头审核是指对纳税人报送的清算资料进行数据、逻辑审核，重点审核项目归集的一致性、数据计算准确性等。实地审核是指在案头审核的基础上，通过对房地产开发项目实地查验等方式，对纳税人申报情况的客观性、真实性、合理性进行审核。

税务机关主要审核纳税人清算单位确定情况、收入情况、扣除项目情况、关联方交易行为等内容。清算审核结束，主管税务机关应当将审核结果书面通知纳税人，并确定办理补、退税期限。

5. 核定征收

在清算过程中，发现纳税人符合以下条件之一的，应按核定征收方式对房地产项目进行清算：

（1）依照法律、行政法规的规定应当设置但未设置账簿的；

（2）擅自销毁账簿或者拒不提供纳税资料的；

（3）虽设置账簿，但账目混乱或者成本资料、收入凭证、费用凭证残缺不全，难以确定转让收入或扣除项目金额的；

（4）符合土地增值税清算条件，企业未按照规定的期限办理清算手续，经税务机关责令限期清算，逾期仍不清算的；

（5）申报的计税依据明显偏低，又无正当理由的。

符合上述核定征收条件的，由主管税务机关发出核定征收的税务事项告知书后，税务人员对房地产项目开展土地增值税核定征收核查，经主管税务机关审核合议，通知纳税人申报缴纳应补缴税款或办理退税。

核定征收率原则上不得低于5%，各省级税务机关要结合本地实际，区分不同房地产类型制定核定征收率。

6. 清算后再转让房地产的处理

在土地增值税清算时未转让的房地产，清算后销售或有偿转让的，纳税人应按规定进行土地增值税的纳税申报，扣除项目金额按清算时的单位建筑面积成本费用乘以销售或转让面积计算。

单位建筑面积成本费用 = 清算时的扣除项目总金额 ÷ 清算的总建筑面积

第六节　其他税种

一、资源税

（一）征税范围

《中华人民共和国资源税法》明确规定，资源税税目为能源矿产、金属矿产、非金属矿产、水气矿产、盐五大类。

（二）纳税人

在中华人民共和国领域和中华人民共和国管辖的其他海域开发应税资源的单位和

个人，为资源税的纳税人，应当依照《中华人民共和国资源税法》规定缴纳资源税。

自2016年7月1日起，河北省实施水资源税改革试点。自2017年12月1日起，在北京、天津、山西、内蒙古、山东、河南、四川、陕西、宁夏9个省（自治区、直辖市）扩大水资源税改革试点。上述改革试点省份直接从江河、湖泊（含水库）和地下水取用地表水、地下水的单位和个人为资源税的纳税义务人。

（三）计税方法

资源税按照"资源税税目税率表"实行从价计征或者从量计征。实行从价计征的，应纳税额按照应税资源产品的销售额乘以具体适用税率计算。实行从量计征的，应纳税额按照应税产品的销售数量乘以具体适用税率计算。"资源税税目税率表"中规定可以选择实行从价计征或者从量计征的，具体计征方式由省、自治区、直辖市人民政府提出，报同级人民代表大会常务委员会决定，并报全国人民代表大会常务委员会和国务院备案。

（四）纳税期限

资源税实行按月或者按季申报缴纳；不能按固定期限计算缴纳的，可以按次申报缴纳。

纳税人按月或者按季申报缴纳的，应当自月度或者季度终了之日起15日内，向税务机关办理纳税申报并缴纳税款；纳税人按次申报缴纳的，应当自纳税义务发生之日起15日内，向税务机关办理纳税申报并缴纳税款。

（五）纳税地点

纳税人应纳的资源税，应当向应税产品的开采或者生产所在地主管税务机关缴纳。

跨省（区、市）水力发电取用水的水资源税在相关省份之间的分配比例，比照《财政部关于跨省区水电项目税收分配的指导意见》（财预〔2008〕84号）明确的增值税、企业所得税等税收分配办法确定。试点省份主管税务机关应当按照前款规定比例分配的水力发电量和税额，分别向跨省（区、市）水电站征收水资源税。除上述情形外，纳税人应当向生产经营所在地的税务机关申报缴纳水资源税。

二、环境保护税

（一）纳税人

在中华人民共和国领域和中华人民共和国管辖的其他海域，直接向环境排放应税污染物的企业事业单位和其他生产经营者为环境保护税的纳税人，应当依法规定缴纳环境保护税。

（二）征税范围

环境保护税的征税对象为应税污染物，是《中华人民共和国环境保护税法》所附《环境保护税税目税额表》《应税污染物和当量值表》规定的大气污染物、水污染物、固体废物和噪声。

（三）计税方法

1. 大气污染物、水污染物

（1）基本计算方法。

应税大气污染物、水污染物的污染当量数，以该污染物的排放量除以该污染物的污染当量值计算。计算公式为：

大气污染物、水污染物应纳税额 = 污染当量数 × 适用税额

应税大气污染物、水污染物的污染当量数 = 该污染物的排放量 ÷ 该污染物的污染当量值

（2）以排放口为单位计算应税污染物排放量。

每一排放口或者没有排放口的应税大气污染物，按照污染当量数从大到小排序，对前三项污染物征收环境保护税。

每一排放口的应税水污染物，按照《中华人民共和国环境保护税法》所附的《应税污染物和当量值表》，区分第一类水污染物和其他类水污染物，按照污染当量数从大到小排序，对第一类水污染物按照前五项征收环境保护税，对其他类水污染物按照前三项征收环境保护税。

2. 固体废物

应税固体废物的排放量为当期应税固体废物的产生量减去当期应税固体废物的贮存量、处置量、综合利用量的余额。

3. 应税噪声

应税噪声的应纳税额为超过国家规定标准的分贝数对应的具体适用税额。

（四）征收机关

纳税人应当向应税污染物排放地的税务机关申报缴纳环境保护税。

（五）纳税地点

纳税人应当向应税污染物排放地的税务机关申报缴纳环境保护税，应税污染物排放地是指：

（1）应税大气污染物、水污染物排放口所在地；

（2）应税固体废物产生地；

（3）应税噪声产生地。

纳税人跨区域排放应税污染物，税务机关对税收征收管辖有争议的，由争议各方按照有利于征收管理的原则协商解决；不能协商一致的，报请共同的上级税务机关决定。

（六）纳税期限

环境保护税按月计算，按季申报缴纳。不能按固定期限计算缴纳的，可以按次申报缴纳。纳税人按季申报缴纳的，应当自季度终了之日起15日内，向税务机关办理纳税申报并缴纳税款。纳税人按次申报缴纳的，应当自纳税义务发生之日起15日内，向税务机关办理纳税申报并缴纳税款。

三、印花税

（一）纳税人和扣缴义务人

1. 纳税人。在中华人民共和国境内书立应税凭证、进行证券交易的单位和个人，为印花税的纳税人，应当依《中华人民共和国印花税法》规定缴纳印花税。在中华人民共和国境外书立在境内使用的应税凭证的单位和个人，应当依照本法规定缴纳印花税。

应税凭证，是指《印花税税目税率表》列明的合同、产权转移书据和营业账簿。

证券交易，是指转让在依法设立的证券交易所、国务院批准的其他全国性证券交易场所交易的股票和以股票为基础的存托凭证。证券交易印花税对证券交易的出让方征收，不对受让方征收。

单位和个人，是指国内各类企业、事业、机关、团体、部队以及中外合资企业、合作企业、外资企业、外国公司企业和其他经济组织及其在华机构等单位和个人。

2. 扣缴义务人。纳税人为境外单位或者个人，在境内有代理人的，以其境内代理人为扣缴义务人；在境内没有代理人的，由纳税人自行申报缴纳印花税，具体办法由国务院税务主管部门规定。

证券登记结算机构为证券交易印花税的扣缴义务人，应当向其机构所在地的主管税务机关申报解缴税款以及银行结算的利息。

（二）征税范围和税率

1. 依照“印花税税目税率表”执行，共有税目为：合同（书面合同）、产权转移书据、营业账簿、证券交易。

2. 税率依照“印花税税目税率表”执行。

（三）计税依据

1. 应税合同的计税依据，为合同所列的金额，不包括列明的增值税税款。

2. 应税产权转移书据的计税依据，为产权转移书据所列的金额，不包括列明的增值税税款。

3. 应税营业账簿的计税依据，为账簿记载的实收资本（股本）、资本公积合计金额。

4. 证券交易的计税依据，为成交金额。

5. 应税合同、产权转移书据未列明金额的，印花税的计税依据按照实际结算的金额确定；计税依据按照前款规定仍不能确定的，按照书立合同、产权转移书据时的市场价格确定；依法应当执行政府定价或者政府指导价的，按照国家有关规定确定。

6. 证券交易无转让价格的，按照办理过户登记手续时该证券前一个交易日收盘价计算确定计税依据；无收盘价的，按照证券面值计算确定计税依据。

7. 印花税的应纳税额按照计税依据乘以适用税率计算。

8. 同一应税凭证载有两个以上税目事项并分别列明金额的，按照各自适用的税目税率分别计算应纳税额；未分别列明金额的，从高适用税率。

9. 同一应税凭证由两方以上当事人书立的，按照各自涉及的金额分别计算应纳税额。

10. 已缴纳印花税的营业账簿，以后年度记载的实收资本（股本）、资本公积合计金额比已缴纳印花税的实收资本（股本）、资本公积合计金额增加的，按照增加部分计算应纳税额。

（四）纳税时间

1. 印花税的纳税义务发生时间为纳税人书立应税凭证或者完成证券交易的当日。

2. 证券交易印花税扣缴义务发生时间为证券交易完成的当日。

3. 印花税按季、按年或者按次计征。实行按季、按年计征的，纳税人应当自季度、年度终了之日起 15 日内申报缴纳税款；实行按次计征的，纳税人应当自纳税义务发生之日起 15 日内申报缴纳税款。

4. 证券交易印花税按周解缴。证券交易印花税扣缴义务人应当自每周终了之日起 5 日内申报解缴税款以及银行结算的利息。

（五）纳税地址

纳税人为单位的，应当向其机构所在地的主管税务机关申报缴纳印花税；纳税人为个人的，应当向应税凭证书立地或者纳税人居住地的主管税务机关申报缴纳印花税。

不动产产权发生转移的，纳税人应当向不动产所在地的主管税务机关申报缴纳印花税。

（六）征收方式

印花税可以采用粘贴印花税票或者由税务机关依法开具其他完税凭证的方式缴纳。印花税票粘贴在应税凭证上的，由纳税人在每枚税票的骑缝处盖戳注销或者画销。印花税票由国务院税务主管部门监制。

（七）纳税减免

下列凭证免征印花税：

（1）应税凭证的副本或者抄本；

（2）依照法律规定应当予以免税的外国驻华使馆、领事馆和国际组织驻华代表机构为获得馆舍书立的应税凭证；

（3）中国人民解放军、中国人民武装警察部队书立的应税凭证；

（4）农民、家庭农场、农民专业合作社、农村集体经济组织、村民委员会购买农业生产资料或者销售农产品书立的买卖合同和农业保险合同；

（5）无息或者贴息借款合同、国际金融组织向中国提供优惠贷款书立的借款合同；

（6）财产所有权人将财产赠与政府、学校、社会福利机构、慈善组织书立的产权转移书据；

（7）非营利性医疗卫生机构采购药品或者卫生材料书立的买卖合同；

（8）个人与电子商务经营者订立的电子订单；

（9）根据国民经济和社会发展的需要，国务院对居民住房需求保障、企业改制重组、破产、支持小型微型企业发展等情形可以规定减征或者免征印花税，报全国人民代表大会常务委员会备案。

四、房产税

（一）征税范围

房产税以房产为征税对象。房产是以房屋形态表现的财产，房屋是指有屋面和围护结构（有墙或两边有柱），能够遮风避雨，可供人们在其中生产、学习、工作、娱乐、居住或储藏物资的场所。

房产税在城市、县城、建制镇和工矿区征收。其中：

（1）城市是指经国务院批准设立的市。城市的征税范围为市区、郊区和市辖县城，不包括农村。

（2）县城是指未设立建制镇的县人民政府所在地。

（3）建制镇是指经省、自治区、直辖市人民政府批准设立的建制镇。征税范围为镇人民政府所在地。不包括所辖的行政村。关于建制镇具体征税范围，由各省、自治区、直辖市税务局提出方案，经省、自治区、直辖市人民政府批准后执行，并报国家税务总局备案。

（4）工矿区是指工商业比较发达，人口比较集中，符合国务院规定的建制镇标准，但尚未设立镇建制的大中型工矿企业所在地。开征房产税的工矿区须经省、自治区、直辖市人民政府批准。

凡在上述开征地区范围内的房产，除另有规定免税外，均应依法缴纳房产税。对不在开征地区范围之内的房产，不征收房产税。

（二）纳税人

房产税的纳税人是指在征税范围内拥有房屋产权的单位和个人。其中：

（1）产权属于全民所有的，由经营管理的单位纳税；产权属于集体和个人所有的，由集体单位和个人纳税。

（2）产权出典的，由承典人纳税。所谓产权出典，是指产权所有人将房屋、生产资料等的产权，在一定期限内典当给他人使用，而取得资金的一种融资业务。由于在房屋出典期间，产权所有人已无权支配房屋，因此，税法规定由对房屋具有支配权的承典人为纳税人。

（3）产权所有人、承典人不在房产所在地的，或者产权未确定及租典纠纷未解决的，由房产代管人或者使用人纳税。

（4）纳税单位和个人无租使用房产管理部门、免税单位及纳税单位的房产，应由使用人代为缴纳房产税；纳税单位将应税房产无租出借给免税单位使用的，应由房产所有人缴纳房产税。

（三）计税方法

1. 自用的房产以房产余值计税，计算公式为：

应纳税额 = 房产余值 ×1.2%

房产余值 = 房产原值 ×（1 − 原值减除比例）

2. 出租的房产以房产租金收入计税计算公式为：应纳税额 = 不含增值税的房产租金收入 ×12%（或 4%）。

（四）纳税期限

房产税按年征收、分期缴纳。纳税期限由省、自治区、直辖市人民政府规定。

（五）纳税地点

房产税的纳税地点为房产所在地。

（六）纳税义务起止时间

1. 购置新建商品房，自房屋交付使用之次月起计征房产税。

2. 购置存量房，自办理房屋权属转移、变更登记手续，房地产权属登记机关签发房屋权属证书之次月起计征房产税。

3. 出租、出借房产，自交付出租、出借房产之次月起计征房产税。

4. 房地产开发企业自用、出租、出借本企业建造的商品房，自房屋使用或交付之次月起计征房产税。

5. 纳税人将原有房产用于生产经营，从生产经营之月起，计征房产税。

6. 融资租赁的房产，由承租人自融资租赁合同约定开始日的次月起依照房产余值缴纳房产税。合同未约定开始日的，由承租人自合同签订的次月起依照房产余值缴纳房产税。

7. 纳税人自建的房屋，自建成之次月起计征房产税。

8. 纳税人委托施工企业建设的房屋，从办理验收手续之次月起征收房产税。

9. 纳税人在办理验收手续前已使用或出租、出借的新建房屋，应按法规征收房产税。

10. 纳税人因房产、土地的实物或权利状态发生变化而依法终止房产税纳税义务的，其应纳税款的计算应截止到房产、土地的实物或权利状态发生变化的当月末。

11. 《财政部 税务总局关于实施小微企业普惠性税收减免政策的通知》（财税〔2019〕13号）和《财政部 税务总局关于进一步实施小微企业“六税两费”减免政策的公告》（财政部 税务总局公告2022年第10号）规定的是对增值税小规模纳税人可以在50%的税额幅度内减征资源税、城市维护建设税、房产税、城镇土地使用税、印花税（不含证券交易印花税）、耕地占用税和教育费附加、地方教育附加，执行期限为2019年1月1日至2024年12月31日。

五、城镇土地使用税

（一）征税范围

城镇土地使用税的征税范围，包括在城市、县城、建制镇和工矿区内的国家所有和集体所有的土地。

上述城市、县城、建制镇和工矿区分别按以下标准确认：

（1）城市是指经国务院批准设立的市，其征税范围包括市区和郊区；

（2）县城是指县人民政府所在地，其征税范围为县人民政府所在地的城镇；

（3）建制镇是指经省、自治区、直辖市人民政府批准设立的建制镇；

（4）工矿区是指工商业比较发达，人口比较集中，符合国务院规定建制镇标准，但尚未设立建制镇的大中型工矿企业所在地。工矿区须经省、自治区、直辖市人民政府批准。

城市、县城、建制镇、工矿区的具体征税范围，由各省、自治区、直辖市人民政府划定。

（二）纳税人

城镇土地使用税的纳税义务人，是在城市、县城、建制镇和工矿区范围内使用土地的单位和个人。单位包括国有企业、集体企业、私营企业、股份制企业、外商投资企业、外国企业以及其他企业和事业单位、社会团体、国家机关、军队以及其他单位。个人是指个体工商户与其他个人。

城镇土地使用税的纳税人通常包括以下几类：

（1）城镇土地使用税由拥有土地使用权的单位和个人缴纳；

（2）拥有土地使用权的纳税人不在土地所在地的，由代管人或实际使用人纳税；

（3）土地使用权未确定或权属纠纷未解决的，由实际使用人纳税；

（4）土地使用权共有的，由共有各方分别纳税。

在城镇土地使用税征税范围内，承租集体所有建设用地的，由直接从集体经济组织承租土地的单位和个人缴纳城镇土地使用税。

免税单位无偿使用纳税单位的土地，免征城镇土地使用税。纳税单位无偿使用免税单位的土地，纳税单位应照章缴纳城镇土地使用税。

（三）税额标准

城镇土地使用税采用定额税率，按大、中、小城市和县城、建制镇、工矿区分别规定每平方米土地使用税年应纳税额。具体标准如下：

（1）大城市 1.5—30 元；

（2）中等城市 1.2—24 元；

（3）小城市 0.9—18 元；

（4）县城、建制镇、工矿区 0.6—12 元。

经省、自治区、直辖市人民政府批准，经济落后地区的城镇土地使用税适用税额标准可以适当降低，但降低额不得超过规定的最低税额的 30%。经济发达地区城镇土地使用税的适用税额标准可以适当提高但须报经财政部批准。

（四）纳税地点和纳税期限

1. 纳税地点

城镇土地使用税的纳税地点为土地所在地，由土地所在地的税务机关负责征收。纳税人使用的土地不属于同一省（自治区、直辖市）管辖范围的，应由纳税人分别向土地所在地的税务机关申报缴纳土地使用税。在同一省（自治区、直辖市）管辖范围内，纳税人跨地区使用的土地，由各省、自治区、直辖市税务局确定纳税地点。

2. 纳税期限

城镇土地使用税按年计算、分期缴纳，具体缴纳期限由省、自治区、直辖市人民政府确定，一般分别确定按月、季、半年或 1 年等不同的期限缴纳。

（五）减免税

《财政部 税务总局关于实施小微企业普惠性税收减免政策的通知》（财税〔2019〕13 号）规定，增值税小规模纳税人可以在 50% 的税额幅度内减征资源税、城市维护建设税、房产税、城镇土地使用税、印花税（不含证券交易印花税）、耕地占用税和教育费附加、地方教育附加，执行期限为 2019 年 1 月 1 日至 2021 年 12 月 31 日。

《财政部 税务总局关于进一步实施小微企业"六税两费"减免政策的公告》（2022 年第 10 号）规定，增值税小规模纳税人、小型微利企业和个体工商户均可按规定享受"六税两费"减免政策，享受期限为 2022 年 1 月 1 日至 2024 年 12 月 31 日。

《关于继续实施物流企业大宗商品仓储设施用地城镇土地使用税优惠政策的公告》（财政部 税务总局公告 2023 年第 5 号）自 2023 年 1 月 1 日起至 2027 年 12 月 31 日止，对物流企业自用（包括自用和出租）或者承租的大宗商品仓储设施用地，减按所属土地等级适用税额标准的 50% 计征城镇土地使用税。

六、车船税

（一）纳税人与扣缴义务人

在中华人民共和国境内属于《中华人民共和国车船税法》所附《车船税税目税额表》规定的车船的所有人或者管理人，为车船税的纳税人。

从事机动车第三者责任强制保险业务的保险机构为机动车车船税的扣缴义务人，应当在收取保险费时依法代收车船税，并出具代收税款凭证。

（二）征税范围

车船税的征税范围是《中华人民共和国车船税法》所附"车船税税目税额表"中

规定的车辆、船舶。

（1）依法应当在车船登记管理部门登记的机动车辆和船舶；

（2）依法不需要在车船登记管理部门登记的在单位内部场所行驶或者作业的机动车辆和船舶。

（三）计税方法

1. 纳税人购置的新车船，购置当年的应纳税额自取得车船所有权或管理权的当月起按月计算。应纳税额为年应纳税额除以 12 再乘以应纳税月份数。

计算公式如下：

应纳税额 =（年应纳税额 ÷ 12）× 应纳税月份数

车辆年应纳税额 = 应纳税车辆数量或者整备质量 × 年基准税额

船舶年应纳税额 = 应纳税船舶净吨位或者艇身长度 × 年基准税额

2.《中华人民共和国车船税法》及其实施条例所涉及的排气量、整备质量、核定载客人数、净吨位、千瓦、艇身长度，以车船登记管理部门核发的车船登记证书或者行驶证所载数据为准。

3. 依法不需要办理登记的车船和依法应当登记而未办理登记或者不能提供车船登记证书、行驶证的车船，以车船出厂合格证明或者进口凭证标注的技术参数、数据为准；不能提供车船出厂合格证明或者进口凭证的，由主管税务机关参照国家相关标准核定，没有国家相关标准的参照同类车船核定。

4. 在一个纳税年度内，已完税的车船被盗抢、报废、灭失的，纳税人可以凭有关管理机关出具的证明和完税凭证，向纳税所在地的主管税务机关申请退还自被盗抢、报废、灭失月份起至该纳税年度终了期间的税款。

5. 已办理退税的被盗抢车船失而复得的，纳税人应当从公安机关出具相关证明的当月起计算缴纳车船税。

6. 已缴纳车船税的车船在同一纳税年度内办理转让过户的，不另纳税，也不退税。

7. 已经缴纳车船税的车船，因质量原因，车船被退回生产企业或者经销商的，纳税人可以向纳税所在地的主管税务机关申请退还自退货月份起至该纳税年度终了期间的税款。退货月份以退货发票所载日期的当月为准。

（四）纳税期限

车船税按年申报缴纳。具体申报纳税期限由省、自治区、直辖市人民政府规定。车船税纳税义务发生时间为取得车船所有权或者管理权的当月。

（五）纳税地点

车船税的纳税地点为车船的登记地或者车船税扣缴义务人所在地。依法不需要办理登记的车船，车船税的纳税地点为车船的所有人或者管理人所在地。保险机构代收代缴车船税的，应在保险机构所在地缴纳车船税。

（六）减免税优惠

下列车船免征车船税：

（1）捕捞、养殖渔船；

（2）军队、武装警察部队专用的车船；

（3）警用车船；

（4）悬挂应急救援专用号牌的国家综合性消防救援车辆和国家综合性消防救援专用船舶；

（5）依照法律规定应当予以免税的外国驻华使领馆、国际组织驻华代表机构及其有关人员的车船。

七、车辆购置税

（一）纳税人

车辆购置税的纳税人是指在我国境内购置应税车辆的单位和个人。其中购置是指购买、进口、自产、受赠、获奖或者以其他方式取得并自用应税车辆的行为。

（二）征税范围和税率

1. 车辆购置税以列举的车辆作为征税对象。其征税范围包括汽车、有轨电车、汽车挂车、排气量超过150毫升的摩托车。

2. 税率为10%。

3. 购置日期在2022年6月1日至2022年12月31日期间内且单车价格（不含增值税）不超过30万元的2.0升及以下排量乘用车，减半征收车辆购置税。

（三）计税方法

车辆购置税实行一次性征收。购置已征车辆购置税的车辆，不再征收车辆购置税。

车辆购置税实行从价定率的办法计算应纳税额，计算公式为：

应纳税额 = 计税价格 × 10%。

1. 纳税人购买自用应税车辆的计税价格，为纳税人实际支付给销售者的全部价款，不包括增值税税款；

2. 纳税人进口自用应税车辆的计税价格，为关税完税价格加上关税和消费税；

3. 纳税人自产自用应税车辆的计税价格，按照纳税人生产的同类应税车辆的销售价格确定，不包括增值税税款；

4. 纳税人以受赠、获奖或者其他方式取得自用应税车辆的计税价格，按照购置应税车辆时相关凭证载明的价格确定，不包括增值税税款。

5. 纳税人以外汇结算应税车辆价款的，按照申报纳税之日的人民币汇率中间价折合成人民币计算缴纳税款。

6. 纳税人将已征车辆购置税的车辆退回车辆生产企业或者销售企业的，可以向主管税务机关申请退还车辆购置税。退税额以已缴税款为基准，自缴纳税款之日至申请退税之日，每满一年扣减10%。应退税额计算公式如下：

应退税额＝已纳税额×（1－使用年限×10%）

应退税额不得为负数。

使用年限的计算方法是，自纳税人缴纳税款之日起，至申请退税之日止。

7. 免税、减税车辆因转让、改变用途等原因不再属于免税、减税范围的，纳税人应当在办理车辆转移登记或者变更登记前缴纳车辆购置税。

（1）发生转让行为的，受让人为车辆购置税纳税人；未发生转让行为的，车辆所有人为车辆购置税纳税人。

（2）纳税义务发生时间为车辆转让或者用途改变等情形发生之日。

（3）应纳税额计算公式如下：

应纳税额＝初次办理纳税申报时确定的计税价格×（1－使用年限×10%）×10%－已纳税额。应纳税额不得为负数。

使用年限的计算方法是，自纳税人初次办理纳税申报之日起，至不再属于免税、减税范围的情形发生之日止。使用年限取整计算，不满一年的不计算在内。

纳税人申报的应税车辆计税价格明显偏低，又无正当理由的，由税务机关依照《税收征收管理法》的规定核定其应纳税额。

（四）纳税时间

纳税人应当自纳税义务发生之日起六十日内申报缴纳车辆购置税。

（五）纳税地点

纳税人购置应税车辆，应当向车辆登记地的主管税务机关申报缴纳车辆购置税；购置不需要办理车辆登记的应税车辆的，应当向纳税人所在地的主管税务机关申报缴纳车辆购置税。

八、契税

（一）纳税人

契税的纳税人是指在中华人民共和国境内承受土地、房屋权属的单位和个人。

境内是指在中华人民共和国实际税收行政管辖范围内。土地、房屋权属是指土地使用权和房屋所有权。单位是指企业单位、事业单位、国家机关、军事单位和社会团体以及其他组织。个人是指个体经营者及其他个人，包括中国公民和外籍人员。

（二）征税范围

契税的征税对象是承受的土地、房屋权属。包括下列行为：

（1）土地使用权出让，不包括土地承包经营权和土地经营权的转移。

（2）土地使用权转让，包括出售、赠与、互换。土地使用权转让，不包括土地承包经营权和土地经营权的转移。

（3）房屋买卖、赠与、互换。

以作价投资（入股）、偿还债务、划转、奖励等方式转移土地、房屋权属的，应当依法征收契税。

（三）税率

契税税率为百分之三至百分之五。

契税的具体适用税率，由省、自治区、直辖市人民政府在前款规定的税率幅度内提出，报同级人民代表大会常务委员会决定，并报全国人民代表大会常务委员会和国务院备案。省、自治区、直辖市可以依照前款规定的程序对不同主体、不同地区、不同类型的住房的权属转移确定差别税率。

（四）计税依据

1. 土地使用权出让、出售，房屋买卖，为土地、房屋权属转移合同确定的成交价格，包括应交付的货币以及实物、其他经济利益对应的价款；

2. 土地使用权互换、房屋互换，为所互换的土地使用权、房屋价格的差额；

3. 土地使用权赠与、房屋赠与以及其他没有价格的转移土地、房屋权属行为，为税务机关参照土地使用权出售、房屋买卖的市场价格依法核定的价格。

纳税人申报的成交价格、互换价格差额明显偏低且无正当理由的，由税务机关依照《税收征收管理法》的规定核定。

（五）计税方法

契税应纳税额为契税的计税依据乘以适用税率。计算公式为：

应纳税额 = 计税依据 × 税率

应纳税额以人民币计算。转移土地、房屋权属以外汇结算的，按照纳税义务发生之日中国人民银行公布的人民币市场汇率中间价折合成人民币计算。

（六）纳税期限

1. 契税的纳税义务发生时间，为纳税人签订土地、房屋权属转移合同的当日，或者纳税人取得其他具有土地、房屋权属转移合同性质凭证的当日。

2. 纳税人应当在依法办理土地、房屋权属登记手续前申报缴纳契税。

3. 纳税人应当自纳税义务发生之日起 10 日内，向土地、房屋所在地的契税征收机关办理纳税申报，并在契税征收机关核定的期限内缴纳税款。

（七）纳税地点

契税由土地、房屋所在地的税务机关依照《中华人民共和国契税法》和《税收征收管理法》的规定征收管理。

（八）减免税

有下列情形之一的，免征契税：

（1）国家机关、事业单位、社会团体、军事单位承受土地、房屋权属用于办公、教学、医疗、科研、军事设施；

（2）非营利性的学校、医疗机构、社会福利机构承受土地、房屋权属用于办公、教学、医疗、科研、养老、救助；

（3）承受荒山、荒地、荒滩土地使用权用于农、林、牧、渔业生产；

（4）婚姻关系存续期间夫妻之间变更土地、房屋权属；

（5）法定继承人通过继承承受土地、房屋权属；

（6）依照法律规定应当予以免税的外国驻华使馆、领事馆和国际组织驻华代表机构承受土地、房屋权属。

（7）根据国民经济和社会发展的需要，国务院对居民住房需求保障、企业改制重组、灾后重建等情形可以规定免征或者减征契税，报全国人民代表大会常务委员会备案。

省、自治区、直辖市可以决定对下列情形免征或者减征契税：

①因土地、房屋被县级以上人民政府征收、征用，重新承受土地、房屋权属；

②因不可抗力灭失住房，重新承受住房权属。

规定的免征或者减征契税的具体办法，由省、自治区、直辖市人民政府提出，报同级人民代表大会常务委员会决定，并报全国人民代表大会常务委员会和国务院备案。

（8）《财政部 税务总局关于实施小微企业普惠性税收减免政策的通知》（财税〔2019〕13号）规定，增值税小规模纳税人可以在50%的税额幅度内减征资源税、城市维护建设税、房产税、城镇土地使用税、印花税（不含证券交易印花税）、耕地占用税和教育费附加、地方教育附加，执行期限为2019年1月1日至2021年12月31日。

《财政部 税务总局关于进一步实施小微企业“六税两费”减免政策的公告》（财政部 税务总局公告2022年第10号）规定，增值税小规模纳税人、小型微利企业和个体工商户均可按规定享受“六税两费”减免政策，享受期限为2022年1月1日至2024年12月31日。

九、耕地占用税

（一）纳税人

耕地占用税的纳税人，是指在中华人民共和国境内占用耕地建设建筑物、构筑物或者从事非农业建设的单位和个人。

（二）征税范围

占用耕地建设建筑物、构筑物或者从事非农业建设的行为。

耕地，是指用于种植农作物的土地。占用耕地建设农田水利设施的，不缴纳耕地占用税。

占用园地、林地、草地、农田水利用地、养殖水面、渔业水域滩涂以及其他农用地建设建筑物、构筑物或者从事非农业建设的，比照占用耕地缴纳耕地占用税。占用上述农用地建设直接为农业生产服务的生产设施的，不缴纳耕地占用税。

（三）计税方法

计算公式为：应纳税额 = 纳税人实际占用的耕地面积（平方米）× 适用税额

耕地占用税的税额如下：

（1）人均耕地不超过一亩的地区（以县、自治县、不设区的市、市辖区为单位，下同），每平方米为十元至五十元；

（2）人均耕地超过一亩但不超过二亩的地区，每平方米为八元至四十元；

（3）人均耕地超过二亩但不超过三亩的地区，每平方米为六元至三十元；

（4）人均耕地超过三亩的地区，每平方米为五元至二十五元。

（四）纳税期限

耕地占用税的纳税义务发生时间为纳税人收到自然资源主管部门办理占用耕地手

续的书面通知的当日。纳税人应当自纳税义务发生之日起 30 日内申报缴纳耕地占用税。自然资源主管部门凭耕地占用税完税凭证或者免税凭证和其他有关文件发放建设用地批准书。

（五）纳税地点

纳税人占用耕地，应当在耕地所在地申报纳税。由税务机关负责征收。

（六）减免税

1. 军事设施、学校、幼儿园、社会福利机构、医疗机构占用耕地，免征耕地占用税。

2. 铁路线路、公路线路、飞机场跑道、停机坪、港口、航道、水利工程占用耕地，减按每平方米二元的税额征收耕地占用税。

3. 农村居民在规定用地标准以内占用耕地新建自用住宅，按照当地适用税额减半征收耕地占用税；其中农村居民经批准搬迁，新建自用住宅占用耕地不超过原宅基地面积的部分，免征耕地占用税。

4. 农村烈士遗属、因公牺牲军人遗属、残疾军人以及符合农村最低生活保障条件的农村居民，在规定用地标准以内新建自用住宅，免征耕地占用税。

根据国民经济和社会发展的需要，国务院可以规定免征或者减征耕地占用税的其他情形，报全国人民代表大会常务委员会备案。

规定免征或者减征耕地占用税后，纳税人改变原占地用途，不再属于免征或者减征耕地占用税情形的，应当按照当地适用税额补缴耕地占用税。

5.《财政部 税务总局关于实施小微企业普惠性税收减免政策的通知》（财税〔2019〕13 号）规定，增值税小规模纳税人可以在 50% 的税额幅度内减征资源税、城市维护建设税、房产税、城镇土地使用税、印花税（不含证券交易印花税）、耕地占用税和教育费附加、地方教育附加，执行期限为 2019 年 1 月 1 日至 2021 年 12 月 31 日。

《财政部 税务总局关于进一步实施小微企业“六税两费”减免政策的公告》（财政部 税务总局公告 2022 年第 10 号）规定，增值税小规模纳税人、小型微利企业和个体工商户均可按规定享受“六税两费”减免政策，享受期限为 2022 年 1 月 1 日至 2024 年 12 月 31 日。

十、烟叶税

（一）纳税人

在中华人民共和国境内收购烟叶的单位为烟叶税的纳税人。“收购烟叶的单位”，是指依照《中华人民共和国烟草专卖法》的规定收购烟叶的单位。

（二）计税方法

烟叶税的应纳税额按照纳税人收购烟叶实际支付的价款总额乘以税率计算。

纳税人收购烟叶实际支付的价款总额包括纳税人支付给烟叶生产销售单位和个人的烟叶收购价款和价外补贴。其中，价外补贴统一按烟叶收购价款的10%计算。烟叶收购价款总额＝收购价款＋价外补贴＝收购价款×（1＋10%）

计算公式为：应纳税额＝实际支付的价款总额×20%

（三）纳税期限

烟叶税按月计征，纳税人应当于纳税义务发生月终了之日起15日内申报并缴纳税款。

（四）纳税地点

纳税人收购烟叶，应当向烟叶收购地的主管税务机关申报纳税。

十一、城市维护建设税

（一）纳税人

凡缴纳增值税、消费税的单位和个人，都是城市维护建设税的纳税人。

城市维护建设税的扣缴义务人为负有增值税、消费税扣缴义务的单位和个人，在扣缴增值税、消费税的同时扣缴城市维护建设税。

（二）税率

1. 城市维护建设税实行三档差别比例税率，具体规定是：

（1）纳税人所在地在市区的，税率为7%；

（2）纳税人所在地在县城、镇的，税率为5%；

（3）纳税人所在地不在市区、县城或镇的，税率为1%。

2. 城市维护建设税的适用税率，应当按纳税人所在地的规定税率执行。但是对下列两种情况，可按缴纳增值税和消费税的所在地的规定税率就地缴纳城市维护建设税：

（1）由受托方代征代扣增值税、消费税的单位和个人；

（2）流动经营等无固定纳税地点的单位和个人。

（三）计税方法

城市维护建设税以纳税人实际缴纳的增值税、消费税税额为计税依据，应当按照规定扣除期末留抵退税退还的增值税税额。

采用分区域的差别比例税率，计算公式为：

应纳税额 = 纳税人实际缴纳的增值税、消费税税额 × 适用税率

（四）纳税地点

纳税人缴纳增值税、消费税的地点，就是纳税人缴纳城市维护建设税的地点。下列特殊的纳税地点的规定为：

（1）代征代扣增值税、消费税的单位和个人，同时也要代征代扣城市维护建设税，其城市维护建设税的纳税地点为代征代扣地。

（2）对流动经营等无固定纳税地点的单位和个人，其纳税地点为缴纳增值税、消费税所在地。

（3）纳税人跨地区提供建筑服务、销售和出租不动产的，应在建筑服务发生地、不动产所在地预缴增值税时，以预缴增值税税额为计税依据，并按预缴增值税所在地的城市维护建设税适用税率就地计算缴纳城市维护建设税。

（五）减免税

《财政部 税务总局关于实施小微企业普惠性税收减免政策的通知》（财税〔2019〕13 号）规定，增值税小规模纳税人可以在 50% 的税额幅度内减征资源税、城市维护建设税、房产税、城镇土地使用税、印花税（不含证券交易印花税）、耕地占用税和教育费附加、地方教育附加，执行期限为 2019 年 1 月 1 日至 2021 年 12 月 31 日。

《财政部 税务总局关于进一步实施小微企业“六税两费”减免政策的公告》（财政部 税务总局公告 2022 年第 10 号）规定，增值税小规模纳税人、小型微利企业和个体工商户均可按规定享受“六税两费”减免政策，享受期限为 2022 年 1 月 1 日至 2024 年 12 月 31 日。

第七节　非税收入

一、税务机关征收的非税收入的种类

（一）行政事业性收费

（二）政府性基金收入

（三）罚没收入

（四）国有资源（资产）有偿使用收入

（五）国有资本收益

（六）彩票公益金收入

（七）特许经营收入

（八）中央银行收入

（九）以政府名义接受的捐赠收入

（十）主管部门集中收入

（十一）政府收入的利息收入

（十二）森林植被恢复费、草原植被恢复费

1. 自2023年1月1日起，将森林植被恢复费、草原植被恢复费划转至税务部门征收。2023年1月1日以前审核（批准）的相关用地申请、应于2023年1月1日（含）以后缴纳的上述收入，收缴工作继续由原执收（监缴）单位负责。划转以前和以后年度形成的欠缴收入由税务部门负责征缴入库。

2. 缴纳义务人应当依据林草部门核定的费额，按照规定的期限和程序，向税务部门申报和缴纳森林植被恢复费、草原植被恢复费。

3. 税务部门按照属地原则征收森林植被恢复费、草原植被恢复费，并会同林草部门逐项确定职责划转后的征缴流程，按照国库集中收缴制度等有关规定，依法依规开展收入征管工作，确保收入及时足额缴库。

4. 税务部门征收森林植被恢复费、草原植被恢复费应当使用财政部统一监（印）制的非税收入票据，按照税务部门全国统一信息化方式规范管理。

5. 森林植被恢复费、草原植被恢复费入库后需要办理退库的，由缴费人向税务部门申请办理，税务部门经严格审核并商有关财政、林草部门复核同意后，按照财政部门有关退库管理规定办理退付手续。

（十三）其他非税收入

二、非税收入的征收范围

非税收入可以收费、类似税收（如政府性基金收入）、利润收入、租金收入、捐款收入、罚没收入等形式取得。非税收入的概念分为广义和狭义两种。广义的非税收入是指除税收收入以外的财政收入，它包括政府债务收入、社会保险基金、不以政府名义接受的捐赠收入之外的所有财政资金。狭义的非税收入是指除去税收收入、政府债务收入、社保基金收入、不以政府名义接受的捐赠收入之外的财政收入。本书非税收入部分是针对狭义非税收入而言的。

三、非税收入的征收标准

与非税收入相比，税收有多种，但每一种取得方式都是按照税制结构统一设置的；而非税收入取得的形式多种多样，可以是收费，也可以是按照类似税收的方式（如政府性基金)，还可以是利润方式、租金方式以及罚没款方式取得收入。税收是凭借国家权力征收的，而非税收入取得的依据可以是凭借政权，也可以是资源（资产）所有权、政府信誉等。

第八节　社会保险费

一、税务机关征收的社会保险费的种类

在我国，国家通过多渠道筹集社会保险资金，社会保险资金主要来源于国家、用人单位和个人的缴费。按照社会保险的险种，社会保险缴费分为基本养老保险费、基本医疗保险费、失业保险费、工伤保险费和生育保险费。2020 年 1 月，生育保险并入基本医疗保险征收。

二、基本养老保险费的缴费基数和比率

（一）企业职工基本养老保险费

1. 缴费基数

（1）用人单位的缴费基数。

企业基本养老保险用人单位的缴费基数为国家规定的本单位企业职工工资总额。

（2）企业职工个人缴费基数。

企业职工个人基本养老保险的缴费基数为本人工资收入，原则上以本人上年度月平均工资为基础。

（3）无雇工的个体工商户、未在用人单位参加基本养老保险的非全日制从业人员以及其他灵活就业人员参加企业基本养老保险。

2. 缴费比率

（1）用人单位缴费比例。

根据相关政策规定，用人单位缴纳基本养老保险金比例一般不得超过企业工资总额的 20%，具体比例由省、自治区、直辖市人民政府确定。从 2019 年 5 月 1 日降为 16%。

（2）职工个人缴费比例。

职工个人缴纳比例为本人工资收入的 8%。

（3）无雇工的个体工商户、未在用人单位参加基本养老保险的非全日制从业人员以及其他灵活就业人员缴费比例为其缴费基数的 20%，其中 8% 计入个人账户，12% 计入统筹基金账户。退休后按企业职工基本养老金计发办法计发基本养老金。

（二）城乡居民基本养老保险费

缴费标准：城乡居民缴纳养老保险费采取自愿原则。城乡居民缴费标准目前设为每年 100 元、200 元、300 元、400 元、500 元、600 元、700 元、800 元、900 元、1 000元、1 500 元、2 000 元、3 000 元、4 000 元、5 000 元、6 000 元 15 个档次，省（区、市）人民政府可以根据实际情况增设缴费档次，最高缴费档次标准原则上不超过当地灵活就业人员参加职工基本养老保险的年缴费额，并报人力资源和社会保障部备案。

（三）机关事业单位工作人员基本养老保险费

1. 缴费基数

（1）用人单位缴费基数。

机关事业单位的用人单位缴纳基本养老保险费、职业年金的基数都是本单位的职工工资总额。

（2）编制内的工作人员个人的缴费基数。

机关事业单位编制内工作人员的个人基本养老保险、职业年金的缴费基数都是本人工资，一般以上年度本人月平均工资为个人缴费工资基数。

2. 缴费比例

（1）用人单位缴费比例。

用人单位缴纳基本养老保险金缴费比例为本单位职工工资总额的 20%，从 2019 年 5 月 1 日降为 16%。职业年金缴费比例为本单位职工工资总额的 8%。

（2）机关事业单位编制内工作人员个人缴费比例。

机关事业单位编制内工作人员个人基本养老保险缴费比例为本人缴费基数的 8%，个人职业年金缴费比例为本人缴费基数的 4%。

三、基本医疗保险费

我国基本医疗保险包括职工基本医疗保险费和城乡居民医疗保险费。

（一）职工基本医疗保险费

1. 缴费基数

（1）用人单位的缴费基数。

用人单位基本医疗保险费的缴费基数为本单位职工工资总额。

（2）职工个人缴费基数。

职工个人缴纳基本医疗保险的缴费基数为本人工资。

（3）无雇工的个体工商户、未在用人单位参加基本医疗保险的非全日制从业人员以及其他灵活就业人员参加基本医疗保险，其缴费基数按照所在统筹地的规定执行。

2. 缴费比例

（1）用人单位缴费比例。

用人单位缴纳基本医疗保险金比例为本单位职工工资总额的6%左右。具体比例以统筹地规定为准。

（2）职工个人缴费比例。

职工个人缴纳比例一般为个人缴费基数的2%。

（3）无雇工的个体工商户、未在用人单位参加基本医疗保险的非全日制从业人员以及其他灵活就业人员缴费比例全国不统一，实际按统筹地具体规定执行。

（二）城乡居民基本医疗保险费

缴费标准：城乡居民基本医疗保险以年为单位，采取定额缴费方式进行缴费。具体要以统筹地规定标准为准。2022年，国家规定城乡居民医疗保险个人缴费标准每人每年350元，各地可根据具体情况增加缴费标准。政府也给予资金补助，2022年，财政对城乡居民财政补助资金每人每年不低于610元，用于分担城乡居民个人的医疗费用。

四、失业保险费

失业保险待遇包括领取失业保险金，接受职业培训、职业介绍的补贴以及其他待遇等。

（一）缴费基数

1. 用人单位的缴费基数

用人单位缴纳失业保险费的缴费基数为国家规定的本单位职工工资总额。

2. 职工个人缴费基数

职工缴纳失业保险的缴费基数为本人工资。

（二）缴费比例

失业保险的缴费人按照本单位职工工资总额的2%缴纳失业保险费。职工个人按照本人工资收入的1%缴纳失业保险费。用人单位和个人失业保险费率总和（失业保险总费率）为3%。

2015年3月1日起，失业保险费率由3%降至2%，2016年5月降至1.5%，2017年1月1日后降至1%，个人和单位各缴纳0.5%。

五、工伤保险费

（一）缴费基数

用人单位缴纳工伤保险费的缴费基数为本单位职工工资总额。

（二）缴费比例

根据不同行业的工伤风险程度，由低到高，我国依次将行业工伤风险类别划分为一类至八类。不同工伤风险类别的行业执行不同的工伤保险行业基准费率。各行业工伤风险类别对应的全国工伤保险行业基准费率为：一类至八类分别控制在该行业用人单位职工工资总额的0.2%、0.4%、0.7%、0.9%、1.1%、1.3%、1.6%、1.9%左右。工伤保险在实行行业差别比率费率的基础上，根据用人单位工伤保险出现情况、工伤保险费的使用情况、工伤发生率等因素实行浮动费率。通过费率浮动的办法确定每个行业内的费率档次。一类行业分为三个档次，即在基准费率的基础上，可向上浮动至120%、150%，二类至八类行业分为五个档次，即在基准费率的基础上，可分别向上浮动至120%、150%或向下浮动至80%、50%。全国工伤保险费率原则上控制在1%左右。

六、降低社会保险费率综合方案

（一）关于降低养老保险单位缴费比例

从2019年5月1日起，各地企业职工基本养老保险用人单位的缴费比例高于16%的，可降至16%；低于16%的，要研究提出过渡办法。各地机关事业单位基本养老保险单位缴费比例可降至16%。

（二）关于继续阶段性降低失业保险费率

从2015年3月1日起，失业保险费率暂由总费率的3%降至2%，单位和个人缴费的具体比例由各省、自治区、直辖市人民政府确定。在省、自治区、直辖市行政区域内，单位及职工的费率应当统一。2016年5月1日起，失业保险总费率阶段性降为1.5%，执行期限暂定为两年。2017年1月1日起，失业保险费率为1.5%的地方，失业保险总费率可以降为1%，执行期限为两年，到2019年4月30日。从2019年5月1日起，2020年、2021年、2022年期限延长，目前延长至2023年4月30日。

（三）关于继续阶段性降低工伤保险费率

为了减轻企业的负担，国家规定从2018年5月1日起，在保持八类费率总体稳定的基础上，工伤保险基金累计结余可支付月数在18（含）至23个月的统筹地区，可以以现行费率为基础下调20%；累计结余可支付月数在24个月（含）以上的统筹地区，可以以现行费率为基础下调50%。降低费率的期限执行至2019年4月30日。下调费率期间，统筹地区工伤保险基金累计结余达到合理支付月数范围的，停止下调。具体方案由各省（区、市）研究确定。2019年继续执行2018年的降费政策，期限为一年，即从2019年5月1日至2020年4月30日。2020年、2021年继续执行降费政策到2022年4月30日。

（四）延长阶段性减免企业社会保险费政策实施期限

1. 2020年2月起，各省、自治区、直辖市及新疆生产建设兵团（以下统称“省”）阶段性减免企业基本养老保险、失业保险、工伤保险（以下称“三项社会保险”）单位缴费部分。

对中小微企业三项社会保险单位缴费部分免征的政策，执行到2020年12月底。各省（除湖北省外）对大型企业等其他参保单位（不含机关事业单位，下同）三项社会保险单位缴费部分减半征收的政策，延长执行到2020年6月底。湖北省对大型企业等其他参保单位三项社会保险单位缴费部分免征的政策，继续执行到2020年6月底。

2. 受疫情影响生产经营出现严重困难的企业，可继续缓缴社会保险费至2020年12月底，缓缴期间免收滞纳金。

3. 各省2020年社会保险个人缴费基数下限可继续执行2019年个人缴费基数下限标准，个人缴费基数上限按规定正常调整。

4. 有雇工的个体工商户以单位方式参加三项社会保险的，继续参照企业办法享受单位缴费减免和缓缴政策。

5. 以个人身份参加企业职工基本养老保险的个体工商户和各类灵活就业人员，2020年缴纳基本养老保险费确有困难的，可自愿暂缓缴费。2021年可继续缴费，缴费年限累计计算；对2020年未缴费月度，可于2021年底前进行补缴，缴费基数在2021年当地个人缴费基数上下限范围内自主选择。

灵活就业人员，可以按月、季、半年、年缴纳企业职工基本养老保险费，不得以事后补缴方式追溯补缴增加缴费年限，灵活就业参保人员2022年度养老保险费未按时缴纳或需补缴差额的，2022年缴费有困难的，可在2023年底前缴纳，逾期未缴纳的，按政策规定不得补缴。

6. 实施缓缴政策的行业从民航、餐饮、住宿、旅游、公路铁路水路运输扩大到汽车制造、医药制造等22个行业，困难行业所属困难企业养老保险缓缴实施期限到2022年底，失业、工伤保险缓缴实施期限到2023年6月底。企业申请缓缴期限不超过一年。原5个困难行业缓缴养老保险期限相应延长到2022年底。

★习题精练及答案解析

一、单项选择题

1. 下列各项中，应列入利润表“税金及附加”项目的是（　　）。

A. 销售自产应税化妆品应交的消费税　　B. 进口原材料应交的关税

C. 购进生产设备应交的增值税　　D. 购入土地使用权应交的契税

【参考答案】A

【解析】选项 A，销售自产应税化妆品应交的消费税，计入税金及附加；

选项 B，进口原材料应交的关税，计入原材料成本；

选项 C，购进生产设备应交的增值税，计入应交税费；

选项 D，购入土地使用权应交的契税，计入相关资产成本。

2. 下列各项中，需要计算缴纳增值税的是（　　）。

A. 被保险人得到的保险赔付

B. 供电企业进行电力调压并按电量向电厂收取的并网服务费

C. 纳税人在资产重组过程中，通过合并方式将部分货物以及与其相关联的债权、负债、劳动力一并转让给其他单位

D. 燃油电厂从政府财政专户取得的发电补贴

【参考答案】B

【解析】选项 A，被保险人得到的保险赔付不征收增值税；选项 C，不属于增值税征税范围，不缴纳增值税；选项 D，各燃油电厂从政府财政专户取得的发电补贴不属于增值税规定的价外费用，不计入应税销售额，不征收增值税。

3. 某企业为增值税一般纳税人，于 2021 年 8 月购进旅客运输服务情况如下：取得增值税电子普通发票 1 份，注明的税额 900 元；取得增值税纸质普通发票 1 份，注明的税额 100 元；取得注明旅客身份信息的航空运输电子客票行程单 1 份，票价 1 000 元，燃油附加费 90 元；取得注明旅客身份信息的铁路车票 1 张，票面金额 109 元。不考虑其他相关因素，该企业可抵扣的旅客运输服务进项税额为（　　）。

A. 91.57 元　　B. 99 元　　C. 999 元　　D. 1 099 元

【参考答案】C

【解析】根据《财政部 国家税务总局 海关总署关于深化增值税改革有关政策的公告》（财政部 税务总局 海关总署公告 2019 年第 39 号）的规定，纳税人未取得增值税专用发票的，暂按照以下规定确定进项税额：（1）取得增值税电子普通发票的，为发票上注明的税额；（2）取得注明旅客身份信息的航空运输电子客票行程单的，按照下列公式计算进项税额：航空旅客运输进项税额 =（票价 + 燃油附加费）÷（1 + 9%）×

9%；（3）取得注明旅客身份信息的铁路车票的，按照下列公式计算的进项税额：铁路旅客运输进项税额 = 票面金额 ÷（1 + 9%）× 9%。

选项 A 未计算电子普票的税额，铁路车票的可抵扣进项税额按照 3% 计算；选项 B 未计算电子普票的税额；选项 D 将纸质普通发票作为可抵扣范围。

4. 某公司为一般纳税人，主要从事文化体育服务，符合进项税额加计抵减条件并已提交《适用加计抵减政策的声明》，2023 年 4 月所属期无加计抵减期末余额，5 月所属期销项税额 50 万元，进项税额 20 万元，当期没有进项转出。假设无其他特殊情况，该公司 5 月应缴纳增值税（　　）。

A. 0 元　　B. 25 万元　　C. 29 万元　　D. 28 万元

【参考答案】C

【解析】根据《关于明确生活性服务业增值税加计抵减政策的公告》（财正部 税务总局公告 2019 年第 87 号）和《关于促进服务业领域困难行业纾困发展有关增值税政策的公告》（财政部 税务总局公告 2022 年第 11 号）的规定，2019 年 10 月 1 日至 2022 年 12 月 31 日，允许生活性服务业纳税人按照当期可抵扣进项税额加计 15%，抵减应纳税额。所以应缴纳增值税为 50 − 20 ×（1 + 5%）= 29 万元。

5. 某公司 2022 年 5 月处置使用过的一台机器设备，开具了增值税专用发票，价税合计 100.5 万元。购入该设备时按规定不得抵扣且未抵扣进项税额。该公司处置设备应缴纳增值税（　　）万元。

A. 0.49　　B. 0.50　　C. 1.95　　D. 2.93

【参考答案】D

【解析】该公司处置设备应缴纳增值税 = 100.5 ÷（1 + 3%）× 3% = 2.93（万元）

6. 下列各项的进项税额，准予从销项税额中抵扣的有（　　）。

A. 购进专门用于非增值税应税项目的专利技术

B. 购进既用于增值税应税项目又用于非增值税应税项目的固定资产

C. 非正常损失的购进货物

D. 接受的餐饮服务

【参考答案】B

【解析】根据《中华人民共和国增值税暂行条例实施细则》的规定。

7. 增值税纳税人年应税销售额超过财政部、国家税务总局规定的小规模纳税人标准的，除另有规定外，应当向主管税务机关办理一般纳税人登记，下列关于年应税销售额的说法正确的是（　　）。

A. 是指纳税人在连续不超过 12 个月的经营期内累计应征增值税销售额，其中经营期是指在纳税人存续期内的连续经营期间，不包括未取得销售收入的月份，年应税销售额包括纳税申报销售额、稽查查补销售额、纳税评估调整销售额

B. 是指纳税人在连续不超过 12 个月的经营期内累计应征增值税销售额，其中经营期是指在纳税人存续期内的连续经营期间，含未取得销售收入的月份，年应税销售额包括纳税申报销售额、稽查查补销售额、纳税评估调整销售额

C. 是指纳税人在连续不超过 24 个月的经营期内累计应征增值税销售额，其中经营期是指在纳税人存续期内的连续经营期间，不包括未取得销售收入的月份，年应税销售额包括纳税申报销售额、稽查查补销售额、纳税评估调整销售额

D. 是指纳税人在连续不超过 12 个月的经营期内累计应征增值税销售额，其中经营期是指在纳税人存续期内的连续经营期间，含未取得销售收入的月份，年应税销售额只包括纳税申报销售额

【参考答案】B

【解析】增值税纳税人年应税销售额超过财政部、国家税务总局规定的小规模纳税人标准的，除另有规定外，应当向主管税务机关办理一般纳税人资格登记，所称年应税销售额是指纳税人在连续不超过 12 个月或 4 个季度的经营期内累计应征增值税销售额，其中经营期是指在纳税人存续期内的连续经营期间，含未取得销售收入的月份或季度，年应税销售额包括纳税申报销售额、稽查查补销售额、纳税评估调整销售额。

8. 2023 年 1 月，张三出租位于迎江区的临街门面房，租期三年，采取一次性收取租金的方式，当月收取一年租金 108 万元，张三应缴纳增值税（　　）。

A. 51 428. 57 元　　B. 4 285. 71 元

C. 0 元　　D. 15 428. 57 元

【参考答案】C

【解析】《国家税务总局关于小规模纳税人免征增值税政策有关征管问题的公告》（国家税务总局公告 2019 年第 4 号）第四条规定，《中华人民共和国增值税暂行条例实施细则》第九条所称的其他个人，采取一次性收取租金形式出租不动产取得的租金收入，可在对应的租赁期内平均分摊，分摊后的月租金收入未超过 10 万元的，免征增值税。

9. 根据增值税法律制度的规定，下列各项中，属于增值税混合销售行为的是（　　）。

A. 销售自产机器设备的同时提供安装服务，且分别核算机器设备和安装服务的销售额

B. 电信企业既提供通信服务又销售手机

C. KTV 提供娱乐服务的同时销售酒水

D. 大型商场一层至五层销售货物，地下美食城提供餐饮服务

【参考答案】C

【解析】兼营是指经营销售货物，提供应税劳务，销售应税服务、无形资产、不动产等多项业务。混合销售行为是指一项销售行为既涉及服务又涉及货物，只有选项 C 符合条件。选项 ABD 均属于兼营行为。

10. 以下关于符合条件的制造业等行业企业纳税人留抵退税的计算公式正确的是（　　）。

A. 允许退还的增量留抵税额 = 增量留抵税额 × 进项构成比例 × 100%

B. 允许退还的存量留抵税额 = 增量留抵税额 × 进项构成比例 × 100%

C. 允许退还的增量留抵税额 = 增量留抵税额 × 进项构成比例 × 60%

D. 允许退还的存量留抵税额 = 增量留抵税额 × 进项构成比例 × 60%

【参考答案】A

【解析】根据《关于进一步加大增值税期末留抵退税政策实施力度的公告》（财政部 税务总局公告 2022 年第 14 号）第八条，允许退还的增量留抵税额 = 增量留抵税额 × 进项构成比例 × 100%。

11. 以下小微企业纳税人仍有可能适用增值税期末留抵退税政策的是（　　）。

A. 甲企业纳税信用等级为 M 级

B. 乙企业申请退税前 36 个月曾发生骗取出口退税的情形

C. 丙企业申请退税前 36 个月因偷税曾被税务机关处罚过一次

D. 丁企业 2019 年 4 月 1 日至今已享受即征即退政策且不退回税款

【参考答案】C

【解析】根据《关于进一步加大增值税期末留抵退税政策实施力度的公告》（财政部 税务总局公告 2022 年第 14 号）第三条，适用本公告政策的纳税人需同时符合以下条件：（1）纳税信用等级为 A 级或者 B 级；（2）申请退税前 36 个月未发生骗取留抵退税、骗取出口退税或虚开增值税专用发票情形；（3）申请退税前 36 个月未因偷税被税务机关处罚两次及以上；（4）2019 年 4 月 1 日起未享受即征即退、先征后返（退）政策。

12. 根据最新的留抵退税政策，下列关于存量留抵税额和增量留抵税额的说法中，正确的是（　　）。

A. 纳税人申请存量留抵退税前的存量留抵税额是指 2019 年 3 月 31 日期末留抵税额

B. 纳税人获得一次性存量留抵退税后，增量留抵税额为当期期末留抵税额

C. 纳税人不能同时申请增量留抵退税和存量留抵退税

D. 纳税人获得一次性存量留抵退税后，存量留抵税额为当期期末留抵税额

【参考答案】B

【解析】选项 A 错误，纳税人获得一次性存量留抵退税前，当期期末留抵税额大于或等于 2019 年 3 月 31 日期末留抵税额的，存量留抵税额为 2019 年 3 月 31 日期末留抵税额；当期期末留抵税额小于 2019 年 3 月 31 日期末留抵税额的，存量留抵税额为当期期末留抵税额。选项 C 错误，纳税人可以在规定期限内同时申请增量留抵退税和存量留抵退税。选项 D 错误，纳税人获得一次性存量留抵退税后，存量留抵税额为零。

13. 甲企业为制造业一般纳税人。2019 年 3 月的期末留抵税额为 10 万元，2022 年 3 月期末留抵税额为 19 万元。自 2019 年 4 月至 2022 年 3 月已抵扣的增值税专用发票、海关进口增值税专用缴款书、解缴税款完税凭证、收费公路通行费增值税电子普通发票注明的增值税税额为 80 万元。同期全部已抵扣进项税额为 100 万元。该企业满足留抵退税条件，申请增量和存量留抵退税，可以退还的税额合计为（　　）万元。

A. 7.20　　B. 8　　C. 15.2　　D. 19

【参考答案】C

【解析】该企业符合规定的条件，可以向主管税务机关申请退还增量和存量留抵税额。

进项构成比例 =80 ÷100 ×100% =80%

增量留抵税额 =（19 -10）×80% ×100% =7.20（万元）

存量留抵税额 =10 ×80% ×100% =8（万元）

该企业允许退还的增量及存量留抵税额合计 =7.20 +8 =15.20（万元）

14. 纳税人因货物销售折让而退还购买方的折让款，增值税政策规定正确的处理是（　　）。

A. 追补扣减销售发生时的销售额和销项税额

B. 追补扣减销售发生时的进项税额

C. 扣减销售折让当期的销售额和销项税额

D. 扣减销售折让当期的进项税额

【参考答案】C

【解析】《中华人民共和国增值税暂行条例实施细则》第十一条规定，小规模纳税人以外的纳税人因销售货物退回或者折让而退还给购买方的增值税额，应从发生销售货物退回或者折让当期的销项税额中扣减；因购进货物退出或者折让而收回的增值税额，应从发生购进货物退出或者折让当期的进项税额中扣减。

15. 纳税人将自产的应税消费品用于下列方面，在移送使用环节不需要缴纳消费税的是（　　）。

A. 用于对外投资　　B. 用于公益性捐赠

C. 用于连续生产应税消费品　　D. 用于换取生产资料

【参考答案】C

【解析】用于连续生产应税消费品，在移送使用环节不需要缴纳消费税。

16. 某化妆品生产企业发生的下列业务，其消费税纳税义务发生时间的表述中，正确的是（　　）。

A. 将自产香水用于市场推广，纳税义务发生时间为移送使用的当天

B. 进口一批香水精，纳税义务发生时间为海关审定进口价格的当天

C. 委托加工厂加工一批香粉，纳税义务发生时间为合同约定支付加工费的当天

D. 采用预收货款方式销售成套化妆品，纳税义务发生时间为收到预收款的当天

【参考答案】A

【解析】(1) 选项 B，纳税人进口的应税消费品，其纳税义务发生时间，为报关进口的当天；(2) 选项 C，纳税人委托加工的应税消费品，其纳税义务发生时间，为纳税人提货的当天；(3) 选项 D，纳税人采取预收货款结算方式的，其纳税义务发生时间，为发出应税消费品的当天。

17. 纳税人采用以旧换新方式销售金银首饰，征收消费税的计税依据是（　　）。

A. 销售金银首饰的含增值税全部价款，不扣除换回旧首饰价款

B. 销售金银首饰的不含增值税全部价款，不扣除换回旧首饰价款

C. 实际收取的不含增值税全部价款

D. 实际收取的含增值税全部价款，扣除换回旧首饰价款

【参考答案】C

【解析】《财政部 国家税务总局关于调整金银首饰消费税纳税环节有关问题的通知》（财税字〔1994〕95 号）第七条第四款规定：纳税人采用以旧换新（含翻新改制）方式销售的金银首饰，应按实际收取的不含增值税的全部价款确定计税依据征收消费税。《财政部 国家税务总局关于金银首饰等货物征收增值税管理问题的通知》（财税字〔1996〕74 号）规定：考虑到金银首饰以旧换新业务的特殊情况，对金银首饰以旧换新业务，可以按销售方实际收取的不含增值税的全部价款征收增值税。

18. 某果木酒生产企业为增值税一般纳税人，2021 年 5 月销售果木酒取得的收入为 140.4 万元（含税），当月发出货物时收取包装物押金 4.68 万元，定期 2 个月收回，另外当月没收逾期未退的包装物押金为 2.26 万元。该企业本月应确认的销项税额为（　　）万元。

A. 16.15　　B. 16.41　　C. 16.69　　D. 16.95

【参考答案】C

【解析】除黄酒、啤酒包装物押金在逾期未归还或收取超过 1 年时计入销售额计征增值税外，其他酒类产品的包装物押金应在收取时并入销售额计征增值税。该企业本月销项税额 $=(140.4+4.68)\div(1+13\%)\times13\%=16.69$ 万元。

19. 下列关于纳税人提供不动产经营租赁服务增值税征收管理的规定，表述不正确的是（　　）。

A. 属于小规模纳税人的个体工商户出租住房，按照 5% 的征收率计算应纳税额

B. 单位和个体工商户出租不动产，向不动产所在地主管税务机关预缴的增值税款，可以在当期增值税应纳税额中抵减，抵减不完的，结转下期继续抵减

C. 一般纳税人出租其 2016 年 4 月 30 日前取得的不动产，可以选择适用简易计税方法，按照 5% 的征收率计算应纳税额

D. 小规模纳税人中的单位和个体工商户出租不动产（不含个体工商户出租住房），按照 5% 的征收率计算应纳税额

【参考答案】A

【解析】属于小规模纳税人的个体工商户出租住房，按照 5% 的征收率减按 1.5% 计算应纳税额。

20. 下列关于进口环节增值税的税务处理错误的是（　　）。

A. 在计算进口环节的应纳增值税税额时不得抵扣任何税额，即在计算进口环节的应纳增值税税额时，不得抵扣发生在我国境外的各种税金

B. 在限值以内进口的跨境电子商务零售进口商品，跨境电子商务零售进口商品的进口环节增值税、消费税取消免征税额，暂按法定应纳税额的 80% 征收

C. 跨境电子商务零售进口商品的单次交易限值为人民币 5 000 元，个人年度交易限值为人民币 26 000 元

D. 跨境电子商务零售进口商品自海关放行之日起 30 日内退货的，可申请退税，并相应调整个人年度交易总额

【参考答案】B

【解析】选项 B，在限值以内进口的跨境电子商务零售进口商品，进口环节增值税、消费税取消免征税额，暂按法定应纳税额的 70% 征收。

21. 甲汽车配件商店（小规模纳税人）2023 年 5 月购进零配件 15 000 元，支付电费 500 元，当月销售取得含税收入 130 000 元。该商店当月应纳增值税（　　）元。

A. 1 287.13　　B. 720　　C. 524.27　　D. 0

【参考答案】A

【解析】自 2023 年 1 月 1 日至 2023 年 12 月 31 日，增值税小规模纳税人适用 3% 征收率的应税销售收入，减按 1% 征收率征收增值税。应纳增值税 = 130 000 ÷（1 + 1%）× 1% = 1 287.13（元）。

22. 下列产品中，在计算缴纳消费税时准许扣除外购应税消费品已纳消费税的是（　　）。

A. 外购已税烟丝连续生产的卷烟

B. 外购已税摩托车生产的应税摩托车

C. 外购已税溶剂油生产的应税涂料

D. 外购已税游艇生产的应税游艇

【参考答案】A

【解析】选项 BCD，不得扣除外购应税消费品的已纳消费税。

23. 下列企业，属于企业所得税法所称居民企业的是（　　）。

A. 依照英国地区法律成立但实际管理机构在中国境内的企业

B. 依照英国地区法律成立且实际管理机构在英国，且有来源于我国境内所得的企业

C. 依照美国法律成立且实际管理机构在美国，但在中国境内设立机构、场所的企业

D. 依照美国法律成立且实际管理机构在美国，在中国境内未设立机构、场所，也没有来源于中国境内所得的企业

【参考答案】A

【解析】选项 BC，依据外国（地区）法律成立，实际管理机构不在我国境内，且有来源于我国境内所得的企业或在中国境内设立机构、场所的企业，为我国的非居民企业；选项 D，不属于我国企业所得税的纳税人。

24. 甲公司 2017 年 8 月以 800 万元直接投资于乙公司，占有乙公司 30% 的股权。2020 年 12 月将全部股权转让取得收入 1 200 万元，并完成股权变更手续。转让时乙公司账面累计未分配利润 200 万元，甲公司应确认股权转让的应纳税所得额是（　　）万元。

A. 200　　B. 340　　C. 400　　D. 900

【参考答案】C

【解析】(1) 甲公司在计算股权转让所得时，不得扣除被投资企业未分配利润等股东留存收益中按该项股权所可能分配的金额；(2) 甲公司应确认股权转让的应纳税所得额 = 1 200 - 800 = 400（万元）。

25. 下列关于企业商品销售收入确认的税务处理中，符合企业所得税法规定的是（　　）。

A. 为促进商品销售提供商业折扣的，按扣除商业折扣前的金额确认销售收入

B. 为鼓励债务人在规定期限内付款提供现金折扣的，按扣除现金折扣后的金额确认销售收入

C. 因售出商品品种不符合要求发生销售退回的，在发生销售退回的下一期冲减当期销售商品收入

D. 因售出商品质量原因提供销售折让并已确认销售收入的，在发生销售折让当期冲减当期销售商品收入

【参考答案】D

【解析】(1) 选项 A，商品销售涉及商业折扣的，应当按照扣除商业折扣后的金额确定销售商品收入金额；(2) 选项 B，商品销售涉及现金折扣的，应当按照扣除现金折扣前的金额确定销售商品收入金额；(3) 选项 C，企业已经确认销售收入的售出商

品发生销售折让和销售退回，应当在发生当期冲减当期销售商品收入。

26. 岳盛服务公司经过判断符合小型微利企业条件。2023 年第一季度预缴企业所得税时，相应的累计应纳税所得额为 150 万元，那么 A 企业当季减免税额是（　　）。

A. 7.5 万元　　B. 32.5 万元　　C. 30 万元　　D. 37.5 万元

【参考答案】C

【解析】根据《关于落实支持小型微利企业和个体工商户发展所得税优惠政策的公告》（财政部 国家税务总局公告 2023 年第 6 号）的规定，2023 年 1 月 1 日至 2024 年 12 月 31 日，对小型微利企业年应纳税所得额不超过 100 万元的部分，减按 25% 计入应纳税所得额，按 20% 的税率缴纳企业所得税。根据《财政部 国家税务总局关于进一步实施小微企业所得税优惠政策的公告》（财政部 税务总局公告 2022 年第 13 号）规定，2023 年 1 月 1 日至 2024 年 12 月 31 日，对小型微利企业年应纳税所得额超过 100 万元但不超过 300 万元的部分，减按 25% 计入应纳税所得额，按 20% 的税率缴纳企业所得税。A 企业实际应纳所得税额 = 150 × 25% × 20% = 7.5 万元。减免税额 = 150 × 25% − 7.5 = 30 万元。

27. 科技型中小企业开展研发活动中实际发生的研发费用，形成无形资产的，自 2022 年 1 月 1 日起，按照无形资产成本在税前摊销的比例是（　　）。

A. 100%　　B. 150%　　C. 175%　　D. 200%

【参考答案】D

【解析】《关于进一步提高科技型中小企业研发费用税前加计扣除比例的公告》（财政部 税务总局 科技部公告 2022 年第 16 号）的规定。

28. 下列符合企业所得税所得来源地确定原则的是（　　）。

A. 销售货物，按照交易活动发生地确定

B. 提供劳务，按照支付所得的企业所在地确定

C. 动产转让所得，按照购买方所在地确定

D. 股息、红利等权益性投资所得，按照投资方所在地确定

【参考答案】A

【解析】根据《中华人民共和国企业所得税法实施条例》规定，来源于中国境内、境外的所得，按照以下原则确定：销售货物所得，按照交易活动发生地确定；提供劳务所得，按照劳务发生地确定；转让财产所得：不动产转让所得按照不动产所在地确定，动产转让所得按照转让动产的企业或者机构、场所所在地确定，权益性投资资产转让所得按照被投资企业所在地确定；股息、红利等权益性投资所得，按照分配所得的企业所在地确定；利息所得、租金所得、特许权使用费所得，按照负担、支付所得的企业或者机构、场所所在地确定，或者按照负担、支付所得的个人的住所地确定；其他所得，由国务院财政、税务主管部门确定。

29. 下列关于从事污染防治的第三方企业减免企业所得税政策，说法正确的是（　　）。

A. 从事环境保护设施运营服务的年度营业收入占总收入的比例高于60%

B. 近三年内纳税信用等级未被评定为D级

C. 第三方防治企业，自行判断其是否符合上述条件，符合条件的将相关资料送交主管税务机关备案后，方可申报享受税收优惠

D. 自2019年1月1日至2023年12月31日，对符合条件的从事污染防治的第三方企业减按15%的税率征收企业所得税

【参考答案】D

【解析】依据《财政部 税务总局 国家发展改革委 生态环境部关于从事污染防治的第三方企业所得税政策问题的公告》（财政部公告2019年第60号）规定，从事环境保护设施运营服务的年度营业收入占总收入的比例不低于60%，选项A错误；具有良好的纳税信用，近三年内纳税信用等级未被评定为C级或D级，选项B错误；第三方防治企业，自行判断其是否符合上述条件，符合条件的可以申报享受税收优惠，相关资料留存备查，选项C错误。选项D是文件原文，正确。

30. 某商业企业2023年年均职工人数215人，年均资产总额4 500万元，当年经营收入5 640万元，税前准予扣除项目金额5 400万元。某企业2023年应缴纳企业所得税为（　　）万元。

A. 19　　B. 24　　C. 16.5　　D. 12

【参考答案】D

【解析】（1）对于从事国家非限制和禁止行业，且同时符合年度应纳税所得额不超过300万元、从业人数不超过300人、资产总额不超过5 000万元三项条件的企业，属于小型微利企业。该商业企业应纳税所得额 = 5 640 - 5 400 = 240万元，2021年年均职工人数215人，年均资产总额4 500万元，属于小型微利企业。

（2）2023年度对小型微利企业年应纳税所得额不超过100万元的部分，减按25%计入应纳税所得额，按20%的税率缴纳企业所得税；对年应纳税所得额超过100万元但不超过300万元的部分，延续按25%计入应纳税所得额，按20%的税率缴纳企业所得税。

综上，该企业2021年应缴纳企业所得税 =（5 640 - 5 400）×25% ×20% = 12万元。

31. 乙公司2021年度有A和B两个研发项目。项目A人员人工等五项费用之和为90万元，其他相关费用为12万元；项目B人员人工等五项费用之和为100万元，其他相关费用为8万元。则乙公司可加计扣除的其他相关费用为（　　）。

A. 8万元　　B. 12万元　　C. 18万元　　D. 20万元

【参考答案】D

【解析】根据《国家税务总局关于进一步落实研发费用加计扣除政策有关问题的公

告》(2021 年第 28 号),将其他相关费用限额的计算方法调整为按全部项目统一计算,不再分项目计算。两个项目的其他相关费用限额为[(90 + 100) × 10% ÷ (1 − 10%)] = 21.11 万元,可加计扣除的其他相关费用为(12 + 8) = 20 万元。

32. 根据《中华人民共和国企业所得税法》及其实施条例规定,下列说法正确的是(　　)。

A. 企业发生的公益性捐赠支出,在年度利润总额 3% 以内的部分,准予在计算应纳税所得额扣除

B. 企业发生的公益性捐赠支出,在年度应纳税所得额 3% 以内的部分,准予在计算应纳税所得额扣除

C. 企业发生的公益性捐赠支出,在年度利润总额 12% 以内的部分,准予在计算应纳税所得额时扣除

D. 企业发生的公益性捐赠支出,在年度应纳税所得额 12% 以内的部分,准予在计算应纳税所得额时扣除

【参考答案】C

【解析】企业发生的公益性捐赠支出,在年度利润总额 12% 以内的部分,准予在计算应纳税所得额时扣除。

33. 企业以免费旅游方式作为对营销人员(非企业雇员)的个人奖励,计征个人所得税的项目是(　　)。

A. 劳务报酬所得　　B. 工资、薪金所得

C. 偶然所得　　D. 其他所得

【参考答案】A

【解析】企业以免费旅游方式作为对营销人员(非企业雇员)的个人奖励,按照劳务报酬所得计征个人所得税。

34. 合伙企业的个人投资者以企业资金为本人支付与企业生产经营无关的消费性支出及购买汽车、住房等财产性支出,应按(　　)征收个人所得税。

A. 工资、薪金所得　　B. 经营所得

C. 劳务报酬所得　　D. 利息、股息、红利所得

【参考答案】B

【解析】个人独资企业、合伙企业的个人投资者以企业资金为本人、家庭成员及其相关人员支付与企业生产经营无关的消费性支出及购买汽车、住房等财产性支出,视为企业对个人投资者的利润分配,并入投资者个人的生产、经营所得,依照“经营所得”项目计征个人所得税。

35. 中国居民王先生 2021 年全年发生与基本医保相关的医药费用支出 132 000 元,按照当地医保报销政策报销费用支出 97 550 元。王先生在 2022 年办理 2021 年度个人所

得税汇算清缴时，可以申报扣除（　　）。

A. 19 450 元　　B. 32 450 元　　C. 34 450 元　　D. 80 000 元

【参考答案】A

【解析】根据《个人所得税专项附加扣除暂行办法》第十一条的规定，在一个纳税年度内，纳税人发生的与基本医保相关的医药费用支出，扣除医保报销后个人负担（指医保目录范围内的自付部分）累计超过 15 000 元的部分，由纳税人在办理年度汇算清缴时，在 80 000 元限额内据实扣除。王先生可以申报扣除 132 000 − 97 550 − 15 000 = 19 450 元。

36. 个体工商户生产经营活动中，应当分别核算生产经营费用和个人、家庭费用。对于生产经营与个人、家庭生活混用难以分清的费用，按照一定比例视为与生产经营有关费用准予扣除。这一比例是（　　）。

A. 10%　　B. 20%　　C. 30%　　D. 40%

【参考答案】D

【解析】个体工商户生产经营活动中，应当分别核算生产经营费用和个人、家庭费用。对于生产经营与个人、家庭生活混用难以分清的费用，其 40% 视为与生产经营有关费用，准予扣除。

37. 下列（　　）人员不属于《财政部 税务总局关于支持新型冠状病毒感染的肺炎疫情防控有关个人所得税政策的公告》（财政部 税务总局公告 2020 年第 10 号）中可以免征个人所得税的范围。

A. 参加疫情防治工作的医务人员　　B. 参加疫情防治工作的防疫工作者

C. 参与疫情防控人员　　D. 参与疫情防控物资生产的志愿者

【参考答案】D

【解析】根据《财政部 税务总局关于支持新型冠状病毒感染的肺炎疫情防控有关个人所得税政策的公告》（财政部 税务总局公告 2020 年第 10 号）第一条规定，对参加疫情防治工作的医务人员和防疫工作者按照政府规定标准取得的临时性工作补助和奖金，免征个人所得税。政府规定标准包括各级政府规定的补助和奖金标准。对省级及省级以上人民政府规定的对参与疫情防控人员的临时性工作补助和奖金，比照执行。没有参与疫情防控物资生产的志愿者，答案选 D。

38. 公民张某作为引进人才，2021 年 4 月以 50 万元的价格购买引进单位提供的市场价值为 80 万元的住房，同月以 2 元/股的价格被授予该单位的股票期权 20 000 股，授权日股票的市场价格为 5.6 元/股，行权日为 2022 年 12 月，2021 年张某就以上两项所得缴纳个人所得税（　　）元。

A. 43 080　　B. 58 590　　C. 47 760　　D. 63 270

【参考答案】B

【解析】选项 B 当选，具体过程如下：

（1）股票期权应在行权时缴纳个人所得税，故 2021 年无须缴纳个人所得税。

（2）单位按低于购置或建造成本价格出售住房给职工，职工因此而少支出的差价部分，符合规定的，不并入当年综合所得，以差价收入除以 12 个月得到的数额，按照月度税率表确定适用税率和速算扣除数，单独计算纳税。

本题中差额 = 800 000 − 500 000 = 300 000 元，以 300 000 ÷ 12 = 25 000 元，确定适用 20% 的税率，速算扣除数为 1 410 元。

综上，应纳个人所得税 = 300 000 × 20% − 1 410 = 58 590（元）

选项 A 不当选，在计算低价取得住房应缴纳的个人所得税时，按照少支出的差价部分，全额单独适用综合所得税率表，确定适用税率为 20%，速算扣除数为 16 920，其错误的计算过程为：300 000 × 20% − 16 920 = 43 080（元）

选项 C 不当选，在选项 A 的基础上，另外考虑了股票期权的应纳税额 =（56 − 2）× 20 000 × 10% − 2 520 = 4 680 元，即应纳个人所得税 = 43 080 + 4 680 = 47 760 元。

选项 D 不当选，在选项 B 的基础上，另外考虑了股票期权的应纳税额 4 680 元，即应纳个人所得税 = 58 590 + 4 680 = 63 270 元。

39. 2018 年《中华人民共和国个人所得税法》首次引入（　　）。

A. 单一所得税制　　B. 综合所得税制

C. 分类所得税制　　D. 综合与分类相结合的税制

【参考答案】D

【解析】2018 年《中华人民共和国个人所得税法》首次引入综合与分类相结合的税制。

40. 纳税人转让旧房及建筑物，凡不能取得评估价格，但能提供购房发票的，可按发票所载金额并从购买年度起至转让年度止每年加计扣除的比例为（　　）。

A. 20%　　B. 5%　　C. 10%　　D. 20%

【参考答案】B

【解析】纳税人转让旧房及建筑物，凡不能取得评估价格，但能提供购房发票的，经当地税务部门确认，取得土地使用权所支付的金额、旧房及建筑物的评估价格，可按发票所载金额并从购买年度起至转让年度止每年加计 5% 计算扣除。

41. 根据土地增值税相关规定，下列行为中，需要缴纳土地增值税的是（　　）。

A. 某人将自己一套闲置的住房出售

B. 某人将个人的房产无偿赠与自己的子女

C. 某房地产开发企业以建造的商品房作价入股进行对外投资

D. 某企业通过残疾人联合会将一套房产无偿赠与当地一家福利企业

【参考答案】C

【解析】选项 A，对居民个人销售住房，一律免征土地增值税；选项 B，房产所有人、土地使用权所有人将房屋产权、土地使用权赠与直系亲属或承担直接赡养义务人的，不征收土地增值税；选项 D，房产所有人、土地使用权所有人通过中国境内非营利的社会团体、国家机关将房屋产权、土地使用权赠与教育、民政和其他社会福利、公益事业的，不征收土地增值税。

42. 计算缴纳土地增值税时，不是判定普通住宅的标准有（　　）。

A. 建筑容积率在 1.0 以上

B. 实际成交价低于同级别土地上住房平均交易价 1.2 倍以下

C. 增值额未超过扣除项目金额之和的 20%

D. 单套建筑面积在 120 平方米以下

【参考答案】C

【解析】2005 年 6 月 1 日起，普通标准住宅应同时满足：建筑容积率在 1.0 以上；实际成交价低于同级别土地上住房平均交易价 1.2 倍以下；单套建筑面积在 120 平方米以下。

43.《财政部 税务总局 人力资源社会保障部 国务院扶贫办关于进一步支持和促进重点群体创业就业有关税收政策的通知》（财税〔2019〕22 号）中重点群体有（　　）。

①毕业年度内普通高等学校应届毕业的学生

②毕业年度内成人高等学校应届毕业的学生

③纳入全国扶贫开发信息系统的建档立卡贫困人口

④在人力资源社会保障部门公共就业服务机构登记失业一年以上的人员

⑤零就业家庭、享受城市居民最低生活保障家庭劳动年龄内的登记失业人员

A. ①④⑤　　B. ①②③⑤　　C. ①②④⑤　　D. ①③④⑤

【参考答案】B

【解析】根据《财政部 税务总局 人力资源社会保障部 国家乡村振兴局关于延长部分扶贫税收优惠政策执行期限的公告》（财政部 税务总局 人力资源社会保障部 国家乡村振兴局公告 2021 年第 18 号）《财政部 税务总局 人力资源社会保障部 国务院扶贫办关于进一步支持和促进重点群体创业就业有关税收政策的通知》（财税〔2019〕22 号）的规定。

44. 城镇土地使用税征税方式是（　　）。

A. 按月或季预缴，年终清算　　B. 按次计征

C. 按年计算，分期预缴　　D. 按年计算，分期缴纳

【参考答案】D

【解析】城镇土地使用税按年计算，可以按月、季或者半年缴纳。

45. 运输合同计征印花税的计税依据是（　　）。

A. 运费收入　　B. 运费收入加所运货物金额

C. 运费收入加装卸费　　D. 运费收入加保险费

【参考答案】A

【解析】运输合同的计税依据为取得的运输费金额（即运费收入），不包括所运货物的金额、装卸费和保险费等。

46. 按照国办发〔2019〕10 号的通知要求，生育保险和（　　）合并实施。

A. 失业保险费　　B. 工伤保险费

C. 职工基本医疗保险　　D. 基本养老保险费

【参考答案】C

【解析】本题考核点是《国务院办公厅关于全面推进生育保险和职工基本医疗保险合并实施的意见》。

47. 工伤保险缴费比例实行（　　）。

A. 固定费率　　B. 差别比例费率

C. 基准费率和浮动费率相结合　　D. 浮动费率

【参考答案】C

【解析】本题主要考核工伤保险费的缴费比例规定。

48. 下列房产转让的情形中，产权承受方不缴纳契税的是（　　）。

A. 将房产赠与非法定继承人

B. 以实物交换方式承受土地、房屋权属

C. 以获奖方式承受土地、房屋权属

D. 以自有房产投资入股本人独资经营的企业

【参考答案】D

【解析】选项 A：法定继承人通过继承承受土地、房屋权属，免征契税；将房产赠与非法定继承人，承受方照章缴纳契税。选项 BC：以实物交换方式承受土地、房屋权属；以获奖方式承受土地、房屋权属，均视同土地使用权转让、房屋买卖或赠与需要缴纳契税。

49. 根据财税〔2019〕21 号文件，企业招用自主就业退役士兵，可以自签订劳动合同并缴纳社会保险（　　）起，按规定定额依次扣减相应税费，定额标准最高可上浮（　　）。

A. 当月；30%　　B. 当月；50%

C. 次月；30%　　D. 次月；50%

【参考答案】B

【解析】财税〔2019〕21 号文件规定：企业招用自主就业退役士兵，与其签订 1 年以上期限劳动合同并依法缴纳社会保险费的，自签订劳动合同并缴纳社会保险当月起，在 3 年内按实际招用人数予以定额依次扣减增值税、城市维护建设税、教育费附加、地方教育附加和企业所得税优惠。定额标准为每人每年 6 000 元，最高可上浮 50%，各省、自治区、直辖市人民政府可根据本地区实际情况在此幅度内确定具体定额标准。

50. G 公司于 2021 年 6 月成立，从事国家非限制和禁止行业，10 月 1 日登记为增值税一般纳税人。2022 年 5 月底前，G 公司未按期办理首次汇算清缴申报，8 月，G 公司办理汇算清缴申报，确定不属于小型微利企业。G 公司根据相关规定，分别于 2022 年 4 月和 7 月征期申报当年 1—3 月和 4—6 月的“六税两费”时，按照小型微利企业申报享受了减免优惠。G 公司 8 月办理首次汇算清缴后，以下对“六税两费”纳税申报处理方法正确的是（　　）。

A. 只更正 1—3 月的“六税两费”

B. 只更正 4—6 月的“六税两费”

C. 应当更正 1—3 月和 4—6 月的“六税两费”

D. 1—3 月和 4—6 月的“六税两费”都不必更正

【参考答案】B

【解析】按照企业所得税有关规定，G 公司应当于 2022 年 5 月底前办理首次汇算清缴，且根据《国家税务总局关于进一步实施小微企业“六税两费”减免政策有关征管问题的公告》（国家税务总局公告 2022 年第 3 号）第一条第（二）项规定，G 公司 7 月征期申报 4—6 月的“六税两费”时，应当依据首次汇算清缴结果确定是否可享受税收优惠。逾期办理首次汇算清缴后，确定 G 公司不属于小型微利企业。因此，G 公司 7 月征期申报的 4—6 月的“六税两费”不能享受减免优惠，应当进行更正申报，补缴减征的税款。根据以上公告第一条第（二）项、第（三）项规定，G 公司在规定的首次汇算清缴期截止时间前于 4 月征期申报 2022 年 1—3 月的“六税两费”不必进行更正。

51. 下列关于城镇土地使用税减免税优惠的说法，错误的有（　　）。

A. 农产品批发市场餐饮区用地免征城镇土地使用税

B. 省级科技企业孵化器出租给在孵对象使用的土地，免征城镇土地使用税

C. 民航机场飞行区场内外通信导航设施用地，免征城镇土地使用税

D. 民航机场道路中，场外道路用地免征城镇土地使用税

【参考答案】A

【解析】选项 A 当选，农产品批发市场、农贸市场专门用于经营农产品的土地，免征城镇土地使用税，但是其行政办公区、生活区，以及商业餐饮娱乐等非直接为农产品交易提供服务的土地，应照章征收城镇土地使用税。选项 B 不当选，对国家级、省级科技企业孵化器、大学科技园和国家备案的众创空间自用及无偿或通过出租等方式提供给在孵对象使用的土地，免征城镇土地使用税。选项 C 不当选，机场飞行区（包括跑道、滑行道、停机坪、安全带、夜航灯光区）用地、场内外通信导航设施用地和飞行区四周排水防洪设施用地，免征城镇土地使用税。选项 D 不当选，机场道路中，

场外道路用地免征城镇土地使用税，场内道路用地照章征收。

52. 下列关于农产品批发市场、农贸市场暂免征收房产税和城镇土地使用税的说法错误的是（　　）。

A. 享受税收优惠的房产、土地，是指农产品批发市场、农贸市场直接为农产品交易提供服务的房产、土地

B. 同时经营其他产品的农产品批发市场和农贸市场使用的房产、土地，按其他产品与农产品交易场地面积的比例确定免征房产税和城镇土地使用税

C. 对农产品批发市场、农贸市场（包括自有和承租，下同）专门用于经营农产品的房产、土地，暂免征收房产税和城镇土地使用税

D. 农贸市场的行政办公区、生活区，属于直接为农产品交易提供服务的房产、土地

【参考答案】D

【解析】《财政部 税务总局关于继续实行农产品批发市场农贸市场房产税务城镇土地使用税优惠政策的通知》（财税〔2019〕12 号）规定，农贸市场的行政办公区、生活区，以及商业餐饮娱乐等非直接为农产品交易提供服务的房产、土地，不属于本通知规定的优惠范围，应按规定征收房产税和城镇土地使用税。

53. 城镇土地使用税的计税依据是（　　）。

A. 占地面积　　B. 建筑面积

C. 实际占用的土地面积　　D. 使用面积

【参考答案】C

【解析】城镇土地使用税以纳税人实际占用的土地面积为计税依据。

54. 下列关于高校学生公寓免征房产税、印花税说法错误的是（　　）。

A. 高校学生公寓，是指为高校学生提供住服务，按照国家规定的收费标准收取住宿费的学生公寓

B. 对与高校学生签订的高校学生公寓租赁合同，免征印花税

C. 对高校学生公寓免征房产税

D. 高校享受本通知规定的免税政策，应按规定进行免税备案，并将不动产权属证明、载有房产原值的相关材料、房产用途证明、租赁合同等资料留存备查

【参考答案】D

【解析】《关于高校学生公寓房产税 印花税政策的通知》（财税〔2019〕14 号）规定，企业享受本通知规定的免税政策，应按规定进行免税申报，并将不动产权属证明、载有房产原值的相关材料、房产用途证明、租赁合同等资料留存备查。D 选项将企业混淆为高校，免税申报混淆为免税备案，表述错误。

55. 甲企业用价值 600 万元的房产换取乙企业价值 800 万元的房产，甲企业支付差额 200 万元。下列对甲、乙应缴纳契税的说法正确的是（　　）。

A. 乙方应缴纳契税　　B. 甲方应缴纳契税

C. 甲、乙双方均应缴纳契税　　D. 双方均不缴纳契税

【参考答案】B

【解析】土地使用权交换、房屋交换，其计税依据为所交换的土地使用权、房屋的价格的差额。土地使用权交换、房屋交换，交换价格不相等的，由多交付货币、实物、无形资产或者其他经济利益的一方缴纳税款。

56. 根据印花税相关规定，下列说法错误的有（　　）。

A. 应税合同纳税义务发生时间为书立应税合同的当日

B. 证券交易印花税纳税义务发生时间为证券交易完成的当日

C. 农牧业保险合同，免征印花税

D. 房屋建筑物所有权转移书据纳税义务发生时间为办理产权转移手续的当日

【参考答案】D

【解析】选项 A 不当选，选项 D 当选。合同、产权转移书据、资金账簿，印花税的纳税义务发生时间为书立应税凭证的当日。选项 B 不当选，证券交易印花税纳税义务发生时间为证券交易完成的当日。选项 C 不当选，农牧业保险合同免征印花税。

57. 下列各项，不属于车船税征税范围的是（　　）。

A. 三轮汽车　　B. 火车　　C. 摩托车　　D. 养殖渔船

【参考答案】B

【解析】车船税的征收范围为车辆和船舶，不包括火车、飞机。养殖渔船享受免税优惠。

58. 2022 年 7 月，甲汽车轮胎厂与乙汽车制造厂签订了一份货物交换合同，甲以价值 65 万元的轮胎交换乙的两辆汽车，同时甲再支付给乙 3 万元差价。对此项交易，甲应缴纳的印花税税额为（　　）元。

A. 195　　B. 390　　C. 399　　D. 408

【参考答案】C

【解析】商品购销活动中，采用以货换货方式进行商品交易签订的合同，是反映既购又销双重经济行为的合同。对此，应按合同所载的购、销合计金额计税贴花。应缴纳的印花税为（65 + 68）× 0.3‰ × 10 000 = 399 元。

59. 下列关于印花税计税依据的表述中，正确的是（　　）。

A. 技术合同的计税依据包括研究开发经费

B. 财产保险合同的计税依据包括所保财产的金额

C. 货物运输合同的计税依据包括货物装卸费和保险费

D. 记载资金账簿的计税依据为“实收资本”和“资本公积”的合计金额

【参考答案】D

【解析】技术合同的计税依据为合同所载的价款、报酬或使用费。为鼓励技术研究开发，对技术开发合同，只就合同所载的报酬金额计税，研究开发经费不作为计税依据。财产保险合同的计税依据为保险费金额，不包括所保财产的金额。货物运输合同的计税依据为取得的运费收入，不包括所运货物的金额、装卸费和保险费等。

60. 下列关于阶段性缓缴养老保险说法正确的是（　　）。

A. 餐饮、零售、旅游、民航、公路水路铁路运输等 5 个特困行业养老保险费缓缴实施期限到 2022 年年底，缓缴期间免收滞纳金

B. 缓缴扩围行业所属困难企业的养老保险费缓缴实施期限到 2022 年年底

C. 受疫情影响严重地区生产经营出现暂时困难的所有小微企业、个体工商户，可申请缓缴养老保险缴费部分，缓缴实施期限到 2022 年年底，期间免收滞纳金

D. 餐饮、零售、旅游、民航、公路水路铁路运输等 5 个特困行业养老保险费缓缴实施期限到 2022 年年底，缓缴期间免收滞纳金

【参考答案】C

【解析】《人力资源社会保障部 国家发展改革委 财政部 税务总局关于扩大阶段性缓缴社会保险费政策实施范围等问题的通知》（人社部发〔2022〕31 号）规定，受疫情影响严重地区生产经营出现暂时困难的所有中小微企业、以单位方式参保的个体工商户，可申请缓缴三项社保费单位缴费部分，缓缴实施期限到 2022 年年底，期间免收滞纳金。

61. 金矿以纳税人销售的（　　）为征税对象，计算缴纳资源税。

A. 金原矿　　B. 金精矿　　C. 标准金锭　　D. 粗金

【参考答案】C

【解析】金矿以标准金锭为征税对象，纳税人销售金原矿、金精矿的，应比照上述规定将其销售额换算为金锭销售额缴纳资源税。

62. 下列各项中，减半征收耕地占用税的是（　　）。

A. 纳税人临时占用耕地　　B. 军事设施占用耕地

C. 农村居民占用耕地新建住宅　　D. 公路线路占用耕地

【参考答案】C

【解析】军事设施占用耕地，免征耕地占用税。纳税人在批准临时占用耕地期满之日起一年内依法复垦，恢复种植条件的，全额退还已经缴纳的耕地占用税。农村居民在规定用地标准以内占用耕地新建自用住宅，按照当地适用税额减半征收耕地占用税。铁路线路、公路线路、飞机场跑道、停机坪、港口、航道、水利工程占用耕地，减按每平方米 2 元的税额征收耕地占用税。

63. 某企业 2021 年 8 月进口载货汽车 1 辆，4 月在国内市场购置载货汽车 2 辆，支付价款 75 万元（不含增值税），另外支付车辆牌照费 0.1 万元、代办保险费 2 万元，分

别收到车辆管理部门开具的行政事业性收费收据和保险公司开具的保险费发票。5月受赠小汽车1辆，该小汽车受赠时原购置凭证上载明的金额为20万元。上述车辆全部为企业自用，下列关于该企业计缴车辆购置税计税依据的表述中，正确的是（　　）。

A. 国内购置载货汽车的计税依据为77万元

B. 进口载货汽车的计税依据为关税完税价格加关税

C. 国内购置载货汽车的计税依据为77.1万元

D. 受赠小汽车的计税依据为同品牌同型号小汽车的不含税市场销售价格

【参考答案】B

【解析】国内购置载货汽车的计税依据为不含增值税的价款和价外费用75万，选项AC错误。进口车辆的计税依据 = 关税完税价格 + 关税 + 消费税，由于进口的是载货汽车，不是消费税应税范围，所以不包含消费税，选项B正确。纳税人以受赠、获奖或者其他方式取得自用应税车辆的计税价格，按照购置应税车辆时相关凭证载明的价格确定，选项D错误。

64. 下列关于车辆购置税减征政策的说法，正确的是（　　）。

A. 购置日期在2022年6月1日至2022年12月31日期间，单车价格（不含增值税）不超过30万元的1.6L及以下排量的乘用车

B. 购买的燃料电池汽车、插电式混合动力（方程式）汽车属于减征范围

C. 购置日期在2022年6月1日至2022年12月31日期间，以按照机动车销售统一发票或海关关税专用缴款书等有效凭证的开具日期确定。

D. 5月25日定车付款，发票在6月1日开具，实际购买时间应当以付款时间确定，不能享受“减半征收车辆购置税”

【参考答案】C

【解析】车辆购置税减征政策适用对象为2.0L及以下排量的乘用车，A选项错误；购买的燃料电池汽车、插电式混合动力（方程式）汽车属于新能源汽车，应当享受免征而非减征政策，B选项错误；购置日期在2022年6月1日至2022年12月31日期间，以按照机动车销售统一发票或海关关税专用缴款书等有效凭证的开具日期确定。选项C正确，选项D错误。

65. 以下关于环境保护税税率的规定，正确的是（　　）。

A. 环境保护税采用定额税率

B. 环境保护税全部应税污染物适用税额的确定和调整由省、自治区、直辖市人民政府统筹考虑，在规定的税额幅度内提出

C. 环境保护税全部应税污染物适用税额的确定和调整均由国家税务总局决定

D. 环境保护税全部应税污染物适用税额的确定和调整均需报国务院备案

【参考答案】A

【解析】环境保护税四大税目中的两个——应税大气污染物和水污染物的具体适用税额的确定和调整，由省、自治区、直辖市人民政府统筹考虑本地区环境承载能力、污染物排放现状和经济社会生态发展目标要求，在“环境保护税税目税额表”规定的税额幅度内提出，报同级人民代表大会常务委员会决定，并报全国人民代表大会常务委员会和国务院备案。

66. 下列关于从价计征的房产原值的说法，不正确的是（　　）。

A. 没有房产原值作为依据的，由房产所在地税务机关参考同类房产核定

B. 按房产原值计税的房产，无论会计上如何核算，房产原值均应包含地价，包括为取得土地使用权支付的价款，但不含开发土地发生的成本费用

C. 纳税人对原有房屋进行改建、扩建的，要相应增加房屋的原值

D. 对于更换房屋附属设备和配套设施的，在将其价值计入房产原值时，可扣减原来相应设备和设施的价值

【参考答案】B

【解析】按房产原值计税的房产，无论会计上如何核算，房产原值均应包含地价，包括为取得土地使用权支付的价款、开发土地发生的成本费用等。

67. 下列关于城市维护建设税适用税率的说法中，正确的是（　　）。

A. 纳税人预缴增值税时，按纳税人机构所在地的适用税率计算缴纳城市维护建设税

B. 行政区划变更的，自变更完成次月起适用新行政区划对应的城市维护建设税税率

C. 流动经营等无固定纳税地点的单位和个人，按纳税人缴纳“两税”所在地的规定税率就地缴纳城市维护建设税

D. 由受托方代收、代扣“两税”的，按纳税人机构所在地的适用税率计算缴纳城市维护建设税

【参考答案】C

【解析】选项A错误，纳税人预缴增值税时，已预缴的增值税税额为计税依据，并按预缴增值税所在地的城市维护建设税适用税率就地计算缴纳城市维护建设税。选项B错误，行政区划变更的，自变更完成当月起适用新行政区划对应的城市维护建设税税率。选项C正确，选项D错误，城市维护建设税的适用税率，一般规定按纳税人所在地的适用税率执行，但对下列两种情况，可按纳税人缴纳“两税”所在地的规定税率就地缴纳城市维护建设税：①由受托方代收、代扣“两税”的单位和个人；②流动经营等无固定纳税地点的单位和个人。

68. 根据车船税的有关规定，下列表述正确的是（　　）。

A. 在单位内部场所行驶的机动车辆和船舶不属于车船税的征税范围

B. 在单位内部场所作业的机动车辆和船舶不属于车船税的征税范围

C. 依法不需要办理登记的机动车辆和船舶不属于车船税的征税范围

D. 依法应当在车船管理部门登记的机动车辆和船舶属于车船税的征税范围

【参考答案】D

【解析】车船税的征税范围是《中华人民共和国车船税法》所附《车船税税目税额表》规定的车辆、船舶。车辆、船舶，是指：①依法应当在车船登记管理部门登记的机动车辆和船舶；②依法不需要在车船登记管理部门登记的在单位内部场所行驶或者作业的机动车辆和船舶。依法应当在车船管理部门登记的机动车辆和船舶属于车船税的征税范围。

69. 纳税人因货物销售折让而退还购买方的折让款，增值税政策规定正确的处理是（　　）。

A. 追补扣减销售发生时的销售额和销项税额

B. 追补扣减销售发生时的进项税额

C. 扣减销售折让当期的销售额和销项税额

D. 扣减销售折让当期的进项税额

【参考答案】C

【解析】《中华人民共和国增值税暂行条例实施细则》第十一条规定，小规模纳税人以外的纳税人因销售货物退回或者折让而退还给购买方的增值税额，应从发生销售货物退回或者折让当期的销项税额中扣减；因购进货物退出或者折让而收回的增值税额，应从发生购进货物退出或者折让当期的进项税额中扣减。

70. 纳税人将自产的应税消费品用于下列方面，在移送使用环节不需要缴纳消费税的是（　　）。

A. 用于对外投资　　B. 用于公益性捐赠

C. 用于连续生产应税消费品　　D. 用于换取生产资料

【参考答案】C

【解析】用于连续生产应税消费品，在移送使用环节不需要缴纳消费税。

71. 机关事业单位工作人员的职业年金制度的缴纳原则为（　　）。

A. 自愿原则　　B. 强制原则　　C. 协商原则　　D. 灵活原则

【参考答案】B

【解析】《国务院关于机关事业单位工作人员养老保险制度改革的决定》（国发〔2015〕2号）规定，机关事业单位在参加基本养老保险的基础上，应当为其工作人员建立职业年金。单位按本单位工资总额的8%缴费，个人按本人缴费工资的4%缴费。

二、多项选择题

1. 下列税法原则中，属于税法适用原则的有（　　）。

A. 税收法定　　　　B. 税收公平

C. 程序优于实体　　　　D. 法律不溯及既往

【参考答案】CD

【解析】选项 AB 属于税法基本原则。

2. 下列已经完成立法的税种包括（　　）。

A. 资源税　　　　B. 城市维护建设税

C. 契税　　　　D. 房产税

【参考答案】ABC

【解析】《中华人民共和国资源税法》于 2019 年完成立法；《中华人民共和国城市维护建设税法》和《中华人民共和国契税法》于 2020 年完成立法；房产税尚未完成立法。

3. 下列行为中，属于增值税征收范围的有（　　）。

A. 汽车销售公司销售其代销的某品牌小汽车

B. 电脑生产企业将自产新型电脑无偿赠送给客户

C. 航空公司根据国家指令无偿提供航空运输服务

D. 房产公司购入执法部门拍卖的罚没房产再销售

【参考答案】ABD

【解析】选项 A，汽车销售公司销售代销货物视同发生应税销售行为，需要缴纳增值税；选项 B，电脑生产企业将自产新型电脑无偿赠送给客户视同发生应税销售行为，需要缴纳增值税；选项 C，根据国家指令无偿提供的铁路运输服务、航空运输服务，属于用于公益事业的服务，不征收增值税；选项 D，对房产公司购入执法部门拍卖的罚没房产再销售的应照章征收增值税。

4. 下列关于增值税应税服务具体范围的表述中，正确的有（　　）。

A. 出租车公司向使用本公司自有出租车的出租车司机收取的管理费用，按陆路运输服务征收增值税

B. 远洋运输的光租业务、航空运输的干租业务，按交通运输服务缴纳增值税

C. 翻译服务按照鉴证咨询服务征收增值税

D. 港口设施经营人收取的港口设施保安费按照物流辅助服务征收增值税

E. 纳税人为客户办理退票而向客户收取的退票费、手续费等收入，按照“其他现代服务”缴纳增值税

【参考答案】ACDE

【解析】远洋运输的光租业务、航空运输的干租业务，属于经营性租赁服务。

5. 下列关于增值税专用发票开具的表述中，符合税法规定的有（　　）。

A. 售卡企业销售单用途卡可以开具增值税专用发票

B. 小规模纳税人提供住宿服务可自行开具增值税专用发票

C. 商业企业一般纳税人零售化妆品不得开具增值税专用发票

D. 金融企业一般纳税人转让金融商品不得开具增值税专用发票

【参考答案】BCD

【解析】选项A，单用途卡售卡方销售单用途卡可按照规定，向购卡人开具增值税普通发票，不得开具增值税专用发票。

6. 下列行为，属于增值税视同销售行为的有（　　）。

A. 在同一个县（市）范围内设有两个机构并实行统一核算的纳税人，将货物从一个机构移送另一机构用于销售

B. 将外购的货物用于不动产在建工程

C. 将自产货物作为股利分配给股东

D. 将外购的货物用于集体福利

E. 将委托加工收回的货物用于个人消费

【参考答案】BC

【解析】增值税视同销售情况包括：（1）将货物交付其他单位或个人代销；（2）销售代销货物；（3）设有两个以上机构并实行统一核算的纳税人，将货物从一个机构移送至其他机构用于销售，但相关机构设在同一县（市）的除外；（4）将自产或委托加工的货物用于非应税项目；（5）将自产、委托加工的货物用于集体福利或者个人消费；（6）将自产、委托加工或者购进的货物用于投资；（7）将自产、委托加工或者购进的货物用于分配给股东或者投资者；（8）将自产、委托加工或者购进的货物用于无偿赠送其他单位或者个人；（9）单位或者个人向其他单位或者个人无偿转让无形资产或者不动产，但用于公益事业或者以社会公众为对象的除外；（10）财政部和国家税务总局规定的其他情形。

7. 下列关于增值税免税规定的表述，正确的有（　　）。

A. 外国政府、国际组织无偿援助的进口物资和设备免征增值税

B. 单位销售自己使用过的物品免征增值税

C. 销售向社会收购的古旧图书免征增值税

D. 典当行销售死当物品免征增值税

【参考答案】AC

【解析】向社会收购的古旧图书，外国政府、国际组织无偿援助的进口物资和设备，以及其他个人自己使用过的物品免税。典当业销售死当物品按3%征收率简易计税；单位销售自己使用过的物品按规定征收增值税。

8. 关于增值税销售收入确认的说法，正确的有（　　）。

A. 采取分期收款结算方式销售货物，货物发出时确认增值税应税收入

B. 将销售代销货物的销售金额并入应税销售额征收增值税

C. 以旧换新方式销售货物时，一律按实际收到的货款确认应税销售额

D. 外汇结算销售额人民币折合率可选择销售额发生的当天或当月 1 日的人民币汇率中间价

E. 采取还本销售方式销售货物，可从应税销售额中减除还本支出

【参考答案】BD

【解析】选项 A，首先是书面合同约定的日期，没有合同或者约定的才为货物发出的当天；选项 C，以旧换新属于购销两笔业务（金银首饰特殊），所以不能扣减旧货收购价格；选项 E，采用还本销售方式的，销售额不能扣减还本支出。

9. 房地产开发企业中的增值税一般纳税人，销售其开发的房地产项目采用一般计税方法的，其销售额应以取得的全部价款和价外费用，扣除受让土地时支付的（　　）。

A. 向政府部门支付的征地费用

B. 向政府部门支付的拆迁补偿费用

C. 向建筑企业支付的土地前期开发费用

D. 向其他单位或个人支付的拆迁补偿费用

【参考答案】ABD

【解析】选项 C，可以扣除的价款是向政府、土地管理部门或受政府委托收取土地价款，不包含向建筑企业支付的款项。

10. 商业企业一般纳税人零售的下列货物中，不得开具增值税专用发票的有（　　）。

A. 烟　　B. 食品

C. 化妆品　　D. 劳保专用的鞋帽

E. 服装

【参考答案】ABCE

【解析】商业企业一般纳税人零售的烟、酒、食品、服装、鞋帽（不包括劳保专用部分）、化妆品等消费品，不得开具增值税专用发票。

11. 关于增值税的税收优惠，下列说法正确的有（　　）。

A. 个人销售自建自用住房免征增值税

B. 将土地使用权转让给农业生产者用于农业生产免征增值税

C. 个人将其位于上海的购买 2 年以上的别墅对外销售免征增值税

D. 个人将其位于大连的购买 2 年以上的别墅对外销售免征增值税

E. 土地所有者出让土地使用权免征增值税

【参考答案】ABDE

【解析】选项 C，北、上、广、深地区，个人将购买 2 年以上的非普通住房对外销售，以销售收入减去购买住房价款后的差额征税。

12. 根据增值税规定，下列（　　）行为应缴纳我国的增值税。

A. 美国 A 公司向我国企业转让其在我国的连锁经营权

B. 法国 B 公司将其在意大利的办公楼出租给我国企业使用

C. 英国 C 公司对我国企业开拓国际、国内市场提供咨询服务

D. 印度 D 公司为我国企业在印度的建筑工程提供监理服务

【参考答案】AC

【解析】选项 B，所销售或者租赁的不动产不在我国的境内，不需要在我国缴纳增值税；选项 D，属于施工地点在境外的监理服务，不需要在我国缴纳增值税。

13. 根据增值税法律制度的规定，下列关于一般纳税人纳税辅导期管理的有关规定，说法正确的有（　　）。

A. 实行纳税辅导期管理的小型商贸批发企业，领购专用发票的最高开票限额应根据企业实际经营情况重新核定

B. 辅导期纳税人专用发票的领购实行按次限量控制，主管税务机关可根据纳税人的经营情况核定每次专用发票的供应数量，但每次发售专用发票数量不得超过 30 份

C. 辅导期纳税人领购的专用发票未使用完而再次领购的，主管税务机关发售专用发票的份数不得超过核定的每次领购专用发票份数与未使用完的专用发票份数的差额

D. 辅导期纳税人一个月内多次领购专用发票的，应从当月第二次领购专用发票起，按照上一次已领购并开具的专用发票销售额的 5% 预缴增值税，未预缴增值税的，主管税务机关不得向其发售专用发票

E. 预缴增值税时，纳税人应提供已领购并开具的专用发票记账联，主管税务机关根据其提供的专用发票记账联计算应预缴的增值税

【参考答案】CE

【解析】选项 A，实行纳税辅导期管理的小型商贸批发企业，领购专用发票的最高开票限额不得超过 10 万元；其他一般纳税人专用发票最高开票限额应根据企业实际经营情况重新核定；选项 B，辅导期纳税人专用发票的领购实行按次限量控制，主管税务机关可根据纳税人的经营情况核定每次专用发票的供应数量，但每次发售专用发票数量不得超过 25 份；选项 D，辅导期纳税人一个月内多次领购专用发票的，应从当月第二次领购专用发票起，按照上一次已领购并开具的专用发票销售额的 3% 预缴增值税，未预缴增值税的，主管税务机关不得向其发售专用发票。

14. 自 2019 年 1 月 1 日至 2025 年 12 月 31 日，对单位或者个体工商户将自产、委托加

工或购买的货物无偿捐赠给目标脱贫地区的单位和个人，免征增值税。关于捐赠方式，以下说法正确的有（　　）。

A. 直接捐赠

B. 通过乡镇人民政府捐赠

C. 通过县级人民政府捐赠

D. 通过县级人民政府组成部门捐赠

E. 通过市级人民政府直属机构捐赠

【参考答案】ACDE

【解析】《关于延长部分扶贫税收优惠政策执行期限的公告》（财政部 税务总局 人力资源社会保障部 国家乡村振兴局公告 2021 年第 18 号）和《关于扶贫货物捐赠免征增值税政策的公告》（财政部 税务总局 国务院扶贫办公告 2019 年第 55 号）

15. 关于消费税的纳税人，下列说法正确的有（　　）。

A. 进口小汽车的贸易公司　　B. 销售高档化妆品的商场

C. 从事卷烟批发业务的个人　　D. 生产销售成品油的企业

【参考答案】ACD

【解析】高档化妆品在生产、委托加工和进口环节纳税，商场为零售环节，不纳税。

16. 根据消费税的有关规定，下列说法正确的有（　　）。

A. 纳税人兼营不同税率的应当缴纳消费税的消费品，应当分别核算不同税率应税消费品的销售额、销售数量，未分别核算销售额、销售数量的，从高适用税率

B. 纳税人兼营不同税率的应当缴纳消费税的消费品，应当分别核算不同税率应税消费品的销售额、销售数量，未分别核算销售额、销售数量的，由主管税务机关核定不同税率应税消费品的销售额、销售数量，并按照各自的适用税率征税

C. 纳税人将不同税率的应税消费品组成成套消费品销售的，从高适用税率

D. 纳税人将不同税率的应税消费品组成成套消费品销售的，应当分别核算不同税率应税消费品的销售额、销售数量，未分别核算销售额、销售数量的，从高适用税率

E. 纳税人将不同税率的应税消费品组成成套消费品销售的，按平均税率计算

【参考答案】AC

【解析】纳税人兼营不同税率的应当缴纳消费税的消费品，应当分别核算不同税率应税消费品的销售额、销售数量；未分别核算销售额、销售数量，或者将不同税率的应税消费品组成成套消费品销售的，从高适用税率。

17. 下列应税消费品，采用定额税率从量征收消费税的有（　　）。

A. 黄酒　　B. 葡萄酒　　C. 啤酒　　D. 烟丝

E. 柴油

【参考答案】ACE

【解析】啤酒、黄酒、成品油采用定额税率从量征收消费税。

18. 以下不需要征收消费税的行为有（　　）。

A. 某护肤品公司生产的100元一瓶50毫升的面霜

B. 某手表企业生产的售价为8 000元的手表

C. 某酒吧的啤酒屋生产的果啤

D. 某金店销售的1 500元的黄金戒指

【参考答案】AB

【解析】选项A价格在10元/毫升及以上的护肤类化妆品属于消费税征收范围，选项B不含税售价在10 000元以上的手表属于消费税征收范围。

19. 下列业务中，应作为受托方销售自制应税消费品缴纳消费税的有（　　）。

A. 受托方甲企业提供原材料生产应税消费品

B. 受托方甲企业将原材料卖给委托方，再接受加工应税消费品

C. 受托方甲企业以委托方名义购进原材料生产的应税消费品

D. 委托方提供原料和主要材料，受托方甲企业只收取加工费和代垫部分辅助材料生产的应税消费品

E. 委托方提供原料和主要材料，受托方甲个体工商户只收取加工费和代垫部分辅助材料生产的应税消费品

【参考答案】ABC

【解析】选项D，应作为委托加工应税消费品，由受托方甲企业代收代缴消费税；选项E，应作为委托加工应税消费品，于委托方收回后在委托方所在地缴纳消费税。

20. 纳税人销售应税消费品向购买方收取的下列各项费用，应计入销售额征收消费税的是（　　）。

A. 返还利润　　B. 违约金　　C. 品牌使用费　　D. 手续费

E. 由销售方转交给购买方的开具给购买方的运输发票

【参考答案】ABCD

【解析】符合条件的代垫费用不属于价外费用，不计入销售额征收消费税。

21. 对于委托加工应税消费品，受托方（非个人）没有按规定代收代缴税款的，下列说法错误的有（　　）。

A. 受托方代委托方补缴税款

B. 委托方补缴税款

C. 委托方按受托方同类消费品销售价格补缴税款

D. 委托方一律按组成计税价格补缴税款

【参考答案】ACD

【解析】受托方未按规定代收代缴消费税的，应由委托方补税，受托方按《中华人民共和国税收征管法》规定受到罚款处罚；委托方收回后直接销售的按销售额（不含增值税）补税，尚未销售或不能直接销售的才按照组成计税价格补税。

22. 在判断所得是来源于中国境内还是境外时，下列说法正确的有（　　）。

A. 销售货物所得，按照交易活动发生地确定

B. 不动产转让所得按照不动产交易活动发生地确定

C. 动产转让所得按照转让动产的企业或者机构、场所所在地确定

D. 股息、红利等权益性投资所得，按照分配所得的企业所在地确定

E. 利息所得按照负担、支付所得的企业或者机构场所所在地确定

【参考答案】ACDE

【解析】不动产转让所得按照不动产所在地确定所得来源地。

23. 居民企业是指依法在中国境内成立，或者依照外国（地区）法律成立但实际管理机构在中国境内的企业。其中，实际管理机构，应当对企业实施实质性全面管理和控制，管理和控制的方面包括（　　）。

A. 生产经营　　B. 人员　　C. 财务　　D. 负债

【参考答案】ABC

【解析】依据《中华人民共和国企业所得税法》及其实施条例规定，实际管理机构，是指对企业的生产经营、人员、财务、财产等实施实质性全面管理和控制的机构。

24. 根据企业所得税法律制度的规定，下列关于小型微利企业的说法中，正确的有（　　）。

A. 小型微利企业优惠政策只适用于采取查账征收的居民企业

B. 小型微利企业是指从事国家非限制和禁止行业，且同时符合年度应纳税所得额不超过300万元、从业人数不超过300人、资产总额不超过5 000万元等3个条件的企业

C. 对小型微利企业年应纳税所得额不超过100万元的部分，减按25%计入应纳税所得额

D. 对小型微利企业年应纳税所得额超过100万元但不超过300万元的部分，减按50%计入应纳税所得额

E. 小型微利企业减按20%的税率缴纳企业所得税

【参考答案】BCE

【解析】选项A，小型微利企业优惠政策既适用于采取查账征收方式又适用于采取核定征收方式的居民企业；选项BCDE，2021年1月1日至2022年12月31日，对小型微利企业年应纳税所得额不超过100万元的部分，减按12.5%计入应纳税所得额，

按20%的税率缴纳企业所得税。2022年1月1日至2024年12月31日，对小型微利企业年应纳税所得额超过100万元但不超过300万元的部分，减按25%计入应纳税所得额，按20%的税率缴纳企业所得税。上述小型微利企业是指从事国家非限制和禁止行业，且同时符合年度应纳税所得额不超过300万元、从业人数不超过300人、资产总额不超过5 000万元等3个条件的企业。

25. 中小微企业在2022年新购置的单位价值在500万元以上的下列与生产经营有关的固定资产，单位价值的50%可在当年一次性税前扣除的有（　　）。

A. 厂房　　B. 汽车　　C. 生产工具　　D. 机器设备

E. 电子设备

【参考答案】BCD

【解析】《财政部 税务总局关于中小微企业设备器具所得税税前扣除有关政策的公告》（财政部 税务总局公告2022年第12号）规定，中小微企业在2022年1月1日至2022年12月31日期间新购置的设备、器具，单位价值在500万元以上的，按照单位价值的一定比例自愿选择在企业所得税税前扣除。其中，《中华人民共和国企业所得税法实施条例》规定最低折旧年限为3年的设备器具，单位价值的100%可在当年一次性税前扣除；最低折旧年限为4年、5年、10年的，单位价值的50%可在当年一次性税前扣除，其余50%按规定在剩余年度计算折旧进行税前扣除。本公告所称设备、器具，是指除房屋、建筑物以外的固定资产。

26. 下列在会计上已作损失处理的除贷款类债权外的应收账款损失中，可在计算企业所得税应纳税所得额时扣除的有（　　）。

A. 债务人死亡后其财产或遗产不足清偿的应收账款损失

B. 债务人逾期1年未清偿预计难以收回的应收账款损失

C. 与债务人达成债务重组协议后无法追偿的应收账款损失

D. 债务人被依法吊销营业执照其清算财产不足清偿的应收账款损失

【参考答案】ACD

【解析】选项ACD，减除可收回金额后确认的无法收回的应收款项，可以作为坏账损失在计算应纳税所得额时扣除；选项B，债务人逾期3年以上未清偿，且有确凿证据证明已无力清偿债务的，才可作为坏账损失在计算应纳税所得额时扣除。

27. 某民办学校计划按照非营利组织的免税收入认定条件，申请学费收入免征企业所得税。下列各项中，属于非营利组织免税收入认定条件的有（　　）。

A. 工作人员工资福利开支控制在规定的比例内

B. 投入人对投入该学校的财产不保留或者享有任何财产权利

C. 依法履行非营利组织登记手续

D. 财产及孳生息可以在合理范围内根据确定的标准用于分配

【参考答案】ABC

【解析】符合条件的非营利组织的收入属于企业所得税中的免税收入。其中符合条件的非营利组织是指：

（1）依法履行非营利组织登记手续；

（2）从事公益性或者非营利性活动；

（3）取得的收入除用于与该组织有关的合理的支出外，全部用于登记核定或者章程规定的公益性或者非营利组织；

（4）财产及其孳生息不用于分配；

（5）按照登记核定或者章程规定，该组织注销后的剩余财产用于公益性或者非营利性目的，或者由登记管理机关转赠给予该组织性质、宗旨相同的组织，并向社会公告；

（6）投入人对投入该组织的财产不保留或者享有任何财产权利；

（7）工作人员工资福利开支控制在规定的比例内，不变相分配该组织的财产；

（8）国务院财政、税务主管部门规定的其他条件。

28. 下列关于企业资产收购重组的一般性税务处理的表述中，正确的有（　　）。

A. 被收购方应确认资产的转让所得或损失

B. 收购方取得资产的计税基础应以公允价值为基础确定

C. 被收购企业的相关所得税事项原则上保持不变

D. 受让方取得转让企业资产的计税基础以被转让资产的原有计税基础确定

【参考答案】ABC

【解析】企业股权收购、资产收购重组交易，相关交易的处理

（1）被收购方应确认股权、资产转让所得或损失。

（2）收购方取得股权或资产的计税基础应以公允价值为基础确定。

（3）被收购企业的相关所得税事项原则上保持不变。

29. 企业实施合并重组，适用企业所得税一般性税务处理方法时，下列处理正确的有（　　）。

A. 被合并企业的亏损不得在合并企业结转弥补

B. 合并企业应按照账面价值确定接受被合并企业负债的计税基础

C. 被合并企业及其股东都应按清算进行所得税处理

D. 合并企业应按公允价值确定接受被合并企业各项资产的计税基础

【参考答案】ACD

【解析】企业重组一般性税务处理方法下的企业合并，当事各方应按下列规定处理：

（1）合并企业应按公允价值确定接受被合并企业各项资产和负债的计税基础。

（2）被合并企业及其股东都应按清算进行所得税处理。

（3）被合并企业的亏损不得在合并企业结转弥补。

30. 下列关于企业所得税的优惠政策中，说法错误的有（　　）。

A. 企业投资者持有 2019—2023 年发行的铁路债券取得的利息收入，免征企业所得税

B. 创业投资企业可以按投资额的 70% 在投资当年抵扣应纳税所得额

C. 高新技术企业来源于境外所得一律可以按照 15% 的优惠税率缴纳企业所得税

D. 跨境电子商务综试区内核定征收的跨境电商企业应准确核算收入总额，并采用应税所得率方式核定征收企业所得税，应税所得率统一按照 4% 确定

【参考答案】ABC

【解析】选项 A，企业投资者持有 2019—2023 年发行的铁路债券取得的利息收入，减半征收企业所得税；选项 B，创业投资企业按投资额的 70% 在股权持有满 2 年的当年抵扣该创业投资企业的应纳税所得额；选项 C，以境内、境外全部生产经营活动有关的指标申请并经认定的高新技术企业，其来源于境外的所得可以享受高新技术企业得税优惠政策，即对其来源于境外所得可以按照 15% 的优惠税率缴纳企业所得税，在计算境外抵免限额时，可按照 15% 的优惠税率计算境内外应纳税总额。如果仅以境内指标申请认定的高新技术企业的境外所得不能享受优惠税率。

31. 下列贷款资产，属于金融企业准予税前提取贷款损失准备金的有（　　）。

A. 信用贷款　　B. 进出口押汇

C. 信用垫款　　D. 国际金融组织贷款

【参考答案】ABCD

【解析】准予税前提取贷款损失准备金的贷款资产范围包括：

（1）贷款（含抵押、质押、保证、信用等贷款）。

（2）银行卡透支、贴现、信用垫款（含银行承兑汇票垫款、信用证垫款、担保垫款等）、进出口押汇、同业拆出、应收融资租赁款等具有贷款特征的风险资产。

（3）由金融企业转贷并承担对外还款责任的国外贷款，包括国际金融组织贷款、外国买方信贷、外国政府贷款、日本国际协力银行不附条件贷款和外国政府混合贷款等资产。

32. 企业发生的下列费用中，属于研发费用加计扣除范围的有（　　）。

A. 新产品设计费　　B. 新工艺规程制定费

C. 新药研制的临床试验费　　D. 勘探开发技术的现场试验费

【参考答案】ABCD

【解析】新产品设计费、新工艺规程制定费、新药研制的临床试验费、勘探开发技术的现场试验费均属于研发费用加计扣除的归集范围。

33. 根据企业所得税法的规定，下列说法不正确的有（　　）。

A. 企业自年度终了之日起5个月内，向税务机关报送年度企业所得税纳税申报表，并汇算清缴，结清应缴应退税款

B. 企业在年度中间终止经营活动的，应当自实际经营终止之日起30日内，向税务机关办理当期企业所得税汇算清缴

C. 按月或按季预缴的，应当自月份或者季度终了之日起7日内，向税务机关报送预缴企业所得税纳税申报表，预缴税款

D. 非居民企业在中国境内未设立机构、场所的，以扣缴义务人所在地为纳税地点

【参考答案】BC

【解析】选项B，企业在年度中间终止经营活动的，应当自实际经营终止之日起60日内，向税务机关办理当期企业所得税汇算清缴；选项C，按月或按季预缴的应当自月份或者季度终了之日起15日内，向税务机关报送预缴企业所得税纳税申报表，预缴税款。

34. 根据企业所得税法的规定，以下关于税收优惠政策的表述中，正确的有（　　）。

A. 从事海水养殖的所得免征企业所得税

B. 企业从事国家重点扶持的公共基础设施项目的投资经营所得，自项目取得第一笔产经营收入所属纳税年度起，享受三免三减半

C. 企业综合利用资源，生产符合国家产业政策规定的产品所取得的收入，在计算应纳税所得额时，减按90%计入收入总额

D. 加速折旧优惠中可采用缩短折旧年限方法、双倍余额递减法或者年数总和法

【参考答案】BCD

【解析】选项A，从事海水养殖的所得减半征收企业所得税。

35. 下列符合企业所得税所得来源地确定原则的有（　　）。

A. 特许权使用费所得，按照交易活动发生地确定

B. 建筑劳务所得，按照劳务发生地确定

C. 利息所得，按照负担、支付所得的企业或者机构、场所所在地确定

D. 租金所得，按照取得租金所得的企业或者机构、场所所在地确定

【参考答案】BC

【解析】《中华人民共和国企业所得税法实施条例》规定，来源于中国境内、境外的所得，按照以下原则确定：销售货物所得，按照交易活动发生地确定；提供劳务所得，按照劳务发生地确定；转让财产所得，不动产转让所得按照不动产所在地确定，动产转让所得按照转让动产的企业或者机构、场所所在地确定；权益性投资资产转让所得按照被投资企业所在地确定；股息、红利等权益性投资所得，按照分配所得的企业所在地确定；利息所得、租金所得、特许权使用费所得，按照负担、支付所得的企业或者机构、场所所在地确定，或者按照负担、支付所得的个人的住所地确定；其他

所得，由国务院财政、税务主管部门确定。

36. 根据企业所得税的有关规定，企业所得税纳税人发生下列业务应视同销售的有（　　）。

A. 管理部门领用自产产品

B. 将厂房用于对外投资

C. 将自产产品奖励给职工

D. 将外购设备转移至境外分支机构使用

【参考答案】BCD

【解析】企业发生非货币性资产交换，以及将货物、财产、劳务用于捐赠、偿债、赞助、集资、广告、样品、职工福利或者利润分配等用途的，应当视同销售货物、转让财产或者提供劳务，但国务院财政、税务主管部门另有规定的除外。在具体处理该类业务的时候，主要看资产的所有权属是否发生改变。如果资产的所有权属在形式和实质上均不发生改变，将资产转移至境外除外，应作为内部处置资产，不视同销售确认收入。如果将资产移送他人，因资产所有权属已发生改变而不属于内部处置资产，应按规定确定视同销售收入。

37. 根据《中华人民共和国企业所得税法》的相关规定，下列符合收入确认的是（　　）。

A. 转让股权收入，应于转让协议生效且完成股权变更手续时确认收入

B. 利息收入，按照合同约定的债务人应付利息的日期确认收入

C. 租金收入，按照承租人实际支付租金的日期确认收入

D. 特许权使用费收入，按照合同约定的特许权使用人应付特许权使用费的日期确认收入

E. 接受捐赠收入，按照捐赠方作出捐赠承诺的日期确认收入

【参考答案】ABD

【解析】选项C，租金收入，按照合同约定的承租人应付租金的日期确认收入的实现。选项E，接受捐赠收入，应当在实际收到捐赠资产的日期确认收入的实现。

38. 根据现行税收政策，下列关于捐赠涉税处理说法正确的有（　　）。

A. 自2020年1月1日起，企业向所在街道社区居委会，捐赠用于应对新型冠状病毒感染的肺炎疫情的现金和物品，允许在计算应纳税所得额时全额扣除

B. 2019年1月1日至2022年12月31日，企业通过公益性社会组织用于目标脱贫地区的扶贫捐赠支出，准予在计算企业所得税应纳税所得额时据实扣除

C. 自2020年1月1日起，企业和个人直接向承担疫情防治任务的医院捐赠用于应对新型冠状病毒感染的肺炎疫情的现金和物品，允许在计算应纳税所得额时全额扣除

D. 2015年1月1日至2018年12月31日期间，对单位或者个体工商户将自产、委托加工或购买的货物通过公益性社会组织、县级及以上人民政府及其组成部门和直属机构，或直接无偿捐赠给目标脱贫地区的单位和个人，免征增值税

【参考答案】BD

【解析】选项AC错误，捐赠要通过税法规定的县级以上政府及其组成部门和列明的公益性组织，才能税前扣除。

39. 个人投资者从基金分配取得的下列收入中，不需要由基金管理企业代扣代缴个人所得税的是（　　）。

A. 国债利息收入　　B. 储蓄存款利息收入

C. 公司债券价差收入　　D. 买卖股票价差收入

【参考答案】ABD

【解析】C选项，对个人投资者从基金分配中获得的企业债券差价收入，应按税法规定对个人投资者征收个人所得税，税款由基金管理企业在分配时依法代扣代缴。

40. 参加疫情防治工作的医务人员和防疫工作者按照政府规定标准，取得免征个人所得税的收入项目包括（　　）。

A. 临时性工作补助　　B. 工资、薪金

C. 单位绩效考核奖金　　D. 政府规定的奖金

E. 劳务报酬所得

【参考答案】AD

【解析】根据《关于支持新型冠状病毒感染的肺炎疫情防控有关个人所得税政策的公告》（财政部 税务总局公告2020年第10号）规定，对参加疫情防治工作的医务人员和防疫工作者按照政府规定标准取得的临时性工作补助和奖金，免征个人所得税。

41. 根据《中华人民共和国个人所得税法》的有关规定，下列关于个人独资企业和合伙企业投资者征收个人所得税的说法中，正确的有（　　）。

A. 凡实行查账征税办法的，其税率比照“经营所得”应税项目，适用5%—35%的五级超额累进税率，计算征收个人所得税

B. 投资者兴办两个或两个以上企业的，年度终了时，应汇总从所有企业取得的应纳税所得额，据此确定适用税率并计算缴纳个人所得税

C. 对个人独资企业取得的各项所得均征收个人所得税

D. 投资者兴办两个或两个以上企业的，其费用扣除标准由投资者选择在其中一个企业的生产经营所得中扣除

E. 个人独资企业和合伙企业的生产经营所得，只包括企业分配给投资者个人的所得，不包括企业当年留存的所得

【参考答案】ABD

【解析】选项 C，对个人独资企业取得种植业、养殖业、饲养业、捕捞业所得，暂不征收个人所得税；选项 E，个人独资企业和合伙企业的生产经营所得，包括企业分配给投资者个人的所得和企业当年留存的所得。

42. 下列所得中，应按照“稿酬所得”缴纳个人所得税的有（　　）。

A. 书法家为企业题字获得的报酬

B. 杂志社记者在本社杂志发表文章获得的报酬

C. 电视剧制作中心的编剧编写剧本获得的报酬

D. 出版社的专业作者翻译的小说由该出版社出版获得的报酬

E. 报社印刷车间工作人员在该社报纸发表作品获得的报酬

【参考答案】DE

【解析】选项 A，按“劳务报酬所得”缴纳个人所得税。选项 B，按“工资、薪金所得”缴纳个人所得税。选项 C，编剧从电视剧的制作单位取得的剧本使用费，不再区分剧本的使用方是否为其任职单位，统一按“特许权使用费所得”征收个人所得税。

43. 以下不属于工资、薪金所得的项目有（　　）。

A. 独生子女补贴　　B. 差旅费津贴

C. 午餐补助　　D. 误餐补助

E. 劳动分红

【参考答案】ABD

【解析】选项 C，午餐补助属于“工资、薪金所得”。选项 E，个人因任职或者受雇取得的工资、薪金、奖金、年终加薪、劳动分红、津贴、补贴以及与任职或者受雇有关的其他所得均属于“工资、薪金所得”。

44. 非居民个人取得的下列收入中，应在中国按规定计算缴纳个人所得税的有（　　）。

A. 在中国境内任职取得的工资、薪金收入

B. 出租境外房屋而取得的租金收入

C. 从我国境内的上市公司取得的股息收入

D. 将专利权转让给中国境内企业使用而取得的特许权使用费收入

【参考答案】ACD

【解析】根据 2018 年《中华人民共和国个人所得税法实施条例》规定，下列所得，不论支付地点是否在中国境内，均为来源于中国境内的所得：因任职、受雇、履约等而在中国境内提供劳务取得的所得；将财产出租给承租人在中国境内使用而取得的所得；许可各种特许权在中国境内使用而取得的所得；从中国境内企业、事业单位、其他组织以及居民个人取得的利息、股息、红利所得。

45. 按照《中华人民共和国个人所得税法》的相关规定，下列应当由纳税人自行申报缴纳个人所得税情形有（　　）。

A. 取得境外所得　　B. 取得经营所得

C. 因移居境外注销中国国籍　　D. 股息、红利所得

【参考答案】ABC

【解析】选项D，由扣缴义务人代扣代缴税款。

46. 个人取得的下列收入中，应按“工资、薪金所得”缴纳个人所得税的有（　　）。

A. 退休人员再任职取得的收入

B. 公司职工取得的用于购买企业国有股权的劳动分红

C. 从事个体出租车运营的出租车驾驶员取得的收入

D. 商品营销活动中，企业对营销业绩突出的非雇员以培训班名义组织旅游活动，通过免收旅游费对个人实行的营销业绩奖励

E. 承包、承租人对企业经营成果不拥有所有权，仅按合同（协议）规定取得一定所得

【参考答案】ABE

【解析】选项C，应按“经营所得”纳税；选项D，应按“劳务报酬所得”纳税。

47. 下列个人所获得的收入，属于免征个人所得税的有（　　）。

A. 保险理赔金额5 000元　　B. 商场抽奖所得500元

C. 单张发票中奖金额1 000元　　D. 退休工资收入8 000元

【参考答案】AD

【解析】选项B，属于“偶然所得”，没有免税优惠。选项C，个人取得单张有奖发票奖金所得不超过800元（含800元）的，暂免征收个人所得税；个人取得单张有奖发票奖金所得超过800元的，应全额按照“偶然所得”项目征收个人所得税。

48. 下列所得中个人向个人养老金资金账户缴费时，可以在限额标准内据实扣除的有（　　）。

A. 综合所得　　B. 偶然所得

C. 经营所得　　D. 财产租赁所得

【参考答案】AC

【解析】自2022年1月1日起，对个人养老金实施递延纳税优惠政策。在缴费环节，个人向个人养老金资金账户的缴费，按照12 000元/年的限额标准，在综合所得或经营所得中据实扣除。

49. 下列各项中，应按照“利息股息、红利所得”项目计征个人所得税的有（　　）。

A. 股份制企业为股东个人购买住房而支出的款项

B. 员工因拥有股权而参与企业税后利润分配取得的所得

C. 员工将行权后的股票再转让时获得的高于购买日公平市场价的差额

D. 股份制企业的个人投资者，在年度终了后既不归还又未用于企业生产经营的借款

【参考答案】ABD

【解析】选项 C，按“财产转让所得”缴纳个人所得税。

50. 下列关于综合所得专项附加扣除中的大病医疗支出的表述中，正确的有（　　）。

A. 纳税人发生的医保目录范围内的自付部分，才可以作为大病医疗支出扣除，医保目录范围外的自付部分，不得作为大病医疗支出扣除

B. 在一个纳税年度内，纳税人发生的与基本医保相关的医药费用支出，扣除医保报销后个人负担的部分，在 80 000 元限额内据实扣除

C. 大病医疗支出可以在预扣预缴时扣除，也可以在汇算清缴时扣除

D. 纳税人应当留存医药服务收费及医保报销相关票据原件（或者复印件）等资料备查

【参考答案】AD

【解析】在一个纳税年度内，纳税人发生的与基本医保相关的医药费用支出，扣除医保报销后个人负担（指医保目录范围内的自付部分）累计超过 15 000 元的部分，由纳税人在办理年度汇算清缴时，在 80 000 元限额内据实扣除。选项 B，需要超过 15 000 元的部分，才允许扣除；选项 C，只能在汇算清缴时扣除。

51. 下列关于个人独资企业核定征收个人所得税相关处理的表述中，正确的有（　　）。

A. 企业经营多业的，应根据其主营项目确定适用的应税所得率

B. 持有权益性投资的个人独资企业可适用核定征收

C. 采用核定征收后，不得扣除公益捐赠支出

D. 由查账征收改为核定征收的，在查账征收下未弥补完的亏损不能继续弥补

【参考答案】ACD

【解析】自 2022 年 1 月 1 日起，持有股权、股票、合伙企业财产份额等权益性投资的个人独资企业、合伙企业，一律适用查账征收方式计征个人所得税。

52. 根据个人所得税的相关规定，下列说法中正确的有（　　）。

A. 个人独资企业计提的各种准备金支出不得扣除

B. 个体工商户代其从业人员或者他人负担的税款，不得税前扣除

C. 个体工商户为业主缴纳的补充医疗保险，在不超过其工资薪金 5% 的部分可以税前扣除，超过的部分不得扣除

D. 个体工商户业主的工资薪金支出不得税前扣除

【参考答案】ABD

【解析】选项 C，个体工商户业主本人缴纳的补充养老保险费、补充医疗保险费，以当地（地级市）上年度社会平均工资的 3 倍为计算基数，分别在不超过该计算基数 5% 标准内的部分据实扣除；超过部分，不得扣除。

53. 关于3岁以下婴幼儿照护个人所得税专项附加扣除政策，以下说法正确的有（　　）。

A. 有多个婴幼儿的父母，可以对不同的婴幼儿选择不同的扣除方式

B. 纳税人照护3岁以下婴幼儿子女的相关支出，按照每个婴幼儿每月2 000元的标准定额扣除

C. 婴幼儿子女包括婚生子女、非婚生子女、养子女、继子女等受到本人监护的3岁以下婴幼儿

D. 扣除主体是3岁以下婴幼儿的监护人，包括生父母、继父母、养父母，父母之外的其他人担任未成年人的监护人的

E. 父母可以选择由其中一方按扣除标准的100%扣除，也可以选择由双方分别按扣除标准的50%扣除，具体扣除方式在一个纳税年度内不能变更

【参考答案】ACDE

【解析】《国务院关于设立3岁以下婴幼儿照护个人所得税专项附加扣除的通知》（国发〔2022〕8号）

54.《关于进一步扶持自主就业退役士兵创业就业有关税收政策的通知》规定，自主就业退役士兵从事个体经营的，自办理个体工商户登记当月起，在3年内依法享受税收优惠。下列税费可按规定扣减的有（　　）。

A. 增值税

B. 教育费附加

C. 水利建设基金

D. 文化事业建设费

E. 城市维护建设税

【参考答案】ABE

【解析】《关于进一步扶持自主就业退役士兵创业就业有关税收政策的通知》（财税〔2019〕21号），自主就业退役士兵从事个体经营的，自办理个体工商户登记当月起，在3年（36个月，下同）内按每户每年12 000元为限额依次扣减其当年实际应缴纳的增值税、城市维护建设税、教育费附加、地方教育附加和个人所得税。《财政部 税务总局关于延长部分税收优惠政策执行期限的公告》（财政部 税务总局公告2022年第4号）。

55.《财政部 税务总局 人力资源社会保障部 国务院扶贫办关于进一步支持和促进重点群体创业就业有关税收政策的通知》（财税〔2019〕22号）中重点群体有（　　）。

A. 毕业年度内普通高等学校应届毕业的学生

B. 毕业年度内成人高等学校应届毕业的学生

C. 纳入全国扶贫开发信息系统的建档立卡贫困人口

D. 在人力资源社会保障部门公共就业服务机构登记失业一年以上的人员

E. 零就业家庭、享受城市居民最低生活保障家庭劳动年龄内的登记失业人员

【参考答案】ABCE

【解析】《关于延长部分扶贫税收优惠政策执行期限的公告》（财政部 税务总局 人力资源社会保障部 国家乡村振兴局公告2021年第18号）和《财政部 税务总局 人力资源社会保障部 国务院扶贫办关于进一步支持和促进重点群体创业就业有关税收政策的通知》（财税〔2019〕22号）。

56. 地方水利建设基金开征目的有（　　）。

A. 加快水利建设　　B. 提高防洪减灾和水资源配置能力

C. 缓解水资源供需矛盾　　D. 促进经济社会可持续发展

【参考答案】ABCD

【解析】《水利建设基金筹集和使用管理办法》第一条规定　为加快水利建设，提高防洪减灾和水资源配置能力，缓解水资源供需矛盾，促进经济社会可持续发展，根据国务院关于充实完善水利建设基金的要求，制定本办法。

57. 按照房产租金的收入计算房产税所适用税率的有（　　）。

A. 30%　　B. 4%　　C. 12%　　D. 1.2%

【参考答案】BC

【解析】依房产余值计算缴纳的，税率为1.2%；依照房产不含增值税的租金收入计算缴纳的，税率为12%。对个人出租住房，不区分用途，按4%的税率征收房产税。对企事业单位、社会团体以及其他组织按照市场价格向个人出租用于居住的住房，减按4%的税率征收房产税。

58. 2022年1月1日起，在全国范围内划转至税务部门征收的非税收入有（　　）。

A. 土地闲置费　　B. 城镇垃圾处理费

C. 国有土地使用权出让收入　　D. 海域使用金

【参考答案】ABCD

【解析】根据财综〔2021〕19号文件，选项C、D自2021年7月1日起在7个省（自治区、直辖市、计划单列市）范围内试点划转，2022年1月1日在全国范围内全面划转。

59. 下列关于城镇土地使用税纳税人的说法，正确的有（　　）。

A. 城镇土地使用税由拥有土地使用权的单位和个人缴纳

B. 土地使用权未确定或权属纠纷未解决的，由实际使用人纳税

C. 土地使用权未确定或权属纠纷未解决的，待法律判决以后决定

D. 土地使用权共有的，由共有各方分别纳税。

【参考答案】ABD

【解析】城镇土地使用税一般为拥有土地使用权的单位和个人缴纳；土地使用权未

确定或权属纠纷未解决的，由实际使用人纳税；土地使用权共有的，由共有各方分别纳税。

60. 下列土地免缴城镇土地使用税的有（　　）。

A. 纳税单位无偿占用免税单位的土地

B. 市政街道用地

C. 国家机关、人民团体、军队自用的土地

D. 由国家财政部门拨付事业经费的事业单位的土地

【参考答案】BC

【解析】纳税单位无偿占用免税单位的土地应由纳税单位缴纳城镇土地使用税；由国家财政部门拨付事业经费的单位自用的土地，免缴城镇土地使用税。

61. 下列行为，属于契税征税范围的有（　　）。

A. 以抵债方式取得房屋产权

B. 为拆房取料而购买房屋

C. 受让国有土地使用权

D. 以获奖方式取得房屋产权

E. 将自有房产投入本人独资经营的企业

【参考答案】ABCD

【解析】选项 E，以自有房地产投入自己投资的个人独资企业，不征收契税。

62. 关于房屋附属设施的契税处理，下列说法正确的有（　　）。

A. 对于承受与房屋相关的附属设施所有权或土地使用权的行为，按照契税规定征收契税

B. 对于不涉及土地使用权和房屋所有权转移变动的，附属设施所有权或土地使用权的行为，也应征收契税

C. 采取分期付款方式购买房屋附属设施土地使用权、房屋所有权的，应按合同规定的总价款计征契税

D. 承受的房屋附属设施权属单独计价的，按照适用税率征收契税

【参考答案】ACD

【解析】对于承受与房屋相关的附属设施所有权或土地使用权的行为，按照契税规定征收契税；对于不涉及土地使用权和房屋所有权转移变动的，不征收契税。

63. 关于契税的政策表述，正确的有（　　）。

A. 房屋赠与属于契税征收范围

B. 契税应当由转让方缴纳

C. 房屋买卖以成交价格作为计税依据

D. 房屋交换以差额作为计税依据

E. 买房拆料不征收契税

【参考答案】ACD

【解析】选项 B，契税应当由受让方缴纳。选项 E，买房拆料或翻建新房，应照章征收契税。

64. 根据车船税的规定，下列表述符合车船税征税现行规定的有（　　）。

A. 电车需缴纳车船税　　B. 半挂牵引车无须缴纳车船税

C. 拖船按照船舶税额的50%计税　　D. 非机动驳船按照船舶税额的70%计税

【参考答案】AC

【解析】车船税的税目中货车，包括半挂牵引车、三轮汽车和低速载货汽车。非机动驳船按照机动船舶税额的50%计算。

65. 根据车船税的规定，下列表述正确的有（　　）。

A. 在中华人民共和国境内，车辆、船舶的所有人或者管理人为车船税的纳税人，应当依照车船税的规定缴纳车船税

B. 已办理退税的被盗抢车船，失而复得的，纳税人应当从公安机关出具相关证明的当月起计算缴纳车船税

C. 从事机动车交强险业务的保险机构为机动车船税的扣缴义务人

D. 已缴纳车船税的车船在同一纳税年度内办理转让过户手续的，需要另行纳税，之前缴纳的可以退还

【参考答案】ABC

【解析】已缴纳车船税的车船在同一纳税年度内办理转让过户的，不另纳税，也不退税。

66. 下列关于城市维护建设税的表述中，正确的有（　　）。

A. 城市维护建设税适用于外商投资企业

B. 对出口退还增值税、消费税的，也一并退还已缴城市维护建设税

C. 城市维护建设税实行地区差别比例税率，设置7%、5%和1%三档税率

D. 城市维护建设税按实际缴纳的“两税”税额计征，随“两税”的法定减免而减免。

【参考答案】ACD

【解析】对出口产品退还增值税、消费税的，不退还已缴纳的城市维护建设税。

67. 下列项目中，符合印花税相关规定的有（　　）。

A. 加工承揽合同的计税依据为加工货物的同类售价金额

B. 财产租赁合同的计税依据为租赁金额

C. 仓储保管合同的计税依据为所保管货物的金额

D. 建设工程勘察设计合同的计税依据为收取的费用

【参考答案】BD

【解析】加工承揽合同，计税依据为加工或承揽收入的金额。加工承揽合同的计税依据为加工收入的金额，分为以下两种情况：①对于由受托方提供原材料的加工、定做合同，凡在合同中分别记载加工费金额与原材料金额的，应分别按加工承揽合

同、购销合同计税；合同中未分别记载的，应就全部金额依照加工承揽合同计税。②对于由委托方提供主要材料或原料，受托方只提供辅助材料的加工合同，无论加工费和辅助材料金额是否分别记载，均以辅助材料与加工费的合计数，依照加工承揽合同计税。对委托方提供的主要材料或原料不计税。仓储保管合同的计税依据为保管费收入。

68. 从 2021 年 8 月 1 日开始，与增值税、消费税合并申报的附加税费包括（　　）。

A. 城市维护建设税　　B. 教育费附加

C. 印花税　　D. 地方教育附加

【参考答案】ABD

【解析】自 2021 年 8 月 1 日起，在全国推行增值税、消费税分别与城市维护建设税、教育费附加、地方教育附加申报表整合。

69. 下列关于耕地占用税的表述，正确的有（　　）。

A. 纳税人临时占用耕地的，不缴纳耕地占用税

B. 耕地占用税由税务机关负责征收

C. 耕地占用税以纳税人实际占用的耕地面积为计税依据

D. 耕地占用税按照规定的适用税额一次性征收

【参考答案】BCD

【解析】纳税人临时占用耕地，应当依照规定缴纳耕地占用税。

70. 烟叶税的征税范围包括（　　）。

A. 烤烟叶　　B. 晾晒烟叶　　C. 雪茄烟　　D. 卷烟

【参考答案】AB

【解析】烟叶税所指的“烟叶”，包括晾晒烟叶、烤烟叶。

71. 根据环境保护税现行政策，在下列情形中免征环境保护税的是（　　）。

A. 规模化养殖直接排放的应税污染物

B. 航空器排放应税污染物

C. 企业综合利用符合环境保护标准的固体废物

D. 某房开企业建筑工地的施工噪声

【参考答案】BCD

【解析】下列情形暂免征收环境保护税：①农业生产（不包括规模化养殖）排放应税污染物的；②机动车、铁路机车、非道路移动机械、船舶和航空器等流动污染源排放应税污染物的；③依法设立的城乡污水集中处理、生活垃圾集中处理场所排放相应应税污染物，不超过国家和地方规定的排放标准的；④纳税人综合利用的固体废物，符合国家和地方环境保护标准。选项 B 和选项 C 属于免税项目；选项 D，建筑工地的施工噪声不属于环境保护税的征税对象。

72. 下列各项符合房产税规定的有（　　）。

A. 更换房屋附属设施和配套设施的，其更新价值计入房产原值，但不扣减原来相应旧设备和设施的价值

B. 完全建在地面以下的建筑不计征房产税

C. 对企事业单位、社会团体以及其他组织按市场价格向个人出租用于居住的住房，减按4%的税率征收房产税

D. 出租的地下建筑，按照出租地上房屋建筑的有关规定计算征收房产税

【参考答案】CD

【解析】对于更换房屋附属设备和配套设施的，在将其价值计入房产原值时，可扣减原来相应设备和设施的价值；对附属设备和配套设施中易损坏、需要经常更换的零配件，更新后不再计入房产原值。与地上房屋相连的地下建筑以及完全建在地面以下的建筑、地下人防设施等，均应当按规定征收房产税。

73. 下列各项符合房产税计税依据规定的有（　　）。

A. 独立地下建筑物若作商业和其他用途，以其房屋原价的50%—60%作为应税房产的原值

B. 以房产投资联营，投资者参与投资利润分红，共担风险的情况，按房产原值作为计税依据计征房产税

C. 对经营自用的房屋，以房产的计税余值作为计税依据

D. 纳税人对原有房屋进行改造、扩建的，要相应增加房屋的原值

【参考答案】BCD

【解析】独立地下建筑物若作商业和其他用途，以其房屋原价的70%—80%作为应税房产原值，在此基础上扣除原值减除比例作为计税依据。

74. 根据车船税的有关规定，下列说法中，正确的有（　　）。

A. 车船税采用定额幅度税率

B. 拖船按照机动船舶税额的50%计算车船税

C. 已办理退税的被盗抢车船，失而复得的，纳税人应当从税务机关出具相关证明的次月起计算缴纳车船税

D. 扣缴义务人代收代缴车船税后车辆登记地主管税务机关不再征收车船税

【参考答案】ABD

【解析】C选项错误，已办理退税的被盗抢车船失而复得的，纳税人应当从公安机关出具相关证明的当月起计算缴纳车船税。

75. 城镇土地使用税征税方式是按年计算，可以按（　　）缴纳。

A. 按月缴纳　　B. 按季缴纳　　C. 按半年缴纳　　D. 年终一次性缴纳

【参考答案】ABC

【解析】城镇土地使用税按年计算，可以按月、季或者半年缴纳。

76. 按照城镇土地使用税的规定，纳税人实际占用的土地面积，可以按照下列方法确定（　　）。

A. 房地产管理部门核发土地使用证书的，以证书确定的土地使用面积为准

B. 尚未核发土地使用证书的，应由纳税人据实申报土地面积

C. 由省、自治区、直辖市人民政府确定的单位组织测定的土地面积，以测定的面积为准

D. 对在城镇土地使用税征税范围内单独建造的地下建筑用地，不缴纳城镇土地使用税

【参考答案】ABC

【解析】选项 D 错误，对在城镇土地使用税征税范围内单独建造的地下建筑用地，应按规定征收城镇土地使用税。

77. 关于城镇土地使用税的纳税义务发生时间，表述正确的有（　　）。

A. 纳税人购置新建商品房，自商品房交付使用的下月起缴纳城镇土地使用税

B. 征用的耕地，自批准之日起满 1 年开始缴纳城镇土地使用税

C. 购置存量房的，自房屋交付使用之次月起计征城镇土地使用税

D. 房产出租的，自出租房产次月起缴纳城镇土地使用税

【参考答案】ABD

【解析】购置存量房，自办理房屋权属转移、变更登记手续，房地产权属登记机关签发房屋权属证书之次月起计征城镇土地使用税。

78. 下列取得房产的情形中，免征契税的有（　　）。

A. 个人购买家庭唯一住房

B. 外国使领馆承受土地用于办公

C. 个人购买家庭第二套改善性住房

D. 公租房经营单位购买住房作为公租房

E. 军事单位承受土地用于办公

【参考答案】BDE

【解析】选项 A，对个人购买家庭唯一住房（家庭成员范围包括购房人、配偶以及未成年子女），面积≤90 平方米的，减按 1% 税率征收契税；面积 >90 平方米的，减按 1.5% 税率征收契税。选项 B，外国使领馆、联合国驻华机构及外交人员承受土地、房屋权属，免征契税。选项 C，对个人购买家庭第二套改善性住房，面积≤90 平方米的，减按 1% 税率征收契税；面积 >90 平方米的，减按 2% 税率征收契税。选项 D，公租房经管单位购买住房作为公租房的，免征契税。选项 E，国家机关、事业单位、社会团体、军事单位承受土地、房屋用于办公、教学、医疗、科研和军事设施的，免征契税。

79. 计算土地增值税时，以下属于房地产开发成本的有（　　）。

A. 土地征用及拆迁补偿费　　B. 前期工程费

C. 建筑安装工程费　　D. 销售费用

E. 财务费用

【参考答案】ABC

【解析】房地产开发成本包括6项：（1）土地征用及拆迁补偿费（包含耕地占用税）；（2）前期工程费；（3）建筑安装工程费；（4）基础设施费；（5）公共配套设施费；（6）开发间接费用。选项D、E属于开发费用的内容。

80. 教育费附加是对缴纳（　　）的单位和个人，以其实际缴纳的税额为计税依据征收的一种附加费。

A. 印花税　　B. 房产税　　C. 消费税　　D. 增值税

【参考答案】CD

【解析】本题考查教育费附加的计税依据。教育费附加是对缴纳增值税、消费税的单位和个人，以其实际缴纳的税额为计税依据征收的一种附加费。

81. 以下符合环境保护税政策规定的有（　　）。

A. 环保税的纳税义务发生时间为纳税人排放应税污染物的当日

B. 纳税人应当向机构所在地的税务机关申报缴纳环境保护税

C. 环境保护税按月计算，按季申报缴纳

D. 纳税人按次申报缴纳的，应当自季度终了之日起15日内，向税务机关办理纳税申报并缴纳税款

【参考答案】AC

【解析】选项B，纳税人应当向应税污染物排放地的税务机关申报缴纳环境保护税。选项D，纳税人按次申报缴纳的，应当自纳税义务发生之日起15日内，向税务机关办理纳税申报并缴纳税款。

82. 下列各项中，属于应纳环境保护税征税范围的有（　　）。

A. 纳税人综合利用的固体废物，符合国家和地方环境保护标准的

B. 依法设立的城乡污水集中处理、生活垃圾集中处理场所超过国家和地方规定的排放标准向环境排放应税污染物的

C. 企业贮存固体废物不符合国家和地方环境保护标准的

D. 事业单位向依法设立的污水集中处理、生活垃圾集中处理场所排放应税污染物的

【参考答案】BC

【解析】选项A，纳税人综合利用的固体废物，符合国家和地方环境保护标准的，暂免征收环境保护税；选项D，企业事业单位和其他生产经营者向依法设立的污水集

中处理、生活垃圾集中处理场所排放应税污染物的，不属于直接向环境排放污染物，不缴纳相应污染物的环境保护税。

83. 根据税法相关规定，地方环境保护部门应当定期向社会公开（　　）等信息。

A. 污染物总量控制　　B. 排污权核定

C. 排污权出让方式　　D. 排污权回购和储备

【参考答案】ABCD

【解析】财税〔2015〕61号第二十五条规定：地方环境保护部门应当定期向社会公开污染物总量控制、排污权核定、排污权出让方式、价格和收入、排污权回购和储备等信息。

84. 下列关于城市维护建设税的表述中，符合税法规定的有(　　)。

A. 城市维护建设税的纳税环节，一般是纳税人缴纳增值税、消费税的环节

B. 纳税人缴纳增值税、消费税的地点，一般是该纳税人缴纳城市维护建设税的地点

C. 城市维护建设税的纳税义务发生时间，与增值税、消费税的纳税义务发生时间一致

D. 采用委托代征、代扣代缴、代收代缴、预缴、补缴等方式缴纳增值税、消费税的、应当同时缴纳城市维护建设税，其中代扣代缴，含因境外单位和个人向境内销售劳务、服务、无形资产代扣代缴增值税情形。

【参考答案】ABC

【解析】选项D，采用委托代征、代扣代缴、代收代缴、预缴、补缴等方式缴纳增值税、消费税的，应当同时缴纳城市维护建设税，其中代扣代缴、不含因境外单位和个人向境内销售劳务、服务、无形资产代扣代缴增值税情形。

85. 下列项目中关于房产税税收政策的说法，正确的有（　　）。

A. 产权出典的，由承典人缴纳房产税

B. 房产税采用从量定额征税

C. 房产税的计税依据为购进房产的价格

D. 名胜古迹自用的房产免征房产税

【参考答案】AD

【解析】房产税采用比例税率，选项B错误；房产税的计税依据为房产余值或房屋租金，选项C错误；其他选项正确。

三、判断题

1. 纳税人适用小微企业留抵退税政策时行业归属以上一会计年度从事《国民经济行业分类》对应业务增值税销售额占全部增值税销售额比重最高的行业确定。其中资产总额指标和营业收入指标均按照纳税人上一会计年度年末值确定。（　　）

【参考答案】×

【解析】《财政部 税务总局关于进一步加大增值税期末留抵退税政策实施力度的公告》（财政部 税务总局公告 2022 年第 14 号）规定，纳税人适用小微企业留抵退税政策时行业归属，根据《国民经济行业分类》关于以主要经济活动确定行业归属的原则，以上一会计年度从事《国民经济行业分类》对应业务增值税销售额占全部增值税销售额比重最高的行业确定。其中：资产总额指标按照纳税人上一会计年度年末值确定；营业收入指标按照纳税人上一会计年度增值税销售额确定。

2. 纳税人可以选择向主管税务机关申请留抵退税，也可以选择结转下期继续抵扣。纳税人应在纳税申报期内，完成当期增值税纳税申报后申请留抵退税。（　　）

【参考答案】√

【解析】《财政部 税务总局关于进一步加大增值税期末留抵退税政策实施力度的公告》（财政部 税务总局公告 2022 年第 14 号）规定，纳税人可以选择向主管税务机关申请留抵退税，也可以选择结转下期继续抵扣。纳税人应在纳税申报期内，完成当期增值税纳税申报后申请留抵退税。

3. 纳税人出口货物劳务、发生跨境应税行为不适用加计抵减政策，其对应的进项税额不得计提加计抵减额。（　　）

【参考答案】√

【解析】《财政部 税务总局 海关总署关于深化增值税改革有关政策的公告》（财政部 税务总局 海关总署公告 2019 年第 39 号）规定，纳税人出口货物劳务、发生跨境应税行为不适用加计抵减政策，其对应的进项税额不得计提加计抵减额。

4. 赵女士在 6 月 11 日购买了家用 7 座、排量为 2.0 升的市场价为 31.64 万元的汽车，需要缴纳车辆购置税 2.8 万元。（　　）

【参考答案】×

【解析】《财政部 税务总局关于减征部分乘用车车辆购置税的公告》（财政部 税务总局公告 2022 年第 20 号）规定，对购置日期在 2022 年 6 月 1 日至 2022 年 12 月 31 日期间且单车价格（不含增值税）不超过 30 万元的 2.0 升及以下排量乘用车，减半征收车辆购置税。赵女士应缴纳车辆购置税为 $31.64 \div (1+13\%) \times 10\% \times 50\% = 1.4$ 万元。

5. 日本一艘货轮运输货物到新加坡，因天气原因在上海港口临时停靠，由此可以判定货轮所运输货物所在地在我国境内，属于在我国境内销售货物。（　　）

【参考答案】×

【解析】在境内销售货物或者提供加工、修理修配劳务，是指销售货物的起运地或者所在地在境内，以及提供的应税劳务发生在境内。

6. 纳税人照护 3 岁以下婴幼儿子女的相关支出，在计算缴纳个人所得税前按照每名婴幼儿每月 1 000 元的标准定额扣除，但监护人不是父母的，不允许扣除。（　　）

【参考答案】×

【解析】《国务院关于设立 3 岁以下婴幼儿照护个人所得税专项附加扣除的通知》（国发〔2022〕8 号）及总局解读规定，自 2022 年 1 月 1 日起，纳税人照护 3 岁以下婴幼儿子女的相关支出，在计算缴纳个人所得税前按照每名婴幼儿每月 1 000 元的标准定额扣除。具体扣除方式上，可选择由夫妻一方按扣除标准的 100% 扣除，也可选择由夫妻双方分别按扣除标准的 50% 扣除。监护人不是父母的，也可以按上述政策规定扣除。

7. 乙公司符合建筑业中小微企业标准，2022 年初新购置了一台单位价值 600 万元的生产设备，税法规定的最低折旧年限为 10 年。乙公司可以选择在 2022 年一次性扣除 300 万元，另外 300 万元可自 2023 年起在 9 个年度内计算折旧税前扣除。（ ）

【参考答案】√

【解析】根据《财政部 税务总局关于中小微企业设备器具所得税税前扣除有关政策的公告》（财政部 税务总局公告 2022 年第 12 号）规定，中小微企业在 2022 年 1 月 1 日至 12 月 31 日期间新购置的设备、器具，单位价值在 500 万元以上的，按照单位价值的一定比例自愿选择在企业所得税税前扣除。其中，对《中华人民共和国企业所得税法实施条例》规定最低折旧年限为 3 年的设备器具，单位价值的 100% 可在当年一次性税前扣除；对最低折旧年限为 4 年、5 年、10 年的，单位价值的 50% 可在当年一次性扣除，其余 50% 按规定在剩余年度计算折旧进行税前扣除。

8. 纳税人销售货物，损税加工修理修配劳务、服务，销售或出租无形资产或者不动产适用不同税率的，应当分别核算适用不同税率的销售额，未分别核算销售额的，从高适用税率。（ ）

【参考答案】√

【解析】纳税人销售货物，损税加工修理修配劳务，服务，销售或出租无形资产或者不动产适用不同税率或者征收率的，应当分别核算适用不同税率或者征收率的销售额，未分别核算销售额的，兼有不同税率的从高适用税率。

9. 某小规模纳税人，既从事货物生产，也提供应税服务，该纳税人连续 12 个月经营期累计货物年销售额为 300 万元，应税服务年销售额为 250 万元，因货物、服务销售额均未达到 500 万元，所以该纳税人为小规模纳税人。（ ）

【参考答案】×

【解析】自 2018 年 5 月 1 日起，统一增值税小规模纳税人标准，即增值税小规模纳税人标准为年应征增值税销售额 500 万元及以下。年应税销售额，是指纳税人在连续不超过 12 个月或四个季度的经营期内累计应征增值税销售额，包括纳税申报销售额、稽查查补销售额、纳税评估调整销售额。

10. 个体工商户出租不动产，一律按照 5% 的征收率计算应纳税额。（ ）

【参考答案】×

【解析】个体工商户出租不动产（不含个体工商户出租住房），按照5%的征收率计算应纳税额。个体工商户出租住房，按照5%的征收率减按1.5%计算应纳税额。

11. 增值税电子普通发票的开票方和受票方需要纸质发票的，可以自行打印增值税电子普通发票的版式文件，其法律效力、基本用途、基本使用规定等与税务机关监制的增值税普通发票相同。（　）

【参考答案】√

【解析】增值税电子普通发票的开票方和受票方需要纸质发票的，可以自行打印增值税电子普通发票的版式文件，其法律效力、基本用途、基本使用规定等与税务机关监制的增值税普通发票相同。

12. 纳税人申请专用发票最高开票限额不超过10万元的，主管税务机关需要事前进行实地查验。（　）

【参考答案】×

【解析】纳税人申请专用发票最高开票限额不超过10万元的，主管税务机关不需要事前进行实地查验。

13. 纳税人完成当期增值税纳税申报后，才能申请留抵退税。（　）

【参考答案】√

【解析】根据《财政部 税务总局关于进一步加大增值税期末留抵退税政策实施力度的公告》（财政部 税务总局公告2022年第14号）第十一条，纳税人应在纳税申报期内，完成当期增值税纳税申报后申请留抵退税。

14. 对应税消费品征收消费税与征收增值税的征税环节是一样的，都是应税消费品的批发、零售环节。（　）

【参考答案】×

【解析】增值税是多环节征税，而消费税是单环节征税。我国现行消费税在批发环节征收的只有卷烟，在零售环节征收的有金银首饰、超豪华小汽车，其他应税消费品主要在生产销售环节征收。

15. 纳税人把自产的高档化妆品用作广告或样品的，应于移送使用时计算缴纳消费税。（　）

【参考答案】√

【解析】纳税人自产自用的应税消费品，用于连续生产应税消费品的，不纳税；用于其他方面的，于移送使用时纳税。用于其他方面，是指纳税人将自产应税消费品用于生产非应税消费品、在建工程、管理部门、非生产机构、提供劳务、馈赠、赞助、集资、广告、样品、职工福利、奖励等方面。

16. 应征消费税的卷烟根据每标准条市场售价分为甲类卷烟和乙类卷烟两个细目。（　）

【参考答案】×

【解析】卷烟分为两个细目的依据是每标准条调拨价。

17. 公司制创业投资企业采取股权投资方式直接投资于种子期、初创期科技型企业满2年（24个月）的，可以按照投资额的70%在股权持有满2年的当年抵扣该公司制创业投资企业的应纳税所得额；当年不足抵扣的，可以在以后纳税年度结转抵扣。（　　）

【参考答案】√

【解析】《财政部 税务总局关于创业投资企业和天使投资个人有关税收政策的通知》（财税〔2018〕55号）

18. 外籍个人符合居民个人条件，可以选择享受个人所得税专项附加扣除，也可以选择享受住房补贴、语言训练费、子女教育费等津补贴免税优惠政策，但不得同时享受。外籍个人一经选择，在一个纳税年度内不得随意变更。（　　）

【参考答案】×

【解析】《财政部 税务总局关于延续实施外籍个人津补贴等有关个人所得税优惠政策的公告》（财政部 税务总局公告2021年第43号）规定，外籍个人符合居民个人条件，可以选择享受个人所得税专项附加扣除，也可以选择享受住房补贴、语言训练费、子女教育费等津补贴免税优惠政策，但不得同时享受。外籍个人一经选择，在一个纳税年度内不得变更。

19. 自2022年4月1日至2022年12月31日，增值税小规模纳税人的应税销售收入，免征增值税；预缴增值税项目，暂停预缴增值税。（　　）

【参考答案】×

【解析】《财政部 税务总局关于对增值税小规模纳税人免征增值税的公告》（财政部 税务总局2022年第15号）规定，自2022年4月1日至2022年12月31日，增值税小规模纳税人适用3%征收率的应税销售收入，免征增值税；适用3%预征率的预缴增值税项目，暂停预缴增值税。

20. 自2019年1月1日至2025年12月31日，企业通过公益性社会组织或者县级（含县级）以上人民政府及其组成部门和直属机构，用于目标脱贫地区的扶贫捐赠支出，准予在计算企业所得税应纳税所得额时据实扣除。在政策执行期限内，目标脱贫地区实现脱贫的，可继续适用上述政策。（　　）

【参考答案】√

【解析】《关于延长部分扶贫税收优惠政策执行期限的公告》（财政部 税务总局 人力资源社会保障部 国家乡村振兴局公告2021年第18号）；《关于企业扶贫捐赠所得税税前扣除政策的公告》（财政部 税务总局 国务院扶贫办公告2019年第49号）

21. 自2019年1月1日至2023年12月31日，对国家级、省级科技企业孵化器，大学

科技园和国家备案众创空间向在孵对象提供孵化服务取得的收入，可按简易征收3%征收率征收增值税。（　）

【参考答案】×

【解析】《财政部 税务总局 科技部 教育部关于科技企业孵化器大学科技园和众创空间税收政策的通知》（财税〔2018〕120号）规定，自2019年1月1日至2021年12月31日，对国家级、省级科技企业孵化器，大学科技园和国家备案众创空间向在孵对象提供孵服务取得的收入，免征增值税。注：《财政部 税务总局关于延长部分税收优惠政策执行期限的公告》（财政部 税务总局公告2022年第4号）将上述政策延续至2023年12月31日。

22. 自2019年1月1日至2023年12月31日，对高校学生公寓免征房产税。这里的高校学生公寓，是指为高校学生提供住宿服务并收取住宿费的学生公寓。（　）

【参考答案】×

【解析】《财政部 税务总局关于高校学生公寓房产税 印花税政策的通知》（财税〔2019〕14号）规定，自2019年1月1日至2021年12月31日，对高校学生公寓免征房产税。高校学生公寓，是指为高校学生提供住宿服务，按照国家规定的收费标准收取住宿费的学生公寓。注：《财政部 税务总局关于延长部分税收优惠政策执行期限的公告》（财政部 税务总局公告2022年第4号）将上述政策延续至2023年12月31日。

23. 纳税人兼营不同税率的应税消费品，如果未分别核算不同税率应税消费品的销售额、销售数量，或者将不同税率的应税消费品组成成套消费品销售的，从高适用税率。（　）

【参考答案】√

【解析】纳税人兼营不同消费税税率的消费品，应当分别核算不同税率应税消费品的销售额、销售数量；未分别核算，或者将不同税率的应税消费品组成成套消费品销售的，从高适用税率。

24. 企业委托个人加工的应税消费品，一律于委托方收回前在受托方所在地缴纳消费税。（　）

【参考答案】×

【解析】委托个人加工的应税消费品，由委托方向其机构所在地或者居住地主管税务机关申报纳税。

25. 消费税纳税人将应税消费品和非应税消费品组成成套消费品销售的，应根据组合产制品的销售金额剔除非应税消费品成本价后的余额计征消费税。（　）

【参考答案】×

【解析】纳税人将自产的应税消费品与外购或自产的非应税消费品组成套装销售的，以套装产品的销售额（不含增值税）为计税依据。

26. 纳税人收回已代扣代缴消费税的委托加工应税消费品，将其直接出售，无论售价高低，均不再缴纳消费税。（ ）

【参考答案】×

【解析】委托方将收回的应税消费品，以不高于受托方的计税价格出售的，为直接出售，不再缴纳消费税；以高于受托方的计税价格出售的，不属于直接出售，需按照规定申报缴纳消费税。

27. 卷烟在生产和批发两个环节均征收消费税，但批发企业在计算纳税时不得扣除包含的生产环节的消费税税款。（ ）

【参考答案】√

【解析】卷烟消费税在生产和批发两个环节征收后，批发企业在计算纳税时不得扣除包含的生产环节的消费税税款。

28. 企业发生的符合条件的广告费和业务宣传费支出，除国务院财政、税务主管部门另有规定外，不超过当年销售（营业）收入15%的部分，准予扣除；超过部分，不得扣除。（ ）

【参考答案】×

【解析】广告费和业务宣传费支出，超过部分，准予在以后纳税年度结转扣除。

29. 企业以非货币形式取得的收入，应当按照公允价值确定企业所得税收入额。（ ）

【参考答案】√

【解析】根据《中华人民共和国企业所得税法实施条例》规定，企业以非货币形式取得的收入，应当按照公允价值确定企业所得税收入额。

30. 企业发生收益性支出在发生当期直接在企业所得税税前扣除，资本性支出不得在企业所得税税前扣除。（ ）

【参考答案】×

【解析】根据《中华人民共和国企业所得税法实施条例》规定，收益性支出在发生当期直接扣除；资本性支出应当分期扣除或者计入有关资产成本，不得在发生当期直接扣除。

31. 企业在一个纳税年度中间开业，使该纳税年度的实际经营期不足12个月的，以其实际经营期作为一个纳税年度计算缴纳企业所得税。（ ）

【参考答案】√

【解析】根据《中华人民共和国企业所得税法》规定，企业在一个纳税年度中间开业，或者终止经营活动，使该纳税年度的实际经营期不足12个月的，应当以其实际经营期作为一个纳税年度。

32. 某居民企业技术转让所得不超过500万元的部分，可以免征企业所得税；超过500万元的部分，全额征收企业所得税。（ ）

【参考答案】×

【解析】一个纳税年度内，居民企业技术转让所得不超过500万元的部分，免征企业所得税；超过500万元的部分，减半征收企业所得税。

33. 如果交易合同或协议中规定租赁期限跨年度，且租金提前一次性支付的，出租人可以对上述已确认的收入，在租赁期内分期均匀计入相关年度收入。 （ ）

【参考答案】√

【解析】在租赁期内，分期均匀计入相关年度收入。

34. 自2018年1月1日起，当年具备高新技术企业或科技型中小企业资格的企业，其具备资格年度之前5个年度发生的尚未弥补完的亏损，准予结转以后年度弥补，最长不超过10年。 （ ）

【参考答案】√

【解析】高新技术企业或科技型中小企业资格的企业，其具备资格年度之前5个年度发生的尚未弥补完的亏损，准予结转以后年度弥补，最长不超过10年。

35. 居民企业直接投资于其他居民企业取得的投资收益免征企业所得税，非居民企业直接投资于其他居民企业取得的投资收益不能享受免征企业所得税的税收优惠。

（ ）

【参考答案】×

【解析】根据《中华人民共和国企业所得税法》规定，居民企业直接投资于其他居民企业取得的投资收益，在中国境内设立机构、场所的非居民企业从居民企业取得与该机构、场所有实际联系的股息、红利等权益性投资收益，免征企业所得税，但不包括连续持有居民企业公开发行并上市流通的股票不足12个月取得的投资收益。在中国境内未设机构、场所，或者虽然在中国境内设立机构、场所，但取得的所得与其所设机构、场所没有实际联系的非居民企业，直接投资于其他居民企业取得的投资收益不能享受免征企业所得税的税收优惠。

36. 非居民企业在中国境内设立两个或者两个以上机构、场所的，可以选择由其主要机构、场所汇总缴纳企业所得税，被汇总机构、场所不申报缴纳企业所得税。 （ ）

【参考答案】×

【解析】非居民企业在中国境内设立两个或者两个以上机构、场所的，可以选择由其主要机构、场所汇总缴纳企业所得税。主要机构、场所和被汇总机构、场所，除国家税务总局另有规定外，都应在机构、场所所在地分季度预缴和年终汇算清缴企业所得税。

37. 企业在境内发生的支出项目属于增值税应税项目，必须以发票作为合法的外部凭证。 （ ）

【参考答案】×

【解析】《企业所得税税前扣除凭证管理办法》规定，企业在境内发生的支出项目属于增值税应税项目的，对方为已办理税务登记的纳税人，其支出以发票（包括税务机关代开的发票）作为税前扣除凭证；对方为依法无须办理税务登记的单位或者从事小额零星经营业务的个人，其支出以税务机关代开的发票或者收款凭证及内部凭证作为税前扣除凭证，收款凭证应载明收款单位名称、个人姓名及身份证号、支出项目、收款金额等相关信息。

38. 自2019年1月1日至2022年12月31日，企业通过公益性社会组织或者县级（含县级）以上人民政府及其组成部门和直属机构，用于非目标脱贫地区的扶贫捐赠支出，准予在计算企业所得税应纳税所得额时据实扣除。（　）

【参考答案】×

【解析】自2019年1月1日至2022年12月31日，企业通过公益性社会组织或者县级（含县级）以上人民政府及其组成部门和直属机构，用于目标脱贫地区的扶贫捐赠支出，准予在计算企业所得税应纳税所得额时据实扣除。

39. 固定资产的改建支出属于长期待摊费用，应按照固定资产预计尚可使用年限分期摊销。（　）

【参考答案】×

【解析】固定资产的改建支出，除已足额提取折旧的固定资产的改建支出和租入固定资产的改建支出外，以改建过程中发生的改建支出增加计税基础。已足额提取折旧的固定资产的改建支出和租入固定资产的改建支出属于长期待摊费用的改建支出，按下列规定摊销：①已足额提取折旧的固定资产的改建支出，按照固定资产预计尚可使用年限分期摊销；②租入固定资产的改建支出，按照合同约定的剩余租赁期限分期摊销。

40. 企业以免费旅游方式作为对营销人员（非企业雇员）的个人奖励，计征个人所得税的项目是“偶然所得”。（　）

【参考答案】×

【解析】企业以免费旅游方式作为对营销人员（非企业雇员）的个人奖励，按照“劳务报酬所得”计征个人所得税。

41. 在中国境内有住所的个人，是指因户籍、家庭、经济利益关系而在中国境内习惯性居住的个人。（　）

【参考答案】√

【解析】在中国境内有住所的个人，是指因户籍、家庭、经济利益关系而在中国境内习惯性居住的个人。

42. 在境内居住累计满183天，是指在一个纳税年度（即公历1月1日起至12月31日止）内，在中国境内居住累计满183天。（　）

【参考答案】√

【解析】《中华人民共和国个人所得税法》第一条第一款所说的在中国境内居住累计满 183 天，是指在一个纳税年度（即公历 1 月 1 日起至 12 月 31 日止）内，在中国境内居住累计满 183 天。

43. 按照个人所得税法的规定，偶然所得以每次收入额为应纳税所得额。（　）

【参考答案】√

【解析】考察个人所得税基础知识。

44. 转让中国境内的不动产取得的所得，只有支付地点是中国境内，才被视为来源于中国境内的所得。（　）

【参考答案】×

【解析】转让中国境内的不动产取得的所得，不论支付地点是否在中国境内，均为来源于中国境内的所得。

45. 个人所得税改革后，省级政府有权制定的是对残疾、孤老人员和烈属的所得在一定幅度范围内减征。（　）

【参考答案】√

【解析】有下列情形之一的，可以减征个人所得税，具体幅度和期限，由省、自治区、直辖市人民政府规定，并报同级人民代表大会常务委员会备案：（1）残疾、孤老人员和烈属的所得。（2）因严重自然灾害造成重大损失的。

46. 扣缴义务人向个人支付应税款项时，应当依照《中华人民共和国个人所得税法》规定预扣或者代扣税款，每月或者每次预扣、代扣的税款，应当在次月 7 日内缴入国库，并向税务机关报送“个人所得税扣缴申报表”。（　）

【参考答案】×

【解析】扣缴义务人向个人支付应税款项时，应当依照《中华人民共和国个人所得税法》规定预扣或者代扣税款，每月或者每次预扣、代扣的税款，应当在次月 15 日内缴入国库，并向税务机关报送“个人所得税扣缴申报表”。

47. 个人提供专利权、商标权、著作权取得的所得，按照生产经营所得计算征收个人所得税。（　）

【参考答案】×

【解析】特许权使用费所得，是指个人提供专利权、商标权、著作权、非专利技术以及其他特许权的使用权取得的所得；提供著作权的使用权取得的所得，不包括稿酬所得。

48. 退休人员再任职取得的收入，应按“劳务报酬所得”项目缴纳个人所得税。（　）

【参考答案】×

【解析】《国家税务总局关于个人兼职和退休人员再任职取得收入如何计算征收个人所得税问题的批复》（国税函〔2005〕382 号）规定，退休人员再任职取得的收入，在减除按个人所得税法规定的费用扣除标准后，按“工资、薪金所得”应税项目缴纳个人所得税。

49. 纳税单位将应税房产无租出借给免税单位使用的，免纳房产税。（　　）

【参考答案】×

【解析】纳税单位将应税房产无租出借给免税单位使用的，应由房产所有人缴纳房产税。

50. 计征房产税时，对于更换房屋附属设备和配套设施的，在将其价值计入房产原值时，可扣减原来相应设备和设施的价值；对附属设备和配套设施中易损坏、需要经常更换的零配件，更新后计入房产原值。（　　）

【参考答案】×

【解析】对于更换房屋附属设备和配套设施的，在将其价值计入房产原值时，可扣减原来相应设备和设施的价值；对附属设备和配套设施中易损坏、需要经常更换的零配件，更新后不再计入房产原值。

51. 在城镇土地使用税征税范围内，承租集体所有建设用地的，由直接从集体经济组织承租土地的单位和个人缴纳城镇土地使用税。（　　）

【参考答案】√

【解析】在城镇土地使用税征税范围内，承租集体所有建设用地的，由直接从集体经济组织承租土地的单位和个人缴纳城镇土地使用税。

52. 集体和个人举办的各类学校、医院、托儿所、幼儿园用地，其用地能与企业其他用地明确区分的，免征城镇土地使用税。（　　）

【参考答案】×

【解析】集体和个人举办的各类学校、医院、托儿所、幼儿园用地，应由省、自治区、直辖市税务局确定是否减免城镇土地使用税。

53. 甲公司招用符合条件的退役士兵一名，全年可扣减税额定额标准为 9 000 元，扣减增值税及其附加 7 480 元，可扣减余额还有 1 520 元。甲公司企业所得税汇算清缴应补缴税款为 1 000 元，未享受扣减的 520 元可结转以后年度继续扣减。（　　）

【参考答案】×

【解析】《财政部 税务总局 退役军人部关于进一步扶持自主就业退役士兵创业就业有关税收政策的通知》（财税〔2019〕21 号）规定，纳税年度终了，如果企业实际减免的增值税、城市维护建设税、教育费附加和地方教育附加小于核算减免税总额，企业在企业所得税汇算清缴时以差额部分扣减企业所得税。当年扣减不完的，不再结转以后年度扣减。故未扣减的 520 万元不可结转以后年度继续扣减。注：依据《财政部 国家税务总局关于延长部分税收优惠政策执行期限的公告》（财政部 税务总局公告 2022 年第 4 号）规定，上述税收优惠政策，执行期限延长至 2023 年 12 月 31 日。

54. 丙公司于 2020 年 6 月成立，9 月 1 日登记为增值税一般纳税人。2021 年 5 月，丙公司办理了 2020 年度汇算清缴申报，确定不属于小型微利企业。2022 年 4 月，B 公司办理了 2021 年度汇算清缴申报，确定是小型微利企业。丙公司于 2022 年 4 月征期申报 3 月的“六税两费”时，可以享受减免优惠。（　　）

【参考答案】×

【解析】《关于进一步实施小微企业“六税两费”减免政策有关征管问题的公告》（国家税务总局公告 2022 年第 3 号）规定，适用“六税两费”减免政策的小型微利企业的判定以企业所得税年度汇算清缴结果为准。登记为增值税一般纳税人的企业，按规定办理汇算清缴后确定是小型微利企业的，可自办理汇算清缴当年的 7 月 1 日至次年 6 月 30 日申报享受“六税两费”减免优惠；2022 年 1 月 1 日至 6 月 30 日期间，纳税人依据 2021 年办理 2020 年度汇算清缴的结果确定是否按照小型微利企业申报享受“六税两费”减免优惠。丙公司于 2022 年 4 月征期申报 3 月的“六税两费”时，不可以享受减免优惠。

55. 纳税人李某经营个体工商户 C，年应纳税所得额为 80 000 元（适用税率 10%，速算扣除数 1 500），同时可以享受残疾人政策减免税额 2 000 元，李某享受该项政策的减免税额 = ［（80 000 × 10% － 1 500）－ 2 000］×（1 － 50%）= 2 250 元。（　　）

【参考答案】√

【解析】《关于落实支持小型微利企业和个体工商户发展所得税优惠政策有关事项的公告》（国家税务总局公告 2021 年第 8 号）规定，减免税额 =（个体工商户经营所得应纳税所得额不超过 100 万元部分的应纳税额 － 其他政策减免税额 × 个体工商户经营所得应纳税所得额不超过 100 万元部分 ÷ 经营所得应纳税所得额）×（1 － 50%）

56. 企业职工基本养老保险费缓缴费款所属期为 2022 年 4 月至 6 月。失业保险费、工伤保险费缓缴费款所属期为 2022 年 4 月至 2023 年 3 月，在此期间，企业不可申请不同期限的缓缴。（　　）

【参考答案】×

【解析】《人力资源社会保障部办公厅 国家税务总局办公厅关于特困行业阶段性实施缓缴企业社会保险费政策的通知》（人社厅发〔2022〕16 号）规定，企业职工基本养老保险费缓缴费款所属期为 2022 年 4 月至 6 月。失业保险费、工伤保险费缓缴费款所属期为 2022 年 4 月至 2023 年 3 月，在此期间，企业可申请不同期限的缓缴。

57. 商品储备管理公司及其直属库自用的承担商品储备业务的房产、土地，免征房产税、城镇土地使用税。这里所指的商品储备管理公司及其直属库，是指接受市级以上人民政府有关部门委托，承担粮（含大豆）、食用油、棉、糖、肉 5 种商品储备任务，取得财政储备经费或者补贴的商品储备企业。（　　）

【参考答案】×

【解析】《关于延续执行部分国家商品储备税收优惠政策的公告》（财政部 税务总局公告2022年第8号）规定，对商品储备管理公司及其直属库自用的承担商品储备业务的房产、土地，免征房产税、城镇土地使用税。本公告所称商品储备管理公司及其直属库，是指接受县级以上人民政府有关部门委托，承担粮（含大豆）、食用油、棉、糖、肉5种商品储备任务，取得财政储备经费或者补贴的商品储备企业。

58. 制造业中小微企业销售额是指应征增值税的销售额，包括纳税申报销售额、稽查查补销售额、纳税评估调整销售额。适用增值税差额征税政策的，以差额前的销售额确定。（　）

【参考答案】×

【解析】《国家税务总局 财政部关于延续实施制造业中小微企业延缓缴纳部分税费有关事项的公告》（国家税务总局公告2022年第2号）以及《国家税务总局 财政部关于制造业中小微企业延缓缴纳2021年第四季度部分税费有关事项的公告》（2021年第30号）规定，制造业中小微企业销售额是指应征增值税的销售额，包括纳税申报销售额、稽查查补销售额、纳税评估调整销售额。适用增值税差额征税政策的，以差额后的销售额确定。

59. 直接用于农、林、牧、渔业的生产用地包括农副产品加工场地和生活、办公用地免征城镇土地使用税。（　）

【参考答案】×

【解析】直接用于农、林、牧、渔业的生产用地，指直接从事种植、养殖、饲养的专业用地免税。农副产品加工厂占地和从事农、林、牧、渔业生产单位的生活、办公用地不包括在内。

60. 契税纳税义务发生时间为纳税人收取土地、房屋权属转让价款的当天。（　）

【参考答案】×

【解析】契税的纳税义务发生时间为纳税人签订土地、房屋权属转移合同的当天，或者纳税人取得其他具有土地、房屋权属转移合同性质凭证的当天。

61. 对增值税、消费税实行先征后返、先征后退、即征即退办法的，除另有规定外，对随增值税、消费税附征的城市维护建设税，一律不予退（返）还。（　）

【参考答案】√

【解析】对增值税、消费税实行先征后返、先征后退、即征即退办法的，除另有规定外，附征的城市维护建设税，一律不予退（返）还。

62. 根据《中华人民共和国印花税法》，商标权、著作权、专利权、专有技术使用权转让书据印花税税率是万分之五。（　）

【参考答案】×

【解析】根据《中华人民共和国印花税法》的规定，商标权、著作权、专利权、专有技术使用权转让书据印花税税率从原先的万分之五降低为万分之三。

63. 免税、减税车辆因转让、改变用途等原因不再属于免税、减税范围的，纳税人应当在办理车辆转移登记或者变更登记前缴纳车辆购置税。计税价格以免税、减税车辆初次办理纳税申报时确定的计税价格为基准。（　　）

【参考答案】×

【解析】免税、减税车辆因转让、改变用途等原因不再属于免税、减税范围的，纳税人应当在办理车辆转移登记或者变更登记前缴纳车辆购置税。计税价格以免税、减税车辆初次办理纳税申报时确定的计税价格为基准，每满一年扣减10%。

64. 房产不在一地的纳税人，应按房产的坐落地点，分别向房产所在地的税务机关缴纳房产税。（　　）

【参考答案】√

【解析】房产税由房产所在地的税务机关征收。房产不在一地的纳税人，应按房产的坐落地点，分别向房产所在地的税务机关缴纳房产税。

65. 在应纳税凭证上未贴或少贴印花税票的或者已粘贴在应税凭证上的印花税票未注销或者未画销的，由税务机关追缴其不缴或者少缴的税款、滞纳金，并处不缴或者少缴的税款50%以上5倍以下的罚款。（　　）

【参考答案】√

【解析】在应纳税凭证上未贴或少贴印花税票的或者已粘贴在应税凭证上的印花税票未注销或者未画销的，由税务机关追缴其不缴或者少缴的税款、滞纳金，并处不缴或者少缴的税款50%以上5倍以下的罚款。

66. 根据《国家医保局 财政部 税务总局关于阶段性减征职工基本医疗保险费的指导意见》（医保发〔2020〕6号），自2020年2月起，各省、自治区、直辖市及新疆生产建设兵团（以下统称“省”）可指导统筹地区根据基金运行情况和实际工作需要，在确保基金收支中长期平衡的前提下，对职工医保单位缴费部分实行减半征收，减征期限不超过12个月。（　　）

【参考答案】×

【解析】自2020年2月起，各省、自治区、直辖市及新疆生产建设兵团（以下统称“省”）可指导统筹地区根据基金运行情况和实际工作需要，在确保基金收支中长期平衡的前提下，对职工医保单位缴费部分实行减半征收，减征期限不超过5个月。

67. 2019年5月1日以后，企业职工基本养老保险的单位缴费比例由20%降低为16%，个人缴费费率由8%降低为4%。（　　）

【参考答案】×

【解析】职工基本养老保险费率降低后，单位缴费费率（含机关事业单位）降为16%；个人缴费费率仍为8%。

68. 企业职工基本养老保险职工个人工资收入占全口径城镇就业人员平均工资 60%—300% 的，个人缴费基数按照个人工资收入据实确定。（ ）

【参考答案】√

【解析】本题的考核点是职工个人缴费基数的确定。

69. 车船税的纳税义务发生时间为取得车船所有权或者管理权的次月。（ ）

【参考答案】×

【解析】车船税纳税义务发生时间为取得车船所有权或者管理权的当月。

70. 纳税人购买自用应税车辆的计税价格，为纳税人实际支付给销售者的全部价款和价外费用，不包括增值税税款。（ ）

【参考答案】×

【解析】《中华人民共和国车辆购置税法》以“实际支付给销售者的全部价款”取代了《中华人民共和国车辆购置税暂行条例》中的“支付给销售者的全部价款和价外费用”，即取消了“价外费用”。

71. 纳税人在 2021 年 12 月 31 日（优惠政策截止日期）享受退役士兵税收优惠政策未满至规定期限的，可继续享受至期满为止。（ ）

【参考答案】√

【解析】《关于进一步扶持自主就业退役士兵创业就业有关税收政策的通知》（财税〔2019〕21 号）。

72. 财产租赁合同征收印花税，其计税依据为租金收入。（ ）

【参考答案】√

【解析】租金和增值税分开标注的，以租金为计税依据；租金与增值税未明确的，以总租金为计税依据。

四、简答题

1. 什么是增值税混合销售？如何进行税务处理？

【参考答案】

根据《财政部 国家税务总局关于全面推开营业税改征增值税试点的通知》（财税〔2016〕36 号）文件附件一《营业税改征增值税试点实施办法》第四十条规定，一项销售行为如果既涉及服务又涉及货物，为混合销售。从事货物的生产、批发或者零售的单位和个体工商户的混合销售行为，按照销售货物缴纳增值税；其他单位和个体工商户的混合销售行为，按照销售服务缴纳增值税。本条所称从事货物的生产、批发或者零售的单位和个体工商户，包括以从事货物的生产、批发或者零售为主，并兼营销售服务的单位和个体工商户在内。上述从事货物的生产、批发或者零售的单位和个体工商户，包括以从事货物的生产、批发或者零售为主，并兼营销售服务的单位和个体工商户在内。纳税人销售活动板房、机器设备、钢结构件等自产货物的同时提供建筑、安装服务，不属于上述混合销售。

2. 增值税的不征税项目有哪些？

【参考答案】

不征收增值税的项目有：

（1）根据国家指令无偿提供的铁路运输服务、航空运输服务，属于《营业税改征增值税试点实施办法》规定用于公益事业的服务，不视同销售服务。

（2）存款利息。

（3）被保险人获得的保险赔付。

（4）房地产主管部门或者其指定机构、公积金管理中心、开发企业，以及物业管理单位代收的住宅专项维修资金。

（5）在资产重组过程中，通过合并、分立、出售、置换等方式，将全部或者部分实物资产，以及与其相关联的债权、负债和劳动力一并转让给其他单位和个人，其中涉及的货物、不动产、土地使用权转让行为。

3. 加大制造业等行业增值税期末留抵退税政策力度，可以自 2022 年 4 月纳税申报期起向主管税务机关申请退还增量留抵税额。适用政策的纳税人需同时符合哪些条件？

【参考答案】

适用本公告政策的纳税人需同时符合以下条件：

（1）纳税信用等级为 A 级或者 B 级；

（2）申请退税前 36 个月未发生骗取留抵退税、骗取出口退税或虚开增值税专用发票情形；

（3）申请退税前 36 个月未因偷税被税务机关处罚两次及以上；

4. 凡符合哪些条件之一的外籍专家取得的工资、薪金所得，可免征个人所得税？

【参考答案】

凡符合下列条件之一的外籍专家取得的工资、薪金所得，可免征个人所得税：

（1）根据世界银行专项贷款协议由世界银行直接派往我国工作的外国专家；

（2）联合国组织直接派往我国工作的专家；

（3）为联合国援助项目来华工作的专家；

（4）援助国派往我国专为该国无偿援助项目工作的专家；

（5）根据两国政府签订文化交流项目来华工作两年以内的文教专家，其工资、薪金所得由该国负担的；

（6）根据我国大专院校国际交流项目来华工作两年以内的文教专家，其工资、薪金所得由该国负担的；

（7）通过民间科研协定来华工作的专家，其工资、薪金所得由该国政府机构负担的。

5. 列举可以免征印花税的凭证？

【参考答案】下列凭证免征印花税：

（1）应税凭证的副本或者抄本；

（2）依照法律规定应当予以免税的外国驻华使馆、领事馆和国际组织驻华代表机构为获得馆舍书立的应税凭证；

（3）中国人民解放军、中国人民武装警察部队书立的应税凭证；

（4）农民、家庭农场、农民专业合作社、农村集体经济组织、村民委员会购买农业生产资料或者销售农产品书立的买卖合同和农业保险合同；

（5）无息或者贴息借款合同、国际金融组织向中国提供优惠贷款书立的借款合同；

（6）财产所有权人将财产赠与政府、学校、社会福利机构、慈善组织书立的产权转移书据；

（7）非营利性医疗卫生机构采购药品或者卫生材料书立的买卖合同；

（8）个人与电子商务经营者订立的电子订单。

（9）根据国民经济和社会发展的需要，国务院对居民住房需求保障、企业改制重组、破产、支持小型微型企业发展等情形可以规定减征或者免征印花税，报全国人民代表大会常务委员会备案。

五、实务操作题

1. 小汽车生产企业甲为增值税一般纳税人，2021 年 6 月相关业务如下：

（1）以预收账款方式将 100 辆 A 型小汽车销售给网约车平台公司，不含税销售价格 18 万元/辆，已收到全款，约定月底交付全部车辆，实际交付 80 辆。

（2）将 10 辆 A 型小汽车奖励给“生产先进个人”，该小汽车当月平均不含税销售价格 19 万元/辆，最高不含税销售价格 23 万元/辆。

（3）委托具有出口经营权的外贸企业出口 A 型小汽车 150 辆，海关审定的实际离岸价格 18.5 万元/辆。

（4）1 月份销售的 50 辆 B 型小汽车因故障被经销商退回，不含税销售价格 25 万元/辆。

（其他相关资料：A 型小汽车消费税税率 3%，B 型小汽车消费税税率 5%）

要求：根据上述资料，按照下列序号回答问题，如有计算需计算出合计数。

（1）计算业务（1）甲企业应缴纳的消费税。

（2）计算业务（2）甲企业应缴纳的消费税。

（3）判断业务（3）甲企业是否适用出口退还增值税、消费税政策。

（4）判断业务（4）甲企业能否申请退还消费税，如能申请，请计算应退税款并说明退税手续。

【答案解析】

（1）应纳税额 $=18\times80\times3\%=43.2$（万元）

（2）应纳税额 $=19\times10\times3\%=5.7$（万元）

（3）不享受消费税退税，但可以享受增值税退税。

（4）能申请退还消费税。应退税款 $=25\times50\times5\%=62.5$（万元）

手续：需要提供开具的红字增值税发票、退税证明等资料交主管税务机关备案，主管税务机关核对无误后办理退税。

2. 2022 年 7 月某汽车制造厂（一般纳税人）发生一笔业务：用自产小汽车（排量 1.6 升）10 辆向某钢厂等价换取钢材 200 吨。该厂生产的同型号小汽车当月销售价格分别有 10 万元/辆、9.8 万元/辆、9.5 万元/辆三种价格，销售数量分别为 8 辆、13 辆和 35 辆。以上价格均不含税，则就该笔互换业务的税务处理，下列说法正确的有（　　）（多选）。

A. 应缴纳的消费税为 4.89 万元

B. 应缴纳的消费税为 5 万元

C. 增值税销项税额为 12.53 万元

D. 应缴纳的消费税为 0

【参考答案】BC

【解析】用应税消费品换取生产资料和消费资料、投资入股和抵偿债务等方面的，计算消费税时应按照同类消费品最高售价，但增值税按照平均价格。所以：

应缴纳的消费税 $=10\times10\times5\%=5$（万元）

增值税销项税额 $=(10\times8+9.8\times13+9.5\times35)\div(8+13+35)\times10\times13\%=12.53$（万元）

3. 某房地产开发公司是增值税一般纳税人，2020 年 5 月，拟对其开发的位于市区的写字楼项目进行土地增值税清算。该项目资料如下：

（1）2016 年 1 月以 8 000 万元竞得国有土地一宗，并按规定缴纳契税。

（2）2016 年 3 月开始动工建设，发生房地产开发成本 15 000 万元，其中包括装修费用 4 000 万元。

（3）发生利息支出 3 000 万元，但不能提供金融机构贷款证明。

（4）2020 年 3 月，该项目全部销售完毕，共计取得含税销售收入 42 000 万元。

（5）该项目已预缴土地增值税 450 万元。

（其他相关资料：契税税率为 5%，利息支出不能提供金融机构贷款证明，当地省政府规定的房地产开发费用的扣除比例为 10%，计算土地增值税允许扣除的有关税金及附加共计 240 万元，该公司对项目选择简易计税方法计缴增值税。）

要求：根据上述资料，按照下列序号回答问题，如有计算需计算出合计数。

（1）说明该项目应进行土地增值税清算的原因。

（2）计算土地增值税时允许扣除的取得土地使用权支付的金额。

（3）计算该项目应缴纳的增值税额。

（4）计算土地增值税时允许扣除的开发费用。

（5）计算土地增值税时允许扣除项目金额的合计数。

（6）计算该房地产开发项目应补缴的土地增值税额。

【答案解析】

（1）房地产开发项目全部竣工、完成销售的，纳税人应进行土地增值税的清算。

（2）允许扣除的取得土地使用权所支付的金额 = 8 000 ×（1 + 5%）= 8 400（万元）

（3）应缴纳的增值税 = 42 000 ÷（1 + 5%）× 5% = 2 000（万元）

（4）允许扣除的房地产开发费用 =（8 400 + 15 000）× 10% = 2 340（万元）

（5）允许扣除的取得土地使用权所支付的金额 = 8 400（万元）

允许扣除的房地产开发成本 = 15 000（万元）

允许扣除的房地产开发费用 = 2 340（万元）

允许扣除的税金及附加 = 240（万元）

加计扣除 =（8 400 + 15 000）× 20% = 4 680（万元）

允许扣除的项目合计金额 = 8 400 + 15 000 + 2 340 + 240 + 4 680 = 30 660（万元）

（6）不含税收入 = 42 000 − 2 000 = 40 000（万元）

增值额 = 40 000 − 30 660 = 9 340（万元）

增值率 = 9 340 ÷ 30 660 × 100% = 30.46%，适用税率 30%。

应缴纳的土地增值税 = 9 340 × 30% = 2 802（万元）

应补缴的土地增值税 = 2 802 − 450 = 2 352（万元）

4. 2010 年境外 A 公司出资 3 500 万元在我国境内成立 M 公司。A 公司、M 公司 2018 年部分业务如下：

（1）截至 2017 年 12 月 31 日，M 公司账面累计未分配利润 300 万元。2018 年 1 月 20 日，M 公司股东会做出利润分配决定，向 A 公司分配股利 200 万元。

（2）1 月 20 日，A 公司决议将 M 公司应分回股利用于购买我国境内非关联方 C 公司的股权，同日相关款项直接从 M 公司转入 C 公司股东账户。

（3）3 月 5 日，M 公司支付 1 060 万元委托境外机构进行新产品研发。

（4）8 月 10 日，M 公司向 A 公司支付商标费 530 万元（含税）。

（其他相关资料：C 公司为非上市企业，C 公司所从事的业务为非禁止外商投资的项目和领域，不考虑税收协定因素）

要求：根据上述资料，按照下列序号回答问题，如有计算需计算出合计数。

（1）说明 A 公司分得利润享受暂不征收预提所得税政策的理由及其所需符合的条件特征。

（2）回答 A 公司可以享受暂不征收预提所得税政策的分配股利的金额。

（3）回答 M 公司委托境外研究开发费用企业所得税税前加计扣除限额的规定。

（4）计算 M 公司业务（4）应代扣代缴的企业所得税额。

（5）说明 M 公司解缴代扣企业所得税的期限。

【答案解析】

（1）A 公司分得利润享受暂不征收预提所得税政策的理由：

2017 年 1 月 1 日起，对境外投资者从中国境内居民企业分配的利润，直接投资于鼓励类投资项目，凡符合规定条件的，实行递延纳税政策，暂不征收预提所得税。2018 年 1 月 1 日起，适用范围由外商投资鼓励类项目扩大至所有非禁止外商投资的项目和领域。

C 公司从事的是非禁止外商投资项目和领域，A 公司将分回的利润用于购买我国境内非关联方非上市公司 C 的股权，相关款项直接从 M 公司转入 C 公司股东账户，未在境内外其他账户周转，所以可以享受暂不征收预提所得税政策。

境外投资者暂不征收预提所得税需要同时满足以下条件：

①境外投资者以分得利润进行的直接投资，包括境外投资者以分得利润进行的增资、新建、股权收购等权益性投资行为，但不包括新增、转增、收购上市公司股份（符合条件的战略投资除外）。具体是指：

A. 新增或转增中国境内居民企业实收资本或者资本公积；

B. 在中国境内投资新建居民企业；

C. 从非关联方收购中国境内居民企业股权；

②境外投资者分得的利润属于中国境内居民企业向投资者实际分配已经实现的留存收益而形成的股息、红利等权益性投资收益。

③境外投资者用于直接投资的利润以现金形式支付的，相关款项从利润分配企业的账户直接转入被投资企业或股权转让方账户，在直接投资前不得在境内外其他账户周转；境外投资者用于直接投资的利润以实物、有价证券等非现金形式支付的，相关资产所有权直接从利润分配企业转入被投资企业或股权转让方，在直接投资前不得由其他企业、个人代为持有或临时持有。

（2）A 公司可以享受暂不征收预提所得税的分配股利的金额为 200 万元。

（3）委托境外进行研发活动所发生的费用，按照费用实际发生额的 80% 计入委托方的委托境外研发费用。委托境外研发费用不超过境内符合条件的研发费用 2/3 的部分，可以按规定在企业所得税前加计扣除。

（4）M 公司应代扣代缴的企业所得税 $=530\div(1+6\%)\times10\%=50$（万元）

（5）扣缴义务人应当自扣缴义务发生之日起 7 日内申报和解缴代扣税款。

5. 某企业是一家高新技术企业，2021 年度的生产经营情况如下：

（1）取得产品销售收入 4 000 万元，出租房屋的租金收入 500 万元。

（2）产品销售成本 3 000 万元，与租金收入有关的成本费用为 300 万元。

（3）缴纳增值税 35 万元，城市维护建设税和教育费附加 3.5 万元，房产税 4 万元，城镇土地使用税 0.5 万元，印花税 0.4 万元。

（4）销售费用、管理费用、财务费用共计 400 万元，其中广告费和业务宣传费 100 万元，业务招待费 80 万元。

（5）营业外支出 120 万元，其中通过公益性社会团体向公益事业的捐赠 100 万元。

（6）已预缴企业所得税 100.74 万元。

要求：根据上述资料计算该企业 2021 年企业所得税汇算清缴应补缴的所得税税额。

【参考答案】

（1）缴纳的增值税 35 万元不得税前扣除，城市维护建设税、教育费附加、房产税、城镇土地使用税、印花税可以税前扣除，共计 =3.5 +4 +0.5 +0.4 =8.4 万元。

（2）销售（营业）收入 =4 000 +500 =4 500（万元）

广告费、业务宣传费扣除限额 =4 500 ×15% =675 万元，实际发生 100 万元，未超过限额，可以据实扣除。

（3）业务招待费限额 =4 500 ×5‰ =22.5 万元，业务招待费的 60% 为 80 ×60% =48 万元，业务招待费限额为 22.5 万元，调增额 =80 −22.5 =57.5 万元。

（4）利润总额 =4 000 +500 −3 000 −300 −8.4 −400 −120 =671.6（万元）

公益性捐赠限额 =671.6 ×12% =80.59 万元，实际发生 100 万元，调增额 =100 −80.59 =19.41 万元。

（5）应纳税所得额 =671.6 +57.5 +19.41 =748.51（万元）

（6）应补缴企业所得税 =748.51 ×15% −100.74 =11.54（万元）

【解析】

（1）企业所得税税前扣除的税金是指企业发生的除企业所得税和允许抵扣的增值税以外的各项税金及其附加。所以，增值税 35 万元不得扣除，城市维护建设税、教育费附加、房产税、城镇土地使用税、印花税可以税前扣除。

（2）企业发生的符合条件的广告费和业务宣传费支出，除国务院财政、税务主管部门另有规定外，不超过当年销售（营业）收入 15% 的部分，准予扣除；超过部分，准予在以后纳税年度结转扣除。销售（营业）收入包括产品销售收入、出租房屋的租金收入。

（3）企业发生的与生产经营活动有关的业务招待费支出，按照发生额的 60% 扣除，但最高不得超过当年销售（营业）收入的 5‰。所以在计算业务招待费限额时应计算出销售（营业）收入的 5‰和发生额的 60%，将较小者确定为业务招待费的限额。

（4）企业发生的公益性捐赠支出，除有其他规定可以全部税前扣除的外，在年度利润总额12%以内的部分，准予在计算应纳税所得额时扣除；超过年度利润总额12%的部分，准予结转以后三年内在计算应纳税所得额时扣除。所以在计算捐赠限额时应先计算出利润总额，据此计算出公益性捐赠支出的扣除限额。

（5）应纳税所得额可以用直接法计算，也可以用间接法计算。本例答案采用间接法计算，以会计利润为起点，将财务、会计制度或者财务、会计处理办法与税法规定不一致的收入和支出等进行调整，确定应纳税所得额。应纳税所得额 = 会计利润 ± 纳税调整项目金额。

（6）高新技术企业所得税税率为15%。

6. 李先生独生子女，父母超过60岁，在甲公司任职，家中有三个孩子，大孩子小学5年级，二孩子幼儿园大班，小孩子不满一周岁；妻子专职在家，无收入。假设2021年全年收入不超过6万元，2022年1—12月每月从甲公司取得工资薪金收入44 000元，无免税收入；每月由甲公司扣缴“三险一金”2 500元，假定无其他扣除。

要求：计算甲公司2022年2月应预扣预缴李先生“工资、薪金所得”的个人所得税。

【参考答案】225元

【解析】依据国家税务总局关于发布《个人所得税扣缴申报管理办法（试行）》的公告（国家税务总局公告2018年第61号）和《国家税务总局关于进一步简便优化部分纳税人个人所得税预扣预缴方法的公告》（国家税务总局公告2020年第19号）规定，在纳税人累计收入不超过6万元的月份，暂不预扣预缴个人所得税；在其累计收入超过6万元的当月及年内后续月份，再预扣预缴个人所得税。2022年1月累计预扣预缴应纳税所得额 = 累计收入 - 累计免税收入 - 累计减除费用 - 累计专项扣除 - 累计专项附加扣除 - 累计依法确定的其他扣除 = 44 000 - 60 000 - 2 500 - 5 000 = - 23 500（元），无须预扣预缴。2月累计预扣预缴应纳税所得额 = 累计收入 - 累计免税收入 - 累计减除费用 - 累计专项扣除 - 累计专项附加扣除 - 累计依法确定的其他扣除 = 44 000 × 2 - 60 000 - 2 500 × 2 - 5 000 × 2 = 13 000（元），适用税率为3%。2月应预扣预缴税额 =（累计预扣预缴应纳税所得额 × 预扣率 - 速算扣除数）- 累计减免税额 - 累计已预扣预缴税额 = 13 000 × 3% - 165 = 225（元）。甲公司2022年2月应预扣预缴李先生工资、薪金所得个人所得税225元。

7. 假设中国公民郑某于2022年1月将其自有的房屋按市场价格出租给张某居住，租期1年。郑某每月取得租金收入1 500元，全年租金收入18 000元。

要求：计算郑某全年租金收入应缴纳的个人所得税。

【参考答案】768元

【解析】财产租赁收入以一个月内取得的收入为一次，郑某每月及全年应纳税额为：

（1）每月应纳税额＝（1 500－1 500×4%－800）×10%＝64（元）

（2）全年应纳税额＝64×12＝768（元）

8. 假设田某 2019 年 6 月买进某公司债券 10 000 份，每份买价 8 元，共支付手续费 1 000元，11 月将 10 000 份债券全部卖出，每份卖价 8.5 元，共支付手续费 515 元。

要求：计算田某 6 月取得财产转让所得应缴纳的个人所得税。

【参考答案】697 元

【解析】

（1）卖出债券应扣除的财产原值＝10 000×8＋1 000＝81 000（元）

（2）转让债券的应纳税所得额＝10 000×8.5－81 000－515＝3 485（元）

（3）转让债权应缴纳的个人所得税＝3 485×20%＝697（元）

第二章　税收征管体制改革与基础事项规范

★知识要点归纳

第一节　税收管理体制与征管体制改革

一、现代税收管理体制

（一）现代税收管理体制的定义

现代税收管理体制是以税收管理现代化为目标，基于建立扁平化、实体化、专业化的组织机构，将税收管理职责在各层级、各部门、税收管理各环节之间进行专业分工，使资源配置更合理，管理目标更明确，管理幅度更科学，管理效率更高效。

（二）现代税收管理体制的特征

1. 税收管理机构设置体现扁平化
2. 税收管理机构设置体现实体化
3. 税收管理职责分工体现专业化
4. 税收管理要素资源配置体现集约化
5. 税收管理体系与外部环境契合度高

（三）确立现代税收管理体制的意义

1. 为推进税收现代化提供组织保障
2. 促进税收管理水平和管理效率的提高
3. 促进税务机关依法行政能力的提高

（四）确立现代税收管理体制的原则

1. 以推进税收现代化为目标的原则
2. 以风险管理为导向的原则
3. 以扁平化为基本路径的原则

4. 由基层一级管理向分层分类管理转变的原则

5. 循序渐进的原则

（五）现代税收管理体制的架构与职责

1. 税收管理职责的安排

基于纳税人自我评定制度，税收管理的核心是遵从管理（包括纳税服务和税收执法）、法制管理以及促进遵从的支持保障管理。因此，税收管理的主要职责包括纳税遵从管理、税收法制管理和税收支持保障三大序列，这三大序列构建了现代税收管理体制。

2. 税收管理机构设置的安排

（1）纳税遵从管理序列的机构包括纳税服务机构、纳税评估机构、数据情报管理中心、税务稽查机构和税款追征机构。其中，省局、市局、县局负责实施遵从管理的纳税评估机构可按照纳税人行业、特定类型划分，设置纳税评估机构若干。

（2）税收法制管理序列的机构包括法制管理部门、争议处理部门、督察内审部门和监察部门等。

（3）税收支持保障序列的机构包括办公室、人力资源管理、信息技术应用、收入核算等若干部门。

我国现行的分税制税收管理体制经过多年的发展改革与完善，发挥了积极的作用：（1）为市场经济建立和发展提供了制度支持；（2）增强了我国中央政府的宏观调控能力，稳步促进了经济和社会的和谐发展；（3）东西部、沿海内陆等地区之间的财力差距扩大趋势得到了缓解。

二、深化税收征管体制改革

（一）总体要求

1. 指导思想

以习近平新时代中国特色社会主义思想为指导，全面贯彻党的十九大和十九届二中、三中、四中、五中全会精神，围绕把握立足新发展阶段、贯彻新发展理念、构建新发展格局，深化税收征管制度改革，着力建设以服务纳税人缴费人为中心、以发票电子化改革为突破口、以税收大数据为驱动力的具有高集成功能、高安全性能、高应用效能的智慧税务，深入推进精确执法、精细服务、精准监管、精诚共治，大幅提高税法遵从度和社会满意度，明显降低征纳成本，充分发挥税收在国家治理中的基础性、支柱性、保障性作用，为推动高质量发展提供有力支撑。

2. 工作原则

坚持党的全面领导，确保党中央、国务院决策部署不折不扣落实到位；坚持依法治税，善于运用法治思维和法治方式深化改革，不断优化税务执法方式，着力提升税收法治化水平；坚持为民便民，进一步完善利企便民服务措施，更好满足纳税人缴费人合理需求；坚持问题导向，着力补短板强弱项，切实解决税收征管中的突出问题；坚持改革创新，深化税务领域“放管服”改革，推动税务执法、服务、监管的理念和方式手段等全方位变革；坚持系统观念，统筹推进各项改革措施，整体性集成式提升税收治理效能。

3. 主要目标

到 2022 年，在税务执法规范性、税费服务便捷性、税务监管精准性上取得重要进展。到 2023 年，基本建成“无风险不打扰、有违法要追究、全过程强智控”的税务执法新体系，实现从经验式执法向科学精确执法转变；基本建成“线下服务无死角、线上服务不打烊、定制服务广覆盖”的税费服务新体系，实现从无差别服务向精细化、智能化、个性化服务转变；基本建成以“双随机、一公开”监管和“互联网 + 监管”为基本手段、以重点监管为补充、以“信用 + 风险”监管为基础的税务监管新体系，实现从“以票管税”向“以数治税”分类精准监管转变。到 2025 年，深化税收征管制度改革取得显著成效，基本建成功能强大的智慧税务，形成国内一流的智能化行政应用系统，全方位提高税务执法、服务、监管能力。

（二）全面推进税收征管数字化升级和智能化改造

1. 加快推进智慧税务建设
2. 稳步实施发票电子化改革
3. 深化税收大数据共享应用

（三）不断完善税务执法制度和机制

1. 健全税费法律法规制度
2. 严格规范税务执法行为
3. 不断提升税务执法精确度
4. 加强税务执法区域协同
5. 强化税务执法内部控制和监督

（四）大力推行优质高效智能税费服务

1. 确保税费优惠政策直达快享
2. 切实减轻办税缴费负担
3. 全面改进办税缴费方式
4. 持续压减纳税缴费次数和时间

5. 积极推行智能型个性化服务
6. 维护纳税人缴费人合法权益

（五）精准实施税务监管

1. 建立健全以“信用 + 风险”为基础的新型监管机制
2. 加强重点领域风险防控和监管
3. 依法严厉打击涉税违法犯罪行为

（六）持续深化拓展税收共治格局

1. 加强部门协作
2. 加强社会协同
3. 强化税收司法保障
4. 强化国际税收合作

（七）强化税务组织保障

1. 优化征管职责和力量
2. 加强征管能力建设
3. 改进提升绩效考评

（八）认真抓好贯彻实施

1. 加强组织领导
2. 加强跟踪问效
3. 加强宣传引导

第二节　税（费）基础事项管理

一、纳税人类型事项的操作规范

（一）主管税务机关及科所分配

对首次纳入税务机关管理的纳税人、扣缴义务人、缴费人或税源管理项目（建筑工程项目、不动产项目等），或因经营地址发生变化或税务机关管理范围调整需变更主管税务机关的，应由主管税务机关上一级税务机关分配主管税务机关及科所。

纳税人变更生产经营地址后（包括跨地市的或者跨省），不再办理清税注销，通过主管税务机关及科所分配业务办理。

1. 发起

对拟分配的管户，核查是否存在以下未办结事宜：

（1）存在由原主管税务机关处理的未办结稽查案件；

（2）存在未办结的退抵税（费）审批事项；

（3）存在尚未入库销号的完税凭证；

（4）其他停留在原主管税务所（科、分局）内的有待处理事项。

2. 处理

对存在未办结事宜的，办结相关事宜后通过系统录入《待分配纳税人清册》。

如由原主管税务机关启动，录入《待分配纳税人清册》推送至其上一级税务机关进行核准。

如存在欠税的，通过系统录入“欠税迁入（出）情况表”。

3. 发放

制作《税务事项通知书》并告知纳税人、扣缴义务人。

（二）税（费）种认定

税（费）种认定业务包括税（费）种信息，社会保险费信息，规费、基金费种信息。

1. 业务前提

纳税人需完成税务登记、扣缴税款登记、签订委托协议。

2. 办理规范

（1）对纳税人的义务涉及的征收项目、征收品目、认定有效期起止、申报期限、征收方式、税率或单位税额、预算科目、预算级次、预算级次分配比例、财政专户等征收入库必备信息进行认定，同时制作“纳税人税（费）种认定表”。

（2）对缴费人应缴费的社保经办机构、社保费核算机关、费种、品目、费率、征收子目、行业、申报方式、纳税期限、申报期限、缴款期限、是否独立或汇总缴纳、征收方式、预算科目、预算级次、预算级次分配比例、收款国库或财政专户进行认定，同时制作“社会保险费费种认定表”。

（3）对缴费人应缴费的费种、费目、费率、纳税期限、申报期限、征收方式、预算科目、预算级次、预算级次分配比例、财政专户进行认定，同时制作“代征规费、基金费种认定表”。

（三）出口退（免）税企业分类管理

1. 业务概述

按照风险可控、放管服结合、利于遵从、便于办税的原则，对出口退（免）税企业（以下简称“出口企业”）进行分类管理。出口企业管理类别分为一类、二类、三类、四类。

2. 办理规范

（1）评定。

调查评估人员自收到出口企业纳税信用等级结果、企业因相关情形变更而提出的调整管理类别申请或复评申请，以及发现出口企业发生需实施管理类别动态调整情形之日起15个工作日内，根据《出口退（免）税企业分类管理办法》规定的评定条件，拟定分类管理类别评定建议，填写“出口退（免）税企业管理类别评定表”，传递至复审环节。

（2）复审。

复审人员对调查评估人员转来的管理类别评定、复评、动态调整意见进行复审，复审通过的，传递至核准人员；复审不通过的，退回至调查评估人员。

（3）核准。

核准人员对复审人员转来的管理类别评定、复评、动态调整意见进行核准，核准通过的，传递至申报受理人员和综合管理人员；核准不通过的，退回至复审人员。

（4）告知。

评定工作完成后的15个工作日内将有关评定结果的《税务事项通知书》送达出口企业。

（四）增值税、消费税汇总纳税报告

1. 业务概述

总机构和分支机构不在同一县（市）的，应当分别向各自所在地的主管税务机关申报纳税；经国务院财政、税务主管部门或者其授权的财政、税务机关批准，可以由总机构汇总向总机构所在地的主管税务机关申报纳税。

2. 办理规范

（1）受理。

①依法不属于本机关职权或受理范围的，制作《税务事项通知书》（不予受理通知），告知纳税人不予受理的原因。

②纳税人提交资料不齐全或不符合法定形式的，制作《税务事项通知书》（补正内容通知），一次性告知纳税人需补正的内容。

③纳税人提交资料齐全、符合法定形式的，制作《税务事项通知书》（受理通知），并填写受理信息，将申请信息及附送资料传递给确认人员。

（2）确认。

对申请人申请信息进行确认，确认是否符合政策规定，签署确认意见。

（3）发放。

出具《税务事项通知书》（汇总纳税通知）或《税务事项通知书》（不予汇总纳税通知）并发放。

（五）税务认定资格取消

1. 业务概述

税务机关对日常管理、检查中发现纳税人已不符合税务认定条件的，取消其已认定的税务认定资格。需要结清应纳税款、滞纳金、罚款，缴销发票及有关证件的，同时处理。

2. 办理规范

（1）处理。

纳税人已不符合税务认定条件的，由税务人员填写认定资格取消的相关信息，并传递给审批人员进行审批。

（2）审批。

经核实不再具备税务认定资格条件的，审批人员签署意见后，制作打印《税务事项通知书》；经核实仍然具备税务认定资格条件的，签署意见为“不同意”，并进行归档。

（3）发放。

发放人员根据终审意见，将签发的《税务事项通知书》（税务认定资格取消通知）送达给纳税人。

（六）涉税信息查询管理

1. 业务概述

涉税信息查询管理，是指税务机关依法对外提供的信息查询服务。可以查询的信息包括由税务机关专属掌握可对外提供查询的信息，以及有助于纳税人履行纳税义务的税收信息。

各级税务机关应当采取有效措施，切实保障涉税信息查询安全可控。

纳税人可以通过网站、客户端软件、自助办税终端等渠道，经过有效身份认证和识别，自行查询税费缴纳情况、纳税信用评价结果、涉税事项办理进度等自身涉税信息。

2. 办理规范

（1）申请。

经过有效身份认证和识别，无法直接获取的涉税信息，可以向税务机关提出涉税信息查询书面申请。

纳税人对查询结果有异议，提交相关证明材料等资料，可以向税务机关申请核实。

（2）受理。

纳税人提交资料齐全、符合法定形式的，税务机关应当在本单位职责权限内予以受理。根据查询申请查询相关信息，出具查询结果。

（3）发放。

发放人员出具《涉税信息查询结果告知书》送达给纳税人。

（4）核实。

纳税人对税务机关提供的信息有异议的，税务机关应当对信息进行核实，并将核实结果告知纳税人；税务机关确认涉税信息存在错误，应当及时进行信息更正。

二、税务行政许可申请事项的操作规范

根据《国务院办公厅关于全面实行行政许可事项清单管理的通知》（国办发〔2022〕2号）、《关于全面实行税务行政许可事项清单管理的公告》（国家税务总局公告2022年19号）要求，编列“增值税防伪税控系统最高开票限额审批”1项税务行政许可事项。《国家税务总局关于进一步简化税务行政许可事项办理程序的公告》（国家税务总局公告2019年第34号）发布的“对纳税人延期缴纳税款的核准”“对纳税人延期申报的核准”“对纳税人变更纳税定额的核准”“对采取实际利润额预缴以外的其他企业所得税预缴方式的核定”“企业印制发票审批”等5个事项不再作为行政许可事项管理。

（一）增值税专用发票（增值税税控系统）最高开票限额审批

1. 业务概述

（1）增值税专用发票（增值税税控系统）实行最高开票限额管理。

最高开票限额，是指单份专用发票开具的销售额合计数不得达到的上限额度。纳税人申请增值税专用发票最高开票限额不超过10万元的，主管税务机关不需要事前进行实地查验。

（2）主管税务机关对辅导期纳税人实行限量限额发售专用发票。

实行纳税辅导期管理的小型商贸批发企业，领用专用发票的最高开票限额不得超过10万元；其他一般纳税人专用发票最高开票限额应根据企业实际经营情况重新核定。

（3）加强对风险纳税人的发票发放管理。

以下几类纳税人，主管税务机关可以严格控制其增值税专用发票最高开票限额：

①“一证多照”、无固定经营场所的纳税人；

②信用等级评价为D级或严重税收失信的纳税人；

③其法人或财务负责人曾任非正常户或走逃失联企业的法人或财务负责人的纳税人；

④其他税收风险等级较高的纳税人。

（4）自2017年5月1日起，实行实名办税的地区，已由税务机关现场采集法定代

表人实名信息的纳税人，申请增值税专用发票最高开票限额不超过10万元的，主管税务机关应自受理申请之日起2个工作日内办结，有条件的主管税务机关即时办结。

（5）自2018年8月1日起，首次申领增值税发票的新办纳税人办理发票票种核定，增值税专用发票最高开票限额不超过10万元，每月最高领用数量不超过25份；增值税普通发票最高开票限额不超过10万元，每月最高领用数量不超过50份。

2. 办理规范

（1）受理。

①不需要取得税务行政许可的，应当即时告知申请人不受理，同时告知其解决的途径。

②不属于本税务机关职权范围的，应当即时作出不予受理的决定，制作并送达《税务行政许可不予受理通知书》，并告知申请人向有关行政机关申请。

③存在可以当场更正的错误的，应当告知并允许申请人当场更正。

④申请材料齐全、符合法定形式的，制作并送达《税务行政许可受理通知书》。对能够当即办理的税务行政许可事项，直接出具和送达《准予税务行政许可决定书》，不再出具《税务行政许可受理通知书》。各省税务局确定本省税务行政许可事项即办范围。

（2）审查。

审查人员进行审查，并签署审查意见。

税务机关审查税务行政许可申请，应当以书面审查为原则；根据法定条件和程序，需要对申请材料的实质内容进行实地核实的，应当指派两名以上税务人员进行核查。

税务机关审查税务行政许可申请过程中发现行政许可事项直接关系他人重大利益的，应当告知利害关系人相关权利。申请人、利害关系人有权进行陈述和申辩，税务机关应当认真听取申请人、利害关系人的意见。

（3）发放。

自受理申请之日起10个工作日内作出行政许可决定，制作并发放《准予税务行政许可决定书》或《不予税务行政许可决定书》给纳税人，作出不予税务行政许可的决定，应当说明理由，告知申请人享有申请行政复议或者提起行政诉讼的权利。

（4）公示。

在作出行政许可决定之日起7个工作日内完成公示。

（二）对纳税人延期缴纳税款等税务事项管理方式

根据《国家税务总局关于优化纳税人延期缴纳税款等税务事项管理方式的公告》（国家税务总局公告2022年第20号）精神，自2022年11月1日起，税务总局决定进一步简化优化“对纳税人延期缴纳税款的核准”“对纳税人延期申报的核准”“对纳税人变更纳税定额的核准”“对采取实际利润额预缴以外的其他企业所得税预缴方式的核定”“确定发票印制企业”5个事项的办理程序。

1. “对纳税人延期缴纳税款的核准”“对纳税人延期申报的核准”“对纳税人变更纳税定额的核准”“对采取实际利润额预缴以外的其他企业所得税预缴方式的核定”4个事项按照行政征收相关事项管理，依据《中华人民共和国税收征收管理法》及其实施细则、《中华人民共和国企业所得税法》及其实施条例等相关法律、行政法规规定实施，同时简化办理程序。

（1）简化受理环节。将受理环节由5个工作日压缩至2个工作日。税务机关接收申请材料，当场或者在2个工作日内进行核对。材料齐全、符合法定形式的，自收到申请材料之日起即为受理；材料不齐全、不符合法定形式的，一次性告知需要补正的全部内容。将“对纳税人延期缴纳税款的核准”事项的受理机关由省税务机关调整为主管税务机关，取消代办转报环节。

（2）简并办理程序。将办理程序由“申请、受理、审查、决定”调整为“申请、受理、核准（核定）”。

①“对纳税人延期缴纳税款的核准”，税务机关收到纳税人延期缴纳税款申请后，对其提供的生产经营和货币资金情况进行核实，情况属实且符合法定条件的，通知纳税人延期缴纳税款。对该事项不再实行重大执法决定法制审核。

②“对纳税人延期申报的核准”，税务机关收到纳税人、扣缴义务人延期申报申请后，对其反映的困难或者不可抗力情况进行核实，情况属实且符合法定条件的，通知纳税人、扣缴义务人延期申报。

③“对纳税人变更纳税定额的核准”，税务机关收到纳税人对已核定应纳税额的异议申请后，按照《个体工商户税收定期定额征收管理办法》（国家税务总局令第16号公布，第44号修改）规定的核定程序重新核定定额并通知纳税人。

④“对采取实际利润额预缴以外的其他企业所得税预缴方式的核定”，税务机关收到纳税人企业所得税预缴方式核定申请后，对其反映的困难情况进行核实，情况属实且符合法定条件的，核定预缴方式并通知纳税人。

（3）减少材料报送。对已实名办税纳税人、扣缴义务人的经办人、代理人，免于提供个人身份证件。

（4）实行全程网办。税务机关依托电子税务局支持事项全程网上办理。经申请人同意，可以采用电子送达方式送达税务文书。

在符合法律、行政法规规定的前提下，各省税务机关可以进一步采取承诺容缺、压缩办结时限等措施优化事项办理程序。

2. 将“企业印制发票审批”名称调整为“确定发票印制企业”，按照政府采购事项管理。

3. 税务机关应当按照核定程序核定其定额。对未达起征点的定期定额户，税务机关应当送达《未达起征点通知书》。

三、优惠核实确认事项的征管规范

（一）税收减免核准

1. 业务概述

纳税人享受减免税，应当提交核准材料，提出申请，经依法具有批准权限的税务机关按《税收减免管理办法》（国家税务总局公告2011年第43号）规定核准确认后执行。未按规定申请或虽申请但未经有批准权限的税务机关核准确认的，纳税人不得享受减免税。

（1）纳税人困难性减免城镇土地使用税。

城镇土地使用税困难减免税按年核准。因自然灾害或其他不可抗力因素遭受重大损失导致纳税确有困难的，税务机关应当在困难情形发生后，于规定期限内受理纳税人提出的减免税申请。其他纳税确有困难的，应当于年度终了后规定期限内，受理纳税人提出的减免税申请。

（2）其他地区地震受灾减免个人所得税。

因地震灾害造成重大损失的个人，可减征个人所得税。具体减征幅度和期限由受灾地区省、自治区、直辖市人民政府确定。

对地震受灾地区个人取得的抚恤金、救济金，免征个人所得税。

（3）其他自然灾害受灾减免个人所得税。

因严重自然灾害造成重大损失的，经批准可以减征个人所得税，其减征的幅度和期限由省、自治区、直辖市人民政府规定。

（4）地震灾害减免资源税。

纳税人开采或者生产应税产品过程中，因地震灾害遭受重大损失的，由受灾地区省、自治区、直辖市人民政府酌情决定减征或免征资源税。

（5）事故灾害等原因减免资源税。

纳税人开采或者生产应税产品过程中，因意外事故或者自然灾害等原因遭受重大损失的，由省、自治区、直辖市人民政府酌情决定减税或者免税。

（6）企业纳税困难减免房产税。

纳税人纳税确有困难的，可由省、自治区、直辖市人民政府确定，定期减征或者免征房产税。

（7）纳税人建造普通标准住宅出售，增值额未超过取得土地使用权所支付的金额、开发土地和新建房及配套设施的成本、开发土地和新建房及配套设施的费用、与转让房地产有关的税金扣除项目金额之和20%的，免征土地增值税。

（8）因城市实施规划、国家建设需要而搬迁，纳税人自行转让房地产免征土地增值税。

（9）因国家建设需要依法征用、收回的房地产减免土地增值税。

2. 办理规范

（1）受理。

①对纳税人报送资料齐全、填写内容完整、符合法定形式的，税务人员受理申请。

②对纳税人填写内容不完整或者错误的，可要求纳税人当场进行更正；报送资料不齐全或不符合法定形式的，制作《税务事项通知书》（补正通知），一次性告知纳税人需补正的内容。

③依法不属于本机关职权或受理范围的，制作《税务事项通知书》（不予受理通知），告知纳税人不予受理的原因。

（2）核准。

①经核准确认符合条件的，签署“同意”意见，连同附送资料传递给发放人员。

符合条件是申请资料齐全，政策依据准确，申请事项符合减免税法定条件，对于需要调查核实的事项经过调查核实等。

②经核准确认不符合条件的，签署“不同意”意见，连同附送资料传递给发放人员。

（3）发放。

根据核准确认意见制作并送达《税务事项通知书》，将核准结果送达纳税人。

（二）税收优惠目录维护

1. 业务概述

（1）税务机关管理免征车辆购置税的新能源汽车车型目录，供纳税人办理优惠备案时使用。

（2）税务机关管理免征或减征车船税的节能汽车或新能源汽车车型目录，供纳税人办理优惠备案时使用。

2. 办理规范

省局税务人员根据总局下发的《免征车辆购置税的新能源汽车车型目录》《节约能源使用新能源车辆减免车船税的车型目录》，在系统内进行录入，方便纳税人在纳税人办理优惠备案时使用。

（三）税收优惠日常核实

1. 业务概述

税务机关依法对纳税人享受税收优惠事项实施后续跟踪管理。

纳税人享受减免税的，对符合政策规定条件的材料有留存备查的义务。纳税人在税务机关后续管理中不能提供相关印证材料的，不得继续享受税收减免，追缴已享受的减免税款，并依照税收征管法的有关规定处理。

税务机关应对享受减免税企业的实际经营情况进行事后监督检查。

2. 办理规范

(1) 处理。

税务机关按照相关规定及时开展后续管理工作，对纳税人遵循减免税相关政策的情况进行审查。对需要进行实地核实的启动调查巡查流程。审查、核实完成后，根据审查、核实情况提出管理建议。

(2) 核准。

对税务人员提出的管理建议进行核准。

(3) 发放。

税务人员根据是否取消、暂停或恢复税收优惠资格的核准结果，制作《税务事项通知书》送达给纳税人。

小微企业因追溯享受税收优惠政策退还多缴税款，对联系不上纳税人的情形，通过办税服务厅、税务机关网站等渠道发布通告。

四、税收核定管理事项的征管规范

(一) 定期定额户申请核定及调整定额

1. 业务概述

定期定额户申请核定定额是指纳税人提出定额核定申请，税务机关根据《个体工商户税收定期定额征收管理办法》和其他税收法律、行政法规的规定，根据影响纳税人经营的一些经营指标，对个体工商户在一定经营地点、一定经营时期、一定经营范围内的应纳税经营额（包括经营数量）进行核定，并以此为计税依据，确定其应纳税额；或者根据纳税人执行期月均成本费用支出总额，依据典型调查确定的每一行业所得率标准，确定其定额。定期定额户如未能全面提供或提供的主要成本费用支出明显偏低，又无正当理由的，主管税务机关可参照同类行业或类似行业中同规模、同地域纳税人的最低成本费用标准进行核定。

2. 办理规范

(1) 受理。

①纳税人提交资料齐全、符合法定形式的，受理“个体工商户定额核定审批表”。

②纳税人提交资料不齐全或不符合法定形式的，制作《税务事项通知书》（补正通知），一次性告知纳税人需补正的内容。

③依法不属于本机关职权或本业务受理范围的，制作《税务事项通知书》（不予受理通知），告知纳税人不予受理的原因。

（2）核定。

纳税人申请核定、变更定额的申请，通过计算机核定定额以及人工核定、调整确认定额共同实现。

自 2021 年 4 月 1 日至 2022 年 12 月 31 日，小规模纳税人发生增值税应税销售行为，合计月销售额未超过 15 万元（以 1 个季度为 1 个纳税期的，季度销售额未超过 45 万元，下同）的，免征增值税。“货物及劳务”“服务、不动产和无形资产”等项目的销售额不再分别计算，以合计数来确定是否享受免征增值税政策。

对于实行定期定额征收方式的纳税人，在按照核定定额计算主税以后，允许按各省（自治区、直辖市）规定的幅度减征城市维护建设税、教育费附加、地方教育附加。

（3）公示。

主管税务机关根据初步核定定额的情况，按期将核定定额的初步结果出具《个体工商户定期定额公示》进行公示，公示期限为 5 个工作日。

（4）核准。

主管税务机关根据公示意见结果修改定额，并将核定情况报经县以上税务机关审核批准。

（5）送达。

根据核准的定额情况，打印《核定定额通知书》或《未达起征点通知书》或《不予变更纳税定额通知书》，对纳税人下达核定定额，送达纳税人。

（6）公布。

主管税务机关将最终确定的定额和应纳税额情况在原公示范围内通过《个体工商户定期定额公示》进行公布。

（二）居民企业所得税核定

1. 业务概述

纳税人依照法律、行政法规的规定可以不设置账簿的，应当设置但未设置账簿的，擅自销毁账簿或者拒不提供纳税资料的，申报的计税依据明显偏低又无正当理由的，发生纳税义务未按期办理申报，经税务机关责令限期申报逾期仍不申报的，虽设置账簿但账目混乱或者成本资料、收入凭证、费用凭证残缺不全的，存在上述情形之一的，核定征收企业所得税。

税务机关有权采用下列任何一种方法核定其应纳税额：

（1）参照当地同类行业或者类似行业中经营规模和收入水平相近的纳税人的税负水平核定；

（2）按照应税收入额或成本费用支出额定率核定；

（3）按照耗用的原材料、燃料、动力等推算或测算核定；

（4）按照其他合理方法核定。

当采用一种方法不足以正确核定应纳税所得额或应纳税额的，可以同时采用两种以上的方法核定。

2. 办理规范

（1）发放。

主管税务机关发现以下情况，向纳税人发放“企业所得税核定征收鉴定表”。主管税务机关在管理中发现或者纳税人主动向税务机关报告，纳税人生产经营范围、主营业务发生重大变化，或者应纳税所得额或应纳税额增减变化达到20%的；由风险指标监控提醒纳税人应到税务机关进行企业所得税调整核定而未调整的；符合企业所得税核定征收条件的；需要重新核定应纳企业所得税额或应税所得率的。

（2）收回。

收回纳税人填写后的“企业所得税核定征收鉴定表”。纳税人收到“企业所得税核定征收鉴定表”后，未在规定期限内填列、报送的，税务机关视同纳税人已经报送。

（3）核定。

主管税务机关根据“居民企业所得税核定”中的相关内容，确定核定的方法，提出初步核定意见。

（4）公示。

主管税务机关完成核定后，各主管税务机关可出具“其他纳税核定公示表”（居民企业所得税核定公示），按照便于纳税人及社会各界了解、监督的原则确定公示地点、方式，分类逐户公示核定的内容。

（5）送达。

对经过公示的居民企业所得税核定结果，主管税务机关制作《税务事项通知书》（居民企业所得税核定通知）或“企业所得税核定征收鉴定表”送达纳税人执行，纳税人按规定进行纳税申报和缴纳税款。

（三）个人所得税核定

1. 业务概述

（1）个人独资企业和合伙企业、个体工商户的生产、经营所得有下列情形之一的，主管税务机关可以采取核定征收方式征收个人所得税：

①企业依照国家有关规定应当设置但未设置账簿的；

②企业虽设置账簿，但账目混乱或者成本资料、收入凭证、费用凭证残缺不全，难以查账的；

③纳税人发生纳税义务，未按照规定的期限办理纳税申报，经税务机关责令限期申报，逾期仍不申报的。

个人独资企业以投资者为纳税义务人，合伙企业以每一个合伙人为纳税义务人（以下简称“投资者”）。

以上所说核定征收方式，包括定额征收、核定应税所得率征收以及其他合理的征收方式。

（2）加强规模较大的个人独资企业、合伙企业和个体工商户的生产、经营所得征收管理：

①加强建账管理；

②加强非法人企业注销登记管理；

③加强个人消费支出与非法人企业生产经营支出管理。

（3）纳税人未提供完整、准确的房屋原值凭证，不能正确计算房屋原值和应纳税额的，税务机关可按纳税人住房转让收入的一定比例核定应纳个人所得税额。

2. 办理规范

（1）启动。

①个人独资企业和合伙企业、个体工商户有下列情形之一的，主管税务机关应采取核定征收方式征收个人所得税：

企业依照国家有关规定应当设置但未设置账簿的；

企业虽设置账簿，但账目混乱或者成本资料、收入凭证、费用凭证残缺不全，难以查账的；

纳税人发生纳税义务，未按照规定的期限办理纳税申报，经税务机关责令限期申报，逾期仍不申报的。

以上所说核定征收方式，包括定额征收、核定应税所得率征收以及其他合理的征收方式。

②纳税人无法提供房屋原值凭证、不能正确计算原值的，税务机关可以根据转让收入的1%—3%的范围核定应纳个人所得税额。

③税务机关核定人员提出初步核定意见后，转审核人员审核。

（2）审核。

县级税务机关应在收到核定资料后，完成复核工作。

（3）送达。

审核通过后，税务机关制作《税务事项通知书》送达纳税人执行，纳税人按规定进行纳税申报和缴纳税款人。

（四）税务机关核定征收印花税

1. 业务概述

纳税人有下列情形的，税务机关可以核定纳税人印花税计税依据：

（1）未按规定建立印花税应税凭证登记簿，或未如实登记和完整保存应税凭证的；

（2）拒不提供应税凭证或不如实提供应税凭证致使计税依据明显偏低的；

（3）采用按期汇总缴纳办法的，未按税务机关规定的期限报送汇总缴纳印花税情况报告，经税务机关责令限期报告，逾期仍不报告的或者税务机关在检查中发现纳税人有未按规定汇总缴纳印花税情况的。

税务机关核定征收印花税，应向纳税人发放核定征收印花税通知书，注明核定征收的计税依据和规定的税款缴纳期限。

2. 办理规范

（1）发起。

根据纳税人的实际生产经营收入，参考纳税人各期印花税纳税情况及同行业合同签订情况，确定科学合理的数额或比例作为纳税人印花税计税依据，提出鉴定意见。

（2）审核。

对初步核定意见进行审批，在“核定审核表”签署意见。

审核确认纳税人的应缴税款信息，如果超过限缴期限纳税人尚未缴清税款，按照规定加收滞纳金。

（3）送达。

制作《税务事项通知书》送达纳税人执行，纳税人按规定进行纳税申报和缴纳税款。

五、退（抵）税（费）事项的征管规范

（一）一般退抵税管理

1. 业务概述

一般退抵税包括误收多缴退抵税、入库减免退抵税、汇算清缴结算多缴退抵税、车辆购置税退税、车船税退抵税、增值税期末留抵税额退税及石脑油和燃料油消费税退税。

2. 办理规范

（1）受理。

①纳税人提交资料齐全、符合法定形式的，主管税务机关受理纳税人提交的“退（抵）税申请表”，纳税人申请退抵税（费）额不能大于纳税人已入库税额；纳税人既有应退税款又有欠缴税款的，税务机关可以将纳税人的应退税款和利息先抵扣欠缴的税款；抵扣后有余额的，办理应退余额的退库。

②纳税人提交资料不齐全或不符合法定形式的，制作《税务事项通知书》（补正通知），一次性告知纳税人需补正的内容。

③纳税人提交资料不符合条件，或纳税人不属于本税务机关管辖范围的，制作《税务事项通知书》（不予受理通知），告知纳税人不予受理的理由。

（2）核实。

对于提供的资料完整、填写内容准确、各项手续齐全符合退税要求的，在规定期限内进行审批，在“退（抵）税申请表”填写核实意见。

申请表中核实退抵税方式为“退税”，应进行退库处理；核准退抵税方式为“抵缴欠税”的，先进行抵缴欠税，抵缴后的余额再办理退库。

（3）发放。

根据核实结果，制作并发放《税务事项通知书》。

（4）销号。

税务人员在收到国库返回的收入退还书后，办理“缴（退）库凭证销号”，进行收入退还书销号。

（二）开具《税收收入退还书》

1. 业务概述

《中华人民共和国税收收入退还书》和《税收收入电子退还书》是税款退库的法定凭证。税务机关向国库传递《中华人民共和国税收收入退还书》，由国库据以办理税款退还的方式为手工退库。税务机关通过横向联网电子缴税系统将记录应退税款信息的《税收收入电子退还书》发送给国库，国库据以办理税款退还的方式为电子退库。

2. 办理规范

（1）开具。

税务机关对审核无误的退税申请相关资料及欠税情况，正确适用预算科目、预算级次，开具《中华人民共和国税收收入退还书》或《税收收入电子退还书》，传递或发送给复核环节经办人员。其中，民族自治地方减免分享所得税办理退库时，税务机关应当参照原税款缴库预算级次，开具《税收收入退还书》。

（2）复核。

手工退库的，《中华人民共和国税收收入退还书》应当经税务机关主要负责人签发并加盖在国库预留的退税专用印鉴，连同退税申请，由税务机关送国库办理退库手续。电子退库的，《税收收入电子退还书》应当经税务机关复核人员复核授权，连同相关电子文件，由税务机关向国库发送办理退库手续。

六、逾期和欠税事项的征管规范

（一）催报催缴处理

1. 业务概述

税务机关对未按规定期限办理纳税（费）申报、报送财务报表等有关资料（指资产负债表、利润表、企业财务信息采集表等）的纳税人（缴费人）、扣缴义务人按规定生成《催报清册》，采用科学、合理的办法对纳税人（缴费人）进行催报处理。

对未按规定期限办理单位社会保险费的用人单位（包含未全员扣缴职工个人的用人单位）按规定生成《催报清册》，采用科学、合理的办法对纳税人（缴费人）进行催报处理。

税务机关对应缴未缴［指已形成应征税（费）款但未按规定期限解缴入库］的纳税人、缴费人、扣缴义务人制作《逾期未缴款清册》，采用科学、合理的办法对纳税人进行催缴处理。

2. 办理规范

（1）发起。

①申报期后第一天系统自动发起催报，生成《逾期未申报清册》《社保费逾期未申报清册》。

②税务人员人工发起催报，生成《逾期未申报清册》《社保费逾期未申报清册》。

③未按规定期限解缴入库的，根据法律、行政法规、规章或有关规定，在发起时间，系统自动发起催缴，生成《逾期未缴纳清册》。

④未按规定期限解缴入库的，税务人员人工发起催缴，生成《逾期未缴纳清册》。

⑤催报催缴的启动系统支持人工发起和设置定时发起两种方式，由各省选配设置。

（2）处理。

①对未按照规定期限办理纳税申报和报送纳税资料的纳税人和扣缴义务人，逐户制作《责令限期改正通知书》，并送达纳税人、扣缴义务人。

税务机关责令限期改正税收违法行为的，可以处2千元以下的罚款；情节严重的，可以处2千元以上1万元以下的罚款。

②根据社保费逾期未申报清册，确定社保费催报清册，处理角色调用责令限期改正流程，制作《责令限期改正通知书》，并送达缴费人、扣缴义务人。

③逾期未缴纳的，制作《税务事项通知书（限期缴纳税款通知）》，并将文书送达纳税人、缴费人、扣缴义务人。

④经税务机关责令限期缴纳，逾期仍未缴纳的，税务机关除依照《中华人民共和国税收征收管理法》第四十条的规定采取强制执行措施追缴其不缴或者少缴的税款外，可以处不缴或者少缴的税款50%以上5倍以下的罚款。

⑤自2011年7月1日起，用人单位未按时足额缴纳社会保险费的，由社会保险费征收机构责令限期缴纳或者补足，并自欠缴之日起，按日加收万分之五的滞纳金。

（二）欠税管理

1. 业务概述

欠税指纳税人、扣缴义务人、纳税担保人超过税收法律、行政法规规定的期限或者纳税人超过税务机关依照税收法律、行政法规规定确定的纳税期限（以下简称“税款缴纳期限”）未缴纳的税款。

2. 办理规范

（1）欠税公告。

①税务机关根据纳税人的欠缴税款情况，制作欠税清册。

②调查巡查。主管税务机关逐户对纳税人欠税情况进行调查核实，就欠税数据与纳税人分户台账记载数据、账簿记载书面数据逐一进行核对，确保公告数据的真实、准确。

③审批。欠税公告审批人员根据“纳税人欠税确认表”中确认无异议的欠税予以审批。如按规定需由上级公告机关公告的纳税人欠税信息，应及时上报。

④公告。企业、单位纳税人欠缴税款 200 万元以下（不含 200 万元），个体工商户和其他个人欠缴税款 10 万元以下（不含 10 万元）的，由县级税务局（分局）在办税服务厅公告；企业、单位纳税人欠缴税款 200 万元以上（含 200 万元），个体工商户和其他个人欠缴税款 10 万元以上（含 10 万元）的，由地（市）级税务局（分局）公告；对走逃、失踪的纳税户以及其他经税务机关查无下落的纳税人欠税的，由各省、自治区、直辖市和计划单列市税务局公告。

公告机关应当按期在办税场所或者广播、电视、报纸、期刊、网络等新闻媒体上公告纳税人的欠缴税款情况。

（2）抵缴欠税。

纳税人既有应退税款又有欠缴税款需要抵扣的，应由县或县以上税务机关填开《应退税款抵扣欠缴税款通知书》及“应退税款抵扣欠缴税款明细表”通知纳税人，并根据实际抵扣金额开具完税凭证。

税务机关征退的教育费附加、社会保险费、文化事业建设费等非税收入不得与税收收入相互抵扣。

在抵缴欠税事项办理完结后，若多缴税款与被抵缴的欠税存在“预算科目”“预算分配比例”“收款国库”中任意一项不同的情况，应通知会同核算部门进行调库。

（3）死欠核销。

欠缴税款的纳税人发生破产、撤销情形，经过法定清算，被国家主管机关依法注销或吊销其法人资格，纳税人已消亡，税务机关依照法律法规规定，根据法院判决书或法定清算报告，核销的欠缴税金及滞纳金、欠缴的税收罚款及没收违法所得。

凡符合核销条件的死欠税款，一律报省税务机关确认。省税务机关不得直接对纳税人批复核销税款，对下级机关的核销税款批复文件也不得发给纳税人。

七、税务代保管资金事项的征管规范

（一）税务代保管资金收取

1. 业务概述

税务代保管资金，是指税务机关根据法律、行政法规、规章或有关规定，为履行征管职责，向纳税人、扣缴义务人、纳税担保人或者其他当事人收取的款项。其内容包括：个人出售住房所应缴纳的个人所得税纳税保证金；外省、自治区、直辖市来本辖区从事临时经营活动的单位和个人申请领购发票按现行规定缴纳的发票保证金；纳税担保金；采取税收保全措施扣押的现金；个人转让上市公司限售股所得征收个人所得税纳税保证金；税收强制执行拍卖、变卖的款项；国家税务总局、财政部、中国人民银行根据税收业务需要确定的其他资金。

2. 办理规范

（1）受理。

①纳税人、扣缴义务人、纳税担保人或者其他当事人凭主管税务机关下发的《税务事项通知书》直接向主管税务机关缴纳。

②纳税人提交资料不齐全或不符合法定形式的，制作《税务事项通知书》（补正通知），一次性告知纳税人需补正的内容。

③依法不属于本机关职权或本业务受理范围的，制作《税务事项通知书》（不予受理通知），告知纳税人不予受理的原因。

（2）收取。

税务机关收取税务代保管资金应当填制税务代保管资金收入报告单，经税务机关主要负责人批准，存入税务代保管资金账户，存入时，必须注明资金的用途。由税务人员将收取的代保管资金开具缴款凭证缴入指定的税务代保管资金账户。

（二）税务代保管资金收取

1. 业务概述

税务代保管资金支付，是指税务机关根据法律、行政法规、规章或有关规定，将向纳税人、扣缴义务人、纳税担保人或者其他当事人收取的税务代保管资金进行支付的过程。支付范围包括：缴入国库；退还缴款人或其他当事人；依法支付拍卖费、保管费。

2. 办理规范

（1）办理。

由原受理税务代保管资金业务的职能部门填制“税务代保管资金申请支付审批单”，并写明申请理由。

（2）审批。

会计人员审核“税务代保管资金申请支付审批单”，并经税务机关主要负责人批准。

（3）支付或缴库。

税务人员凭批准后的“税务代保管资金申请支付审批单”及相关支出凭证，在当日或次日办理支付手续或缴入国库。

八、调查协查事项的征管规范

（一）调查巡查

1. 业务概述

调查巡查是指税务人员根据税源精细化管理的要求，或根据其他业务的需求，对纳税人进行了实地巡查和检查的过程，包括但不局限于：

（1）调查核实纳税人税务登记事项的真实性。

（2）掌握纳税人合并、分立、破产等信息。

（3）了解纳税人外出经营、注销、停业等情况。

（4）掌握纳税人户籍变化的其他情况。

（5）调查核实纳税人纳税申报（包括减免缓抵退税申请）事项和其他核定、认定事项的真实性。

（6）了解掌握纳税人生产经营、财务核算的基本情况。

（7）协定对方提请相互协商案件，需要由基层税务机关调查核实的事项。

（8）特别纳税调查选案阶段了解纳税人基本情况。

（9）情报交换管理中的情报核实。

（10）缔约国提请相互协商业务中，调查了解相互协商事项的情况。

2. 办理规范

（1）派发。

税务人员按照工作需要对调查项目进行整合后，以纳税人为单位派发给指定的调查人员进行调查。

（2）调查。

调查巡查人员根据分配的待调查纳税人及对应的调查项目，进行调查巡查。

①制作调查表。

税务人员根据调查项目制作“税务局纳税人涉税事项调查表”，调查表应当以单户纳税人为单位制作。

涉及税收（规费）违法行为处理的，使用表单“税务违法案件调查报告”完成调查巡查事项，不使用“税务局纳税人涉税事项调查表”。

涉及税收（规费）违法行为处理且调查事项为“基金规费违法行为处理”时，调查人员制作基金规费缴费评估（检查）实地核查记录并交被核查对象签字确认。根据基金规费缴费评估（检查）实地核查记录填写“税务违法案件调查报告”完成调查巡查事项。

涉及稽查案源登记的，使用表单“税务稽查调查核实（包括协查）报告”完成调查巡查事项，不使用“税务局纳税人涉税事项调查表”。

②调查结果填写。

调查人员按照“税务局纳税人涉税事项调查表”的内容，实地调查、了解情况，并将调查情况填写至“税务局纳税人涉税事项调查表”中，出具调查意见。

对于存在税收违法行为的，对纳税人进行税收违法行为处理；对于应当移交稽查的，移送稽查部门进行稽查处理。

对于需要异地核查的，应当及时用函件或其他方式联系相关税务机关，发起协查。

③反馈。

调查巡查结束后，应当及时将调查巡查结果反馈给需要调查结果的环节或部门。

（二）出口退（免）税实地核查

1. 业务概述

出口退（免）税实地核查事项是指调查评估人员根据出口退（免）税管理工作需要对出口企业进行实地核查的管理事项。

2. 办理规范

（1）发起。

出口企业符合规定情形的，由调查评估人员在系统中录入进户实地核查台账并经复审人员确认后发起出口退（免）税实地核查工作。

（2）核查。

按照法定权限、程序进入出口企业生产经营等场所，查看其生产经营情况、调阅企业账簿、现场取证。核查人员不得少于2人。对同一纳税人实施实地核查时，同一事项原则上不得重复进户。

（3）核查结果确认。

实地核查后，调查评估人员根据核查情况制作“出口退（免）税实地核查报告”，提出处理意见，传递至复审人员，经复审人员确认后，传递到相关岗位完成处理。

九、通知及送达事项的征管规范

（一）税务事项通知

1. 业务概述

（1）税务事项通知书。

税务机关向纳税人、扣缴义务人通知有关税务事项时使用《税务事项通知书》。除法定的专用通知书外，税务机关在通知纳税人缴纳税款、滞纳金，要求当事人提供有关资料，办理有关涉税事项时均可使用此文书。

（2）社会保险费征缴事项通知。

需要向用人单位通知办理社会保险费缴费事项、要求用人单位提供担保和告知用人单位社会保险费征缴政策时，由税务人员制作《社会保险费征缴事项通知书》。

（3）非居民限期履行纳税义务告知。

非居民企业和非居民个人在中国境内承包工程作业和提供劳务，工程或劳务项目完毕，未按期结清税款并已离境的，主管税务机关可制作《税务事项告知书》，通过信函、电子邮件、传真等方式，告知该非居民限期履行纳税义务，同时通知境内发包方或劳务受让者协助追缴税款。

（4）应办理增值税一般纳税人登记告知。

增值税纳税人（以下简称“纳税人”），年应税销售额超过财务部、国家税务总局规定的小规模纳税人标准的，除《增值税一般纳税人登记管理办法》第四条规定的情形外，应当向其机构所在地主管税务机关办理一般纳税人登记手续。

（5）非居民企业所得税源泉扣缴限期申报缴纳税款通知。

扣缴义务人未依法扣缴或者无法履行扣缴义务的，取得所得的非居民企业应当向所得发生地主管税务机关申报缴纳未扣缴税款，并填报“中华人民共和国扣缴企业所得税报告表”。

（6）印有本单位名称增值税普通发票印制通知。

用票单位书面向省税务机关货劳部门提出要求使用印有本单位名称增值税普通发票，省税务机关货劳部门依据规定确认印制有本单位名称增值税普通发票种类、份数、发票代码和发票起止号码。省税务机关货劳部门机外确认后，直接录入并打印《印有本单位名称增值税普通发票印制通知书》。

2. 办理规范

（1）制作发放。

①税务人员依据工作需要，制作《税务事项通知书》。

②税务人员依据工作需要，制作《社会保险费征缴事项通知书》。

③非居民限期履行纳税义务告知，依据工作需要及时制作《税务事项告知书》（限期履行纳税义务通知），送达纳税人或扣缴义务人。

④主管税务机关应当在规定期限结束后5日内制作并送达《税务事项通知书》（应登记增值税一般纳税人告知）。

⑤扣缴义务人未依法扣缴或者无法履行扣缴义务的，税务机关对非居民纳税人下达《税务事项通知书》（限期申报缴纳税款通知），告知其纳税义务。

⑥印有本单位名称增值税普通发票印制通知。

（2）送达。

送达纳税人、缴费人或扣缴义务人。

（二）文书送达

1. 业务概述

税务人员将各环节制作好的需送达的各类税务文书，采用法定的送达方式送达文书受送达人。

2. 办理规范

（1）制作。

税务人员制作“税务文书送达回证”。

（2）送达销号。

①采取直接送达、委托送达方式送达的，由两个以上送达人员持“税务文书送达回证”及税务文书，将税务文书送达给文书受送达人，根据送达情况由文书受送达人、代收人、见证人、送达人在“税务文书送达回证”的相关栏目签字、盖章。

如果同一送达事项的受送达人众多，或者采用上述规定的其他送达方式无法送达，税务机关可以公告送达税务文书，自公告之日起满30日，即视为送达。

②收到送达人已签名的“税务文书送达回证”后，根据送达情况，将送达的相关信息进行处理，确认税务文书已送达。

十、外部信息采集交互事项的征管规范

（一）信息收集

1. 业务概述

各级税务机关收集宏观经济信息、第三方涉税信息（含互联网涉税信息）、企业财务信息、生产经营信息、关联企业信息，整合不同应用系统信息，建立基础信息库，并定期予以更新，用于日常税源管理、信用动态监控和风险动态监控等税收管理事项。

2. 办理规范

（1）信息收集。

各级税务机关应按照规范、统一的数据标准收集纳税人的收入、财产、投资、经营等涉税信息。信息收集的来源包括：

①第三方信息，如市场监督管理局、国土资源局等职能机构提供的信息；供电、供水等公共事业类企业提供的信息；其他政府部门和社会组织共享的信息。

②千户集团企业端数据。

③税务机关在日常税源管理、纳税评估、税务稽查过程中发现的税源信息、税收风险信息。

④其他可以获取的与企业经营相关的信息。

（2）信息收集的主要渠道。

①互联网；

②政务信息资源共享平台；

③人工收集。

（3）职责权限。

税务总局负责组织开展跨省数据集成和调度。省级、市级税务机关负责本级数据集成和调度。

省级税务机关负责组织采集、审核、报送本省千户集团企业端数据，对千户集团的第三方信息进行整理、清洗和加载，并按要求上报税务总局大企业税收管理司。

各业务部门结合工作特点，承担分管税种或本部门业务的第三方涉税信息采集工作。

（二）简易注销信息反馈

1. 业务概述

税务部门通过信息共享获取市场监督管理部门推送的企业拟申请简易注销登记信息后，应按照规定的程序和要求，查询税务信息系统核实企业的相关涉税情况，对于经查询显示为以下情形的纳税人，税务部门不提出异议：

（1）未办理过涉税事宜的纳税人；

（2）办理过涉税事宜但没领过发票、没有欠税和没有其他未办结事项的纳税人；

（3）在公告期届满之日前已办结缴销发票、结清应纳税款等清税手续的纳税人。

对于仍有未办结涉税事项的企业，税务部门在公告期届满次日向市场监督管理部门提出异议。

2. 办理规范

（1）处理。

金税三期核心征管系统接收外部交换系统获取的企业拟申请简易注销登记信息后，按照规定的程序和要求，金税三期核心征管系统接收外部交换系统获取的企业拟申请简易注销登记信息后，按照规定的程序和要求进行处理。

（2）反馈。

税务机关根据接收到的拟申请简易注销信息中的“公告期止”计算反馈时间，具体为公告期止次日零点。税务部门有异议且纳税人未撤销简易注销公告的，通过外部交换系统向市场监督管理部门提出异议，并通过对账反馈机制确认市场监督管理部门已收到税务异议反馈。

（三）注销车辆购置税档案信息

1. 业务概述

注销车辆购置税档案是指当公安机关车辆管理机构和农业（农业机械）主管部门对机动车进行了报废处理后，车辆购置税主管税务机关，依据从公安机关车辆管理机构和农业（农业机械）主管部门交换来的数据，整理出公安机关车辆管理机构和农业（农业机械）主管部门已注销档案的车辆数据，注销相应的车辆购置税档案信息。

2. 办理规范

将公安机关车辆管理机构或农业（农业机械）主管部门已注销档案的车辆，注销车辆档案信息。

十一、凭证及证件事项的征管规范

（一）票证计划

1. 业务概述

使用和管理税收票证的税务机关应根据本地区税收票证使用情况，定期编报各种纸质税收票证的领用计划，报送至发放或印制税收票证的税务机关。票证计划类别分为固定计划和追加计划两种。

2. 办理规范

根据下期（下季度或下年度）所需纸质税收票证使用数量编制本级税务机关“税收票证计划报表”。其中，省局、地市级税务机关税收票证管理员根据税务机关、年度票证计划、月度票证计划、票证计划类别四个要素汇总下级单位“税收票证计划报表”，并可以参考本级库存和历史经验等因素，对汇总后的本级“税收票证计划报表”进行调整。

固定计划每期只能编制一次，追加计划每期可编制多次。

（二）票证领发

1. 业务概述

票证领发包含印刷税收票证、外部领取票证入库和税收票证发放。

2. 办理规范

（1）印制入库。

（2）外部入库。

（3）领发纸质税收票证应当使用“税收票证领发单”，领发双方共同清点、核对税收票证种类、字号、数量并互相签字（章）确认；领用单位（人）为税务机关税收票证开具人员、扣缴义务人和代征代售人的，领发双方还应互相登记《税收票证结报缴销手册》。

(4) 使用和管理税收票证的税务机关票证管理员对下级税务机关或用票人发放税收票证时，根据发放税收票证实物填制“税收票证领发单”，并凭该单据办理税收票证发放手续。下级税务机关对上级税务机关，用票人对票证管理员上交票证时，视为下级税务机关向上级税务机关，用票人向票证管理员发放税收票证，由上交方税务机关票证管理员或用票人根据上交税收票证实物填制“税收票证领发单”，并凭该单据办理税收票证上交手续。

(三) 票证作废

1. 业务概述

税收票证作废，是指在税款征收或退还的过程中，因开具错误、已填开丢失联次或是单份税票因印刷质量不合格等原因，无法正常使用的，对税收票证进行作废处理。

2. 办理规范

可以进行作废处理的税票包括以下几种类型：《中华人民共和国税收缴款书（银行经收专用）》《税收电子缴款书》《中华人民共和国税收缴款书（出口货物劳务专用）》《中华人民共和国税收缴款书（税务收现专用）》“中华人民共和国印花税票销售凭证”“当场处罚罚款收据”《中华人民共和国税收收入退还书》《税收收入电子退还书》《调库（更正）通知书》《中华人民共和国税收完税证明》《车辆购置税完税证明》《中华人民共和国税收缴款书（代扣代收专用）》等。

(1) 税收票证作废遵循“谁开具谁作废”原则，必须由原开具人作废税票。

(2) 因开具错误作废的纸质税收票证，应当在各联注明“作废”字样、作废原因和重新开具的税收票证字轨及号码。《中华人民共和国税收缴款书（税务收现专用）》《中华人民共和国税收缴款书（代扣代收专用）》《中华人民共和国税收完税证明》应当全份保存；其他税收票证的纳税人所持联次或银行流转联次无法收回的，应当注明原因，并将纳税人出具的情况说明或银行文书代替相关联次一并保存。开具作废的税收票证应当按期与已填用的税收票证一起办理结报缴销手续，不得自行销毁。

(3) 以下票证不能作废：《中华人民共和国税收缴款书（银行经收专用）》《税收电子缴款书》《中华人民共和国税收缴款书（出口货物劳务专用）》已进行上解销号，视同现金管理的全份税收票证已进行汇总，其他税票已进行结报缴销。

(四) 票证结报缴销（用票人）

1. 业务概述

票证结报缴销（系统内）是指用票人向税务机关票证管理员进行经由系统开具或补录的税收票证结报缴销，是纸质税收票证结报缴销的一种。

票证结报缴销（系统外）是指用票人向税务机关票证管理员进行未经系统开具或补录的税收票证结报缴销，是纸质税收票证结报缴销的一种。

票证结报缴销（电子税票）是指数据电文税收票证可以由税收票证管理员按需或进行票证月结前，系统自动生成“税收票款结报缴销单”，自动确认结报缴销。

2. 办理规范

（1）结报。

用票人经由系统开具或补录税收票证后，持相关结报资料进行结报，使用和管理税收票证的税务机关票证管理员对数据与实物进行审核，填制“税收票证结报缴销单”进行确认，用票人当场确认结报数据，完成票证结报缴销。

（2）归档。

（3）办结时限。

当地设有国库经收处的，应于收取税款的当日或次日办理税收票款的结报缴销。

当地未设国库经收处和代征代售人收取现金税款的，由各省税务机关确定办理税收票款结报缴销的期限和额度，并以期限或额度条件先满足之日为准。

（五）票证结报缴销（基层税务机关）

1. 业务概述

票证结报缴销（基层税务机关），是指基层使用和管理税收票证的税务机关票证管理员对下属用票人结报缴销的票证进行汇总，填制“税收票款结报缴销单”后向上级税务机关办理税收票证结报缴销。

2. 办理规范

（1）缴销。

使用和管理税收票证的基层税务机关票证管理员根据确认的票证结报缴销（系统内）和票证结报缴销（系统外），汇总产生“税收票证结报缴销单”（基层税务机关），向上级单位结报缴销开具或作废的税收票证。

上级票证管理员对基层税务机关汇总的“税收票款结报缴销单”进行结报缴销数据与实物审核，确认税收票证缴销数据后，完成票证缴销。

基层税务机关向上级或所属税务机关缴销税收票证的时限，由各省税务机关确定。

（2）归档。

（六）票证停用和批量作废审批

1. 业务概述

由于税收政策变动、式样改变等原因或全包、全本印制质量不合格的票证，在进行销毁前，必须做税收票证停用和批量作废审批处理。

2. 办理规范

（1）申请。

使用和管理税收票证的税务机关票证管理员在领发、开具税收票证时出现票证停用或全包、全本印制质量不合格，编制“税收票证停用和批量作废申请单”。

（2）审批。

有权限审批的税务机关收到上报来的“税收票证停用和批量作废申请单”进行审批。根据票证种类不同分别按以下层级进行审批：未填用的《中华人民共和国税收缴款书（出口货物劳务专用）》“出口货物完税分割单”、印花税票，由省级税务机关进行审批；未填用的《中华人民共和国税收缴款书（税务收现专用）》《中华人民共和国税收缴款书（代扣代收专用）》《中华人民共和国税收完税证明》，报经地市级税务机关批准；其他各种税收票证，报经区县或地市税务机关批准。

（3）归档。

（七）票证销毁

1. 业务概述

使用和管理税收票证的税务机关对保管到期已填用税收票证的存根联和报查联（作为税收会计凭证的除外）、全包全本印刷质量不合格的税收票证、停用税收票证、损毁和损失追回的税收票证、印发税务机关规定销毁的税收票证及需要销毁的税收票证专用章戳，保管期满的税收票证账簿、报表及各种税收票证资料进行销毁登记，在销毁申请信息审核批准后，各级税务机关组织、监督销毁票证。

2. 办理规范

（1）申请。

使用和管理税收票证的税务机关票证管理员根据实际清点情况，编制“税收票证销毁申请审批表”。

（2）审批

根据票证种类不同分别按以下层级进行审批：未填用的《中华人民共和国税收缴款书（出口货物劳务专用）》“中华人民共和国出口货物完税分割单”、印花税票需要销毁的，由省级税务机关进行审批销毁；未填用的《中华人民共和国税收缴款书（税务收现专用）》《中华人民共和国税收缴款书（代扣代收专用）》《中华人民共和国税收完税证明》需要销毁的，报经地市级税务机关批准，指派专人到区县税务机关复核并监督销毁；其他各种税收票证、账簿和税收票证资料需要销毁的，报经区县或地市级税务机关批准销毁。税收票证专用章戳需要销毁的，由刻制税收票证专用章戳的税务机关销毁。印发税务机关规定销毁的税收票证由负责税收票证印制的税务机关审批并监督销毁。

（3）销毁。

票证销毁申请经审批确认后，由申请税务机关票证管理员编制“税收票证销毁清册”，并据此进行票证实物销毁。未填用的《中华人民共和国税收缴款书（出口货物劳务专用）》“出口货物完税分割单”、印花税票需要销毁的，应当由两人以上共同清点，编制销毁清册，逐级上缴省税务机关销毁；未填用的《中华人民共和国税收缴款书（税务收现专用）》《中华人民共和国税收缴款书（代扣代收专用）》《中华人民共和国税收完税证明》需要销毁的，应当由两人以上共同清点，编制销毁清册，报经市税务机关批准，指派专人到县税务机关复核并监督销毁；其他各种税收票证、账簿和税收票证资料需要销毁的，由税收票证主管人员清点并编制销毁清册，报经县或市税务机关批准，由两人以上监督销毁；税收票证专用章戳需要销毁的，由刻制税收票证专用章戳的税务机关销毁。

（八）票证损失核销

1. 业务概述

开具税收票证（含未销售印花税票）发生毁损或丢失、被盗、被抢等损失的，受损单位应当及时组织清点核查，并由各级税务机关按照权限进行损失核销审批。毁损残票和追回的税收票证按规定进行销毁（参见票证销毁税务事项）。

税收票证专用章戳丢失、被盗、被抢的，受损税务机关应当立即向当地公安机关报案并逐级报告刻制税收票证专用章戳的税务机关；退库专用章丢失、被盗、被抢的，应当同时通知国库部门。重新刻制的税收票证专用章戳应当及时办理留底归档或预留印鉴手续。毁损和损失追回的税收票证专用章戳按规定进行销毁（参见票证销毁税务事项）。

2. 办理规范

（1）申请。

税务机关、税务机关税收票证开具人员、扣缴义务人、代征代售人等发生毁损或丢失、被盗、被抢等税收票证及税收票证专用章戳损失时，由税务机关票证管理员填制“税收票证损失核销报告审批单”。

（2）核查。

票证损失核销检查人对票证管理员填制的“税收票证损失核销报告审批单”进行核查，核查无误后按损失核销审批权限上报有权机关审批。

（3）审批。

《中华人民共和国税收缴款书（出口货物劳务专用）》“中华人民共和国出口货物完税分割单”、印花税票发生损失的，由省级税务机关审批核销；《中华人民共和国税收缴款书（税务收现专用）》《中华人民共和国税收缴款书（代扣代收专用）》《中华人民共和国税收完税证明》发生损失的，由地市级税务机关审批核销；其他各种税收票证发生损失的，由区县级税务机关审批核销。

（九）票证盘点

1. 业务概述

税务机关对结存的税收票证应当定期进行盘点，发现结存税收票证实物与账簿记录数量不符的，应当及时查明原因并报告上级或所属税务机关。

2. 办理规范

使用和管理税收票证的税务机关票证管理员和用票人定期或者不定期对结存的税收票证进行盘库和清点，根据实际票证盘点情况填制“税收票证盘点情况表”，对账面结存数与实际盘点结存数进行比对，如盘点过程出现损溢，须查明差异原因。盘点人查询被盘点单位（用票人）的票证库存（结存）情况，生成“税收票证库存查询一览表”。用票人只能查询自己的结存票证信息。

票证盘点为长出（盘盈），分情况进行处理：未验收入库，办理税收票证验收入库（参见票证入库税务事项）；上级税务机关错发长出，及时向上级税务机关反映报告，办理领发手续增加本级库存数据或交回税收票证；外部单位供票错误长出，补办税收票证入库增加本级库存（参见票证入库税务事项）；票证管理员错发长出，用票人向票证管理员办理领发手续增加本级库存或退回长出税收票证；其他原因视情况处理。

票证盘存结果为短少（盘亏），分情况进行处理：上级税务机关少发，及时向上级税务机关反映报告，办理领发手续或通过税收票证交回冲减本级库存；外部单位供票少供，通知补办税收票证入库；票证管理员少发，用票人向票证管理员反映报告，办理领发手续或通过税收票证交回冲减本级库存；因自然灾害，如水灾、火灾等人力不可抗拒造成损失或因被盗、丢失、被抢等原因，进行票证损失核销处理（参见票证损失核销税务事项）；其他原因视情况处理。

（十）票证检查

1. 业务概述

票证检查是县级（含县级）以上税务机关依据税收法律法规、税收票证管理办法及国家预算制度，对税收票证的印制、领发、保管、使用、结报缴销、作废、停用、损失核销和核算进行的检查。

税务机关应当定期对本级及下级税务机关、税收票证印制企业、扣缴义务人、代征代售人、自行填开税收票证的纳税人税收票证及税收票证专用章戳管理工作进行检查。省级税务机关根据《税收票证管理办法》（国家税务总局令第 28 号）规定，负责制定本地区的具体税收票证检查办法。

2. 办理规范

（1）检查。

区县级（含区县级）以上税务机关按照票证管理规定进行票证检查。使用和管理税收票证的税务机关票证管理员，根据本地区制定的具体税收票证检查办法，通过系统初步检查，对票证管理各环节存在的异常现象进行统计，列示“系统初步检查清单”，根据检查结果进行后续处理。

①票证领发数量检查：检查票证领用数量是否超过本地区的规定。

②票证结报缴销检查：检查用票人已填开但超过时限未结报的税票，基层税务所（分局）超过时限未缴销的“税收票款结报缴销单”。

③作废票证检查：检查税票作废是否符合规定和手续；检查票证作废率是否超过本地区指定标准；对于税票已作废的同一笔应征税款是否有重新开票；对于同一笔应征税款重新开票金额与作废税票金额是否一致。

（2）差错处理。

对通过票证检查发现的差错票，须进行相应的差错处理，办理“票证审核及差错处理”业务。

（十一）归档

1. 业务概述

税务机关应当及时对已经开具、作废的税收票证、账簿以及其他税收票证资料进行归档保存。

纸质税收票证、账簿以及其他税收票证资料，应当整理装订成册，保存期限5年；作为会计凭证的纸质税收票证保存期限15年。数据电文税收票证、账簿以及其他税收票证资料，应当通过光盘等介质进行存储，确保数据电文税收票证信息的安全、完整。

2. 办理规范

（1）处理。

票证管理员对已经开具或作废的税收票证、票证账簿以及其他税收票证资料进行统计，定期或不定期对票证管理相关资料进行归档，填制“税收票证归档清单”。税收票证和记账凭证一经归档不允许进行修改与作废。

（2）归档。

十二、征缴管理事项的征管规范

（一）缴（退）库凭证销号

1. 业务概述

缴款书上解销号是指税务机关对税款缴入国库经收处的《中华人民共和国税收缴

款书（银行经收专用)》《中华人民共和国税收缴款书（出口货物劳务专用)》《税收电子缴款书》进行上解销号的过程。

缴款书入库销号是指税务机关对税款缴入中国人民银行国库的《中华人民共和国税收缴款书（银行经收专用)》《中华人民共和国税收缴款书（出口货物劳务专用)》《税收电子缴款书》进行入库销号的过程。

收入退还书销号是指税务机关对税款从中国人民银行国库部门退回的《税收收入退还书》《电子税收收入退还书》进行销号的过程，退库日期为税款从中国人民银行国库部门退还的日期。

更正（调库）通知书销号是指对收到的经国库盖章的《更正（调库）通知书》进行销号的行为。

2. 办理规范

（1）销号。

①对商业银行（国库经收处）返回的票证《中华人民共和国税收缴款书（银行经收专用)》《中华人民共和国税收缴款书（出口货物劳务专用)》《税收电子缴款书》进行缴款书上解销号处理，以商业银行（国库经收处）收讫章日期为上解日期，该日期也是确定纳税人滞纳时间的终止日期。

②对中国人民银行国库返回的税款入库凭证（缴款书回执联）进行缴款书入库销号处理。

需要进行入库销号处理的包括《中华人民共和国税收缴款书（银行经收专用)》《中华人民共和国税收缴款书（出口货物劳务专用)》和《税收电子缴款书》。

缴款书入库销号，以国库盖章日期为入库日期。

不入国库的费用、基金不作入库销号。

③对中国人民银行国库返回的《税收收入退还书》《电子税收收入退还书》进行收入退还书销号处理。办理出口退（免）税退库时，如金税三期税收管理信息系统已开具收入退还书的，应在接收到销号信息后，设置相应销号标志。

④对经国库盖章的《更正（调库）通知书》进行销号处理，更正（调库）日期为国库部门返回的更正（调库）通知书上的章戳日期。

（2）归档。

（二）金库对账

1. 业务概述

金库对账是指税务机关与国库对税款缴库、退库、调库数据进行核对的过程。

2. 办理规范

（1）对账。

税务机关将同级国库转来的“预算收入日（旬、月、年）报表”的本期数及累计数与已销号处理的各类缴款书、税收收入退还书、调库（更正）通知书的合计数按预算级次、预算科目逐项进行核对，根据实际工作需要进行对账。

（2）处理。

如果是税务方遗漏入库销号的，办理“缴（退）库凭证销号”进行缴款书入库销号；如果是国库尚未入库但税务方误作入库销号的，办理入库销号的补偿业务，解除入库销号。

第三节　税收征管信息化

一、金税三期征收管理系统

（一）金税工程简介

金税工程是经国务院批准的国家级电子政务工程，是国家电子政务“十二金”工程之一，是税收管理信息系统工程的总称。自1994年起，历经金税一期、金税二期、金税三期工程建设，为发挥税收在国家治理中的基础性、支柱性和保障性作用提供了强大的信息化支撑。

（二）金税三期工程涉及的软件系统

金税三期工程涉及的软件系统整体包含三大类：金税三期新建系统、税务总局保留系统、地方特色软件。

金税三期新建系统包括核心征管软件、安全策略2包、个人税收管理软件、管理决策1包、管理决策2包、外部信息交换系统等。

税务总局保留系统包括税库银系统、电子底账系统、出口退税审核系统等。

本地特色软件包括各省自行开发的电子税务局等。

（三）金税三期工程的重要意义

一是优化纳税服务，通过信息网络为纳税人提供优质、便捷、全方位的涉税服务，减轻纳税人办税负担。二是实现业务操作和执法标准统一规范；实现全国数据大集中，利用及时全面准确的数据信息，提高管理决策水平，降低税收成本。三是推动国家电子政务建设，促进政府部门间信息共享和协作，提高国家宏观经济管理能力和决策水平。

（四）金税三期工程总体目标

金税三期工程确定了“一个平台、两级处理、三个覆盖、四类系统”的工作目标，建成一个年事务处理量超过100亿笔、覆盖税务机关内部用户超过80万人次、管理过亿纳税人的现代化税收管理信息化系统。

“一个平台”：建立一个包含网络硬件和基础软件的统一的技术基础平台。

“两级处理”：建立税务总局、省局两级数据处理中心和以省局为主、税务总局为辅的数据处理机制，实现税务系统数据信息在税务总局、省局两级集中处理。

“三个覆盖”：覆盖所有税种，覆盖税务管理的重要工作环节，覆盖各级税务机关。

“四类系统”：以征收管理系统、外部信息交换系统为主，包括行政管理系统、决策支持系统在内的四个信息管理应用系统。

二、增值税发票管理系统

发票系统2.0版涵盖增值税发票税控系统V2.0、增值税发票电子底账系统、增值税发票综合服务平台、数字证书系统、统一受理平台等业务系统。

其中“增值税发票综合服务平台”分为企业版和税局版，它实现了统一渠道、统一界面、统一登录的“网上一窗式”体验，在整合原有系统的基础上确保功能界面的人性化、个性化及友好美观。不但对当期可用于申报抵扣的增值税发票勾选确认，还可以对退税、代办退税的增值税发票进行勾选确认，且实现了与现有扫描认证数据的自动互联互通。

三、自然人税收管理系统（ITS）的特点和使用方法

自然人税收管理系统（个人所得税部分）（简称“ITS系统”）是一个全国统一的、依托现代互联网云计算技术的、全面支撑个人所得税制度改革落地的信息系统。于2018年10月1日在全省上线，为纳税人和扣缴义务人提供税务局端、扣缴客户端、手机App端和网页端多个服务渠道，支撑着扣缴义务人和自然人的个人所得税征收管理业务，具有系统运行更稳定、数据存储更安全、业务办理更便捷、隐私保护更有力等特点。

1. 系统运行更稳定

自然人税收管理系统采用税务总局、省局两级处理应用模式，利用全国云平台划分的“1+36”朵虚拟云，提供更强大的数据处理能力和容错纠错机制，强力支撑所有自然人纳税人的核心业务，系统运行更稳定。

2. 数据存储更安全

利用阿里云技术，彻底地梳理整合业务系统，充分利用云平台的优势，从技术层面保证了数据的安全性；建立了严格的数据管理办法和数据运维流程规范，防止人为

造成的信息泄露，从制度层面保证了数据的安全性。

3. 业务办理更便捷

将公共服务标准化，由统一的业务平台和数据平台提供，形成高效的服务中心，系统操作更加流畅快捷；提供线上线下多个服务渠道，纳税人可以通过网络或者到全国任一办税服务厅办理个税涉税业务。

4. 隐私保护更有力

个人所得税申报缴纳数据统一储存在总局云端，自然人纳税人只能通过网络渠道实名认证或者本人持身份证原件去办税服务厅才能查询纳税记录；且可以查询本人身份证号在全国的任职受雇信息和纳税申报信息，可以及时发现不实信息并向税务机关申诉，切实保护了纳税人隐私和权益。

自然人税收管理系统以公安部人员信息库为基础进行实名认证，以纳税人识别号（居民身份证号）为基础进行全国税收数据的“一人式”归集。手机 App 和网页端为自然人纳税人提供实名认证、专项附加扣除信息采集、申报纳税记录查询和异议申诉等功能，今年还将上线个税汇算清缴申报等功能。扣缴客户端为扣缴义务人提供人员信息采集、专项附加扣除采集、综合所得和分类所得的申报查询等功能，同时也可供个体工商户和个人独资企业代理申报投资人的经营所得。税务局端为税务人员使用，可以为个人所得税纳税人和扣缴义务人提供全面的登记认证、税收优惠、申报征收、证明开具及各项查询功能。

四、“互联网＋税务”行动计划内容

（一）社会协作

1. 互联网＋众包互助
2. 互联网＋创意空间
3. 互联网＋应用广场

（二）办税服务

4. 互联网＋在线受理
5. 互联网＋申报缴税
6. 互联网＋便捷退税
7. 互联网＋自助申领

（三）发票服务

8. 互联网＋移动开票

9. 互联网 + 电子发票
10. 互联网 + 发票查验
11. 互联网 + 发票摇奖

（四）信息服务

12. 互联网 + 监督维权
13. 互联网 + 信息公开
14. 互联网 + 数据共享
15. 互联网 + 信息定制

（五）智能应用

16. 互联网 + 智能咨询
17. 互联网 + 税务学堂
18. 互联网 + 移动办公
19. 互联网 + 涉税大数据
20. 互联网 + 涉税云服务

通过“互联网 + 税务”行动计划的推广，推动互联网创新成果与税收工作深度融合，着力打造全天候、全方位、全覆盖、全流程、全联通的智慧税务生态系统。促进纳税服务进一步便捷普惠，税收征管进一步提质增效，税收执法进一步规范透明，协作发展进一步开放包容。

按照税务总局规划，到2020年，形成线上线下融合、前台后台贯通、统一规范高效的电子税务局，为税收现代化奠定坚实基础，为服务国家治理提供重要保障。

五、“互联网 + 税务”应用场景

“互联网 + 税务”与金税三期、现有信息系统之间，是创新、拓展、丰富和提升的关系。它不是简单将传统业务搬到互联网上，而是基于互联网生态圈构建税收管理新模式，拓展税收服务新领域，促进税收业务新变革，是税收信息化适应互联网时代发展理应包含的新内容、呈现的新形态、达到的新高度。各地在“互联网 + 税务”方面积极探索创新，围绕“热点”“堵点”“痛点”，在互联网税务应用方面积极探索创新，提升税收管理和纳税服务水平，取得了较好的效果。

1. 社会协作

该板块包括3项行动，重点体现引导社会参与，发挥社会各界的积极性和创造力。近年来，随着互联网的广泛普及，互联网与税务工作的深度融合，社会各界、纳税人和社会公众广泛参与税收治理，税收共治的格局逐步形成。

微博、微信等第三方公共社交平台建立特定用户群，税务部门、税务人员、纳税人及缴费人可以及时交流、解答涉税问题，建立线上投票、问卷调查等沟通渠道，及时了解、掌握纳税人、缴费人诉求，不断优化纳税服务方式，营造良好税收生态环境。

2. 办税服务

以纳税人需求为导向，进一步对网上办税业务进行优化和升级，让纳税人多跑“网路”，少跑“马路”，为纳税人提供从足不出户到如影随形的办税体验。

近年来，大力推广电子税务局系统，逐步建立了规范、统一的电子税务局，实现大部分税务业务的网上办理，在线受理、申报缴税、发票申领、发票查验等业务都实现了网上办理。

3. 发票服务

以增值税发票系统升级版为基础，解决纳税人发票应用中的“痛点”“热点”问题，创新服务方式，在便利纳税人、缴费人的同时减轻税务机关的负担，实现纳税人和税务人的双赢。

以增值税发票系统为基础，利用数字证书等技术，建立安全可靠的电子发票系统，实现了电子发票在线开具、电子发票真伪在线查询，如深圳市税务局开发的基于区块链技术的电子发票系统，极大地便利了纳税人、缴费人获得电子发票的途径。

4. 信息服务

以信息系统建设、税收数据为支撑，向社会公布涉税信息，畅通税务部门与纳税人、缴费人交流、沟通渠道，加强与有关部门、社会组织、国际组织的合作，加大数据共享，让纳税人和税务人充分感受到互联网时代数据资源共享带来的便利。

“税银合作”“警税协作”等一系列部门之间的合作，实现数据的深度增值应用，提高税收治理能力，在“放管服”改革、信用联合惩戒等方面发挥了积极作用。

5. 智能应用

充分运用互联网，在保证信息安全基础上，将税务业务向移动终端、云端进行延伸，利用大数据、云计算等新技术，收集、挖掘、分析各类数据，为纳税人提供更精准的涉税服务，为领导决策提供科学依据。

手机 App，方便纳税人、缴费人办理涉税事项，同时能够及时、精准推送税收政策。网上学堂，能够随时随地学习，实现全方位、多层次纳税学习和辅导。

六、电子税务局的特点和使用方法

（一）什么是电子税务局

电子税务局是指各省市税务机关按照现行法律法规，依照《国家税务总局关于印发电子税务局有关规范的通知》（简称《电子税务局规范》）开发的，供纳税人免费使用的网上办税系统，是电子政务系统的重要组成部分。

（二）电子税务局的功能

电子税务局按照使用对象分为纳税人端和税务人端。

纳税人端部署在互联网，包括用户中心、办税中心、查询中心、互动中心、公众服务和个性化办税六大功能模块，涵盖了综合信息报告、发票使用、税费申报及缴纳、税收减免、证明开具、纳税信用等十六类近三百项税收业务办理功能。

税务人端部署在税务内网，包括业务办理、系统管理、任务管理、内部管理、查询统计五大功能模块，为税务机关工作人员提供了统一的网上业务受理处理门户。

（三）电子税务局的特点

1. 界面流程统一

全国电子税务局从功能划分、业务流程、界面布局、字体颜色都完全依据《电子税务局规范》设计开发，纳税人登录全国任何省市电子税务局都能获得统一的办税体验。

2. 业务功能全面

电子税务局严格按照税务总局《电子税务局规范》开发建设，而税务总局《电子税务局规范》以税收法律法规和规范性文件为指导，以最新制定的《税收征管操作规范》为业务蓝本，总共梳理近三百项税收业务，并且根据税收政策变化动态更新，基本做到了业务全覆盖。

3. 办税渠道多元

电子税务局提供 PC 版和移动版两个办税渠道，在业务功能设计开发时，充分发挥不同办税渠道优势，实现了同一涉税事项在各类渠道协同办理，做到了业务与技术合理融合匹配。

4. 业务数据共享

电子税务局通过集成和对接多个税收业务系统，实现数据信息互通共享，做到数据一次完整采集、各事项共享重复使用。通过集成涉税数据，充分发挥数据支撑作用，实现了涉税表单免填、预填和自动审核，有效减轻了纳税人填表负担。

（四）电子税务局的使用

电子税务局纳税人端又分为 PC 版（网页或客户端）和移动版两个办税渠道。

PC 版是电子税务局的办税主渠道，为纳税人提供全面的办税功能，可通过各省市税务局机关官网链接登录使用或下载客户端使用。

移动端是为纳税人提供常用、简易适宜移动互联设备办税功能，侧重于自然人、个体工商户办税和消息推送，可通过各省市税务局机关官网扫码下载使用或在手机应用商店搜索下载使用。

第四节　法律追责与救济事项

一、税收违法处置基本规定

违法处置的主要内容包括：税收（规费）违法行为处理，责令限期改正，简易程序处罚，一般程序处罚，税务行政处罚听证、税务行政处罚案件集体审议、查补税款和罚款变更或补充处理、延（分）期缴纳罚款申请审批、提请吊销营业执照、停供（收缴）、解除停供（收缴）发票、税收违法行为检举管理、税务处理决定处理。

（一）税收（规费）违法行为处理

在税收征收管理工作中发现的税收（规费）违法行为，登记、处理、跟踪税收违法行为处理的状态并对税收违法行为处理进行终结审核。

（二）责令限期改正

纳税人、扣缴义务人及其他相关单位和个人有违法违章行为的，如未自行申报、按时足额缴纳社会保险费税务机关进行税收违法行为登记，由办理人员制作《责令限期改正通知书》，并将文书送达当事人。

（三）简易程序处罚

简易程序处罚，是指税务机关对违法事实确凿并有法定依据，对公民处以 200 元以下、对法人或者其他组织处以 1 000 元以下罚款或警告的行政处罚。

（四）一般程序处罚

一般程序处罚决定处理业务适用于对违反税收法律，且不适用简易程序处罚的税收违法行为实施行政制裁的处理。一般程序处罚决定包括一般程序处罚决定处理、税务行政处罚事项告知处理。

（五）税务行政处罚听证

税务机关拟对公民处以 2 000 元（含）以上，对法人或其他组织处以 1 万元（含）以上的罚款或吊销发票准印证等处罚，向公民、法人或其他组织送达《行政处罚事项告知书》或《税务行政处罚事项告知书》，当事人提出行政处罚听证申请的，依法审查受理行政处罚听证申请、组织实施听证。税务机关应当在收到当事人听证要求后7日内将《税务行政处罚听证通知书》送达当事人，15日内举行听证。

（六）税务行政处罚案件集体审议

对情节复杂、争议较大、处罚较重、影响较广或者拟减轻处罚等税务行政处罚案件，应当经过集体审议决定。

（七）查补税款和罚款变更或补充处理

在复查案件中出现查补税款和罚款变更或补充处理情形，在行政复议、行政诉讼案件中出现撤销或部分撤销、重新作出行政行为，或者未经复议及诉讼，但是在《税务处理决定书》《税务行政处罚决定书》等决定性文书送达后，税务机关发现原行政行为确有错误，作出行政决定的税务机关可以改变行政行为，查补税款、变更罚款、补充处理。

（八）延（分）期缴纳罚款申请审批

被处罚对象确有经济困难，需要延期或者分期缴纳罚款的，经被处罚对象（当事人）申请和税务机关批准，可以暂缓或者分期缴纳。

（九）提请吊销营业执照

对不办理税务登记，且经税务机关责令限期改正，逾期不改正的纳税人，税务机关提请市场监督管理部门吊销其营业执照。

（十）停供（收缴）、解除停供（收缴）发票

从事生产、经营的纳税人、扣缴义务人有《中华人民共和国税收征收管理法》规定的税收违法行为，拒不接受税务机关处理，税务机关可以收缴其发票或者停止向其发售发票。停供（收缴）发票后，纳税人、扣缴义务人接受税务机关处理的，税务机关恢复向其发售发票和返还收缴的空白发票。

（十一）税收违法行为检举管理

税收违法行为检举管理包括：税收违法行为检举事项管理、税收违法行为检举奖励管理。税收违法行为检举事项管理是指单位、个人采用书信、互联网、传真、电话、来访等形式，向税务机关检举纳税人、扣缴义务人税收违法行为线索，税务机关对检举事项进行受理、登记、实施转办（交办）、检查、案件信息跟踪、对检举人反馈税收违法行为检举查办结果等事项的业务处理过程。

（十二）税务处理决定处理

税务机关对各类税收违法行为依据有关税收法律、行政法规、规章作出处理决定，经过审批后，出具《税务处理决定书》的处理。

二、税款追征的基本方法

（一）责令限期缴纳税（费）款

（二）纳税担保

纳税担保包括：纳税担保申请确认、纳税担保到期处理、纳税担保解除处理。

（三）税收保全

（四）强制执行

（五）行使代位权、撤销权

（六）阻止出境

（七）审计（财政）监督检查决定意见处理

三、税务行政救济方法

税务行政救济主要包括：税务行政复议、税务行政诉讼、税务行政赔偿、税务行政补偿、申请税务人员回避处理、重新作出行政行为处理。

（一）税务行政复议

税务行政相对人认为税务机关的具体行政行为侵犯其合法权益，向税务行政复议机关申请行政复议，复议机关据复议审查结果依法作出行政复议决定，并对有关决定依法执行的过程。

1. 复议申请管理

税务行政相对人认为税务机关的行政行为侵犯其合法权益，依法向税务行政复议机关提出行政复议申请，税务行政复议机关对行政复议申请进行依法审查并作出相应处理的过程。复议申请管理主要包括：复议申请处理、准予撤回复议申请。

2. 复议监督处理

行政复议机关的上级机关对复议机关处理的行政复议实施监督的制度。

复议监督处理主要包括：责令受理、责令行政复议机关恢复审理和提审。

3. 复议审查管理

复议审查管理主要内容包括：被申请人是否具有执法资格；具体行政行为事实是否清楚，证据、理由是否确凿、充分；具体行政行为是否有法律依据或依据是否合法；作出具体行政行为的程序是否合法；具体行政行为有无明显不当等。

（1）答复举证。行政复议机关受理行政复议申请后，被申请人应当在收到《行政复议答复通知书》之日起 10 日内作出书面答复，并提交当初作出具体行政行为的证据、依据和其他有关材料。

（2）复议听证。行政复议机构对重大、复杂的案件，申请人提出要求时，可以采取听证的方式进行案件的审理。对重大、复杂的案件，行政复议机构认为必要时，可以采取听证的方式审理。

（3）停止具体行政行为处理。行政复议期间具体行政行为原则上不停止执行，但是有下列情形之一的，可以停止执行：被申请人认为需要停止执行的；行政复议机关认为需要停止执行的；申请人申请停止执行，行政复议机关认为其要求合理，决定停止执行的；法律规定停止执行的。

（4）规范性文件处理主要包括以下三种情形：一是申请人在提出行政复议申请时，同时提出对规范性文件处理的审查申请，需要依法进行处理；二是申请人在对具体行政行为提出行政复议申请时尚不知道该具体行政行为所依据的规定的，可以在行政复议机关作出行政复议决定前向行政复议机关提出对该规定的审查申请，需要依法进行处理；三是行政复议机关在审查过程中发现复议申请对应具体行政行为所依据的规范性文件不合法，需要依法进行处理。

（5）规范性文件审查决定。复议机关无权处理的，复议机关制作《规范性文件处理转送函（一）》或《规范性文件处理转送函（二）》，在 7 日内按照法定程序转送有权处理的行政机关依法处理。有权审查的税务机关接到转送函后，规范性文件处理启动角色对规范性文件转送函进行登记。

（6）行政复议期限特殊处理包括：延长复议期限通知、中止（恢复）复议处理。

4. 行政复议处理

行政复议处理主要内容包括：驳回复议申请、维持原行政行为、变更原行政行为、撤销原行政行为、责令限期履行、和解处理、调解处理、复议终止。

5. 责令限期履行行政复议决定处理

被申请人不履行或者无正当理由拖延履行行政复议决定的，行政复议机关或者有关上级行政机关应当责令其限期履行。

6. 行政复议意见和建议反馈

复议意见处理，是指在行政复议期间，行政复议机构发现被申请人或者其他下级行政机关的相关行政行为违法或者需要做好善后工作的，可以制作行政复议意见书。有关机关应当自收到行政复议意见书之日起 60 日内将纠正相关行政违法行为或者做好善后工作的情况通报行政复议机构。

复议建议处理，是指在行政复议期间，行政复议机构发现法律、法规、规章实施中带有普遍性的问题，可以制作行政复议建议书，向有关机关提出完善制度和改进行政执法的建议。

7. 查阅行政复议资料

申请业务适用于申请人和第三人申请查阅相关案卷材料，经复议机关核准后，用于记录查阅复议材料的情况。

（二）税务行政诉讼

税务行政诉讼包括：应诉管理、应诉特殊业务处理、撤销（变更）具体行政行为。

1. 应诉管理

包括：一审应诉管理、二审应诉管理、再审应诉管理。

2. 应诉特殊业务处理

包括：管辖异议处理、延期开庭处理、委托处理、延期提供证据申请、调取证据申请、补充证据、证据保全处理、财产保全处理、回避申请处理、向人民法院提请复议、中止审理申请、税务机关上诉处理、税务机关申诉与请求抗诉处理、负责人不能出庭情况说明。

3. 撤销（变更）具体行政行为

税务机关发现本机关作出的具体行政行为确有错误，可以变更、撤销或部分撤销行政行为；在诉讼过程中发现本机关作出的具体行政行为确有错误，可以在人民法院对案件宣告判决或者作出裁定前变更、撤销或部分撤销被诉具体行政行为，应诉的税务机关就被诉具体行政行为重新作出决定后，书面告知人民法院和其他各方当事人。

（三）税务行政补偿

税务机关因国家利益、公共利益或其他法定事由需要撤回或变更行政决定，对税务行政管理相对人因此而受到的财产损失依法予以补偿。

1. 赔偿申请处理

赔偿请求人可以自行提起税务行政赔偿（书面或口头形式），也可以委托他人向作为赔偿义务机关的税务机关提起行政赔偿申请，赔偿请求人提出赔偿申请后，赔偿义务机关须及时登记赔偿请求信息。

赔偿义务机关在受理后，经过审查、审理和审批后，作出给予或不予赔偿的决定，送达赔偿请求人，履行赔偿义务；赔偿决定须在受理赔偿申请后 2 个月内作出。

赔偿请求人对税务机关作出的具体行政行为不服，提出税务行政复议或税务行政诉讼时一并提出赔偿请求，此时由行政复议机关或人民法院按照行政复议程序和行政诉讼程序，根据《中华人民共和国国家赔偿法》的有关规定，在作出行政复议决定或判决（或裁定）的同时作出行政赔偿决定或裁判，则不适用本流程。

2. 赔偿申请撤回

赔偿义务机关受理赔偿请求人赔偿申请后，在作出赔偿决定之前，赔偿请求人请求撤回赔偿申请，经说明理由，若撤回申请理由合理，赔偿义务机关记录备案，终止赔偿案件办理的过程。

3. 赔偿追偿

致害的税务机关作为赔偿义务机关代表国家予以赔偿后，向有故意或者重大过失的工作人员或者受委托的组织或者个人追偿部分或者全部赔偿费用。

（四）申请税务人员回避处理

申请税务人员回避处理业务适用于税务机关对当事人提出的回避申请处理。税务人员在核定应纳税额、调整税收定额、进行税务检查、实施税务行政处罚、办理税务行政复议、实施听证时，当事人认为税务人员与纳税人、扣缴义务人等行政相对人或者其法定代表人、直接责任人有利害关系的有权申请回避。对驳回申请回避的决定，如果法律法规允许当事人复核一次，税务机关应当准许。

（五）重新作出行政行为处理

行政复议机关在审理复议案件后，认定具体行政行为存在主要事实不清、证据不足、适用依据错误、违反法定程序、超越或滥用职权、具体行政行为明显不当等情形时，决定撤销、变更或者确认该具体行政行为违法；决定撤销或者确认该具体行政行为违法的，可以责令被申请人在一定期限内重新作出具体行政行为；人民法院在审理行政诉讼案件中，如果存在主要证据不足、适用法律法规错误、违反法定程序、超越或滥用职权等行为，可以判决撤销或者部分撤销具体行政行为，并可以判决被告重新作出行政行为。

税务机关在法律、法规、规章规定的期限内重新作出具体行政行为；法律、法规、规章未规定期限的，重新作出具体行政行为的期限为 60 日；或在人民法院裁判书中确定的期限内重新作出具体行政行为。

★习题精练及答案解析

一、单项选择题

1. 在我国现行法的效力体系中，《中华人民共和国税收征收管理法实施细则》（国务院令第 362 号）属于（　　）。

A. 法律　　B. 行政法规　　C. 地方性法规　　D. 部门规章

【参考答案】B

【解析】法律由全国人大及常委会制定通过，行政法规由国务院制定通过，地方性法规是由设区的市的人大及常委会通过，部门规章是国务院各部委制定通过，《中华人民共和国税收征收管理法实施细则》，属于行政法规。

2. 程序正当是依法行政的基本要求之一，下列不属于程序正当范畴的是（　　）。

A. 税务机关应建立权责清单，坚持法定职责必须为、法无授权不可为

B. 税务机关实施税务行政，坚持以公开为常态、不公开为例外的原则

C. 税务机关工作人员履行职责，与行政相对人存在利害关系时，应当回避

D. 税务机关实施税务行政，应当注意听取公民、法人和其他组织的意见

【参考答案】A

【解析】A 选项是合法行政的要求。

3. 实名事项分为风险实名事项和其他实名事项，下列属于风险实名事项的是（　　）。

A. 发票领用　　　　B. 清税注销

C. 非正常户解除　　D. 变更法定代表人

【参考答案】A

【解析】风险实名事项包括发票票种核定、增值税专用发票最高开票限额审批、发票领用、发票代开、税控设备初始发行等发票类事项，办税服务厅办理的出口退税类实名事项等。

4. 下列文书中，不适用税务文书电子送达的是（　　）。

A. 简易处罚决定书

B. 责令限期改正通知书

C. 税务事项通知书（限期缴纳税款通知）

D. 核定定额通知书

【参考答案】A

【解析】税务文书电子送达是指税务机关通过电子税务局等特定系统向纳税人、扣缴义务人（以下简称“受送达人”）送达电子版式税务文书。经受送达人同意，税务机关可以采用电子送达方式送达税务文书。

税务机关制发的税务文书，以下情形暂不适用于电子方式送达：

（1）各级稽查局所发放的税务文书；

（2）各级税务机关税务行政复议过程中使用的税务文书

（3）税务处理决定书、税务行政处罚决定书（不含简易程序处罚）、税收保全措施决定书、税收强制执行决定书、阻止出境决定书。

5. 根据《国家税务总局关于优化若干税收征管服务事项的通知》规定，纳税人跨省迁移的，迁入地主管税务机关应当在接收到纳税人信息后（　　）内完成主管税务科所分配、税（费）种认定并提醒纳税人在迁入地按规定期限进行纳税申报。

A. 1 日　　B. 1 个工作日

C. 3 日　　D. 3 个工作日

【参考答案】B

【解析】根据《国家税务总局关于优化若干税收征管服务事项的通知》（税总征科发〔2022〕87 号）。

6.《关于进一步深化税收征管改革的意见》中关于持续深化拓展税收共治格局，表述错误的是（　　）。

A. 加强部门协作　　B. 加强社会协同

C. 加强政府协调　　D. 强化税收司法保障

【参考答案】C

【解析】《关于进一步深化税收征管改革的意见》的内容。

7. 根据《国家税务总局关于优化纳税人延期缴纳税款等税务事项管理方式的公告》规定，税务总局决定进一步简化优化 5 个事项的办理程序，将受理环节由 5 个工作日压缩至（　　）个工作日。

A. 5　　B. 3　　C. 2　　D. 1

【参考答案】C

【解析】根据《国家税务总局关于优化纳税人延期缴纳税款等税务事项管理方式的公告》（国家税务总局公告 2022 年第 20 号)》。

8.《国家税务总局关于部分税务事项实行容缺办理和进一步精简涉税费资料报送的公告》规定，采取邮政寄递方式的，容缺办理资料补正时间为（　　）。

A. 资料提交时间

B. 资料寄出时间

C. 挂号函件回执上注明的收件日期

D. 税务机关收到资料时间

【参考答案】B

【解析】根据《国家税务总局关于部分税务事项实行容缺办理和进一步精简涉税费资料报送的公告》（国家税务总局公告 2022 年第 26 号）。

9. 根据《国家税务总局关于进一步实施部分税务证明事项告知承诺制的公告》规定，自 2023 年 3 月 1 日起，在全国范围内对列入目录内的国家综合性消防救援车辆等（　　）项税务证明事项实行告知承诺制。

A. 5　　B. 6　　C. 7　　D. 8

【参考答案】B

【解析】根据《国家税务总局关于进一步实施部分税务证明事项告知承诺制的公告》（国家税务总局公告 2023 年第 2 号）。

10. 根据《征管法》规定，下列不属于税务机关是（　　）。

A. 税务所　　B. 县税务局

C. 市征管部门　　D. 市经济开发区税务分局

【参考答案】C

【解析】根据《征管法》第十四条的规定，本法所称税务机关是指各级税务局、税务分局、税务所和按照国务院规定设立的并向社会公告的税务机构。

11. 东岳市天天快递公司（一般纳税人）2022 年 5 月直接接受居民个人委托并实际为其提供必需生活物资快递收派服务取得不含税收入 50 000 元；根据合作协议接受其他快递公司委托为居民个人提供必需生活物资快递收派服务取得不含税收入 30 000 元。该公司当月应交增值税是（　　）。

A. 0 元　　B. 1 800 元　　C. 3 000 元　　D. 4 800 元

【参考答案】A

【解析】《财政部 税务总局关于快递收派服务免征增值税政策的公告》（财政部 税务总局公告 2022 年第 18 号）规定，自 2022 年 5 月 1 日至 2022 年 12 月 31 日，对纳税人为居民提供必需生活物资快递收派服务取得的收入，免征增值税。直接接受居民个人委托并实际为其提供收派服务，付款方为居民个人的，可以按照 18 号公告的规定适用为居民提供必需生活物资快递收派服务免征增值税政策；不直接接受居民个人委托，而是根据合作协议接受其他快递公司委托提供收派服务，收派服务的收货方为居民个人的，可以按照 18 号公告的规定适用为居民提供必需生活物资快递收派服务免征增值税政策。

12. 东岳市农产品贸易有限公司是增值税小规模纳税人。2022 年 4 月至 6 月批发鲜牛肉开具增值税普通发票价税合计 35 万元，批发水果开具增值税专用发票注明金额 10 万元，批发鲜鸡蛋开具增值税普通发票价税合计 5 万元，将空闲的一间店面房出租开具增值税普通发票价税合计 10 万元。假设未发生其他业务，则 2022 年第二季度“增值税及附加税费申报表（小规模纳税人适用）”填写正确的是（　　）。

A. “应征增值税不含税销售额（3% 征收率）”10 万元，“应征增值税不含税销售额（5% 征收率）”9.52 万元，“其他免税销售额”40 万元

B. “应征增值税不含税销售额（3% 征收率）”10 万元，“应征增值税不含税销售额（5% 征收率）”9.52 万元，“其他免税销售额”38.83 万元

C. “应征增值税不含税销售额（3% 征收率）”10 万元，“应征增值税不含税销售额（5% 征收率）”9.52 万元，“小微企业免税销售额”40 万元

D. “应征增值税不含税销售额（3% 征收率）”10 万元，“应征增值税不含税销售额（5% 征收率）”9.52 万元，“小微企业免税销售额”38.83 万元

【参考答案】A

【解析】《国家税务总局关于小规模纳税人免征增值税等征收管理事项的公告》（国家税务总局公告 2022 年第 6 号）。

13. 下列小规模纳税人提供服务取得收入免征增值税的是（　　）。

A. 2022 年 1 月提供的仓储服务 50 万元

B. 2022 年 3 月提供的广告服务 50 万元

C. 2022 年 4 月提供的装卸搬运服务 50 万元

D. 2022 年 5 月提供的不动产租赁服务 50 万元

【参考答案】C

【解析】《财政部 税务总局关于对增值税小规模纳税人免征增值税的公告》（财政部 税务总局公告 2022 年第 15 号）规定，自 2022 年 4 月 1 日至 2022 年 12 月 31 日，增值税小规模纳税人适用 3% 征收率的应税销售收入，免征增值税。

14. 为进一步落实党中央、国务院关于优化营商环境的决策部署，2022 年税务行政许可事项减少至 1 项，具体是（　　）。

A. 企业印制发票审批

B. 对纳税人延期缴纳税款的核准

C. 增值税防伪税控系统最高开票限额审批

D. 对采取实际利润额预缴以外的其他企业所得税预缴方式的核定

【参考答案】C

【解析】为进一步落实党中央、国务院关于优化营商环境的决策部署，2022 年税务行政许可事项为增值税防伪税控系统最高开票限额审批。

15. 税收征管法规定对违反税收法律、行政法规的行为，在一定期限内未被发现的，将不再给予行政处罚，这个期限是（　　）。

A. 五年　　B. 三年　　C. 二年　　D. 一年

【参考答案】A

【解析】《中华人民共和国税收征收管理法》第八十六条规定，违反税收法律、行政法规应当给予行政处罚的行为，在五年内未被发现的，不再给予行政处罚。

16. A 县人民政府违反法律、行政法规规定，擅自作出的减税决定，A 县税务局对此应当（　　）。

A. 申请行政复议

B. 撤销其作出的决定

C. 可以执行，但需向上级税务机关报告

D. 不执行，并向上级税务机关报告

【参考答案】D

【解析】根据《中华人民共和国税收征收管理法》第三十三条的规定，纳税人依照法律、行政法规的规定办理减税、免税。地方各级人民政府、各级人民政府主管部门、单位和个人违反法律、行政法规规定，擅自作出的减税、免税决定无效，税务机关不得执行，并向上级税务机关报告。

17. 下列不可以作为纳税担保人是（　　）。

A. 纳税信誉等级被评为 B 级的 M 公司

B. 因偷税被税务机关、司法机关追究过法律责任满 3 年的 A 公司

C. 在授权范围内，企业法人书面授权的 W 分支机构

D. 在授权范围内，企业法人书面授权的 S 职能部门

【参考答案】D

【解析】按照《纳税担保试行办法》规定，纳税保证人，是指在中国境内具有纳税担保能力的自然人、法人或者其他经济组织。法人或其他经济组织财务报表资产净值超过需要担保的税额及滞纳金 2 倍以上的，自然人、法人或其他经济组织所拥有或者依法可以处分的未设置担保的财产的价值超过需要担保的税额及滞纳金的，为具有纳税担保能力。国家机关，学校、幼儿园、医院等事业单位、社会团体不得作为纳税保证人。企业法人的职能部门不得为纳税保证人。企业法人的分支机构有法人书面授权的，可以在授权范围内提供纳税担保。有以下情形之一的，不得作为纳税保证人：（1）有偷税、抗税、骗税、逃避追缴欠税行为被税务机关、司法机关追究过法律责任未满 2 年的；（2）因有税收违法行为正在被税务机关立案处理或涉嫌刑事犯罪被司法机关立案侦查的；（3）纳税信誉等级被评为 C 级以下的；（4）在主管税务机关所在地的市（地、州）没有住所的自然人或税务登记不在本市（地、州）的企业；（5）无民事行为能力或限制民事行为能力的自然人；（6）与纳税人存在担保关联关系的；（7）有欠税行为的。

18. 纳税人在税务机关采取税收保全措施后，按照税务机关规定的期限缴纳税款的，税务机关解除税收保全措施的期限是（　　）。

A. 1 日内　　B. 3 日内　　C. 5 日内　　D. 7 日内

【参考答案】A

【解析】根据《中华人民共和国税收征收管理法实施细则》第六十八条规定，纳税人在税务机关采取税收保全措施后，按照税务机关规定的期限缴纳税款的，税务机关应当自收到税款或者银行转回的完税凭证之日起 1 日内解除税收保全。

19. 税务机关在调查税收违法案件时，县税务局（分局）局长批准，可以采用措施不包括（　　）。

A. 查询从事生产、经营的纳税人在银行的存款账户

B. 查询案件涉嫌人员的储蓄存款

C. 书面通知其开户银行从其存款中扣缴税款

D. 扣押纳税人的价值相当于应纳税款的货物

【参考答案】B

【解析】根据《中华人民共和国税收征收管理法》的规定，税务机关在调查税收违法案件时，经设区的市、自治州以上税务局（分局）局长批准，可以查询案件涉嫌人员的储蓄存款。

20. 审计中发现 M 县税务局对纳税人下列行为，作出的罚款决定不符合《中华人民共和国税收征收管理法》规定的是（　　）。

A. 对纳税人逃避、拒绝税务机关检查且情节严重的，作出 4 万元罚款

B. 未按照规定设置、保管账簿或者保管记账凭证和有关资料且情节严重的，作出 2 万元罚款

C. 纳税人未按照规定的期限办理纳税申报和报送纳税资料且情节严重的，作出 5 000 元罚款

D. 税务机关依法到 B 邮政公司检查 C 纳税人托运、邮寄应纳税商品、货物的有关单据、凭证和有关资料时，B 拒绝且情节严重的作出 3 万元罚款

【参考答案】B

【解析】根据中华人民共和国税收征收管理法第六十条的规定，纳税人未按照规定设置、保管账簿或者保管记账凭证和有关资料的，由税务机关责令限期改正，可以处二千元以下的罚款；情节严重的，处二千元以上一万元以下的罚款。

21. 根据《中华人民共和国税收征收管理法》，税收保全措施适用于（　　）。

A. 从事生产、经营的纳税人　　B. 纳税人

C. 代扣代缴义务人　　D. 纳税担保人

【参考答案】A

【解析】根据《中华人民共和国税收征收管理法》第三十八条的规定，税务机关有根据认为从事生产、经营的纳税人有逃避纳税义务行为的，可以在规定的纳税期之前，责令限期缴纳应纳税款；在限期内发现纳税人有明显的转移、隐匿其应纳税的商品、货物以及其他财产或者应纳税的收入的迹象的，税务机关可以责成纳税人提供纳税担保。如果纳税人不能提供纳税担保，经县以上税务局（分局）局长批准，税务机关可以采取下列税收保全措施：（1）书面通知纳税人开户银行或者其他金融机构冻结纳税人的金额相当于应纳税款的存款；（2）扣押、查封纳税人的价值相当于应纳税款的商品、货物或者其他财产。纳税人在前款规定的限期内缴纳税款的，税务机关必须立即解除税收保全措施；限期期满仍未缴纳税款的，经县以上税务局（分局）局长批准，税务机关可以书面通知纳税人开户银行或者其他金融机构从其冻结的存款中扣缴税款，或者依法拍卖或者变卖所扣押、查封的商品、货物或者其他财产，以拍卖或者变卖所得抵缴税款。个人及其所扶养家属维持生活必需的住房和用品，不在税收保全措施的范围之内。

22. 根据增值税相关规定，纳税人提供租赁服务采取预收款方式的，其纳税义务发生时间为（　　）。

A. 租赁业务发生的当天　　B. 租赁业务结束的当天

C. 收到预收款的当天　　D. 签订合同的当天

【参考答案】C

【解析】纳税人提供租赁服务采取预收款方式的，其纳税义务发生时间为收到预收款当天。选项 C 正确。

23. 一照一码户市场监管等部门登记信息发生变更的，向市场监督管理等部门申报办理变更登记。税务机关接收市场监管等部门变更信息，经（　　）确认后更新系统内的对应信息。

A. 纳税人　　B. 主管税务机关

C. 经营所在地政府　　D. 第三方机构

【参考答案】A

【解析】一照一码户市场监管等部门登记信息发生变更的，向市场监督管理等部门申报办理变更登记。税务机关接收市场监管等部门变更信息，经纳税人确认后更新系统内的对应信息。

24. 纳税人应当自开立基本存款账户或其他存款账户之日起（　　），向主管税务机关报告其全部账号。

A. 7 日内　　B. 10 日内

C. 15 日内　　D. 30 日内

【参考答案】C

【解析】从事生产、经营的纳税人应当自开立基本存款账户或者其他存款账户之日起 15 日内，向主管税务机关书面报告其全部账号；发生变化的，应当自发生变化之日起 15 日内，向主管税务机关书面报告。该事项适用于同城通办业务。

25. 以下不符合税务机关公告代征人的委托代征资格和《委托代征协议书》中内容要求的是（　　）。

A. 税务机关和代征人的名称、联系电话，代征人为行政、事业、企业单位及其他社会组织的，应包括法定代表人或负责人姓名和地址

B. 代征人为自然人的，应包括姓名、身份证号、户口所在地、现居住地址

C. 委托代征的范围和期限

D. 委托代征的税种及附加、计税依据及税率

【参考答案】B

【解析】代征人为自然人的，姓名、身份证号、户口所在地、现居住地址不属于《委托代征协议书》中要求填明的内容。

26. 纳税人未按照规定设置、保管账簿或者保管记账凭证和有关资料的（　　）。

A. 由税务机关责令限期改正，可以处二千元以下的罚款

B. 由税务机关责令改正，可以二千元以上一万元以下的罚款

C. 由税务机关责令改正，可以处 1 万元以下的罚款

D. 由税务机关责令其限期改正，处二千元以上二万元以下的罚款

【参考答案】A

【解析】根据《中华人民共和国税收征收管理法》第六十条的规定。

27. 一般纳税人申请增值税专用发票最高开票限额不超过（　　）万元的，主管税务机关无须事前进行实地查验，受理即办。

A. 1　　B. 10　　C. 100　　D. 1 000

【参考答案】B

【解析】参见《税收征管操作规范》增值税专用发票（增值税税控系统）最高开票限额审批相关规定。

28. 根据《纳税担保试行办法》相关规定，纳税担保的适用主体（　　）。

A. 纳税人

B. 纳税人和扣缴义务人

C. 从事生产、经营的纳税人

D. 从事生产、经营的纳税人和扣缴义务人

【参考答案】C

【解析】《纳税担保试行办法》第三条第一款规定，税务机关有根据认为从事生产、经营的纳税人有逃避纳税义务行为，在规定的纳税期之前经责令其限期缴纳应纳税款，在限期内发现纳税人有明显的转移、隐匿其应纳税的商品、货物以及其他财产或者应纳税收入的迹象，责成纳税人提供纳税担保的。

29. 纳税人与其关联企业未按照独立企业之间的业务往来支付价款、费用的，税务机关可以调整的最长限期是（　　）。

A. 3 年内　　B. 5 年内　　C. 10 年内　　D. 无限期

【参考答案】C

【解析】《税收征管法实施细则》第五十六条规定，纳税人与其关联企业未按照独立企业之间的业务往来支付价款、费用的，税务机关自该业务往来发生的纳税年度起 3 年内进行调整；有特殊情况的，可以自该业务往来发生的纳税年度起 10 年内进行调整。

30. 税务机关行使查账权时，经所属设区的市、自治州以上税务局局长批准，可调取当年的账簿、记账凭证、报表和其他有关资料，并在（　　）内完整归还。

A. 30 日　　B. 60 日　　C. 3 个月　　D. 6 个月

【参考答案】A

【解析】税务机关行使查账权时，经所属设区的市、自治州以上税务局局长批准，可调取当年的账簿、记账凭证、报表和其他有关资料，并在30内完整归还。

31. 对于核定征收企业所得税，下列表述不正确的是（　　）。

A. 严格按照规定的范围和标准确定企业所得税的征收方式

B. 可以根据需要扩大核定征收企业所得税范围

C. 严禁按照行业或者企业规模大小，“一刀切”地搞企业所得税核定征收

D. 税务机关应积极督促核定征收企业所得税的纳税人建账建制，改善经营管理，引导纳税人向查账征收方式过渡

【参考答案】B

【解析】严格按照规定的范围和标准确定企业所得税的征收方式。不得违规扩大核定征收企业所得税范围。严禁按照行业或者企业规模大小，“一刀切”地搞企业所得税核定征收。税务机关应积极督促核定征收企业所得税的纳税人建账建制，改善经营管理，引导纳税人向查账征收方式过渡。

32. 税务机关送达税务文书，应当直接送交受送达人。受送达人是法人的，不可以签收的是（　　）。

A. 法定代表人　　　　B. 财务负责人

C. 办税人员　　　　D. 负责收件的前台人员

【参考答案】C

【解析】《税收征管法实施细则》第一百零一条规定，税务机关送达税务文书，应当直接送交受送达人。受送达人是公民的，应当由本人直接签收；本人不在的，交其同住成年家属签收。受送达人是法人或者其他组织的，应当由法人的法定代表人、其他组织的主要负责人或者该法人、组织的财务负责人、负责收件的人签收。受送达人有代理人的，可以送交其代理人签收。

33. 同一送达事项的受送达人众多，税务机关可以公告送达税务文书，自公告之日在一定期限即视为送达，这个期限是（　　）日。

A. 10　　B. 20　　C. 30　　D. 60

【参考答案】C

【解析】《税收征管法实施细则》第一百零六条规定，有下列情形之一的，税务机关可以公告送达税务文书，自公告之日起满30日，即视为送达：（1）同一送达事项的受送达人众多；（2）采用本章规定的其他送达方式无法送达。

34. 属于上级督办的重大税收违法案件，在接到督办机关《重大税收违法案件督办函》后，应当在（　　）个工作日内制订重大税收违法案件查处方案，并做好检查前准备。

A. 3　　B. 5　　C. 10　　D. 15

【参考答案】C

【解析】属于上级督办的重大税收违法案件，在接到督办机关《重大税收违法案件督办函》后，应当在10个工作日内制订重大税收违法案件查处方案，并做好检查前准备。

35. 关于增值税的销售额，下列说法正确的是（　　）。

A. 旅游服务，一律以取得的全部价款和价外费用为销售额

B. 经纪代理服务，以取得的全部价款和价外费用为销售额

C. 劳务派遣服务，一律以取得的全部价款和价外费用为销售额

D. 航空运输企业的销售额不包括代收的机场建设费

【参考答案】D

【解析】选项A：纳税人提供旅游服务，可以选择以取得的全部价款和价外费用，扣除向旅游服务购买方收取并支付给其他单位或者个人的住宿费、餐饮费、交通费、签证费、门票费和支付给其他接团旅游企业的旅游费用后的余额为销售额；选项B：经纪代理服务，以取得的全部价款和价外费用，扣除向委托方收取并代为支付的政府性基金或者行政事业性收费后的余额为销售额；选项C：劳务派遣服务，可以选择差额纳税，以全部价款和价外费用，扣除代用工单位支付给劳务派遣员工的工资、福利和为其办理社会保险及住房公积金后的余额为销售额，按照简易计税方法计算缴纳增值税。

36. 下列属于税务行政执法主体的是（　　）。

A. 接受税务局委托对网络经营者代征税款的电商平台

B. 县税务局在某乡镇设立的税务所

C. 市税务局稽查局负责审理案件的审理科

D. 处理办公大楼施工招投标事宜的税务局副局长

【参考答案】B

【解析】B选项，税务所是《中华人民共和国税收征收管理法》授权的执法主体。A选项，受委托的电商平台不是执法主体，委托方是执法主体；C选项，审理科是内审机构，不是执法主体；D选项，副局长是个人，属具体执行人员，但不是执法主体。

37. 下列涉税事项中，属于税务行政许可事项的是（　　）。

A. 增值税发票领购审批　　B. 小微企业所得税优惠资格认定

C. 纳税主体资格注销审批　　D. 增值税专用发票最高开票限额的审批

【参考答案】D

【解析】按最新规定，目前税务系统唯一保留的行政许可是增值税专用发票最高开票限额的审批。

38. 下列情形中，对当事人不予处罚的是（　　）。

A. 未满14周岁的未成年人有税收违法行为的

B. 主动消除或减轻税收违法行为危害后果的

C. 受他人胁迫有税收违法行为的

D. 配合行政机关查处税收违法行为有立功表现的

【参考答案】A

【解析】未满 14 周岁的未成年人有税收违法行为不予行政处罚，除此之外，还包括违法情节轻微，但期限内改正，未造成危害后果的。B、C、D 项都是依法应当从轻或减轻处罚的情形。

39.《中华人民共和国税收征收管理法》第三十八条规定："税务机关有根据认为从事生产、经营的纳税人有逃避纳税义务行为的，可以在规定的纳税期之前，责令限期缴纳应纳税款；在限期内发现纳税人有明显的转移、隐匿其应纳税的商品、货物以及其他财产或者应纳税的收入的迹象的，税务机关可以责成纳税人提供纳税担保。如果纳税人不能提供纳税担保，经县以上税务局（分局）局长批准，税务机关可以采取下列税收保全措施……。"下列对本条的理解，错误的是（　　）。

A. 保全的行政相对人是已办理税务登记的从事生产、经营的纳税人，不能适用于其他纳税人、扣缴义务人或纳税担保人

B. 保全的标的是纳税人当期的应纳税款，不包括滞纳金

C. 适用于法定的纳税期到期以前，因此被称为期前保全

D. 税收保全有特别的审批要求，须经县以上税务局（分局）局长批准

【参考答案】B

【解析】保全的范围包括税款的本金和滞纳金。

40. 根据《中华人民共和国国家赔偿法》规定，税务行政赔偿的义务主体是（　　）。

A. 国家　　　　B. 拨付赔偿金的财政机关

C. 违法行使职权的税务机关工作人员　　　　D. 违法行使职权的税务机关

【参考答案】D

【解析】由国家承担赔偿责任，赔偿义务机关是税务机关，赔偿范围是特定的，取得赔偿的途径是多样的。

二、多项选择题

1. 强制执行过程中，有下列（　　）情形的，税务机关中止执行。

A. 当事人履行行政决定确有困难或者暂无履行能力的

B. 第三人对执行标的主张权利，确有理由的

C. 执行标的灭失的

D. 执行可能造成难以弥补的损失，且中止执行不损害公共利益的

【参考答案】ABD

【解析】参见《税收征管操作规范》强制执行（解除）中止、终结处理相关规定。

2. 行政复议机构应当对被申请人的具体行政行为提出审查意见，具体行政行为有下列（　　）情形的，经行政复议机关负责人批准，作出变更或者确认该具体行政行为违法的行政复议决定。

A. 主要事实不清、证据不足的　　B. 适用依据错误的

C. 违反法定程序的　　D. 超越职权或者滥用职权的

【参考答案】ABCD

【解析】参见《税收征管操作规范》变更原行政行为相关规定。

3. 如果纳税人确实有特殊困难，是可以延期缴纳税款的，但可以按期缴纳税款，必须经（　　）批准。

A. 国家税务总局　　B. 省级税务局

C. 计划单列市级税务局　　D. 县以上税务局（分局）

【参考答案】BC

【解析】如果纳税人确实有特殊困难，是可以延期缴纳税款的，但可以按期缴纳税款，必须经省级税务局、计划单列市级税务局批准。

4. 税务机关应在非正常户认定的次月，在（　　）公告非正常户。

A. 办税场所　　B. 广播　　C. 电视　　D. 报纸、期刊

【参考答案】ABCD

【解析】税务机关应在非正常户认定的次月，在办税场所或者广播、电视、报纸、期刊、网络等媒体上公告非正常户。

5. 对于《税收征管操作规范》的理解，以下说法正确的有（　　）。

A. 从“互联网＋”“大数据”等信息化视角出发

B. 统一业务标准，简化征管流程

C. 实施后将实现业务事项和报送资料精简近50%，表证单书精简超过20%

D. 更好地促进办税缴费提速减负。

【参考答案】ABCD

【解析】《税收征管操作规范》从“互联网＋”“大数据”等信息化视角出发，统一业务标准，简化征管流程，实施后将实现业务事项和报送资料精简近50%，表证单书精简超过20%，更好地促进办税缴费提速减负

6. 中共中央办公厅、国务院办公厅印发的《关于进一步深化税收征管改革的意见》指导思想中明确，深入推进（　　）、大幅提高税法遵从度和社会满意度，明显降低征纳成本，充分发挥税收在国家治理中的基础性、支柱性、保障性作用，为推动高质量发展提供有力支撑。

A. 精确执法　　B. 精细服务　　C. 精准监管　　D. 精诚共治

【参考答案】ABCD

【解析】以习近平新时代中国特色社会主义思想为指导，全面贯彻党的十九大和十九届二中、三中、四中、五中全会精神，围绕把握立足新发展阶段、贯彻新发展理念、构建新发展格局，深化税收征管制度改革，着力建设以服务纳税人缴费人为中心、以发票电子化改革为突破口、以税收大数据为驱动力的具有高集成功能、高安全性能、高应用效能的智慧税务，深入推进精确执法、精细服务、精准监管、精诚共治，大幅提高税法遵从度和社会满意度，明显降低征纳成本，充分发挥税收在国家治理中的基础性、支柱性、保障性作用，为推动高质量发展提供有力支撑。

7.《关于进一步深化税收征管改革的意见》指出，主要目标是到2023年基本建成（　　）。

A. 在税务执法规范性、税费服务便捷性、税务监管精准性上取得重要进展

B. “无风险不打扰、有违法要追究、全过程强智控”的税务执法新体系

C. 从经验式执法向科学精确执法转变

D. “线下服务无死角、线上服务不打烊、定制服务广覆盖”的税费服务新体系

E. 实现从无差别服务向精细化、智能化、个性化服务转变

【参考答案】BCDE

【解析】主要目标包括：到2022年，在税务执法规范性、税费服务便捷性、税务监管精准性上取得重要进展。到2023年，基本建成“无风险不打扰、有违法要追究、全过程强智控”的税务执法新体系，实现从经验式执法向科学精确执法转变；基本建成“线下服务无死角、线上服务不打烊、定制服务广覆盖”的税费服务新体系，实现从无差别服务向精细化、智能化、个性化服务转变；基本建成以“双随机、一公开”监管和“互联网 + 监管”为基本手段、以重点监管为补充、以“信用 + 风险”监管为基础的税务监管新体系，实现从“以票管税”向“以数治税”分类精准监管转变。到2025年，深化税收征管制度改革取得显著成效，基本建成功能强大的智慧税务，形成国内一流的智能化行政应用系统，全方位提高税务执法、服务、监管能力。

8. 为落实《中华人民共和国印花税法》，加强征收管理和纳税服务，以下说法正确的有（　　）。

A. 纳税人应当根据书立印花税应税合同、产权转移书据和营业账簿情况，填写“印花税税源明细表（附件1）”，进行财产行为税综合申报

B. 应税合同、产权转移书据未列明金额，在后续实际结算时确定金额的，纳税人可以不在书立应税合同、产权转移书据的首个纳税申报期申报应税合同、产权转移书据书立情况，在实际结算后下一个纳税申报期，以实际结算金额计算申报缴纳印花税

C. 印花税按季、按年或者按次计征

D. 纳税人为境外单位或者个人，在境内有代理人的，以其境内代理人为扣缴义务人

【参考答案】ACD

【解析】纳税人应当根据书立印花税应税合同、产权转移书据和营业账簿情况，填写“印花税税源明细表（附件1）”，进行财产行为税综合申报。

应税合同、产权转移书据未列明金额，在后续实际结算时确定金额的，纳税人应当于书立应税合同、产权转移书据的首个纳税申报期申报应税合同、产权转移书据书立情况，在实际结算后下一个纳税申报期，以实际结算金额计算申报缴纳印花税。

印花税按季、按年或者按次计征。应税合同、产权转移书据印花税可以按季或者按次申报缴纳，应税营业账簿印花税可以按年或者按次申报缴纳，具体纳税期限由各省、自治区、直辖市、计划单列市税务局结合征管实际确定。

境外单位或者个人的应税凭证印花税可以按季、按年或者按次申报缴纳，具体纳税期限由各省、自治区、直辖市、计划单列市税务局结合征管实际确定。

9. 下列行政行为中，属于税务机关行使行政裁量权的有（　　）。

A. 对不缴少缴税款的纳税人选择具体的处罚适用条款

B. 按照规定核定税额、确定应税所得率

C. 对偷税行为在50%与5倍之间选择具体处罚比例

D. 对被强制执行人多项财产选择具体的执行标的物

【参考答案】BCD

【解析】税务行政裁量权，是指税务机关根据法律、法规和规章的规定，综合考虑税收违法行为的事实、性质、情节及社会危害程度，选择种类和幅度并作出决定的权力。选项A是法律适用问题，不是行政裁量权运用；BCD当选。

10. 根据《纳税担保试行办法》规定，下列关于纳税担保相关限期的说法错误的有（　　）。

A. 税务机关自纳税人应缴纳税款的期限届满之日起60日内有权要求纳税保证人承担保证责任，缴纳税款、滞纳金

B. 纳税保证人应当自收到税务机关的纳税通知书之日起30日内履行保证责任，缴纳税款及滞纳金

C. 纳税保证人未履行担保责任，由税务机关发出责令限期缴纳通知书，责令纳税保证人在限期20日内缴纳

D. 纳税人在规定的期限届满未缴清税款及滞纳金，纳税保证人自收到纳税通知书之日起30日内缴纳税款及滞纳金，履行担保责任

【参考答案】BCD

【解析】《纳税担保试行办法》第十二条规定，保证期间为纳税人应缴纳税款期限届满之日起60日，即税务机关自纳税人应缴纳税款的期限届满之日起60日内有权要求纳税保证人承担保证责任，缴纳税款、滞纳金。履行保证责任的期限为15日，即纳税保证人

应当自收到税务机关的纳税通知书之日起 15 日内履行保证责任，缴纳税款及滞纳金。

纳税保证期间内税务机关未通知纳税保证人缴纳税款及滞纳金以承担担保责任的，纳税保证人免除担保责任。

第十三条规定，纳税人在规定的期限届满未缴清税款及滞纳金，税务机关在保证期限内书面通知纳税保证人的，纳税保证人应按照纳税担保书约定的范围，自收到纳税通知书之日起 15 日内缴纳税款及滞纳金，履行担保责任。纳税保证人未按照规定的履行保证责任的期限缴纳税款及滞纳金的，由税务机关发出责令限期缴纳通知书，责令纳税保证人在限期 15 日内缴纳。

11. 根据征管法规定，税务机关有权进行税务检查的方式包括（　　）。

A. 到纳税人的生产、经营场所和住宅检查纳税人应纳税的商品、货物或者其他财产，检查扣缴义务人与代扣代缴、代收代缴税款有关的经营情况

B. 询问纳税人、扣缴义务人与纳税或者代扣代缴、代收代缴税款有关的问题和情况

C. 到车站、码头、机场、邮政企业及其分支机构检查纳税人托运、邮寄应纳税商品、货物或者其他财产的有关单据、凭证和有关资料

D. 责成纳税人、扣缴义务人提供与纳税或者代扣代缴、代收代缴税款有关的文件、证明材料和有关资料

【参考答案】BCD

【解析】根据《中华人民共和国税收征收管理法》第五十四条的规定，到纳税人的生产、经营场所和货物存放地检查纳税人应纳税的商品、货物或者其他财产，检查扣缴义务人与代扣代缴、代收代缴税款有关的经营情况。

12. 税务部门通过信息共享获取市场监督管理部门推送的企业拟申请简易注销登记信息后，应按照规定的程序和要求，查询税务信息系统核实企业的相关涉税情况，对于经查询显示为（　　）情形的纳税人，税务部门不提出异议；对于仍有未办结涉税事项的企业，税务部门在公告期届满次日向市场监督管理部门提出异议。

A. 未办理过涉税事宜的纳税人

B. 办理过涉税事宜但没领过发票、没有欠税和没有其他未办结事项的纳税人

C. 在公告期届满之日前已办结缴销发票、结清应纳税款等清税手续的纳税人

D. 在公告期届满之日后已办结缴销发票、结清应纳税款等清税手续的纳税人

【参考答案】ABC

【解析】参见《税收征管操作规范》简易注销信息反馈相关规定。

13. 税务机关对被许可人从事许可活动进行核查时，发现其存在下列（　　）情形时，采取办理注销该税务行政许可手续的业务。

A. 行政许可有效期届满未延续的

B. 赋予公民特定资格的行政许可，该公民死亡或者丧失行为能力的

C. 法人或者其他组织依法终止的

D. 行政许可依法被撤销、撤回，或者行政许可证件依法被吊销的

【参考答案】ABCD

【解析】参见《税收征管操作规范》税务行政许可注销相关规定。

14. 下列关于城市维护建设税计税依据的表述中，正确的有（　　）。

A. 对出口产品退还增值税的，同时退还已缴纳的城市维护建设税

B. 纳税人违反增值税法规定被加收的滞纳金应计入城市维护建设税的计税依据

C. 纳税人被查补消费税时应同时对查补的消费税补缴城市维护建设税

D. 经税务局正式审批的当期免抵的增值税税额应计入城市维护建设税的计税依据

【参考答案】CD

【解析】城建税进口不征，出口不退；纳税人违反“两税”有关规定而加收的滞纳金和罚款，不作为城建税的计税依据。

15. 以下享受土地增值税优惠政策的有（　　）。

A. 企事业单位、社会团体以及其他组织转让旧房作为改造安置住房房源且增值额未超过扣除项目金额20%的

B. 房地产企业分设为两个与原企业投资主体相同的企业，对原企业将国有土地、房屋权属转移、变更到分立后的企业

C. 纳税人建造普通标准住宅出售，增值额未超过扣除项目金额20%的

D. 因实施市政府批准的建设项目而进行搬迁，纳税人自行转让原房地产的

【参考答案】AC

【解析】选项A，《财政部、国家税务总局关于棚户区改造有关税收政策的通知》（财税〔2013〕101号）规定：“企事业单位、社会团体以及其他组织转让旧房作为改造安置住房房源且增值额未超过扣除项目金额20%的，免征土地增值税。”

选项B，根据《财政部 税务总局关于继续实施企业改制重组有关土地增值税政策的公告》（财政部 税务总局公告2021年第21号）第三条规定：按照法律规定或者合同约定，企业分设为两个或两个以上与原企业投资主体相同的企业，对原企业将房地产转移、变更到分立后的企业，暂不征土地增值税。第五条规定：上述改制重组有关土地增值税政策不适用于房地产转移任意一方为房地产开发企业的情形。

选项C，依据《中华人民共和国土地增值税暂行条例实施细则》（财法字〔1995〕6号）第十一条法则第八条（一）项所称的普通标准住宅，是指按所在地一般民用住宅标准建造的居住用住宅。高级公寓、别墅、度假村等不属于普通标准住宅。普通标准住宅与其他住宅的具体划分界线由各省、自治区、直辖市人民政府规定。纳税人建造普通标准住宅出售，增值额未超过本细则第七条（一）、（二）、（三）、（五）、（六）

项扣除项目金额之和20%的，免征土地增值税；增值额超过扣除项目金额之和20%的，应就其全部增值额按规定计税。

选项D，根据《中华人民共和国土地增值税暂行条例》第八条，“有下列情形之一的，免征土地增值税：（2）因国家建设需要依法征用、收回的房地产。”并且《中华人民共和国土地增值税暂行条例实施细则》第十一条第三款对该项所称的“因国家建设需要依法征用、收回的房地产”进行了具体的解释。即“是指因城市实施规划、国家建设的需要而被政府批准征用的房产或收回的土地使用权。”并且在该条的第四款进一步规定了“因城市实施规划、国家建设的需要而搬迁，由纳税人自行转让原房地产的，比照本规定免征上地增值税。”

但需要注意的是，《财政部 国家税务总局关于土地增值税若干问题的通知》（财税〔2006〕21号）第四条对关于“因城市实施规划、国家建设需要而搬迁，纳税人自行转让房地产的征免税问题”进一步进行了限定。规定因“城市实施规划”而搬迁，是指因旧城改造或因企业污染、扰民（指产生过量废气、废水、废渣和噪音，使城市居民生活受到一定危害），而由政府或政府有关主管部门根据已审批通过的城市规划确定进行搬迁的情况；因“国家建设的需要”而搬迁，是指因实施国务院、省级人民政府、国务院有关部委批准的建设项目而进行搬迁的情况。

也就是说自行转让房地产的土地增值税优惠，限于两种情况：

（1）对于因城市实施规划而搬迁纳税人自行转让房地产的，仅限定于“旧城改造”和“因企业污染、扰民”的原因；

（2）因国家建设需要而搬迁由纳税人自行转让房地产的，仅限于国务院、省级人民政府、国务院有关部委批准的建设项目。

16. 经税务机关同意，纳税担保人为纳税人应当缴纳的税款及滞纳金提供担保的方式包括（　　）。

A. 书面承诺　　B. 保证　　C. 抵押　　D. 质押

【参考答案】BCD

【解析】《纳税担保试行办法》第二条规定，本办法所称纳税担保，是指经税务机关同意或确认，纳税人或其他自然人、法人、经济组织以保证、抵押、质押的方式，为纳税人应当缴纳的税款及滞纳金提供担保的行为。

17. 建立健全以“信用 + 风险”为基础的新型监管机制。以（　　）为主要内容的自然人税费服务与监管体系。依法加强对高收入高净值人员的税费服务与监管。

A. 数据集成　　B. 优质服务　　C. 提醒纠错　　D. 依法查处

【参考答案】ABCD

【解析】建立健全以“信用 + 风险”为基础的新型监管机制。健全守信激励和失信惩戒制度，充分发挥纳税信用在社会信用体系中的基础性作用。建立健全纳税缴费信用评价制度，对纳税缴费信用高的市场主体给予更多便利。在全面推行实名办税缴费制度基础上，实行纳税人缴费人动态信用等级分类和智能化风险监管，既以最严格的标准防范逃避税，又避免影响企业正常生产经营。健全以“数据集成+优质服务+提醒纠错+依法查处”为主要内容的自然人税费服务与监管体系。依法加强对高收入高净值人员的税费服务与监管。

18. 加强重点领域风险防控和监管。对逃避税问题多发的行业、地区和人群，根据税收风险适当提高“双随机、一公开”抽查比例。对（　　）等逃避税行为，加强预防性制度建设，加大依法防控和监督检查力度。

A. 隐瞒收入

B. 虚列成本

C. 转移利润

D. 利用“税收洼地”“阴阳合同”和关联交易

【参考答案】ABCD

【解析】加强重点领域风险防控和监管。对逃避税问题多发的行业、地区和人群，根据税收风险适当提高“双随机、一公开”抽查比例。对隐瞒收入、虚列成本、转移利润以及利用“税收洼地”“阴阳合同”和关联交易等逃避税行为，加强预防性制度建设，加大依法防控和监督检查力度。

19. 下列关于综合数据分析平台的说法正确的有（　　）。

A. 固定需求是指数据来源、分析对象、范围、方法、结果相对固定，可以通过平台自动完成的数据分析需求

B. 临时需求是根据税收工作需要，临时从数据库后台组织相关数据进行分析处理的需求

C. 临时需求如有稳定的数据源、较长的应用周期和较广的应用范围，应及时转为固定需求，通过平台开发实现

D. 固定需求须由平台用户个人提出申请并组织填写《综合数据分析平台固定需求业务需求说明书》，按税务总局信息化项目相关管理办法规定的程序执行，税务总局电子税务管理中心组织开发实现

【参考答案】ABC

【解析】根据《国家税务总局综合数据分析平台管理办法（试行）》规定，固定需求须由平台用户单位提出申请并组织填写《综合数据分析平台固定需求业务需求说明书》（附件3），按税务总局信息化项目相关管理办法规定的程序执行，税务总局电子税务管理中心组织开发实现。

20. 下列关于网上办税系统技术要求说法正确的有（　　）。

A. 网上办税系统不支持纳税人多账号分权限管理

B. 网上办税系统数据类型主要包括：涉税业务数据、非涉税业务数据、安全审计数据、管理配置数据

C. 网上办税系统用户主要包括：纳税人、税务人员、管理员、税务代理

D. 受移动终端的界面、功能与性能的限制，移动互联网方式当前主要用于解决操作简单、办理实时性高的业务

【参考答案】BCD

【解析】根据《网上办税系统技术要求》规定，网上办税系统可根据业务需要支持纳税人多账号分权限管理，并根据不同账号权限操作可用业务。

21. 根据《行政处罚法》《税收征收管理法》的规定，下列关于税务行政处罚追究时效规定的说法中，不正确的有（　　）。

A. 违反税收法律、行政法规应当给予行政处罚的行为，在 2 年内未被发现的，不再给予行政处罚

B. 违反税收规章应当给予行政处罚的行为，在 3 年内未被发现的，不再给予行政处罚

C. 违反税收规章应当给予行政处罚的行为，在 5 年内未被发现的，不再给予行政处罚

D. 违反税收法律、行政法规应当给予行政处罚的行为，在 5 年内未被发现的，不再给予行政处罚

【参考答案】ABC

【解析】根据《税收征管法》第八十六条的规定，违反税收法律、行政法规应当给予行政处罚的行为，在 5 年内未被发现的，不再给予行政处罚。

22. 加强对风险纳税人的发票发放管理，对下列（　　）纳税人，主管税务机关可以严格控制其增值税专用发票最高开票限额。

A. “一址多照”、无固定经营场所的纳税人

B. 信用等级评价为 D 级或严重税收失信的纳税人

C. 其法人或财务负责人曾任非正常户或走逃失联企业的法人或财务负责人的纳税人

D. 其他税收风险等级较高的纳税人

【参考答案】ABCD

【解析】参见《税收征管操作规范》增值税专用发票（增值税税控系统）最高开票限额审批相关规定。

23. 按照《中华人民共和国行政处罚法》关于行政处罚一般程序的规定，下列程序事项中，必经的事项有（　　）。

A. 调查　　　　B. 告知

C. 听证　　　　D. 送达处罚决定书

【参考答案】ABD

【解析】根据《中华人民共和国行政处罚法》的规定，处罚的一般程序中必经的程序事项有调查、告知、听取当事人陈述和申辩、作出处罚决定、制作并送达处罚决定书。而听证并不是处罚的必经程序。

24. 下列关于行政强制的措施和执行程序说法，正确的有（　　）。

A. 延长查封、扣押的决定应当及时书面或口头告知当事人，并说明理由

B. 经催告，当事人逾期仍不履行行政决定的，且无正当理由，行政机关可以作出强制执行决定

C. 执行标的灭失的，应终结执行

D. 鉴于行政机关的职权分工，当事人的场所、设施或者财物已被其他国家机关依法查封的，不可以重复查封

【参考答案】BCD

【解析】根据《中华人民共和国行政强制法》第二十五条的规定，延长查封、扣押的决定应当及时书面告知当事人，并说明理由，因此口头告知不符合法律规定。根据《中华人民共和国行政强制法》第三十七条的规定，经催告，当事人逾期仍不履行行政决定，且无正当理由的，行政机关可以作出强制执行决定，因此如果当事人有正当理由，行政机关不可以作出强制执行决定。根据《中华人民共和国行政强制法》第四十条规定，对执行标的灭失的，终结执行。根据《中华人民共和国行政强制法》第二十三条的规定，当事人的场所、设施或者财物已被其他国家机关依法查封的，不得重复查封。

25. 下列行业的个体工商户可以采取定期定额核定征收方式的有（　　）。

A. 道路运输　　B. 加油站　　C. 文化体育　　D. 烟酒零售

【参考答案】ACD

【解析】根据《国家税务总局关于加强加油站税收征管有关问题的通知》（国税发〔1998〕100号）相关规定，各地税务机关对各加油站一律取消定期定额方式征收税款，改按纳税人自行申报，税务机关查账或核定征收。

26. 在税务行政诉讼中，原告承担举证责任的事项有（　　）。

A. 证明起诉符合法定条件

B. 在起诉被告不作为的案件中，证明其提出申请的事实

C. 在一并提起的行政赔偿诉讼中，证明因受被诉行为侵害而造成损失的事实

D. 税务机关认为原告起诉超过起诉期限的情形

【参考答案】ABC

【解析】在行政诉讼的一审程序中，法律把证明合法性的举证责任配置给了税务机关，但作为原告也有一定的举证责任。主要包含以下几种情形：一是证明起诉符合法

定条件。二是在起诉被告不作为的案件中，证明其提出申请的事实。三是在一并提起的行政赔偿诉讼中，证明因受被诉行为侵害而造成损失的事实。四是其他应当由原告承担举证责任的事项。被告税务机关认为原告的起诉超过诉讼时效时，《中华人民共和国行政诉讼法》并未分配给原告证明其起诉未过时效的责任，而是要由被告税务机关来证明原告的起诉已超过时效。

27. 税务行政赔偿的方式，主要包括（　　）。

A. 返还财产　　B. 恢复原状

C. 支付赔偿金　　D. 支付违约金

【参考答案】ABC

【解析】《中华人民共和国国家赔偿法》第三十二条规定，国家赔偿以支付赔偿金为主要方式，能够返还财产或者恢复原状的，予以返还财产或者恢复原状。故税务行政赔偿的方式包括支付赔偿金、返还财产、恢复原状等。支付违约金是民事责任的承担方式。

28. 税务机关通过民事诉讼方式实现税款征收的税收保障措施有（　　）。

A. 代位权　　B. 撤销权

C. 税收优先权　　D. 纳税抵押

【参考答案】AB

【解析】税收优先权和纳税抵押是实现税款征收的税收保障措施，但不需要通过提起民事诉讼的方式来实现。故选项 C、D 错误。

29. 欠缴税款的纳税人（　　），对国家税收造成损失的，税务机关可以行使代位权。

A. 放弃到期债权

B. 无偿转让财产

C. 怠于行使到期债权

D. 以明显不合理的低价转让财产而受让人知道该情形

【参考答案】ABCD

【解析】《税收征管法》第五十条规定，欠缴税款的纳税人因怠于行使到期债权，或者放弃到期债权，或者无偿转让财产，或者以明显不合理的低价转让财产而受让人知道该情形，对国家税收造成损害的，税务机关可以依照合同法第七十三条、第七十四条的规定行使代位权、撤销权。

30. 下列违法行为中，由税务机关责令限期改正，可以处二千元以下的罚款的有（　　）。

A. 未按照规定将其全部银行账号向税务机关报告的

B. 扣缴义务人未按照规定设置、保管代扣代缴、代收代缴税款账簿或者保管代扣代缴、代收代缴税款记账凭证及有关资料的

C. 未按照规定安装、使用税控装置，或者损毁或者擅自改动税控装置的

D. 非法印制、转借、倒卖、变造或者伪造完税凭证的

E. 纳税人、扣缴义务人编造虚假计税依据的

【参考答案】ABC

【解析】根据《税收征管法》第六十条、第六十一条、第六十四条和《税收征管法实施细则》第九十一条相关规定。

三、判断题

1. 为深入贯彻党的十九大精神，进一步落实《深化国税、地税征管体制改革方案》，深化税务系统“放管服”改革、优化税收环境，税务总局制定了《深化大企业纳税服务若干工作措施》，提出了针对大企业纳税服务的 18 项工作措施。（　）

【参考答案】√

【解析】《国家税务总局办公厅关于印发深化大企业纳税服务若干工作措施的通知》（税总办发〔2017〕170 号）。

2. 对情节复杂、争议较大、处罚较重、影响较广或者拟减轻处罚等税务行政处罚案件，应当经过集体审议决定。（　）

【参考答案】√

【解析】参见《税收征管操作规范》税务行政处罚案件集体审议相关规定。

3. 被处罚对象确有经济困难，需要延期或者分期缴纳罚款的，经被处罚对象（当事人）申请和税务机关批准，可以暂缓或者分期缴纳。（　）

【参考答案】√

【解析】参见《税收征管操作规范》延（分）期缴纳罚款申请审批相关规定。

4.《关于进一步深化税收征管改革的意见》提出，2023 年基本实现税务机关信息“一局式”深入推进对纳税人缴费人行为的自动分析管理、对税务人员履责的全过程自控考核考评、对税务决策信息和任务的自主分类推送。（　）

【参考答案】√

【解析】2022 年基本实现法人税费信息“一户式”、自然人税费信息“一人式”智能归集，2023 年基本实现税务机关信息“一局式”、税务人员信息“一员式”智能归集，深入推进对纳税人缴费人行为的自动分析管理、对税务人员履责的全过程自控考核考评、对税务决策信息和任务的自主分类推送。

5. 行政裁量权并不是任意裁量的权力，应受合理性原则的约束。（　）

【参考答案】√

【解析】合理性原则是指执法主体在执法活动中，特别是在行使自由裁量权时，必须客观、适度、合乎理性。

6. 2025 年建成税务部门与相关部门常态化、制度化数据共享协调机制，依法保障涉税涉费必要信息获取；健全涉税涉费信息对外提供机制，打造规模大、类型多、价值高、颗粒度细的税收大数据，高效发挥数据要素驱动作用。（　　）

【参考答案】√

【解析】《关于进一步深化税收征管改革的意见》明确：2025 年建成税务部门与相关部门常态化、制度化数据共享协调机制，依法保障涉税涉费必要信息获取；健全涉税涉费信息对外提供机制，打造规模大、类型多、价值高、颗粒度细的税收大数据，高效发挥数据要素驱动作用。

7. “以‘三证合一、一照一码’改革为契机，扩大与有关部门合作的范围和领域，实现信息共享、管理互助、信用互认。”体现的是通过推进涉税信息共享构建税收共治格局。（　　）

【参考答案】×

【解析】“以‘三证合一、一照一码’改革为契机，扩大与有关部门合作的范围和领域，实现信息共享、管理互助、信用互认。”体现的是通过拓展跨部门税收合作构建税收共治格局。

8. 对欠税人应建立报告制度，凡纳税人没有缴清欠税的，应定期向主管税务机关报告其生产经营、资金往来、债权债务、投资和欠税原因、清欠计划等情况，报告间隔期最长不得超过 2 个月。（　　）

【参考答案】×

【解析】根据《国家税务总局关于进一步加强欠税管理工作的通知》（国税发〔2004〕66 号）第二条第三款，建立欠税人报告制度。凡纳税人没有缴清欠税的，应定期向主管税务机关报告其生产经营、资金往来、债权债务、投资和欠税原因、清欠计划等情况，报告间隔期由各地依据欠税程度确定，但最长不得超过 3 个月。

9. 财政是国家治理的基础和重要支柱，科学的财税体制是优化资源配置、维护市场统一、促进社会公平、实现国家长治久安的制度保障。（　　）

【参考答案】√

【解析】关于《中共中央关于全面深化改革若干重大问题的决定》的说明。

10.《关于进一步深化税收征管改革的意见》指出，到 2024 年基本建成税务执法质量智能控制体系。（　　）

【参考答案】×

【解析】《关于进一步深化税收征管改革的意见》中指出：到 2023 年基本建成税务执法质量智能控制体系。

11. 自 2019 年 1 月 1 日至 2025 年 12 月 31 日，对国家级、省级科技企业孵化器、大学科技园和国家备案众创空间自用以及无偿或通过出租等方式提供给在孵对象使用的

房产、土地，免征房产税和城镇土地使用税。 （ ）

【参考答案】 ×

【解析】自 2019 年 1 月 1 日至 2023 年 12 月 31 日，对国家级、省级科技企业孵化器、大学科技园和国家备案众创空间自用以及无偿或通过出租等方式提供给在孵对象使用的房产、土地，免征房产税和城镇土地使用税。

12. 自 2020 年 1 月 1 日至 2023 年 12 月 31 日，单位发给个人用于预防新型冠状病毒感染的肺炎的药品、医疗用品、防护用品等实物和现金，不计入工资、薪金收入，免征个人所得税。 （ ）

【参考答案】 ×

【解析】根据《关于延长部分税收优惠政策执行期限的公告》（财政部 税务总局公告 2022 年第 4 号）《财政部 税务总局关于支持新型冠状病毒感染的肺炎疫情防控有关个人所得税政策的公告》（财政部 税务总局公告 2020 年第 10 号）相关规定，单位发给个人用于预防新型冠状病毒感染的肺炎的药品、医疗用品和防护用品等实物（不包括现金），不计入工资、薪金收入，免征个人所得税。

13. 公告机关应当按期在办税场所或者广播、电视、报纸、期刊、网络等新闻媒体上公告纳税人的欠缴税款情况。企业或单位欠税的，每季公告一次。 （ ）

【参考答案】√

【解析】《欠税公告办法（试行）》（国家税务总局令第 9 号）第四条规定，公告机关应当按期在办税场所或者广播、电视、报纸、期刊、网络等新闻媒体上公告纳税人的欠缴税款情况。（1）企业或单位欠税的，每季公告一次；（2）个体工商户和其他个人欠税的，每半年公告一次；（3）走逃、失踪的纳税户以及其他经税务机关查无下落的非正常户欠税的，随时公告。

14. 全国税收调查的对象由重点调查企业和抽样调查企业组成，均为独立缴纳增值税的企业。 （ ）

【参考答案】√

【解析】参见《税收征管操作规范》税收调查企业认定相关规定。

15. 纳税人应进行土地增值税清算或经主管税务机关确定需要进行清算，但拒不清算或不提供清算资料的及在土地增值税清算审核中符合国家税务总局关于印发《土地增值税清算管理规程》的通知（国税发〔2009〕91 号）第三十四条的，税务机关可依职权对其进行土地增值税清算核定工作。 （ ）

【参考答案】√

【解析】参见《税收征管操作规范》土地增值税清算核定相关规定。

16. 计算土地增值税时，房地产企业缴纳的土地闲置费允许作为扣除项目金额扣除。

（ ）

【参考答案】 ×

【解析】计算土地增值税时，房地产企业缴纳的土地闲置费不允许作为扣除项目金额扣除。

17. 在国外出生的婴幼儿，其父母不可以享受 3 岁以下婴幼儿照护专项附加扣除政策。（　　）

【参考答案】 ×

【解析】《国务院关于设立 3 岁以下婴幼儿照护个人所得税专项附加扣除的通知》（国发〔2022〕8 号）规定，无论在国内出生还是在国外出生，其父母均可以享受 3 岁以下婴幼儿照护专项附加扣除政策。

18. 自 2019 年 1 月 1 日至 2023 年 12 月 31 日，对道路客运站场运营用地，包括站前广场、停车场、发车位、站务用地、站场办公用地、生产辅助用地，免征城镇土地使用税。（　　）

【参考答案】 √

【解析】自 2019 年 1 月 1 日至 2023 年 12 月 31 日，对城市公交站场、道路客运站场、城市轨道交通系统运营用地，免征城镇土地使用税。道路客运站场运营用地，包括站前广场、停车场、发车位、站务用地、站场办公用地、生产辅助用地。

19. 自 2019 年 1 月 1 日至 2023 年 12 月 31 日，对与高校学生签订的高校学生公寓租赁合同，减半征收印花税。（　　）

【参考答案】 ×

【解析】自 2019 年 1 月 1 日至 2023 年 12 月 31 日，对与高校学生签订的高校学生公寓租赁合同，免征印花税。

20. 自 2019 年 6 月 1 日至 2025 年 12 月 31 日，提供社区养老、托育、家政服务取得的收入，免征增值税。（　　）

【参考答案】 √

【解析】《关于养老、托育、家政等社区家庭服务业税费优惠政策的公告》（财政部 税务总局 发展改革委 民政部 商务部 卫生健康委公告 2019 年第 76 号）规定，提供社区养老、托育、家政服务取得的收入，免征增值税。本公告自 2019 年 6 月 1 日起执行至 2025 年 12 月 31 日。

21. 自 2019 年 1 月 1 日至 2023 年 12 月 31 日，对农产品批发市场、农贸市场（包括自有和承租，下同）专门用于经营农产品的房产、土地，暂免征收房产税和城镇土地使用税。对同时经营其他产品的农产品批发市场和农贸市场使用的房产、土地，按其他产品与农产品交易金额的比例确定征免房产税和城镇土地使用税。（　　）

【参考答案】 ×

【解析】自 2019 年 1 月 1 日至 2023 年 12 月 31 日，对农产品批发市场、农贸市场

（包括自有和承租，下同）专门用于经营农产品的房产、土地，暂免征收房产税和城镇土地使用税。对同时经营其他产品的农产品批发市场和农贸市场使用的房产、土地，按其他产品与农产品交易场地面积的比例确定征免房产税和城镇土地使用税。

22. 自 2019 年 1 月 1 日至 2023 年 12 月 31 日，对符合条件的从事污染防治的第三方企业减按 15% 的税率征收企业所得税。（　　）

【参考答案】√

【解析】《财政部 税务总局关于延长部分税收优惠政策执行期限的公告》（财政部 税务总局公告 2022 年第 4 号）《关于从事污染防治的第三方企业所得税政策问题的公告》（财政部 税务总局 国家发展改革委 生态环境部公告 2019 年第 60 号）规定：自 2019 年 1 月 1 日至 2023 年 12 月 31 日，对符合条件的从事污染防治的第三方企业减按 15% 的税率征收企业所得税。

23. 对已采取税收保全措施的商品、货物、其他财产或者财产权利，税务机关依法作出税务处理决定后，应及时办理税款、滞纳金或者罚款的入库手续。拍卖或者变卖所得抵缴税款、滞纳金、罚款后有余额的，税务机关应当自办理入库手续之日起 5 个工作日内退还纳税人。（　　）

【参考答案】×

【解析】对已采取税收保全措施的商品、货物、其他财产或者财产权利，税务机关依法作出税务处理决定后，应及时办理税款、滞纳金或者罚款的入库手续。拍卖或者变卖所得抵缴税款、滞纳金、罚款后有余额的，税务机关应当自办理入库手续之日起 3 个工作日内退还纳税人。

24. 税务机关应按照风险可控、放管服结合、利于遵从、便于办税的原则，对出口退（免）税企业进行分类管理。出口企业管理类别分为一类、二类、三类、四类，分别适用不同的出口退税管理。（　　）

【参考答案】√

【解析】参见《税收征管操作规范》出口退（免）税企业分类管理相关规定。

25. 固定业户应当向其机构所在地的主管税务机关申报纳税。总机构和分支机构不在同一县（市）的，应当分别向各自所在地的主管税务机关申报纳税；经国务院财政、税务主管部门或者其授权的财政、税务机关批准，可以由总机构汇总向任一机构所在地的主管税务机关申报纳税。（　　）

【参考答案】×

【解析】参见《税收征管操作规范》增值税、消费税汇总纳税报告。经国务院财政、税务主管部门或者其授权的财政、税务机关批准，可以由总机构汇总向总机构所在地的主管税务机关申报纳税。

26. 自 2018 年 7 月 27 日起，对实行增值税期末留抵退税的纳税人，允许其从城市维护

建设税、教育费附加和地方教育附加的计税（征）依据中扣除退还的增值税税额。（　　）

【参考答案】√

【解析】参见《税收征管操作规范》增值税期末留抵税额退税相关规定。

27. 税务机关向国库传递《中华人民共和国税收收入退还书》，由国库据以办理税款退还的方式为电子退库。（　　）

【参考答案】×

【解析】参见《税收征管操作规范》税收收入退还书开具相关规定。税务机关向国库传递《中华人民共和国税收收入退还书》，由国库据以办理税款退还的方式为手工退库。

28.《委托代征协议书》有效期最长不得超过 5 年。（　　）

【参考答案】×

【解析】《委托代征协议书》有效期最长不得超过 3 年。

29. 依据《欠税公告办法（试行）》（国家税务总局令第 9 号），公告的欠税包括税款、滞纳金和罚款。（　　）

【参考答案】×

【解析】参见《税收征管操作规范》欠税公告。公告的欠税不包括滞纳金和罚款。

30. 税务机关只要认定纳税人有偷税行为，就可将其纳入重大税收违法失信案件信息公布范围。（　　）

【参考答案】×

【解析】根据《重大税收违法失信案件信息公布办法》规定，重大税收违法失信案件的标准为：对于偷税行为，需查补税款金额 100 万元以上，且任一年度查补税额占当年各税种应纳税总额 10% 以上。并非只要查实偷税行为，就可认定为重大税收违法案件，将纳税人纳入“黑名单”管理。

四、简答题

1. 什么是税务行政赔偿，它的特点是什么？

【参考答案】

（1）税务行政赔偿，是指在税收执法过程中，因违法行使职权侵犯公民、法人或其他组织的合法权益造成损害，依法给予赔偿的制度。

（2）税务行政赔偿的特点：一是国家承担赔偿责任。二是赔偿按照“谁侵权，谁代表国家进行赔偿”的原则，具体实施赔偿义务只能由具体承担责任的税务机关代表国家实施。三是赔偿范围是法定的，赔偿方式和标准是既定的。四是提出赔偿请求程序灵活多样。根据《中华人民共和国国家赔偿法》规定，行政赔偿可以有多个途径和渠道，赔偿请求人取得行政赔偿可以先向行政赔偿义务机关提出，也可以通过行政复议、行政诉讼等渠道实现。请求人既可以单独提出行政赔偿请求，也可以在对具体行政行为申请行政复议或提起行政诉讼时一并提出赔偿请求。

2. 根据税法规定，个人所得税核定征收有哪些具体规定？

【参考答案】

（1）个人独资企业和合伙企业、个体工商户的生产、经营所得有下列情形之一的，主管税务机关可以采取核定征收方式征收个人所得税：

①企业依照国家有关规定应当设置但未设置账簿的；

②企业虽设置账簿，但账目混乱或者成本资料、收入凭证、费用凭证残缺不全，难以查账的；

③纳税人发生纳税义务，未按照规定的期限办理纳税申报，经税务机关责令限期申报，逾期仍不申报的。

个人独资企业以投资者为纳税义务人，合伙企业以每一个合伙人为纳税义务人（以下简称“投资者”）。

以上所说核定征收方式，包括定额征收、核定应税所得率征收以及其他合理的征收方式。

（2）加强规模较大的个人独资企业、合伙企业和个体工商户的生产、经营所得征收管理：

①加强建账管理；

②加强非法人企业注销登记管理；

③加强个人消费支出与非法人企业生产经营支出管理。

（3）纳税人未提供完整、准确的房屋原值凭证，不能正确计算房屋原值和应纳税额的，税务机关可按纳税人住房转让收入的一定比例核定应纳个人所得税额。

3. 对于涉税信息查询，你认为应注意的要点是什么？

【参考答案】

对于涉税信息查询，应掌握以下要点：

（1）涉税信息查询管理，是指税务机关依法对外提供的信息查询服务。可以查询的信息包括由税务机关专属掌握可对外提供查询的信息，以及有助于纳税人履行纳税义务的税收信息。

（2）纳税人可以通过网站、客户端软件、自助办税终端等渠道，经过有效身份认证和识别，自行查询税费缴纳情况、纳税信用评价结果、涉税事项办理进度等自身涉税信息。

（3）办理程序如下：

①申请。经过有效身份认证和识别，无法直接获取的涉税信息，可以向税务机关

提出涉税信息查询书面申请。

纳税人对查询结果有异议，提交相关证明材料等资料，可以向税务机关申请核实。

②受理。纳税人提交资料齐全、符合法定形式的，税务机关应当在本单位职责权限内予以受理。根据查询申请查询相关信息，出具查询结果。

③发放。发放人员出具《涉税信息查询结果告知书》送达纳税人。

④核实。纳税人对税务机关提供的信息有异议的，税务机关应当对信息进行核实，并将核实结果告知纳税人；税务机关确认涉税信息存在错误，应当及时进行信息更正。

4. 税务机关对居民企业采用核定方法征收企业所得税有哪些具体规定？

【参考答案】

（1）下列情况可采用核定征收方法：纳税人依照法律、行政法规的规定可以不设置账簿的；应当设置但未设置账簿的，擅自销毁账簿或者拒不提供纳税资料的；申报的计税依据明显偏低又无正当理由的；发生纳税义务未按期办理申报，经税务机关责令限期申报逾期仍不申报的；虽设置账簿但账目混乱或者成本资料、收入凭证、费用凭证残缺不全的；存在上述情形之一的。

（2）核定方法：税务机关有权采用下列任何一种方法核定其应纳税额：

①参照当地同类行业或者类似行业中经营规模和收入水平相近的纳税人的税负水平核定；

②按照应税收入额或成本费用支出额定率核定；

③按照耗用的原材料、燃料、动力等推算或测算核定；

④按照其他合理方法核定。

当采用一种方法不足以正确核定应纳税所得额或应纳税额的，可以同时采用两种以上的方法核定。

5. 税务事项通知的基本种类有哪些？

【参考答案】

税务事项通知的基本种类主要包括：

（1）税务事项通知书。

税务机关向纳税人、扣缴义务人通知有关税务事项时使用《税务事项通知书》。除法定的专用通知书外，税务机关在通知纳税人缴纳税款、滞纳金，要求当事人提供有关资料，办理有关涉税事项时均可使用此文书。

（2）社会保险费征缴事项通知。

需要向用人单位通知办理社会保险费缴费事项、要求用人单位提供担保和告知用人单位社会保险费征缴政策时，由税务人员制作《社会保险费征缴事项通知书》。

（3）非居民限期履行纳税义务告知。

非居民企业和非居民个人在中国境内承包工程作业和提供劳务，工程或劳务项目完毕，未按期结清税款并已离境的，主管税务机关可制作《税务事项告知书》，通过信函、电子邮件、传真等方式，告知该非居民限期履行纳税义务，同时通知境内发包方或劳务受让者协助追缴税款。

（4）应办理增值税一般纳税人登记告知。

增值税纳税人（以下简称“纳税人”），年应税销售额超过财务部、国家税务总局规定的小规模纳税人标准的，除《增值税一般纳税人登记管理办法》第四条规定的情形外，应当向其机构所在地主管税务机关办理一般纳税人登记手续。

（5）非居民企业所得税源泉扣缴限期申报缴纳税款通知。

扣缴义务人未依法扣缴或者无法履行扣缴义务的，取得所得的非居民企业应当向所得发生地主管税务机关申报缴纳未扣缴税款，并填报“中华人民共和国扣缴企业所得税报告表”。

（6）印有本单位名称增值税普通发票印制通知。

用票单位书面向省税务机关货劳部门提出要求使用印有本单位名称增值税普通发票，省税务机关货劳部门依据规定确认印制有本单位名称增值税普通发票种类、份数、发票代码和发票起止号码。省税务机关货劳部门机外确认后，直接录入并打印《印有本单位名称增值税普通发票印制通知书》。

6. 对欠缴税款的公告，税收相关法律是如何规定的？

【参考答案】

企业、单位纳税人欠缴税款200万元以下（不含200万元），个体工商户和其他个人欠缴税款10万元以下（不含10万元）的，由县级税务局（分局）在办税服务厅公告；企业、单位纳税人欠缴税款200万元以上（含200万元），个体工商户和其他个人欠缴税款10万元以上（含10万元）的，由地（市）级税务局（分局）公告；对走逃、失踪的纳税户以及其他经税务机关查无下落的纳税人欠税的，由各省、自治区、直辖市和计划单列市税务局公告。

公告机关应当按期在办税场所或者广播、电视、报纸、期刊、网络等新闻媒体上公告纳税人的欠缴税款情况。

7. 根据《国家税务总局关于全面实行税务行政许可事项清单管理的公告》（国家税务总局公告2022年第19号），税务总局决定进一步简化优化“对纳税人延期缴纳税款的核准”“对纳税人延期申报的核准”“对纳税人变更纳税定额的核准”“对采取实际利润额预缴以外的其他企业所得税预缴方式的核定”“确定发票印制企业”5个事项的办理程序，程序有哪些简化？

【参考答案】

（1）简化受理环节。将受理环节由5个工作日压缩至2个工作日。税务机关接收申请材料，当场或者在2个工作日内进行核对。材料齐全、符合法定形式的，自收到申请材料之日起即为受理；材料不齐全、不符合法定形式的，一次性告知需要补正的全部内容。将“对纳税人延期缴纳税款的核准”事项的受理机关由省税务机关调整为主管税务机关，取消代办转报环节。

（2）简并办理程序。将办理程序由“申请、受理、审查、决定”调整为“申请、受理、核准（核定）”。

①“对纳税人延期缴纳税款的核准”，税务机关收到纳税人延期缴纳税款申请后，对其提供的生产经营和货币资金情况进行核实，情况属实且符合法定条件的，通知纳税人延期缴纳税款。对该事项不再实行重大执法决定法制审核。

②“对纳税人延期申报的核准”，税务机关收到纳税人、扣缴义务人延期申报申请后，对其反映的困难或者不可抗力情况进行核实，情况属实且符合法定条件的，通知纳税人、扣缴义务人延期申报。

③“对纳税人变更纳税定额的核准”，税务机关收到纳税人对已核定应纳税额的异议申请后，按照《个体工商户税收定期定额征收管理办法》（国家税务总局令第 16 号公布，第 44 号修改）规定的核定程序重新核定定额并通知纳税人。

④“对采取实际利润额预缴以外的其他企业所得税预缴方式的核定”，税务机关收到纳税人企业所得税预缴方式核定申请后，对其反映的困难情况进行核实，情况属实且符合法定条件的，核定预缴方式并通知纳税人。

（3）减少材料报送。对已实名办税纳税人、扣缴义务人的经办人、代理人，免于提供个人身份证件。

（4）实行全程网办。税务机关依托电子税务局支持事项全程网上办理。经申请人同意，可以采用电子送达方式送达税务文书。在符合法律、行政法规规定的前提下，各省税务机关可以进一步采取承诺容缺、压缩办结时限等措施优化事项办理程序。

五、综合业务题

1. 江某是甲经贸公司的法定代表人。2017 年 6 月至 2019 年 1 月，江某通过王某以 2 万元价格从外地某公司购买增值税专用发票 75 份，涉及税款将近 160 万元，并已全部抵扣。2018 年 6 月至 2020 年 2 月，在没有货物交易的情况下，江某以甲经贸公司名义向 7 家公司开具增值税专用发票 100 多份，涉及税款 230 万余元。江某通过同乡吕某找到乙货运公司。乙货运公司是增值税一般纳税人，2020 年 4 月至 10 月，为江某虚开运输发票 882 份，票面金额合计 821 万元，折合可抵扣税款 73.89 万元。现江某在逃。税务机关决定将此案移送公安机关。

（1）根据法律规定，本案公安机关、司法机关对犯罪嫌疑人可以采取的强制措施有（　　）。（多选）

A. 逮捕　　B. 拘役　　C. 拘传　　D. 拘留

（2）本案中，江某的行为已构成的罪名是（　　）。（单选）

A. 非法制造增值税专用发票罪

B. 虚开普通发票罪

C. 购买伪造的增值税专用发票罪

D. 非法购买增值税专用发票罪

（3）根据法律规定，本案公安机关可以采取的侦查措施有（　　）。（多选）

A. 讯问证人王某

B. 扣押涉案发票

C. 发布通缉令，通缉犯罪嫌疑人江某

D. 搜查犯罪嫌疑人江某的住所

（4）税务部门决定将此案移送司法机关查处，下列有关案件移送的做法中，不正确的有（　　）。（多选）

A. 将此案移送司法机关查处的决定由市税务局局长依法批准

B. 该案应在批准移送后 3 日内向同级公安机关移送

C. 该案应在批准移送后 3 日内向同级人民检察院移送

D. 该案应在批准移送后 24 小时内向上一级公安机关移送

【答案及解析】

（1）【参考答案】ACD

【解析】拘役不属于强制措施，属于刑罚。

（2）【参考答案】D

【解析】非法购买增值税专用发票或者购买伪造的增值税专用发票 25 份以上或者票面额累计在 10 万元以上的，应予定罪。

（3）【参考答案】BCD

【解析】证人不适用讯问，而应该是询问。

（4）【参考答案】BCD

【解析】行政执法机关对应当向公安机关移送的涉嫌犯罪案件，应当立即指定 2 名或者 2 名以上行政执法人员组成专案组专门负责，核实情况后提出移送涉嫌犯罪案件的书面报告，报经本机关正职负责人或者主持工作的负责人审批。行政执法机关正职负责人或者主持工作的负责人应当自接到报告之日起 3 日内作出批准移送或者不批准移送的决定。决定批准的，应当在 24 小时内向同级公安机关移送；决定不批准的，应当将不予批准的理由记录在案。BCD 说法均不准确。

2. 某省甲市乙区税务局认为一家化工厂有逃税行为，拟对该厂作出罚款 3 万元的行政处罚决定，并查封了该厂的厂房、设备。该厂没有在法定期间提出听证申请，税务机关作出上述行政处罚决定。该厂不服该处罚决定，以显失公正、查封措施违法为由，提起行政复议。复议机关认为乙区税务局适用的法律依据错误，导致对事实的定性出现错误，遂改变了乙区税务局的处罚依据，但没有改变处罚结果。该厂不服，向人民法院提起行政诉讼，要求变更行政处罚决定，赔偿因查封造成的该厂损失。经法院审理发现，该厂有擅自印制和非法使用发票行为。

根据以上条件，回答下列问题。

(1) 关于税务机关的处罚行为，说法错误的有（　　）。(多选)

A. 对于罚款的处罚，该厂可以申请税务行政处罚听证

B. 对于税务机关作出的查封行为，该厂可以申请税务行政处罚听证

C. 税务机关在作出查封决定之前，应当向当事人送达《税务行政处罚事项告知书》

D. 税务机关在作出 3 万元罚款的行政处罚决定之前，应当向当事人送达《税务行政处罚事项告知书》

(2) 该厂对行政复议不服，（　　）。(单选)

A. 应当向 B 区人民法院提起行政诉讼

B. 应当向复议机关所在区人民法院提起行政诉讼

C. 应当向甲市中级人民法院提起行政诉讼

D. 可以选择向乙区人民法院提起行政诉讼或者向复议机关所在区人民法院提起行政诉讼

(3) 关于此案的审理，下列说法正确的有（　　）。(多选)

A. 人民法院应于立案之日起 5 日内，将起诉状副本和应诉通知书发送被告

B. 人民法院可以独任审判员审理此案

C. 行政诉讼案件的审理不能由陪审员参与审理

D. 如果该案涉及商业秘密，经过该厂申请人民法院可以不公开审理

(4) 人民法院在审理该案时，（　　）。(多选)

A. 无权判决对该厂发票违法行为予以罚款

B. 有权判决变更罚款 3 万元为 6 万元

C. 对变更处罚决定的争议不适用调解方式，对赔偿争议可以适用调解方式

D. 对变更处罚决定的争议和赔偿争议都可以适用调解方式

【答案及解析】

(1)【参考答案】BC

【解析】税务机关对法人或者其他组织作出 1 万元以上（含本数）罚款的行政处罚之前，应当向当事人送达《税务行政处罚事项告知书》，告知当事人已经查明的违法事实、证据、行政处罚的法律依据和拟将给予的行政处罚，并告知有要求举行听证的权利。因此，税务行政处罚听证程序适用范围一般限于较大数额的罚款案件。

(2)【参考答案】D

【解析】《中华人民共和国行政诉讼法》规定，经复议的行政案件，复议机关改变原具体行政行为的，既可以由最初作出具体行政行为的行政机关所在地人民法院管辖，也可以由复议机关所在地人民法院管辖。改变具体行政行为的处罚依据也是改变该具体行政行为。

（3）【参考答案】AD

【解析】《中华人民共和国行政诉讼法》第六十七条规定，人民法院应当在立案之日起 5 日内，将起诉状副本发送被告。被告应当在收到起诉状副本之日起 15 日内向人民法院提交作出行政行为的证据和所依据的规范性文件，并提出答辩状。人民法院应当在收到答辩状之日起 5 日内，将答辩状副本发送原告。第六十八条规定，人民法院审理行政案件，由审判员组成合议庭，或者由审判员、陪审员组成合议庭。合议庭的成员，应当是 3 人以上的单数。故 B 和 C 是错误的。第五十四条规定，人民法院公开审理行政案件，但涉及国家秘密、个人隐私和法律另有规定的除外。涉及商业秘密的案件，当事人申请不公开审理的，可以不公开审理。

（4）【参考答案】AD

【解析】人民法院在行政诉讼中不得对行政机关未予处罚的违法行为判决予以处罚。《中华人民共和国行政诉讼法》第六十条规定，人民法院审理行政案件，不适用调解。但是，行政赔偿、补偿以及行政机关行使法律、法规规定的自由裁量权的案件可以调解。第七十七条规定，行政处罚明显不当，或者其他行政行为涉及对款额的确定、认定确有错误的，人民法院可以判决变更。人民法院判决变更，不得加重原告的义务或者减损原告的权益。故选项 B 和 C 是错误的。

3. 某稽查局工作人员王涛、李静在对 M 公司 2021 年的纳税情况依法进行检查时发现，该公司以大头小尾虚开发票的手段进行偷税，偷税数额为 7 万元。税务机关责令其限期补缴所偷税款，征收滞纳金，并准备依法对其偷税行为按所偷税额处以 50% 的罚款。在履行了告知程序后，该公司第二天即要求举行听证会。税务机关接受了这一请求，并在规定期限内由王涛主持举行了听证会。听证会上，双方激烈争辩，听证主持人认为 M 公司法定代表人态度不好，不能积极配合税务机关工作，当场决定对其偷税行为按其所偷税额处以 1 倍的罚款。税务机关当场开出《税务行政处罚决定书》，经宣告后交给企业法定代表人，并当场收缴罚款 5 000 元，其余罚款限期缴纳。

就此案情，请回答下列问题。

（1）该税务机关的行为违背了《中华人民共和国行政处罚法》的什么原则？

（2）该税务机关举行的听证会存在哪些问题？

【答案及解析】

（1）税务机关经听证，对 M 公司偷税行为由原来处以偷税额 50% 的罚款变更为 1 倍罚款的决定，违背了“不因申辩而加重处罚”的原则。

(2) 该税务机关举行的听证会存在的主要问题包括：

①听证会不能由负责调查本案的王涛主持，而应由非本案调查人员主持；

②听证会不能直接作出处罚决定；

③对 M 公司的罚款不符合当场收缴的条件，不能当场收缴。

4. 甲省乙市税务局在 2021 年的税收专项检查中发现，作为增值税一般纳税人的某化妆品公司存在未按规定申报并缴纳税款的违法情况。据此，该市税务局开具税务处理决定书，责令该化妆品公司补缴税款 12 万元并缴纳相应的滞纳金。该决定书依法送达了该化妆品公司。该化妆品公司不服该处理决定，认为认定事实不清、适用依据错误，申请复议，请求撤销乙市税务局作出的税务处理决定。请根据资料回答下列问题。

(1) 根据法律和有关规定，该化妆品公司可以向复议机关申请行政复议的前提条件有（　　）。(多选)

A. 按照税务机关的决定仅先缴纳税款

B. 按照税务机关的决定仅先缴纳滞纳金

C. 按照税务机关的决定缴纳税款和滞纳金

D. 按照税务机关的决定提供相应的担保

(2) 根据法律和相关规定，若该化妆品公司的复议申请得以受理，下列说法正确的有（　　）。(多选)

A. 原则上行政复议期间具体行政行为不停止执行

B. 复议机关可以对申请人作出较原具体行政行为更为不利的行政复议决定

C. 对复议决定不服的，可以再向其他复议机关申请复议

D. 复议机关审查案件，原则上通过书面方式审查

(3) 本案中复议程序的被申请人是（　　）。(单选)

A. 乙市税务局稽查局

B. 乙市税务局

C. 乙市人民政府

D. 乙市税务局局长

(4) 本案中的复议受理机关是（　　）。(单选)

A. 甲省人民政府

B. 省税务局稽查局

C. 甲省税务局重大案件审理委员会

D. 甲省税务局

【答案及解析】

(1)【参考答案】CD

【解析】《税收征收管理法》第八十八条规定，纳税人、扣缴义务人、纳税担保人

同税务机关在纳税上发生争议时，必须先依照税务机关的纳税决定缴纳或者解缴税款及滞纳金或者提供相应的担保，然后可以依法申请行政复议。

（2）【参考答案】AD

【解析】根据行政复议“禁止不利变更”原则，复议机关不能对申请人作出较原具体行政行为更为不利的行政复议决定。根据“一级复议”制度，对复议决定不服的，不能再向其他复议机关申请复议，可以向人民法院提起行政诉讼。

（3）【参考答案】B

【解析】在税务行政复议中，公民、法人或者其他组织对税务机关的具体行政行为不服，申请税务行政复议的，作出具体行政行为的税务机关是被申请人。该处理决定是乙市税务局作出的，那么乙市税务局应该是被申请人。

（4）【参考答案】D

【解析】《税务行政复议规则》第十六条规定，对各级税务局的具体行政行为不服的，向其上一级税务局申请行政复议。据此，纳税人对乙市税务局的处理决定不服，应当向其上一级税务机关甲省税务局提出复议申请。甲省税务局是行政复议机关。

第三章　税收风险管理

★知识要点归纳

第一节　税收风险管理概述

一、税收风险管理工作的重要性

（一）税收风险管理概念

税收风险管理贯穿于税收工作的全过程，是税务机关运用风险管理理论和方法，在全面分析纳税人税法遵从状况的基础上，针对纳税人不同类型不同等级的税收风险，合理配置税收管理资源，通过风险提醒、纳税评估、税务审计、反避税调查、税务稽查等风险应对手段，防控税收风险，提高纳税人的税法遵从度，提升税务机关管理水平的税收管理活动。

税收风险可以从两个方面度量：一是税收风险的可能性，即纳税人带来税收收入流失的不遵从行为发生的概率；二是税收风险带来的损失程度，即发生纳税不遵从行为导致的税收收入流失的额度。

税收风险管理要求税务机关以风险为导向，识别出导致纳税不遵从行为的潜在因素，并制定出相应的应对办法，减少甚至消除不遵从行为，最终实现提高税收遵从度，提高税收收入的组织目标。

（二）在税收管理中引入风险管理的必要性

经过多年的市场经济发展，我国经济规模不断增长，经济面貌不断多样化，税务机关面临的征管局面日益复杂，原有的户管员划片管户、以人盯人、以票管税、保姆式服务等管理方法，依靠个体经验方式来收集信息、判断情况、实施管理，管理的质量和水平就无法提高，税源控管能力不足的问题将不断显现，不但不能很好地解决纳税人遵从问题，而且会使税务机关与税务人员的执法风险与日俱增。

税收风险管理是现代税收管理的先进理念和国际通行做法，是完善我国税收管理体系、提高治理能力、实现税收现代化的有效举措，是构建科学严密税收征管体系的核心工作。

税收风险管理是税收征管改革的突破口，实施税收风险管理，就是要把有限的征管资源优先配置到高风险领域和大企业税收领域，实现税源管理专业化，推动服务管理方式创新和税收管理体制变革。

税收风险管理是完成组织收入目标的重要抓手，开展税收风险管理，通过风险分析识别，有助于找准税收漏洞，有效实施风险应对，促进税收收入的可持续增长。

1. 税收风险管理是推进税收治理现代化的必然要求

《深化国税、地税征管体制改革方案》描绘了构建科学严密税收征管体系的宏伟蓝图，为推进税收治理现代化指明了道路。以税收征管信息化平台为依托、以风险管理为导向、以分类分级管理为基础，推进征管资源合理有效配置，实现外部纳税遵从风险分级可控、内部主观努力程度量化可考的现代税收征管方式，是税收征管体制改革的方向。

2. 税收风险管理是促进纳税遵从的根本途径

通过加强税收风险管理，对纳税人实施差别化精准管理，对暂未发现风险的纳税人不打扰，对低风险纳税人予以提醒辅导，对中高风险纳税人重点监管。为愿意遵从的纳税人提供便利化办税条件，对不遵从的纳税人予以惩罚震慑，将从根本上解决纳税人不愿遵从或无遵从标准的问题，提高纳税遵从水平。

3. 税收风险管理是提高税务机关主观能动性的重要抓手

在做好基础管理的同时，通过对信息收集、风险识别、等级排序、任务推送、风险应对等环节实施过程监控和效果评价，可有效增强各级税务机关的主观努力程度，查找征管中的薄弱环节，防范税务系统内部风险，提高征管质效。

二、税收风险管理工作的定位

1. 税收风险管理是加强税种管理的有效方法和手段。把税收风险管理的方法与税种管理特点紧密结合起来，研究各税种的风险发生规律，建立税种风险分析指标体系和模型，形成体现税种特点的风险任务，并为开展综合性的统一应对提供专业支撑。

2. 税收风险管理也是加强日常征管的有效方法和手段。日常管理中按照税收风险管理流程，加强登记、发票、申报、征收等环节的管理。特别是要结合精简审批、减少环节、下放权力等创新税收服务和管理的要求，发挥税收风险管理的优势，加强事前、事中和事后的风险监控，堵塞管理漏洞，提高征管质效。

3. 税收风险管理还是加强大企业税收管理的有效方法和手段。运用税收风险管理的理念和方法，提升大企业复杂涉税事项的管理层级，发挥各级税务机关的系统优势，实现大企业由基层的分散管理转变为跨层级的统筹管理，促进税收征管整体资源的优化配置。

4. 税收风险管理是一项需要持续改进的系统工程。需要在统一认识、明确任务、建立机制、厘清职责的基础上，不断调整、改革、完善，使之发挥越来越大的作用。

三、税收风险管理工作的机制

各级税务机关因地制宜，统筹安排管理资源，按照统分结合、分类分级应对的原则，合理划分各层级和各部门在税收风险管理工作中的职责，形成纵向联动、横向互动的工作机制，做到职责清晰、分工明确、运行顺畅。

（一）国家税务总局

国家税务总局成立税收风险管理工作领导小组（以下简称“领导小组”），下设领导小组办公室（以下简称“办公室”），办公室设在征管科技司。

1. 领导小组

领导小组负责审议决定税收风险管理战略规划、风险管理年度计划、风险管理年度报告以及风险管理其他重大事项。

2. 办公室

办公室负责指导全国范围内的税收风险管理工作。组织制定税收风险管理战略规划；制定税收风险管理工作规程；制定税收风险过程监控和效果评价标准；组织开展特定微观领域的税收风险分析；有选择地整合风险应对任务并向省税务机关推送；组织对省税务机关的风险管理过程监控和效果评价。税务总局定点联系企业税收风险的管理工作在办公室的指导下，由大企业管理司具体组织实施。

（二）省税务机关

省税务机关按照国家税务总局工作部署，结合本地实际，建立健全税收风险管理工作机制，厘清职责分工，持续改进、优化风险管理特征库、模型和指标体系，统筹安排税收风险管理各项工作任务。在运行机制上，对国家税务总局下达的风险应对任务，省税务机关统一接收；在此基础上，统一确定全省（区、市）的税收风险管理重点，统一实施税收风险等级排序，统一下达税收风险应对任务，统一组织实施税收风险管理工作的检查和考评，做好任务应对并及时反馈应对情况。

1. 成立由主要负责人任组长的税收风险管理工作领导小组，下设领导小组办公室，各有关部门参加。

2. 办公室主要负责的工作

（1）制订本省（区、市）税收风险管理战略规划和年度计划。

（2）组织各单位，根据本省（区、市）税收风险管理战略规划及年度计划，结合税务总局推送的宏观税收风险指向任务和微观税收风险应对任务，进一步开展专业分析，形成本省（区、市）按纳税人归集风险点的风险纳税人库。

（3）组织对风险纳税人进行等级排序，确定应对任务。其中，税务总局推送的应对任务，须优先安排。

（4）组织本级税务机关开展风险应对，或将风险应对任务推送给下级税务机关。

（5）组织对下级税务机关的过程监控及效果评价，并向税务总局反馈整体应对情况。

（6）建立、整合本省（区、市）的税收风险管理模型和指标体系并适时发布。

3. 在办公室的统筹领导下，省级定点联系企业（列名企业）税收风险管理工作机制比照税务总局定点联系企业办理，统一风险分析识别，共享分析成果。

（三）市、县税务机关

市、县税务机关重点做好税收风险应对工作，必要时，也可以组织开展风险分析识别工作。其他税收风险管理工作事项，由省税务机关具体规定。

四、税收风险管理工作职责划分

（一）国家税务总局税收风险管理职责

国家税务总局负责税收风险管理制度和机制的顶层设计。制定税收风险管理工作规程；统一业务口径及数据标准，开展数据治理；建立第三方涉税信息采集及应用制度；开发部署金税三期决策支持风险管理系统（以下简称“决策支持风险管理系统”）；建立健全全国或者区域范围的风险管理特征库、模型和指标体系；制定税收风险管理过程监控和效果评价标准。

1. 国家税务总局风险办统筹职能

（1）统筹风险管理工作规程和年度计划制定工作。组织成员单位共同制订税收风险管理工作规程和年度计划；按照横向互动、纵向联动的原则，在征求成员单位及省税务机关税收风险管理工作领导小组办公室（以下简称“省税务局风险办”）意见后，报税务总局税收风险管理工作领导小组审定后下发。

（2）统筹风险应对任务推送工作。根据组织收入工作需要，定期召开风险管理专题会议，审议成员单位及各地区在风险管理工作中提炼或发现的具有全局性、普遍性特征的风险事项，以及成员单位提交的特定类型纳税人或特定风险事项，适时推送各地应对。

（3）统筹风险应对过程监控及效果评价工作。对推送各地应对的风险管理任务，国家税务总局风险办统一组织实施应对过程监控和效果评价工作。

（4）统筹风险分析识别模型建设工作。组织税务系统精干力量，按计划逐步建立具有代表性的覆盖重点行业、税种及特定类型纳税人的风险分析识别指标体系及模型库，并及时部署到决策支持风险管理系统中，供各单位及各地区使用。

（5）统筹决策支持风险管理系统功能完善工作。汇总成员单位及各地提出的关于完善决策支持风险管理系统功能的业务需求和意见，提交相关部门统一完善系统功能。

（6）统筹税收数据治理工作。建立标准、规范、充分、完备的数据库。从数据来源、内容、格式、口径、质量、应用等多方面实施数据治理，制定税收数据管理办法。

（7）统筹开展第三方涉税信息获取及应用工作。统一指导成员单位获取税收风险管理工作所需第三方涉税信息。成员单位负责提出第三方涉税信息的业务需求，国家税务总局风险办负责制定业务标准和技术实现。第三方涉税信息交换至金税三期外部信息交换系统，供各单位及各地开展风险管理工作使用。

2. 国家税务总局风险办成员单位的职能

（1）各税种管理部门（含国际税务部门）结合自身工作特点，承担分管税种或本部门业务的第三方涉税信息采集、分析识别模型建设及风险分析识别工作，向国家税务总局风险办提供具有全局性、普遍性特征的风险事项。对特殊风险管理事项进行跟踪、指导、评价，并总结经验，进一步完善相关风险指标和风险任务。

（2）大企业税收管理部门在国家税务总局风险办的统一领导下，牵头负责全国千户集团税收风险分析专题办公室，负责千户集团税收风险的分析识别工作。分析结果报国家税务总局风险办统一推送各地。

（3）高风险纳税人税收风险管理的主要应对手段为税务稽查。稽查部门负责承接风险管理部门推送的高风险线索，重点稽查，并反馈查处结果。对于高风险应对任务中反映出的行业性、地域性或特定类型纳税人的共性税收风险特征，稽查部门及时提交给国家税务总局风险办，补充到风险分析识别指标体系及模型库中，促进风险分析识别模型的优化和完善。

（二）省税务机关税收风险管理职责

按照国家税务总局工作部署，结合本地实际，建立健全税收风险管理工作机制，开展数据治理，开展第三方涉税信息采集及应用工作，完善、应用省级决策支持风险管理系统，改进、优化风险管理特征库、模型和指标体系，统筹安排税收风险管理各项工作任务，接受国家税务总局风险办对其风险应对全流程的过程监控和效果评价。

按照国家税务总局计划开展区域性、行业性以及特定类型纳税人或者特定事项的税收风险分析工作（如千户集团税收风险分析）；结合国家税务总局推送的风险应对任务，进一步开展专业分析，形成本省风险纳税人库；对纳税人进行风险等级排序，结合征管资源配置情况，确定应对任务；组织开展风险应对，或将风险应对任务推送给下级税务机关；组织对下级税务机关的过程监控及效果评价，并向国家税务总局反馈整体应对情况；开展纳税遵从行为规律分析；负责全省风险管理任务调度；负责全省数据集成和调度；组织征管主观努力程度监控及评价；组织制订本省税收风险管理年度计划。

1. 统一税收风险管理的组织领导

各省定期召开税收风险管理工作领导小组会议，审议本单位税收风险管理年度工作计划和总结、本地区税收风险管理重大事项等（会议纪要报国家税务总局风险办备案）。同时，要根据国家税务总局风险管理年度工作计划，因地制宜，细化并制订本地税收风险管理年度计划。

2. 统一接收国家税务总局推送的风险事项

国家税务总局风险办按计划下发的税收风险管理事项，统一由省税务局风险办负责接收。国家税务总局风险办成员单位下发的特殊风险管理事项，也应由省税务局风险办统一接收；其他部门接收的，须将接收的风险事项报送省税务局风险办统筹管理。

3. 统一扎口推送风险应对任务

省税务局风险办接收国家税务总局风险管理事项后，组织相关部门开展细化分析，统筹任务安排，推送给有关单位开展风险应对工作。对国家税务总局风险办成员单位下发的特殊风险管理事项，省税务局风险办组织相关部门开展细化分析，也可由相关部门开展细化分析。细化分析后的风险管理事项经省税务局风险办统筹后，扎口推送有关单位应对。

4. 统一反馈风险应对情况

应对结束后，省税务局风险办分析、总结应对情况，及时将应对情况反馈给国家税务总局风险办。国家税务总局风险办将应对情况通报风险事项的发起单位。对国家税务总局风险办成员单位下发的特殊风险管理事项，省税务局风险办在向国家税务总局风险办反馈应对情况的同时，将应对情况反馈给特殊风险事项发起单位。

（五）风险管理的工作要求

1. “四个有人管”的工作要求。推动实现税收风险“没发现，有人管；没及时科学推送，有人管；推送了没及时有效处置，有人管；处置并上报了处置情况及建议，但有关部门没改进，也要有人管”。

2. 坚持底线思维，对争议问题做好调查研究和沟通解释，及时化解，尽早处置。要注重运用政策解释、辅导纠偏、引导遵从等方式，充分尊重纳税人诉求和建议。本级税务机关确实难以协调处理的疑难事项，要逐级反映请示，严格按照工作程序办理，不得推卸责任、回避问题。

3. 不断强化保密意识，严格落实保密工作责任制度，加强税收风险分析、统筹、应对过程中的保密管理，切实防止泄密、失密事件发生。

第二节　税收风险管理的内容

税收风险管理的基本内容包括目标规划、信息收集、风险识别、等级排序、风险应对、过程监控和评价反馈，以及通过评价成果应用于规划目标的修订校正，从而形成良性互动、持续改进的管理闭环。

一、制定目标

税收风险目标规划是指管理层在对外部环境和内部条件进行认真分析研究的基础上，对一定时期内税收风险管理的工作目标、阶段重点、方针策略、主要措施、实施步骤等作出的具有系统性、全局性的谋划。

二、涉税信息收集

各级税务机关要落实信息管税的工作思路，将挖掘和利用好内外部涉税信息作为税收风险管理工作的基础。注重收集宏观经济信息、第三方涉税信息、企业财务信息、生产经营信息、纳税申报信息，整合不同应用系统信息。建立企业基础信息库，并定期予以更新。对于集团性大企业，还要注重收集集团总部信息。

（一）税收数据采集的流程

1. 制定税收数据采集工作规程，制订相关的管理制度和实施方案，方便税务人员按照规程合理办税，提高工作效率。

2. 明确税收数据采集岗位的职责，确定相关岗位的人员，就采集工作规程、实施原则、注意事项及涉及专业调查的方法等内容对人员进行培训。

3. 根据税收风险管理的工作计划制定全年和阶段性工作目标和重点，确定采集对象，明确采集目的、内容和渠道。

4. 确定税收数据采集的具体方式和方法。

5. 实施标准化采集程序。

6. 对采集到的税收数据进行审核、筛选和录入，剔除对税收风险相关性不大的信息数据，进一步分类汇总后形成阶段性数据采集成果。

（二）数据加工和数据资产管理

数据加工的主要工作内容包括数据清洗、数据转换、数据匹配、数据汇总、数据归集、数据字典、日常运维等。

大数据和税收风险管理部门负责收集并整理相关涉税数据，组织数据质量筛选，保证数据的可用性。风险监控部门负责实施各类数据的风险识别应用，并对数据应用情况进行跟踪与反馈。通过对数据进行整理、跟踪和修正建立数据资产，形成资产目录清单。

三、开展风险识别

通过建立覆盖税收征管全流程、各环节、各税种、各行业的风险识别指标体系、风险特征库和分析模型等风险分析工具。统筹安排风险识别工作，运用风险分析工具，对纳税人的涉税信息进行扫描、分析和识别，找出容易发生风险的领域、环节或纳税人群体，为税收风险管理提供精准指向和具体对象。

（一）税收风险指标（模型）管理

税收风险模型管理是指各级税务机关运用政策分析、案例分析和经验分析等分析方法，寻找税收风险领域，提取用以识别风险领域的风险特征，建立和健全相应的风险指标体系和风险识别模型的管理过程。其中包括五个环节的工作内容。

1. 数据风险管理部门对机关相关业务部门建设的风险指标模型及各级税务机关在日常工作中发现的，或通过典型调查提交的税收风险特征指标进行审核与确认，并进行税收风险特征的配置、发布、后续状态管理。对税收风险特征进行统筹管理，制订税收风险指标（模型）建设计划。

2. 各业务管理部门数据和风险管理岗应根据年度风险管理工作计划，依据相关建设规范组织风险识别指标（模型）的建设工作，在风险识别工作开展前及时将税收风险识别模型业务需求提交模型管理岗部署到风险管理平台。

数据风险管理部门统一开展风险识别指标（模型）进行验证和修订工作，对验证通过的风险识别指标（模型）发布使用。

对收集所推送任务的风险识别模型及风险指标综合评价信息，向该风险识别（模型）建设单位反馈适用性。相应建设单位根据反馈意见对风险指标（模型）进行修正。

3. 数据风险管理部门对风险指标停用、启用和作废等状态进行生命周期管理、风险事项与指标（模型）对应关系维护等后续管理工作。上级税务机关可将下级税务机关的税收风险指标提升为本级使用。下级税务机关也可以上报相关指标模型。

4. 数据风险管理部门根据业务部门的指标模型维护需求，对税收风险指标（模型）进行维护；或者根据税收风险指标（模型）评价与反馈信息，直接对风险指标进行维护。

（二）统筹风险识别工作

税收风险管理部门统筹开展风险分析、识别工具建设和税收风险模型完善工作。

以案头分析方式进行风险识别工作。风险分析识别应依托税收大数据，利用纳税人申报纳税、财务报表、第三方信息等各类数据，运用风险模型和实时风险防控指标等分析工具综合分析纳税人申报纳税的真实性和准确性。

建立税收风险纳税人库，归集整合风险信息，实行“一户式”管理；根据来源层级、重要程度、紧急程度实施分类管理。

通过税收风险分析识别产生风险应对任务的，风险识别结果应包括风险识别报告、应对方式、应对时限、应对要求等信息。

四、“等级排序”的操作规范

等级排序的概述：对依据风险识别结果建立的风险纳税人库，按纳税人、扣缴义务人归集的风险点，按户综合评定风险分值，并进行等级排序，确定每个纳税人、扣缴义务人的风险等级。

总局、省级及市级税务机关确定本级风险积分标准和等级划分标准。

1. 确定积分

对风险纳税人库的纳税人、扣缴义务人按户进行风险点归集，综合评定风险分值。

总局、省级及市级税务机关确定本级风险积分标准。

2. 积分排序

对确定积分后的纳税人、扣缴义务人按照综合评定风险分值高低进行排序。

税务总局负责千户集团税收风险积分排序工作。

省级、市级税务机关负责本级范围内纳税人、扣缴义务人的税收风险积分排序工作。

风险模型、指标的积分标准以风险发生概率和风险发生造成税款流失的严重程度为主要评价因素。

3. 等级排序

对积分排序后的纳税人、扣缴义务人根据不同风险类型、特征等，综合进行等级判定，确定风险等级，并从高到低进行等级排序。

根据税收风险管理年度计划和实际情况，定期或按专题实施等级排序。

税务总局负责千户集团税收风险等级排序工作。

省级、市级税务机关负责本级范围内纳税人、扣缴义务人的税收风险等级排序工作。

（1）税收风险等级排序分为高、中、低三等。

高等风险是指虚开或接受虚开发票；高风险指标、模型运算结果直接指向；税收风险点情形复杂，预估不缴或少缴税款数额较大，存在偷逃骗税可能情形。

低等风险是指风险指向明确、预估税款较小等情形。

中等风险是指指高、低等以外的涉税风险情形。

（2）纳税人、扣缴义务人等级排序采用定性与定量（风险积分）相结合的方式确定。

按户归集税收风险点，并对税收风险点的风险类型、等级、关键指标风险数量和风险指标权重等进行综合分析，计算确定纳税人、扣缴义务人的风险积分，并根据其风险积分的高低排定风险次序。

（3）税收风险等级排序确定后，因特殊原因需要调整的，应报经本级风险办批准后调整。

五、“风险应对”的操作规范

各级税务机关按纳税人区域、规模和特定事项等要素，合理确定风险应对层级和承办部门。风险应对过程中，可采取风险提醒、纳税评估、税务审计、反避税调查、税务稽查等差异化应对手段。风险应对任务应扎口管理并统一推送下达。

对于情况紧急、风险程度高、风险指向具体纳税人的特殊风险任务，通过风险管理系统直接下发；一般任务应进行“一户式”归并后下发。

（一）低等风险应对流程

基本通过风险提醒方式进行，风险提醒任务由税收风险任务生成部门商纳税服务部门后通过12366、电子税务局推送至纳税人。

1. 风险归集

税收风险识别部门将指标加工产生的风险情形简单、风险指向明确、对税收秩序影响小、主观故意程度低、识别疑点税款可测的各类适合低等风险应对的税收风险点按户（人）归集，形成待推送应对任务。

2. 风险提示

税务机关依托网上办税服务厅或移动办税平台等渠道向纳税人推送统一格式的税收风险提示。告知存在的涉税风险，明确提示税收风险自行应对的截止日期。

在纳税人办理涉税业务时通过弹窗提示等方式，提醒纳税人注意相关涉税风险事项。在告知内容中，可对纳税人提出具体的修正要求，以及不按规定自我修正的后续处理措施和需要承担的法律责任。

3. 纳税人自我修正

纳税人根据风险提示，对照税收法律法规和自查指引，自我核查并根据情况修正风险。如果纳税人确认无相关涉税风险的，可以暂不修正。其中，需要更正申报的，在提示截止日期前，打印并携带风险提示信息，到办税服务厅进行更正申报。

4. 后续监管

风险提示到期后，税务机关利用信息系统对风险提示信息与纳税人修正情况进行比对，分析税收风险消除程度可进行人机结合的后续分析并跟踪管理。

纳税人自我修正情况与风险识别结果符合度较高或者更正申报税款高于预估税款的，可基本确认税收风险点消除；对纳税人未修正处理的相关风险点，或者更正申报税款明显低于预估税款的，其分析比对差异在中、高等风险应对时一并核查。

（二）中等风险应对流程

中等风险应对流程一般通过风险核查和纳税评估进行。由任务分配、案头审核、询问约谈、实地核查、结果反馈五个环节组成，根据案情不同涉及其中一个或几个环节。[具体参考本章第三节税收风险应对方法（纳税评估）]

1. 案头审核

（1）任务分配。

（2）制作风险应对报告。

（3）集体审议。

（4）确定约谈（实地核查）计划。

（5）结果反馈。

2. 税务约谈

（1）通知约谈。

（2）实施约谈。

（3）自查审核。

（4）开展审议。

3. 实地核查

（1）制作《税务检查通知书》。

（2）实施实地核查。

（3）制作《税收风险应对报告》。

（4）实地核查结果的审理。

（5）文书制作及送达。

（6）移交稽查提请。

（三）高等风险应对流程

高等风险应对方法即为税务稽查。

（四）风险应对的工作要求

承接的风险任务，风险应对部门按工作要求和完成时限开展风险应对，根据风险任务等级采取风险提醒、纳税评估、税务审计、反避税调查、税务稽查等不同应对手段。

在开展纳税评估、税务审计等中风险应对中，纳税人对风险应对结果提出异议的，风险应对部门应提请本级税收风险管理工作领导小组集体审议，结合纳税人意见和风险分析应对具体情况，分类处理。纳税人理由充分且正当合理，风险疑点可以排除的，风险应对部门及时反馈应对结果；纳税人理由不充分或缺乏正当合理性，风险疑点不能排除的，风险应对部门督促纳税人改正，根据纳税人改正情况采取进一步管理措施；无法判定风险疑点是否能够排除的，风险应对部门再次开展案头分析，根据案头分析结果，按规定实施税务约谈、实地核查等，涉嫌偷逃抗骗税和虚开发票等税收违法行为的，移交税务稽查部门处理。

风险应对中，坚持“无违法不停票”，纳税人对政策执行有疑义的，由属地税务机关税政管理、纳税服务部门（或相应岗位）分别做好政策解释和税法宣传工作。

六、“过程监控与评价反馈”的操作规范

对税收风险管理全过程实施有效监控，建立健全考核评价机制，及时监控和通报各环节的运行情况，并对风险识别的科学性和针对性、风险等级排序的准确性、风险应对措施的有效性等进行效果评价。要将风险应对效果纳入绩效考核体系。加强对过程监控和评价结果的应用，优化识别指标和模型，完善管理措施，提出政策调整建议，实现持续改进。要全面归集分析税务总局定点联系企业税收风险的性质及成因，提出风险防控建议，反馈给企业集团。

（一）税收风险应对复核

风险应对复核是指税收风险监督与评价部门对风险应对机构已应对结束的税收风险事项进行复查审核，对其应对的合法性、全面性、真实性进行核查，从而对税收风险应对质量作出判定的过程。风险应对复核是对风险应对缺失或应对人员疏忽的一种补救措施，也是对风险应对绩效进行考评的方法之一，更是对风险应对人员执法情况的监管措施，有效地降低了执法风险。

风险应对复核分为对象选择、复核实施、复核报告三个步骤，上级局可对下级局实施风险应对复核，本级税务机关的风险管理部门可对本局风险应对户实施复核。对象选择可以定向选择也可规则批量选择，可以全量复核也可以抽样进行。

主要是对疑点大的风险应对完毕事项或符合一定条件的风险应对结束事项进行复核户选择；选定复核户后推送给复核人员进行风险应对复核；复核结束后，形成风险复核报告，对疑点作出重点说明，对风险应对的过程、结果作出合法性、真实性评价，包括程序和实体方面，以此作为监督评价的依据。

（四）税收风险管理内控机制

税收风险管理是现代税收执法和税收行政管理的重要方面，贯穿于税收管理全过

程，建设以风险防控为导向的内控机制不仅有利于监督税收风险管理的有效实施，而且有利于防范税收执法风险。

1. 内控内生化

将对税收风险管理的内控要求内嵌征管信息平台之中，在征管系统运行时同步开展内控监管。

（1）对征管信息平台中风险管理各流程设置环节控制，明晰各相关岗位的权限配置，使风险管理各个功能模块在操作上相互独立，在运行上相互制约。

（2）设置校验规则，对各环节操作合规性实时监控，事后分析。

2. 内控信息化

依托平台收集风险识别与应对信息，分析风险应对文书是否规范、结果是否经过审议审核、是否在时限内完成应对、应对结果与识别分析内容差异程度及其原因等，对税收风险应对合规性、应对质量开展复审工作，对税收风险管理实现全过程监控。

（五）建立税企沟通反馈机制

1. 建立普遍性的税企沟通渠道

2. 搭建个性化的税企沟通平台

3. 协助纳税人构建风险防控机制

将税收风险管理延伸到企业管理，特别是在大企业、企业集团、上市公司、新三板挂牌企业中试行税、企和第三方机构合作开展的企业税务风险内控机制建设。全面深入了解和分析企业的组织架构、内控机制、生产经营核算等，剖析企业税务内控体系可能存在的问题，向企业提出税务风险内控完善建议，引导企业建立健全税务风险内控机制，帮助企业提高自我防控税务风险的能力。

第三节 税收风险应对方法（纳税评估）

一、纳税评估的主要工作内容

纳税评估是指税务机关运用数据信息对比分析的方法，对纳税人和扣缴义务人（以下简称“纳税人”）纳税申报（包括减免缓抵退税申请，下同）情况的真实性和准确性作出定性和定量的判断，并采取进一步征管措施的管理行为。纳税评估工作遵循强化管理、优化服务；分类实施、因地制宜；人机结合、简便易行的原则。

纳税评估主要工作内容包括：根据宏观税收分析和行业税负监控结果以及相关数据设立评估指标及其预警值；综合运用各类对比分析方法筛选评估对象；对所筛选出的异常情况进行深入分析并作出定性和定量的判断；对评估分析中发现的问题分别采

取税务约谈、调查核实、处理处罚、提出管理建议、移交稽查部门查处等方法进行处理；维护更新税源管理数据，为税收宏观分析和行业税负监控提供基础信息等。

二、纳税评估的对象

纳税评估的对象为主管税务机关负责管理的所有纳税人及其应纳所有税种。可采用计算机自动筛选、人工分析筛选和重点抽样筛选等方法。对在审核对比分析中发现有问题或疑点的纳税人要作为重点评估分析对象；重点税源户、特殊行业的重点企业、税负异常变化、长时间零税负和负税负申报、纳税信用等级低下、日常管理和税务检查中发现较多问题的纳税人要列为纳税评估的重点分析对象。

三、纳税评估的方法

（一）纳税评估的主要方法

纳税评估可根据所辖税源和纳税人的不同情况采取灵活多样的评估分析方法，主要有：

（1）对纳税人申报纳税资料进行案头的初步审核比对，以确定进一步评估分析的方向和重点。

（2）通过各项指标与相关数据的测算，设置相应的预警值，将纳税人的申报数据与预警值相比较。

（3）将纳税人申报数据与财务会计报表数据进行比较、与同行业相关数据或类似行业同期相关数据进行横向比较。

（4）将纳税人申报数据与历史同期相关数据进行纵向比较；根据不同税种之间的关联性和勾稽关系，参照相关预警值进行税种之间的关联性分析，分析纳税人应纳相关税种的异常变化。

（5）应用税收管理员日常管理中所掌握的情况和积累的经验，将纳税人申报情况与其生产经营实际情况相对照，分析其合理性，以确定纳税人申报纳税中存在的问题及其原因。

（6）通过对纳税人生产经营结构，主要产品能耗、物耗等生产经营要素的当期数据、历史平均数据、同行业平均数据以及其他相关经济指标进行比较，推测纳税人实际纳税能力。

（二）纳税评估的审核重点

（1）纳税人是否按照税法规定的程序、手续和时限履行申报纳税义务，各项纳税申报附送的各类抵扣、列支凭证是否合法、真实、完整。

（2）纳税申报主表、附表及项目、数字之间的逻辑关系是否正确，适用的税目、税率及各项数字计算是否准确，申报数据与税务机关所掌握的相关数据是否相符。

（3）收入、费用、利润及其他有关项目的调整是否符合税法规定，申请减免缓抵退税，亏损结转、获利年度的确定是否符合税法规定并正确履行相关手续。

（4）与上期和同期申报纳税情况有无较大差异。

（5）税务机关和税收管理员认为应进行审核分析的其他内容。

（6）对实行定期定额（定率）征收税款的纳税人以及未达起征点的个体工商户，可参照其生产经营情况，利用相关评估指标定期进行分析，以判断定额（定率）的合理性和是否已经达到起征点并恢复征税。

四、纳税评估分析的结果运用

（一）自行更正

对纳税评估中发现的计算和填写错误、政策和程序理解偏差等一般性问题，或存在的疑点问题经约谈、举证、调查核实等程序认定事实清楚，不具有偷税等违法嫌疑，无须立案查处的，可提请纳税人自行改正。需要纳税人自行补充的纳税资料，以及需要纳税人自行补正申报、补缴税款、调整账目的，税务机关应督促纳税人按照税法规定逐项落实。

（二）税务约谈

对纳税评估中发现的需要提请纳税人进行陈述说明、补充提供举证资料等问题，应由主管税务机关约谈纳税人。

税务约谈要经所在税源管理部门批准并事先发出《税务约谈通知书》，提前通知纳税人。

税务约谈的对象主要是企业财务会计人员。因评估工作需要，必须约谈企业其他相关人员的，应经税源管理部门批准并通过企业财务部门进行安排。

纳税人因特殊困难不能按时接受税务约谈的，可向税务机关说明情况，经批准后延期进行。

纳税人可以委托具有执业资格的税务代理人进行税务约谈。税务代理人代表纳税人进行税务约谈时，应向税务机关提交纳税人委托代理合法证明。

（三）实地检查

对评估分析和税务约谈中发现的必须到生产经营现场了解情况、审核账目凭证的，应经所在税源管理部门批准，由税收管理员进行实地调查核实。对调查核实的情况，要作认真记录。需要处理处罚的，要严格按照规定的权限和程序执行。

（四）移交处理

发现纳税人有偷税、逃避追缴欠税、骗取出口退税、抗税或其他需要立案查处的税收违法行为嫌疑的，要移交税务稽查部门处理。对税源管理部门移交稽查部门处理的案件，税务稽查部门要将处理结果定期向税源管理部门反馈。

纳税人存在特别纳税调整、出口退（免）税等特殊税收风险疑点，以及其他问题需要由专业部门进一步调查和处理的，应将上述疑点或问题“建议转专业部门处理”，并于案头分析结果或纳税评估报告中注明。

经审批，不予立案调查的，纳税评估任务继续实施；予以稽查立案的，或专业部门确认立案、问题接收，且不存在其他风险疑点需核实的，终结纳税评估任务。

（五）提出征管建议

对纳税评估工作中发现的问题要作出评估分析报告，提出进一步加强征管工作的建议，并将评估工作内容、过程、证据、依据和结论等记入纳税评估工作底稿。纳税评估分析报告和纳税评估工作底稿是税务机关内部资料，不发纳税人，不作为行政复议和诉讼依据。

六、纳税评估的一般流程

一个完整的纳税评估，通常包括五大程序。

1. 确定评估对象
2. 评估分析
3. 评估核实
4. 评定处理
5. 管理建议

七、纳税评估指标

（一）收入类评估分析指标及其计算公式和指标功能

主营业务收入变动率 = （本期主营业务收入 - 基期主营业务收入）÷ 基期主营业务收入 × 100%。

如主营业务收入变动率超出预警值范围，可能存在少计收入和多列成本等问题，需运用其他指标进一步分析。

（二）成本类评估分析指标及其计算公式和功能

（1）单位产成品原材料耗用率 = 本期投入原材料 ÷ 本期产成品成本 × 100%。

分析单位产品当期耗用原材料与当期产出的产成品成本比率，判断纳税人是否存在账外销售问题、是否错误使用存货计价方法、是否人为调整产成品成本或应纳所得额等问题。

（2）主营业务成本变动率＝（本期主营业务成本－基期主营业务成本）÷基期主营业务成本×100%，其中：主营业务成本率＝主营业务成本÷主营业务收入。

主营业务成本变动率超出预警值范围，可能存在销售未计收入、多列成本费用、扩大税前扣除范围等问题。

（三）费用类评估分析指标及其计算公式和指标功能

（1）主营业务费用变动率＝（本期主营业务费用－基期主营业务费用）÷基期主营业务费用×100%，其中：主营业务费用率＝（主营业务费用÷主营业务收入）×100%。

与预警值相比，如相差较大，可能存在多列费用的问题。

（2）营业（管理、财务）费用变动率＝［本期营业（管理、财务）费用－基期营业（管理、财务）费用］÷基期营业（管理、财务）费用×100%。

如果营业（管理、财务）费用变动率与前期相差较大，可能存在税前多列支营业（管理、财务）费用的问题。

（3）成本费用率＝（本期营业费用＋本期管理费用＋本期财务费用）÷本期主营业务成本×100%。

分析纳税人期间费用与销售成本之间关系，与预警值相比较，如相差较大，企业可能存在多列期间费用的问题。

（4）成本费用利润率＝利润总额÷成本费用总额×100%，其中：成本费用总额＝主营业务成本总额＋费用总额。

与预警值比较，如果企业本期成本费用利润率异常，可能存在多列成本、费用等问题。

（5）税前列支费用评估分析指标：工资扣除限额、“三费”（职工福利费、工会经费、职工教育经费）扣除限额、交际应酬费列支额（业务招待费扣除限额）、公益救济性捐赠扣除限额、开办费摊销额、技术开发费加计扣除额、广告费扣除限额、业务宣传费扣除限额、财产损失扣除限额、呆（坏）账损失扣除限额、总机构管理费扣除限额、社会保险费扣除限额、无形资产摊销额、递延资产摊销额等。

如果申报扣除（摊销）额超过允许扣除（摊销）标准，可能存在未按规定进行纳税调整，擅自扩大扣除（摊销）基数等问题。

（四）利润类评估分析指标及其计算公式和指标功能

（1）主营业务利润变动率＝（本期主营业务利润－基期主营业务利润）÷基期主营

业务利润×100%。

其他业务利润变动率=（本期其他业务利润-基期其他业务利润）÷基期其他业务利润×100%。

上述指标若与预警值相比相差较大，可能存在多结转成本或不计、少计收入问题。

（2）税前弥补亏损扣除限额。按税法规定审核分析允许弥补的亏损数额。如申报弥补亏损额大于税前弥补亏损扣除限额，可能存在未按规定申报税前弥补等问题。

营业外收支增减额。营业外收入增减额与基期相比减少较多，可能存在隐瞒营业外收入问题。营业外支出增减额与基期相比支出增加较多，可能存在将不符合规定支出列入营业外支出。

（五）资产类评估分析指标及其计算公式和指标功能

（1）净资产收益率=净利润÷平均净资产×100%。

分析纳税人资产综合利用情况。如指标与预警值相差较大，可能存在隐瞒收入，或闲置未用资产计提折旧问题。

（2）总资产周转率=（利润总额+利息支出）÷平均总资产×100%。

存货周转率=主营业务成本÷［（期初存货成本+期末存货成本）÷2］×100%。

分析总资产和存货周转情况，推测销售能力。如总资产周转率或存货周转率加快，而应纳税税额减少，可能存在隐瞒收入、虚增成本的问题。

（3）应收（付）账款变动率=［期末应收（付）账款-期初应收（付）账款］÷期初应收（付）账款×100%。

分析纳税人应收（付）账款增减变动情况，判断其销售实现和可能发生坏账情况。如应收（付）账款增长率增高，而销售收入减少，可能存在隐瞒收入、虚增成本的问题。

（4）固定资产综合折旧率=基期固定资产折旧总额÷基期固定资产原值总额×100%。

固定资产综合折旧率高于与基期标准值，可能存在税前多列支固定资产折旧额问题。要求企业提供各类固定资产的折旧计算情况，分析固定资产综合折旧率变化的原因。

（5）资产负债率=负债总额÷资产总额×100%，其中：负债总额=流动负债+长期负债，资产总额是扣除累计折旧后的净额。

分析纳税人经营活力，判断其偿债能力。如果资产负债率与预警值相差较大，则企业偿债能力有问题，要考虑由此对税收收入产生的影响。

八、常用的纳税评估指标

主营业务收入变动率、单位产成品原材料耗用率、主营业务成本变动率、主营业务费用变动率、营业（管理、财务）费用变动率、成本费用率、成本费用利润率、主营业务利润变动率、其他业务利润变动率、净资产收益率、总资产周转率、存货周转率、应收（付）账款变动率、固定资产综合折旧率、资产负债率等。

★习题精练及答案解析

一、单项选择题

1. 党的十九大报告指出："明确全面深化改革总目标是完善和发展中国特色社会主义制度、推进国家治理体系和治理能力现代化。"税收风险管理是推进税收治理现代化的必然要求，是现代税收管理的先进理念和国际通行做法，是（　　）的核心工作。

A. 现代税收管理　　　　B. 完善我国税收管理体系

C. 提高治理能力　　　　D. 构建科学严密税收征管体系

【参考答案】D

【解析】税收风险管理是推进税收治理现代化的必然要求。税收风险管理是现代税收管理的先进理念和国际通行做法，是完善我国税收管理体系、提高治理能力、实现税收现代化的有效举措，是构建科学严密税收征管体系的核心工作。

2. 按照《国家税务总局关于进一步加强税收风险管理工作的通知》规定，关于当前税收风险管理的重要性表述不正确的是（　　）。

A. 税收风险管理是推进税收治理现代化的必然要求

B. 税收风险管理是促进纳税遵从的根本途径

C. 税收风险管理是做好组织收入工作的重要手段

D. 税收风险管理是提高税务机关主观能动性的重要抓手

【参考答案】C

【解析】依据《国家税务总局关于进一步加强税收风险管理工作的通知》（税总发〔2016〕54号）的规定。

3. 税收票证作废遵循"谁开具谁作废"原则，必须由（　　）作废税票。

A. 原开票人　　B. 票证管理员　　C. 审核人　　D. 票证作废岗

【参考答案】A

【解析】税收票证作废遵循"谁开具谁作废"原则，必须由原开具人作废税票。

4. 税收风险管理的关键环节或者基础环节是（　　）。

A. 风险识别　　　　B. 信息采集

C. 目标规划　　　　D. 风险等级排序

【参考答案】A

【解析】风险识别是整个风险管理的关键环节或者基础环节。

5. 税务机关根据风险识别结果，确定风险纳税人及风险等级，统一推送下达风险应对任务。税务机关对风险应对任务下达应当实施（　　）。

A. 统一管理　　B. 扎口管理　　C. 分类管理　　D. 分级管理

【参考答案】B

【解析】根据《国家税务总局关于加强税收风险管理工作的意见》（税总发〔2014〕105 号）规定，风险应对任务应扎口管理并统一推送下达。

6. 税收风险管理岗小李认为对不同的涉税风险应采取不同的税收风险应对策略，下列税收风险应对策略所对应的涉税风险较小的是（　　）。

A. 税务审计　　B. 风险提醒　　C. 反避税调查　　D. 纳税评估

【参考答案】B

【解析】根据《国家税务总局关于进一步加强税收风险管理工作的通知》（税总发〔2016〕54 号）规定，通过加强税收风险管理，对纳税人实施差别化精准管理，对暂未发现风险的纳税人不打扰，对低风险纳税人予以提醒辅导，对中高风险纳税人重点监管。

7. 某市在风险识别过程中发现某纳税人存在多个风险指标异常，经过风险等级排序，该纳税人风险等级级别为高，该市风险局对该纳税人进行税收风险管理的主要应对手段是（　　）。

A. 提示提醒　　B. 税务约谈

C. 实地核查　　D. 税务稽查

【参考答案】D

【解析】根据《国家税务总局关于进一步加强税收风险管理工作的通知》（税总发〔2016〕54 号）的规定，高风险纳税人税收风险管理的主要应对手段为税务稽查。

8. 某县区税务局在风险管理中对纳税人实施差别化精准管理，对暂未发现风险的纳税人不打扰，对低风险纳税人提醒辅导，对中高风险纳税人重点监管，这充分体现了促进纳税遵从的根本途径是（　　）。

A. 加强税收风险管理　　B. 加强纳税服务

C. 加强税收征收管理　　D. 加强税收信息化管理

【参考答案】A

【解析】税收风险管理是促进纳税遵从的根本途径。

9.《国家税务总局关于加强税收风险管理工作的意见》规定，各级税务机关，尤其是（　　），要加强对税收风险管理工作的统筹管理，指定专门机构牵头负责税收风险管理工作。

A. 税务总局和省级税务机关　　B. 省级税务机关和市级税务机关

C. 市级税务机关和县级税务机关　　D. 县级税务机关和税务分局

【参考答案】A

【解析】根据《国家税务总局关于加强税收风险管理工作的意见》（税总发〔2014〕105号）的规定，各级税务机关，尤其是税务总局和省税务机关，要加强对税收风险管理工作的统筹管理，指定专门机构牵头负责税收风险管理工作。

10. 下列选项中不属于风险识别开展操作内容的是（　　）。

A. 风险特征分析　　B. 风险指标模型建设

C. 风险点加工归集　　D. 综合评定风险分值

【参考答案】D

【解析】风险识别包括：风险特征分析、风险指标模型建设、风险点加工归集、风险应对指引编写。综合评定风险分值是等级排序操作规范的一项。

11. 风险等级排序是指根据风险分析识别成果，按照一定的规则进行估值计算，综合考虑征管资源，评定纳税人风险等级的过程，对风险等级排序以下描述错误的是（　　）。

A. 对按户归集的风险信息分值进行计算

B. 对纳税人实行风险等级管理

C. 一般分为初、中、高、特级

D. 以风险分值为依据

【参考答案】C

【解析】风险等级排序就是对纳税人实行风险等级管理，并对按户归集的风险信息分值进行计算，以风险分值为依据分为初、中、高风险等级。

12. 风险应对策略采用纳税提醒策略的，风险应对任务管理人员应该推送至（　　）进行风险应对。

A. 纳税服务部门　　B. 纳税评估部门

C. 反避税调查部门　　D. 税务稽查部门

【参考答案】A

【解析】纳税提醒策略的，推送至纳税服务部门；纳税评估策略的，按批次推送至纳税评估部门；反避税调查策略的，推送至反避税调查部门；税务稽查策略的，推送至税务稽查部门。

13. 下列选项中不属于风险管理效能评价指标的是（　　）。

A. 任务重复推送率　　B. 风险应对计划时长

C. 中高风险识别准确率　　D. 风险管理主观努力程度

【参考答案】B

【解析】税务总局对风险应对任务重复推送率、中高风险识别准确率、风险管理主观努力程度均进行考核。

14. 下列有关风险应对表述错误的是（　　）。

A. 低等级税收风险应对，采用风险提醒方式的主要由纳税服务部门负责

B. 中等级税收风险应对，采用风险核查方式的主要由税源管理部门负责

C. 高等级税收风险应对，决定采用稽查方式的主要由税务稽查部门负责

D. 案头审核、税务约谈一般应在纳税人经营场所进行

【参考答案】D

【解析】案头审核、税务约谈一般应在税务机关办公场所进行。

15. 通过对行业涉税信息筛选、整理、测算、分析，归纳描述行业风险发生规律，并以若干行业风险特征和公认的参数区间构成的风险特征指标体系和数学模型，称为（　　）。

A. 行业风险分析模型　　B. 行业风险特征指标

C. 特定风险事项识别　　D. 行业风险分析案例

【参考答案】A

【解析】行业税收风险分析模型是通过对行业涉税信息筛选、整理、测算、分析，归纳描述行业风险发生规律，并以若干行业风险特征和公认的参数区间构成的风险特征指标体系和数学模型。

16. 下列各项中，不属于所得税涉税风险点的是（　　）。

A. 列支与取得收入无关的支出　　B. 资本性支出费用化

C. 以货物抵债未视同销售　　D. 直接捐赠未作纳税调整

【参考答案】C

【解析】属于所得税涉税风险点的包括:

（1）成本取得发票不符合规定；

（2）列支与取得收入无关的支出；

（3）以其他费用名义列支业务招待费；

（4）资本性支出费用化；

（5）直接捐赠未作纳税调整。

17. 在纳税评估中所运用的毛利率法，就是以企业的毛利率与行业（商品）毛利率相对比，筛选出差异幅度异常的企业，通过有关指标测算企业应税销售收入，并与企业申报信息进行对比分析的一种方法。这种方法主要适用于（　　）。

A. 制造业　　B. 商业企业　　C. 电子商务　　D. 房地产业

【参考答案】B

【解析】该方法主要适用于商业企业，如钢材批发，汽车销售，电脑销售等行业。

18. 常用的行业纳税评估方法中的“税负对比分析法”，它的适用范围特点是（　　）。

A. 主要适用于工业企业　　B. 主要适用于商业企业

C. 主要适用于餐饮服务业　　　　　　　D. 对所有行业均可适用

【参考答案】D

【解析】税负对比分析法适用范围很广，基本上对所有行业都可适用。

19. 纳税评估风险的智能化分析的特点是（　　）。

A. 全部是系统自动分析

B. 全部是人工分析

C. 以系统自动分析为主，以人工分析为辅

D. 以人工分析为主，以系统自动分析为辅

【参考答案】C

【解析】纳税评估风险的智能化分析是采用系统自动分析与人工分析相结合的方式，在这个分析的过程中，因为是通过数据挖掘和云计算等手段进行的，因此必然采用系统自动分析为主，人工分析为辅的方式。

20. 下列有关比较分析法中表述错误的是（　　）。

A. 比较分析法是当前税务机关在纳税评估中常用的一种分析方法

B. 绝对数比较分析，是指纳税评估人员在评估过程中，直接将纳税人申报纳税的绝对数值指标，包括总量与总额，与选择作为参照指标对象的绝对数值进行比较，寻找其中存在的差异并进行判断的一种比较分析方法

C. 在纳税评估中常用的相对数指标包括应纳税收入额、应纳税所得额、应纳税额、成本总额、费用总额、利润总额、投资收益额、资产总额、投资总额等

D. 依据评估人员选择确定的参照对象的不同，绝对数比较分析包括与历史绝对指标比较、与行业绝对指标比较和与预警绝对值比较等方法

【参考答案】C

【解析】在纳税评估中常用的绝对数指标包括应纳税收入额、应纳税所得额、应纳税额、成本总额、费用总额、利润总额、投资收益额、资产总额、投资总额等。

21. 在纳税评估案头分析阶段，税务机关在纳税人基本资料审核时，对小型微利企业低税率优惠的审核内容不包括（　　）。

A. 企业所从事行业是否属于国家非限制和禁止行业

B. 企业年度应纳税所得额、资产总额和从业人数是否符合规定要求

C. 申报的减免税金额是否正确

D. 企业申报的财务报表是否齐全

【参考答案】D

【解析】小型微利企业低税率优惠的审核内容主要有：①企业所从事行业是否属于国家非限制和禁止行业；②企业年度应纳税所得额、资产总额和从业人数是否符合规定要求；③申报的减免税金额是否正确。

22. 下列不属于纳税评估的必经程序的是（　　）。

A. 审核分析　　B. 实地核查　　C. 评定处理　　D. 确定评估对象

【参考答案】B

【解析】根据《纳税评估管理办法（试行）》规定，对案头审核能够排除疑点的可以不实地核查。

23. 2021 年 1 月，乙县税务局在纳税评估中发现 A 纳税人为了达到少缴税款的目的，虚列成本 100 万元，造成少申报企业所得税税款 25 万元，下列处理方法正确的是（　　）。

A. 移交税务稽查部门处理

B. 主管税务机关约谈纳税人

C. 主管税务机关报经县以上税务机关批准采取保全措施

D. 主管税务机关到生产经营场所了解情况、审核账目凭证

【参考答案】A

【解析】根据《纳税评估管理办法（试行）》规定，纳税人该行为属于偷税，应移交税务稽查部门处理。

24. 税收风险管理的意义，下列说法错误的是（　　）。

A. 税收风险管理是现代税收管理的先进理念和国际通行做法，是构建科学严密的税收征管体系的核心工作

B. 税收风险管理是完成组织收入目标的重要抓手，有助于找准税收漏洞，促进税收收入的可持续增长

C. 税收风险管理可以实现税收管理效能的最大化，不断提高税收管理的水平和质量

D. 税收风险管理可以把有限的征管资源优先配置到中低风险领域和特定行业税收领域

【参考答案】D

【解析】根据《国家税务总局关于加强税收风险管理工作的意见》（税总发〔2014〕105 号）规定，税收风险管理可以把有限的征管资源优先配置到高风险领域和大企业税收领域。

25. 某市税务局在推进纳税人差别化精准管理工作中，根据辖区企业风险定级情况，制订分级分类管理方案。下列说法错误的是（　　）。

A. 对暂未发现风险的纳税人不打扰　　B. 对低风险纳税人予以提醒辅导

C. 对中风险纳税人加强辅导　　D. 对高风险纳税人重点监管

【参考答案】C

【解析】根据《国家税务总局关于进一步加强税收风险管理工作的通知》（税总发

〔2016〕54号）规定，通过加强税收风险管理，对纳税人实施差别化精准管理，对暂未发现风险的纳税人不打扰，对低风险纳税人予以提醒辅导，对中高风险纳税人重点监管。

26. 各级税务机关要落实信息管税的工作思路，注重收集宏观经济信息、第三方涉税信息、企业财务信息、生产经营信息、纳税申报信息，整合不同应用系统信息，建立（　　）信息库。

A. 税收申报　　B. 部门基础　　C. 企业基础　　D. 其他基础

【参考答案】C

【解析】根据《国家税务总局关于加强税收风险管理工作的意见》（税总发〔2014〕105号）规定，各级税务机关要注重收集宏观经济信息、第三方涉税信息、企业财务信息、生产经营信息、纳税申报信息，整合不同应用系统信息，建立企业基础信息库，并定期予以更新。

27. 下列对纳税人进行评估发现的问题，应由主管税务机关约谈纳税人的是（　　）。

A. 企业因计算和填写错误，少申报税款3 000元

B. 企业因政策和程序理解偏差，少申报税款4 000元

C. 需要提请企业进行陈述说明、补充提供举证资料等问题

D. 企业存在的疑点问题经核实不具有偷税等违法嫌疑

【参考答案】C

【解析】企业因计算和填写错误，少申报税款3 000元；企业因政策和程序理解偏差，少申报税款4 000元可由企业自行改正；企业存在的疑点问题经核实不具有偷税等违法嫌疑可以结案处理，无须约谈纳税人。

28. 通过对行业涉税信息筛选、整理、测算、分析，归纳描述行业风险发生规律，并以若干行业风险特征和公认的参数区间构成的风险特征指标体系和数学模型是（　　）。

A. 行业风险分析模型　　B. 行业风险特征指标

C. 特定风险事项识别　　D. 行业风险分析案例

【参考答案】A

【解析】行业风险分析模型是通过对行业涉税信息筛选、整理、测算、分析，归纳描述行业风险发生规律，并以若干行业风险特征和公认的参数区间构成的风险特征指标体系和数学模型。

29.（　　）的税收风险管理，以税务总局和省税务机关为主开展风险分析识别，以省、市、县税务机关为主开展风险应对。

A. 重点税源企业　　B. 一般税源企业

C. 增值税一般纳税人　　D. 大企业、高收入高净值自然人

【参考答案】D

【解析】《纳税人分类分级管理办法》中明确规定，大企业、高收入高净值自然人的税收风险管理，以税务总局和省税务机关为主开展风险分析识别，以省、市、县税务机关为主开展风险应对。

30. 各级税务机关应当按照部门职责专业化的要求，明确各部门涉税事项管理职责，合理划分业务边界，做到职责清晰、分工明确、衔接顺畅。（　　）各职能部门侧重于涉税事项的政策、制度、标准、规范制定和监督。

A. 省税务局　　B. 税务总局　　C. 市税务局　　D. 县税务局

【参考答案】A

【解析】《纳税人分类分级管理办法》中明确：各级税务机关应当按照部门职责专业化的要求，明确各部门涉税事项管理职责，合理划分业务边界，做到职责清晰、分工明确、衔接顺畅。省税务局各职能部门侧重于涉税事项的政策、制度、标准、规范制定和监督。

31. 在主营业务收入变动率与主营业务成本变动率弹性分析中，主营业务收入变动率与主营业务成本变动率弹性系数 = 主营业务收入变动率 ÷ 主营业务成本变动率，下列分析正确的是（　　）。

A. 正常情况下二者基本同步增长，比值接近 1

B. 当弹性系数 <1，且相差较大，二者都为正时，可能存在企业多列成本费用、扩大税前扣除范围等问题

C. 当弹性系数 >1，且相差较大，二者都为负时，可能存在企业多列成本费用、扩大税前扣除范围等问题

D. 当弹性系数为负数，且前者为负，后者为正时，可能存在企业多列成本费用、扩大税前扣除范围等问题

【参考答案】A

【解析】根据《纳税评估管理办法（试行）》规定，正常情况下二者基本同步增长，比值接近 1。当比值 <1，且相差较大，二者都为负时，可能存在企业多列成本费用、扩大税前扣除范围等问题；当比值 >1，且相差较大，二者都为正时，可能存在企业多列成本费用、扩大税前扣除范围等问题；当比值为负数，且前者为正，后者为负时，可能存在企业多列成本费用、扩大税前扣除范围等问题。

二、多项选择题

1. 各级税务机关要通过加强税收风险管理，对纳税人实施差别化精准管理，促进纳税遵从。上述差别化精准管理包括（　　）。

A. 对暂未发现风险的纳税人加强监控

B. 对低风险纳税人予以提醒辅导

C. 对中高风险纳税人重点监管

D. 对愿意遵从的纳税人提供便利化办税条件

E. 对不遵从的纳税人予以惩罚震慑

【参考答案】BCDE

【解析】根据《国家税务总局关于进一步加强税收风险管理工作的通知》（税总发〔2016〕54号）的要求，通过加强税收风险管理，对纳税人实施差别化精准管理，对暂未发现风险的纳税人不打扰，对低风险纳税人予以提醒辅导，对中高风险纳税人重点监管。为愿意遵从的纳税人提供便利化办税条件，对不遵从的纳税人予以惩罚震慑，将从根本上解决纳税人不愿遵从或无遵从标准的问题，提高纳税遵从水平。

2. 下列描述属于税收风险管理工作定位的有（　　）。

A. 税收风险管理是加强税种管理的有效方法和手段

B. 税收风险管理是加强日常征管的有效方法和手段

C. 税收风险管理是加强大企业税收管理的有效方法和手段

D. 税收风险管理是确保财政收入稳定增长的重要举措

E. 税收风险管理是保证税收调节经济、调节分配作用得以发挥的客观需要

【参考答案】ABC

【解析】税收风险管理贯穿于税收工作的全过程。具体来说：税收风险管理是加强税种管理的有效方法和手段，税收风险管理也是加强日常征管的有效方法和手段，税收风险管理还是加强大企业税收管理的有效方法和手段。

3. 纳税评估信息化就是以计算机为载体，在纳税评估中运用信息技术和网络技术，实现时间和空间的转换。将传统的纸质、手工方式的纳税评估转向电子、网络方式，实现信息资源深度开发利用，通过信息技术逐步建立起一个（　　）税源监控体系。

A. 规范化　　B. 智能化　　C. 一体化　　D. 集约化

【参考答案】ACD

【解析】纳税评估信息化就是以计算机为载体，在纳税评估中运用信息技术和网络技术，通过信息技术逐步建立起一体化、规范化、集约化和效能化的税源监控体系。而智能化用词不够恰当。

4. 纳税评估信息化的本质是利用信息技术进行纳税评估业务的重组、流程的改造、运作方式的革新、机构的整合、制度的创新、权力的制约、利益关系的调整、资源的优化配置，最终实现纳税评估（　　）的目标。

A. 规范　　B. 科学　　C. 合理　　D. 高效

【参考答案】BCD

【解析】纳税评估的目标是要达到科学、合理、严密、高效，规范是指评估的程序

和过程，因此用规范一词对应目标不恰当。

5. 风险管理事项是指围绕分析确认纳税人税法遵从状况而开展的税收管理事项，主要包括（　　）、风险应对过程监控、效果评价、风险分析工具设计维护等事项。

A. 数据集中管理　　B. 风险管理规划

C. 风险分析识别　　D. 风险任务管理

E. 风险提示提醒

【参考答案】ABCD

【解析】国家税务总局关于印发《纳税人分类分级管理办法》的通知（税总发〔2016〕99号）第十八条规定："风险管理事项是指围绕分析确认纳税人税法遵从状况而开展的税收管理事项，主要包括数据集中管理、风险管理规划、风险分析识别、风险任务管理、风险应对过程监控、效果评价、风险分析工具设计维护等事项。其中数据集中管理主要包括数据存储、数据加工、数据交换、数据调度等事项；风险应对主要包括风险提示提醒、纳税评估（或税务审计、反避税调查，下同）、税务稽查事项。"

6. 某市通过开展风险分析识别确定了当年的风险应对对象，风险应对部门对下发的风险应对对象，可采取相应的应对策略包括（　　）。

A. 风险提醒　　B. 申报审核　　C. 纳税评估　　D. 税务稽查

E. 反避税调查

【参考答案】ACDE

【解析】风险应对是税务机关在风险分析识别和等级排序的基础上，通过合理配置资源，采取风险提醒、纳税评估、税务稽查、反避税调查等的各种应对策略。

7. 信息化条件下的纳税评估的技术支持，主要包括（　　）。

A. 数据仓库技术　　B. 数据挖掘技术

C. 搜索引擎技术　　D. 大数据及云计算技术

【参考答案】ABD

【解析】信息化条件下的纳税评估的技术支持，主要包括数据仓库技术、数据挖掘技术和大数据及云计算技术。

8. 纳税评估工作的主要内容包括（　　）。

A. 根据微观税收分析和行业税负监控结果以及相关数据设立评估指标及其预警值

B. 综合运用各类对比分析方法筛选评估对象

C. 对所筛选出的异常情况进行深入分析并作出定性和定量的判断

D. 对评估分析中发现的问题分别采取税务约谈、调查核实、处理处罚、提出管理建议、移交稽查部门查处等方法进行处理

E. 维护更新税源管理数据，为经济宏观分析和行业税负监控提供基础信息

【参考答案】BCD

【解析】纳税评估的主要工作内容是：根据宏观税收分析和行业税负监控结果以及相关数据设立评估指标及其预警值，答案 A 错误；维护更新税源管理数据，为税收宏观分析和行业税负监控提供基础信息，答案 E 错误。

9. 大数据和云计算对税收风险管理带来的影响和变化包括（　　）。

A. 可使为税收风险管理提供技术支撑

B. 可以促进税收风险管理的方式的革新

C. 可以促进税收风险管理的进一步发展

D. 可以使税收风险管理变得更加高效和精确

【参考答案】ABCD

【解析】大数据具有海量、非抽样的特征，可以为税收风险管理提供数据支撑、提高风险识别的准确性、促进税收风险管理方式的改革和发展。

10. 税收风险管理的基本内容包括目标规划、信息收集、风险识别、等级排序、风险应对、过程监控和评价反馈，下列属于风险应对手段的有（　　）。

A. 纳税辅导

B. 风险提醒

C. 税务审计

D. 反避税调查

E. 建立风险模型

【参考答案】BCD

【解析】风险应对过程中，可采取风险提醒、纳税评估、税务审计、反避税调查、税务稽查等差异化应对手段。

11. 风险指向评价的依据主要包括（　　）。

A. 关联性判断

B. 完整性判断

C. 有效性判断

D. 差异性判断

【参考答案】AC

【解析】风险指向信息化评价的功能主要包括关联性判断和有效性判断。

关联性判断，是指在纳税评估完成后，需要对前期识别风险进行关联性判断，需确认该风险信息是否有效，以提高对风险识别信息的准确性，对于无效性较多的指标进行修正或取消，以提高风险识别效率。

有效性判断，是指在纳税评估完成后，通过有效程度的判断，修正风险识别准确度，风险识别部门借此有效性评价数据来调整下一批次的风险识别指向需求。

12. 风险识别是指税务机关对纳税人的涉税信息进行扫描、分析和识别，找出风险领域、环节或纳税人的过程。风险识别的主要内容包括（　　）。

A. 建立风险识别指标体系

B. 建立风险识别分析模型

C. 加工产生风险识别结果

D. 统计纳税人风险等级

【参考答案】ABC

【解析】根据《国家税务总局关于加强税收风险管理工作的意见》（税总发〔2014〕105 号）规定，统计纳税人风险等级属于等级排序环节的内容。

13. 风险识别操作的内容包括（　　）。

A. 风险特征分析　　B. 风险指标模型建设

C. 风险点加工归集　　D. 风险推送

E. 风险应对指引编写

【参考答案】ABCE

【解析】风险识别包括：风险特征分析、风险指标模型建设、风险点加工归集、风险应对指引编写。

14. 运用对比分析法进行纳税评估时，需要考虑的因素有（　　）。

A. 季节性因素　　B. 法人变更因素

C. 经营规模因素　　D. 价格因素

【参考答案】ACD

【解析】法人变更因素对企业生产经营无较大影响。

15. 某县税务局评估人员在对评估对象实施约谈过程中发生的下列情形，需转入实地核查环节的有（　　）。

A. 纳税人拒绝主管税务机关约谈建议或不能在约定的期限内履行约谈承诺的

B. 纳税人在约谈说明中拒不解释评估人员提出的问题，或对评估人员提出的问题未能说明清楚的

C. 约谈后同意自查补税，或者选择以自查补税代替约谈说明，但未在约定的期限内自查补税且无正当理由的

D. 疑点全部被排除，未发现新疑点的

【参考答案】ABC

【解析】根据国家税务总局关于印发《纳税评估管理办法（试行）》的通知（国税发〔2005〕43 号）规定，疑点全部被排除，未发现新的疑点和发现的计算和填写错误、政策和程序理解偏差等一般性问题的，应进行评估处理。

16. 在对纳税人、扣缴义务人进行风险等级排序时，应采用定性与定量（风险积分）相结合的方式确定，并将税收风险等级排序分为高、中、低三等，下列选项中属于高等风险的有（　　）。

A. 虚开或接受虚开发票

B. 高风险指标、模型运算结果直接指向

C. 税收风险点情形复杂，预估不缴或少缴税款数额较大，存在偷逃骗税可能情形

D. 风险指向明确、预估税款较小的

E. 不进行纳税申报或虚假纳税申报

【参考答案】ABC

【解析】税收风险等级排序分为高、中、低三等。高等风险包括：虚开或接受虚开发票；高风险指标、模型运算结果直接指向；税收风险点情形复杂，预估不缴或少缴税款数额较大，存在偷逃骗税可能情形。低等风险包括：风险指向明确、预估税款较小等情形。中等风险包括：高、低等以外的涉税风险情形。

17. 风险管理部门根据风险分析识别成果，积极开展风险管理等级排序工作，下列属于税收风险管理等级排序内容的有（　　）。

A. 对风险数据信息扫描、分析和筛选　　B. 建立风险纳税人库

C. 确定需应对风险的纳税人数量　　D. 按户归集风险点

E. 找出风险易发生纳税人群体

【参考答案】BCD

【解析】根据《国家税务总局关于加强税收风险管理工作的意见》（税总发〔2014〕105号）规定，对风险数据信息扫描、分析和筛选，找出风险易发生纳税人群体是风险识别的内容。

18. 在纳税评估时可能导致企业所得税税收负担率低于同行业同期和本企业基期所得税负担率的情况包括（　　）。

A. 少列费用　　B. 多列成本费用

C. 不计或少计销售（营业）收入　　D. 擅自扩大税前扣除范围

【参考答案】BCD

【解析】企业所得税税收负担率低于同行业同期和本企业基期所得税负担率可能存在不计或少计销售（营业）收入、多列成本费用、扩大税前扣除范围等问题。

19. 下列纳税人可列为纳税评估重点分析对象的有（　　）。

A. 重点税源户

B. 日常管理和税务检查中发现较多问题的纳税人

C. 逾期未申报的纳税人

D. 长时间零税负和负税负申报的纳税人

【参考答案】ABD

【解析】根据国家税务总局关于印发《纳税评估管理办法（试行）》的通知（国税发〔2005〕43号）规定，重点税源户、特殊行业的重点企业、税负异常变化、长时间零税负和负税负申报、纳税信用等级低下、日常管理和税务检查中发现较多问题的纳税人要列为纳税评估的重点分析对象。

20. 建立行业税收风险分析模型的作用和意义主要有（　　）。

A. 通过建立行业税收风险模型，可以使税收管理从传统的查账管理向估算企业生产能力方向转变，使纳税评估更加科学、严密、准确。

B. 通过建立行业税收风险模型，在总结、归纳行业生产经营特征的基础上，揭示出行业生产经营各环节的涉税风险点，可以为纳税评估具体操作指明方向。

C. 通过建立行业税收风险模型，可以使纳税人自觉地提高财务和税收核算水平，不断规范企业内部管理；根据行业特点、涉税风险点及相应的风险应对措施，提出评估管理建议，不断提高纳税人税法遵从度，充分发挥纳税评估以评促管的作用。

D. 建立行业税收风险模型，是税务稽查实施的必要手段，也是完善税收征收管理体系的必要措施，在税收征管体系中起着支撑作用。

【参考答案】ABC

【解析】建立行业税收风险模型，是开展纳税评估工作的必要手段，而不是税务稽查实施的必要手段。在税收征管体系中起着一定的重要作用，但不是税务稽查的必要手段，另外，建立行业税收风险模型可以在制定财税政策方面发挥基础性支撑作用，而不是在税收征管体系中起着支撑作用。

21. 为了做好扎口管理，防止多头下达任务，各级风险办应负责任务统筹，做好任务统筹应遵循（　　）的原则。

A. 合理配置　　B. 科学合理　　C. 过滤重复　　D. 归并执行

E. 差别管理

【参考答案】BCD

【解析】各级风险办应负责任务统筹，做好任务统筹应遵循的原则，即任务安排要充分考虑应对部门承受能力，力求做到科学合理；利用系统过滤或人工干预，避免任务重复派发；对同一纳税人涉及多项事项，应归并任务，统一下发，防止多头下达任务。

22. 风险应对是风险管理的重要环节，关于风险应对环节的描述正确的有（　　）。

A. 风险应对是整个风险管理的核心

B. 包含风险提醒、纳税评估、税务稽查等各种策略

C. 以风险分析识别和等级排序为基础

D. 反避税调查并不属于风险应对策略

E. 对风险管理质量和效率作出评判

【参考答案】ABC

【解析】反避税调查也是风险应对策略之一，对风险管理质量和效率作出评判属于过程监控与评价反馈。

23. 建立行业风险模型的重要性主要体现在（　　）。

A. 可以使纳税评估更加科学、严密、准确

B. 可以为纳税评估具体操作指明方向

C. 可以充分发挥纳税评估以评促管的作用

D. 是纳税评估工作的必要手段，也是完善征收管理规范体系的有力措施

【参考答案】ABCD

【解析】建立行业风险模型的重要性主要体现在以下这几个方面：

（1）通过建立行业风险模型，设立行业关键指标参数及相应指标计算公式，在风险识别环节能够较多地采用企业的物耗、能耗等相对客观的生产经营数据，使税收管理从传统的查账管理向估算企业生产能力转变，使纳税评估更加科学、严密、准确。

（2）通过建立行业风险模型，在总结、归纳行业生产经营特征的基础上，揭示出行业生产经营各环节的涉税风险点，为加强行业税收管理、规范市场竞争秩序、纳税评估具体操作指明方向。

（3）通过建立行业风险模型，能敦促纳税人提高财务和税收核算水平，不断规范企业内部管理；根据行业特点、涉税风险点及相应的风险应对措施，提出评估管理建议，不断提高纳税人税法遵从度，充分发挥纳税评估以评促管的作用。

（4）建立行业风险模型，是纳税评估工作的必要手段，也是完善征收管理规范体系的有力措施；同时对摸清国家的税源情况，为制定国家财政政策发挥基础性支撑作用。

24. 在纳税评估中，对所得税基本指标进行分析时，要着重考虑的数量指标有（　　）。

A. 利润率　　B. 毛利率　　C. 费用率　　D. 折旧率

【参考答案】BC

【解析】毛利率和费用率是与企业所得税有直接关联的指标，而利润率和折旧率是与企业所得税无直接关联的指标。

25. 纳税评估中风险结果指向的主要内容包括（　　）。

A. 风险评估　　B. 风险分析　　C. 风险排除　　D. 风险细化

【参考答案】BCD

【解析】风险评估不属于结果指向的分析内容。

26. 涉税数据主要包括（　　）。

A. 纳税人报送的数据　　B. 税务机关采集的数据

C. 相关第三方数据　　D. 国际情报交换数据

【参考答案】ABCD

【解析】纳税人报送的数据、税务机关采集的数据、相关第三方数据、国际情报交换数据为涉税数据的主要范围。

27. 税收风险管理是指税务机关运用风险管理的理念和方法，合理配置管理资源，通过实施差异化的风险应对措施，不断提高纳税遵从度的过程和方法。上述差异化的风险应对措施包括（　　）。

A. 风险提醒　　B. 纳税评估　　C. 反避税调查　　D. 税务稽查

【参考答案】ABCD

【解析】根据《国家税务总局关于加强税收风险管理工作的意见》（税总发〔2014〕105号）规定，税收风险管理贯穿于税收工作的全过程，是税务机关运用风险管理理论和方法，在全面分析纳税人税法遵从状况的基础上，针对纳税人不同类型不同等级的税收风险，合理配置税收管理资源，通过风险提醒、纳税评估、税务审计、反避税调查、税务稽查等风险应对手段，防控税收风险，提高纳税人的税法遵从度，提升税务机关管理水平的税收管理活动。

28. 国家税务总局制定了《纳税人分类分级管理办法》中明确，税务总局主要负责内容包括（　　）。

A. 纳税服务事项和基础管理事项

B. 全国性的数据采集、数据集中管理、风险管理规划、风险任务管理、风险应对过程监控、效果评价、风险分析工具设计维护

C. 组织实施区域性、行业性的税收风险分析

D. 组织实施大企业、高收入高净值自然人等纳税人的税收风险分析

【参考答案】BCD

【解析】国家税务总局关于印发《纳税人分类分级管理办法》的通知第二十二条规定：税务总局主要负责全国性的数据采集、数据集中管理、风险管理规划、风险任务管理、风险应对过程监控、效果评价、风险分析工具设计维护；组织实施区域性、行业性的税收风险分析；组织实施大企业、高收入高净值自然人等纳税人的税收风险分析；组织实施具有全国重大影响的反避税调查和税收违法案件查处；组织实施全国税务稽查随机抽查工作；负责全国性政策法规管理和重大税收案件审理；其他应当由税务总局承担的事项。

29. 风险识别是指税务机关对纳税人的涉税信息进行扫描、分析和识别，找出风险领域、环节或纳税人的过程。风险识别的主要内容包括（　　）。

A. 建立风险识别指标体系　　B. 建立风险识别分析模型

C. 加工产生风险识别结果　　D. 统计纳税人风险等级

【参考答案】ABC

【解析】根据《国家税务总局关于加强税收风险管理工作的意见》（税总发〔2014〕105号）规定，统计纳税人风险等级属于等级排序环节的内容。

30. 风险管理部门根据风险分析识别成果，积极开展风险管理等级排序工作，下列属于税收风险管理等级排序内容的有（　　）。

A. 对风险数据信息扫描、分析和筛选

B. 建立风险纳税人库

C. 确定需应对风险的纳税人数量

D. 按户归集风险点

【参考答案】BCD

【解析】根据《国家税务总局关于加强税收风险管理工作的意见》（税总发〔2014〕105 号）规定，对风险数据信息扫描、分析和筛选，找出易发生风险的纳税人群体是风险识别的内容。

三、判断题

1. 由于风险是不以人的意志为转移的，因而人们无法长期地观察和分析风险。（　　）

【参考答案】×

【解析】风险发生具有一定规律性，人们通过长期的观察和分析，就有可能发现各种风险遵循的运动轨迹和运动规律。

2. 税收风险管理中的风险一般是指纳税遵从风险，不包括税收执法风险、税务机关内部组织风险等。（　　）

【参考答案】√

【解析】税收风险管理中的风险一般是指纳税遵从风险，不包括税收执法风险、税务机关内部组织风险等。

3. 对风险等级为中风险的任务，应采取的应对方式只能是纳税评估。（　　）

【参考答案】×

【解析】按风险等级高低不同，风险应对方式一般遵循的原则为：高风险任务采取税务稽查方式应对，中风险任务采取纳税评估、税务审计和反避税调查等应对方式，低等级风险采取提示提醒方式。

4. 实施税收风险管理，就是要把有限的征管资源优先配置到高风险领域和大企业税收领域，实现税源管理专业化，推动服务管理方式创新和税收管理体制变革。（　　）

【参考答案】√

【解析】根据《国家税务总局关于加强税收风险管理工作的意见》（税总发〔2014〕105 号）规定，实施税收风险管理，就是要把有限的征管资源优先配置到高风险领域和大企业税收领域，实现税源管理专业化，推动服务管理方式创新和税收管理体制变革。

5. 税务机关采用不同风险应对策略的标准是纳税人的规模大小。（　　）

【参考答案】×

【解析】纳税人的规模大小不是税务机关采用不同风险应对策略的标准依据。

6. 风险任务统筹操作中，风险办对举报、上级交办、督办、部门转办、情报交换等来源的任务可不经过任务对象拟定，直接推送本级税收风险管理工作领导小组进行任务审批。（　　）

【参考答案】√

【解析】举报、上级交办、督办、部门转办、情报交换等来源的任务直接进入任务审批环节。

7. 大企业税收管理部门在税务总局风险办的统一领导下，牵头负责全国千户集团税收风险分析专题办公室，负责千户集团税收风险的分析识别工作，分析结果报税务总局风险办统一推送各地。（ ）

【参考答案】√

【解析】根据《国家税务总局关于进一步加强税收风险管理工作的通知》（税总发〔2016〕54 号）的规定："大企业税收管理部门在税务总局风险办的统一领导下，牵头负责全国千户集团税收风险分析专题办公室，负责千户集团税收风险的分析识别工作。分析结果报税务总局风险办统一推送各地。"

8. 高等级税收风险应对方法为税务稽查，按照《税务稽查工作规程》的规定执行检查、审理、执行，应对时可交由纳税人自查。（ ）

【参考答案】×

【解析】高等级税收风险应对方法为税务稽查，按照《税务稽查工作规程》的规定执行检查、审理、执行，应对时不得交由纳税人自查。

9. 税收风险识别是指根据税收风险发生的规律，通过建立风险分析模型、风险特征指标等，对纳税人的遵从状况进行扫描、分析和筛选，发现税收风险的过程。（ ）

【参考答案】√

【解析】税收风险识别是指根据税收风险发生的规律，通过建立风险分析模型、风险特征指标等，对纳税人的遵从状况进行扫描、分析和筛选，发现税收风险的过程。

10. 在风险点加工归集过程中，已验证未应对的风险点应按风险点特征归集后，形成风险纳税人库。（ ）

【参考答案】×

【解析】已验证且未应对的风险点应按纳税人、扣缴义务人归集，相应形成风险纳税人库，作为风险等级排序依据、特别纳税调整、税务稽查来源。

11. 税收风险管理中的风险一般是指纳税遵从风险，不包括税收执法风险、税务机关内部组织风险等。（ ）

【参考答案】√

【解析】税收风险管理中的风险一般是指纳税遵从风险，不包括税收执法风险、税务机关内部组织风险等。

12. 某市税务局，根据风险识别结果，建立风险纳税人库，按纳税人归集风险点，综合评定纳税人的风险分值，并下发风险任务。（ ）

【参考答案】×

【解析】确定等级排序。根据风险识别结果，建立风险纳税人库，按纳税人归集风险点，综合评定纳税人的风险分值，并进行等级排序，确定每个纳税人的风险等级。结合征管资源和专业人员的配置情况，按照风险等级由高到低合理确定需采取措施的应对任务数量。

13. 在纳税评估中，使用数据挖掘技术主要是针对纳税人涉税情况进行全面分析。（　　）

【参考答案】×

【解析】数据挖掘技术主要是针对纳税人涉税情况的深度分析而非全面分析。

14. 税收风险管理中利用涉税数据进行分析，主要利用“金三”系统内纳税人依法报送的纳税申报资料，各项核定、认定事项的结果，增值税交叉稽核系统各类票证比对结果等进行数据挖掘和分析。（　　）

【参考答案】×

【解析】税收风险管理中利用涉税数据进行分析，除了利用“金三”系统内纳税人依法报送的纳税申报资料，各项核定、认定事项的结果，增值税交叉稽核系统各类票证比对结果等进行数据挖掘和分析，还可以结合各种第三方涉税进行比对分析。

15. 预警值是为实现科学的纳税评估指标而确立的参照依据，按照统计学的方法计算出涉税经济指标在可能正常范围内波动变化的最大值。（　　）

【参考答案】×

【解析】预警值是为实现科学的纳税评估指标而确立的参照依据，按照统计学的方法计算出涉税经济指标在可能正常范围内波动变化的最大值和最小值。

16. 在纳税评估过程中，税务机关不得直接根据“金三”系统内纳税人依法报送的纳税申报资料，各项核定、认定事项的结果，增值税交叉稽核系统各类票证比对结果等，确定或调整纳税人的计税依据和应纳税额。（　　）

【参考答案】×

【解析】在纳税评估过程中，税务机关可以直接根据“金三”系统内纳税人依法报送的纳税申报资料，各项核定、认定事项的结果，增值税交叉稽核系统各类票证比对结果等，确定或调整纳税人的计税依据和应纳税额。

17. 在纳税评估中，增值税税负是排查涉税风险的一个重点注意项目。其公式为：增值税税负 = 应纳增值税税额 ÷ 增值税应税收入。（　　）

【参考答案】×

【解析】正确的公式应是：本期增值税税负 = 本期应纳增值税税额 ÷ 本期增值税应税收入。

18. 纳税评估约谈结束后，税务机关制作的纳税评估约谈情况记录，应由约谈人、记录人和被约谈人签字确认。（　　）

【参考答案】√

【解析】根据国家税务总局关于印发《纳税评估管理办法（试行）》的通知（国税发〔2005〕43号）规定，纳税评估约谈结束后，税务机关制作的纳税评估约谈情况记录，应由约谈人、记录人和被约谈人签字确认。

19. 在税种管理中，要把税收风险管理的方法与税种管理特点紧密结合起来，研究各税种的风险发生规律，建立税种风险分析指标体系和模型，形成体现税种特点的风险任务，并为开展综合性的统一应对提供专业支撑。（ ）

【参考答案】√

【解析】在税种管理中，要把税收风险管理的方法与税种管理特点紧密结合起来，研究各税种的风险发生规律，建立税种风险分析指标体系和模型，形成体现税种特点的风险任务，并为开展综合性的统一应对提供专业支撑。

20. 纳税评估分析报告和纳税评估工作底稿是税务机关内部资料，不发纳税人，不作为行政复议和诉讼依据。（ ）

【参考答案】√

【解析】《纳税评估管理办法（试行）》规定：纳税评估分析报告和纳税评估工作底稿是税务机关内部资料，不发纳税人，不作为行政复议和诉讼依据。

21. 通过建立税收行业风险模型，可以使税收管理从传统的查账管理向估算企业生产能力转变，使纳税评估更加科学、严密、准确。（ ）

【参考答案】√

【解析】揭示了建立税收行业风险模型与纳税评估之间的内在有机联系。

22. 成本费用比率是企业所得税类风险特征指标体系中的一项主要指标。（ ）

【参考答案】√

【解析】成本和费用是涉及企业所得税核算的主要项目，因此该项比率是构成企业所得税类风险特征指标体系中的主要指标。

23. 实施税收风险管理，就是要把有限的征管资源优先配置到高风险领域和大企业税收领域，实现税源管理专业化，推动服务管理方式创新和税收管理体制变革。（ ）

【参考答案】√

【解析】根据《国家税务总局关于加强税收风险管理工作的意见》（税总发〔2014〕105号）规定，实施税收风险管理，就是要把有限的征管资源优先配置到高风险领域和大企业税收领域，实现税源管理专业化，推动服务管理方式创新和税收管理体制变革。

24. 收集涉税信息主要是要收集税务机关掌握的内部数据，其他外部数据只作参考。（ ）

【参考答案】×

【解析】根据《国家税务总局关于加强税收风险管理工作意见》（税总发〔2014〕105号）规定，各级税务机关要落实信息管税的工作思路，将挖掘和利用好内外部涉税信息作为税收风险管理工作的基础。注重收集宏观经济信息、第三方涉税信息、企业财务信息、生产经营信息、纳税申报信息，整合不同应用系统信息。建立企业基础信息库，并定期予以更新。对于集团性大企业，还要注重收集集团总部信息。

25. 从事纳税评估的工作人员，在纳税评估工作中徇私舞弊或者滥用职权，致使纳税评估结果失真、给纳税人造成损失的，由税务机关按照有关规定给予行政处分。（　　）

【参考答案】×

【解析】不构成犯罪的，由税务机关按照有关规定给予行政处分；构成犯罪的，要依法追究刑事责任。

26. 税收风险管理中的风险一般是指纳税遵从风险，不包括税收执法风险、税务机关内部组织风险等。（　　）

【参考答案】√

【解析】题目考查的是税收风险管理的内涵。

27. 某区税务局风险评估岗小郑在风险识别过程中用到了速动比率，并将该指标划分为企业经营能力指标。（　　）

【参考答案】×

【解析】速动比率主要用于衡量企业的偿债能力，属于企业财务状况指标。

28. 建立税收分析档案要坚持规范性、完整性、及时性、准确性和连贯性。（　　）

【参考答案】√

【解析】建立税收分析档案要坚持规范性、完整性、及时性、准确性和连贯性。

29. 税收分析基于税收理论，以税收制度特征和税收实务状况为主要分析对象对现行税制和税收实务进行量化分析。（　　）

【参考答案】√

【解析】税收分析基于税收理论，以税收制度特征和税收实务状况为主要分析对象对现行税制和税收实务进行量化分析。

30. 因素分析法是指从经济、政策、征管以及普通因素等方面对税收、税源进行分析。（　　）

【参考答案】×

【解析】因素分析法是指从经济、政策、征管以及特殊因素等方面对税收、税源进行分析。

四、简答题

1. 列举税收风险管理工作的定位。

【参考答案】

（1）税收风险管理是加强税种管理的有效方法和手段。把税收风险管理的方法与税种管理特点紧密结合起来，研究各税种的风险发生规律，建立税种风险分析指标体系和模型，形成体现税种特点的风险任务，并为开展综合性的统一应对提供专业支撑。

（2）税收风险管理也是加强日常征管的有效方法和手段。日常管理中按照税收风险管理流程，加强登记、发票、申报、征收等环节的管理。特别是要结合精简审批、减少环节、下放权力等创新税收服务和管理的要求，发挥税收风险管理的优势，加强事前、事中和事后的风险监控，填补管理漏洞，提高征管质效。

（3）税收风险管理还是加强大企业税收管理的有效方法和手段。运用税收风险管理的理念和方法，提升大企业复杂涉税事项的管理层级，发挥各级税务机关的系统优势，实现大企业由基层的分散管理转变为跨层级的统筹管理，促进税收征管整体资源的优化配置。

（4）税收风险管理是一项需要持续改进的系统工程。需要在统一认识、明确任务、建立机制、厘清职责的基础上，不断调整、改革、完善，使之发挥越来越大的作用。

2. 纳税评估的基本流程包括哪些内容？

【参考答案】

纳税评估工作的一般程序是：运用税收风险管理理念，分析识别风险，明确风险等级，安排相应应对措施；对案头审核对象进行深入审核，查找疑点，明确核实的内容和方式；对案头审核中发现的疑点分别采取电话、信函、网络、约谈、实地核查等方式核实疑点；针对调查核查情况作出评定处理。

（1）风险识别是税务机关采取计算机和人工相结合的方法，分析识别纳税人纳税申报中存在的风险点，按户归集，依纳税人风险高低排序，确定其风险等级，明确相应应对措施的过程。

（2）案头审核是指纳税评估人员在其办公场所，针对纳税人的风险点，选择运用相应的纳税评估方法，分析推测纳税人的具体涉税疑点，对需要核实的疑点明确有关核实内容和方式的过程。

（3）调查核实是指税务机关根据疑点的大小和复杂程度，采取电话、信函、网络、约谈、实地核查等其他便捷有效的方式进行核实的过程。对潜在风险识别和案头审核环节经通知改正而拒不改正的纳税人，实施调查核实。

（4）评定处理是在案头审核和调查核实后，对纳税人依据不同情形给予相应处理的过程。

3. 税收风险管理内控机制主要包括哪些内容？

【参考答案】

（1）内控内生化。将对税收风险管理的内控要求内嵌于征管信息平台之中，在征管系统运行时同步开展内控监管。对征管信息平台中风险管理各流程设置环节控制，明晰各相关岗位的权限配置，使风险管理各个功能模块在操作上相互独立，在运行上相互制约。设置校验规则，对各环节操作合规性实时监控，事后分析。

（2）内控信息化。依托平台收集风险识别与应对信息，分析风险应对文书是否规范、结果是否经过审议审核、是否在时限内完成应对、应对结果与识别分析内容差异程度及其原因等，对税收风险应对合规性、应对质量开展复审工作，对税收风险管理实现全过程监控。

4. 在纳税评估的案头分析方法中核对法的主要内容包括哪些？

【参考答案】

纳税评估中评估人员运用核对法时，主要核对以下三个方面的内容：

（1）表表核对。申报表间的核对、财务报表间的核对、申报表与财务报表间的核对。

（2）表实核对。表实核对是将纳税人的申报表以及财务报表等与管理员或者其他人员在实际的税收征管中掌握和了解的纳税人实际的生产经营情况以及其他相关信息进行核对。表实核对需要根据税务机关收集到的具体信息资料确定。

（3）内外核对。内外核对，是指纳税评估人员应当将其所能够收集和掌握到的全部信息进行核对，一方面，要将税务机关征收管理系统内的信息（即机内信息）与征收管理系统外的信息（即机外信息）的数据进行核对；另一方面，则需要将税务机关在日常征管中掌握的纳税人涉税信息与外部信息进行核对。

5. 风险管理的“四个有人管”的工作要求的内容是什么？

【参考答案】

推动实现税收风险“没发现，有人管；没及时科学推送，有人管；推送了没及时有效处置，有人管；处置并上报了处置情况及建议，但有关部门没改进，也要有人管”。

6. 2021 年 4 月，某市税务稽查局在对一企业进行稽查时，发现该企业财务资料比较规范，仅有少量调整项目存在一定问题，涉及的问题不大。经过一天的检查，还剩部分财务资料没有查阅，检查人员认为既然问题不大，企业也比较配合检查，没有必要办理调账手续，在征得该企业负责人同意，并电话请示稽查局局长，获其同意后，将尚未检查的部分账本拿回税务机关检查。

第二天，稽查局接到举报，说企业交出的财务资料是专门请专业人员制作的假账，企业的原始账本存放于企业另一房间。检查人员准备好调账通知，再次前往企业，要求企业打开那间房间。该企业称钥匙保管人员出差，并且该房间是一间空置房，里面没有什么东西，没有必要检查，稽查人员遂撬开房门查找，但没有找到举报人所说的账本。

由于没有查找到账本，房门又被撬坏，企业的保卫科长指责税务干部，双方发生口角，并发生相互推搡，造成一名税务干部手部轻微擦伤。企业负责人赶到后，对保卫科长进行了批评，并向税务干部道歉。税务机关以纳税人暴力抗税为由向公安机关报案，公安机关传唤当事人调查后未做处理。

稽查局后来正式调取了企业 2020 年账本进行检查。发现申报的应纳税所得额为 -19万元，但存在广告费超过规定标准、未进行纳税调整的问题，应调增应纳税所得额 20 万元。

稽查局在讨论处罚时，存在三种不同意见：第一种意见为，拟按查补的 20 万元计算企业应纳税额，并按偷税处 1 倍罚款；第二种意见为，拟按企业调整后的应纳税所得额 1 万元计算应纳税额，按偷税罚款，并按编造虚假计税依据罚款；第三种意见为，拟按企业调整后的应纳税所得额 1 万元计算应纳税额，按偷税罚款。

问：指出本案中稽查局执法中存在的错误，并说明理由；针对本案的处罚意见谈谈自己的意见，并说明理由。

【参考答案】

（1）未办理调账手续，将纳税人账簿带回税务机关检查的行为违法。理由是：《税收征收管理法》规定，调账检查须依法办理调账检查通知，并向纳税人开具清单；调账检查须经县以上税务局（分局）局长批准，稽查局长无权批准。

（2）稽查局撬开纳税人的房门查找账本的行为违法。理由是：税务机关撬开房门查找账本的行为，构成一种搜查行为，而依照法律税务机关没有搜查权。

（3）稽查局以抗税为由报案不成立。理由是：税务机关违法搜查并损害纳税人权益在先，双方发生口角并相互推搡，难以分清责任，且企业负责人对当事人进行了批评，不能据此认定纳税人有拒绝缴纳税款的故意。

（4）三种意见都不正确。本案发生时间为 2021 年 4 月，2020 年汇算清缴期尚未结束，只能辅导纳税人作纳税调整不能认定为偷税。

五、案例分析题

1. 某公司成立于 2020 年 5 月，为增值税一般纳税人，从事汽车车灯的生产、销售。行业税负率按当地具体情况予以测算，增值税税负对比分析评估模型指标预警参考值 4%—7%。某有限公司 2020 年、2021 年增值税税负率分别为 6%、3.3%。

请说明利用该企业 2020 年度、2021 年度的增值税税负指标进行风险识别的情况，并说明下一步开展案头分析的主要工作。

【答案及解析】

（1）2019 年增值税税负率为 6%，在预警参考值区间内，该项指标评分为 0 分。

（2）2020 年增值税税负率为 3.3%，低于预警参考值。增值税税负率下降且低于预警值，存在少缴增值税及附加税的可能。

（3）下一步主要案头分析方法如下：

①收集同时期同类型且规模相似的企业，计算行业税负率平均参考值，进一步分析该企业增值税税负率下降的合理性。

②对企业增值税申报表、进项发票取得情况进行分析，排除大额固定资产购建导致的税负率临时性下降因素。

③对涉税优惠政策梳理，了解企业是否因为享受税收优惠导致税负率下降。

④如果案头分析无法排除疑点，可以考虑约谈或进行实地核查。

2. 甲有限公司为增值税一般纳税人，主要产品为纺织用棉纱。2020 年 1—6 月，实现销售收入 684 500 元，销项税额 116 365 元，进项税额 105 857 元，缴纳增值税 10 508 元，当期增值税税负率为 1.53%。已知该行业增值税税负预警下限为 2.11%。经调查核实，该公司 2020 年 1—6 月投入棉花 61 580 千克，账面期初库存 1 120 千克，期末库存为 13 000 千克，该行业投入产出比在 85% 以上，产品平均售价为 18.60 元/千克（不含税）。利用进项税金控制额模型测算企业当期进项税额变动无异常。

（1）根据以上情况，分析说明评估人员下一步评估分析的重点以及应采用的方法和步骤并计算出有关结果。

（2）根据上述情况，评估人员下一步评析的重点应是企业的销售收入，即重点分析企业是否如实申报销售收入。运用投入产出法测算企业产量，结合库存信息和销售单价推算销售量和销售额，并与企业申报信息进行对比分析。

【答案及解析】

（1）计算过程和结果如下：

评估期产量 = 61 580 × 85% = 52 343（千克）

测算应税销售收入 =（1 120 + 52 343 − 13 000）× 18.6 = 752 611.8（元）

测算应税销售收入与申报销售收入的差额 = 752 611.8 − 684 500 = 68 111.8（元）

（2）企业申报销售收入与评估测算销售收入相差较大，怀疑企业有隐瞒销售收入的可能。经批准，可约谈企业财务人员，在企业财务人员不能说明原因或者举证不清的情况下，经批准，可对企业进行实地调查。

3. 2020 年 8 月 20 日，某市税务局确定该市 S 县 D 金属制品厂税务稽查任务。S 县税务局在配合税务稽查时发现，该纳税人已被该县风险管理部门列入纳税评估计划，但尚未开始纳税评估。为减轻企业负担，该市税务局决定由稽查人员和评估人员组成联合办案小组，对该 D 公司进行纳税评估，评估期为 2019 年度。

省局风险监控中心发现如下疑点：

（1）评估期增值税税负率为 1.38%，基期税负率 2.92%；

（2）评估期销售收入增长明显小于销售成本增长；

（3）评估期成品油抵扣比例异常；

（4）评估期企业所得税贡献率异常；

（5）评估期财务费用大额增长，销售收入同比下降。

针对上述问题，联合办案小组开展了以下工作：

（1）小组办案人员张某于 8 月 27 日直接打电话要求企业财务人员王某第二天到 S 县税务局进行约谈并说明情况。

（2）因王某出差在外，其具有执业资格的税务代理人——大华会计师事务所李某代替王某到 S 县税务局说明情况，李某向税务机关提交纳税人委托代理证明，被税务机关拒绝。

（3）8 月 30 日上午，王某出差回来到 S 县税务局与评估人员进行了约谈。约谈后部分疑点未能排除，张某与财务人员王某约定去企业实地核查。8 月 30 日下午，张某独自来到 D 金属制品厂进行实地核查，查看企业生产经营情况后返回税务机关。

（4）8 月 31 日，财务人员王某与张某进行充分沟通后，评估小组同意纳税人自查补税，内容如下：

①纳税人 2019 年 3 月发出货物一批（款项于 2019 年 1 月已作预收款处理），因企业一直未催要发票，D 金属制品厂未确认销售收入。纳税人同意补缴增值税，税款所属期双方商定为 2019 年 12 月。

②为缓解缴税压力，2019 年 7 月该纳税人在无业务的情况下，购买增值税专用发票 5 份，认证抵扣进项税额 380 000 元，造成当期少缴增值税 150 000 元。纳税人做 3 进项税额转出，补缴税款。

（5）9 月 5 日评估人员将评估报告送达纳税人，报告注明如纳税人对补缴税款有异议，在提供相应纳税担保或缴纳税款后，可在 15 日内依据报告向上级税务机关申请复议。

（6）D 金属加工厂 9 月 18 日补缴了相应税款，并按约定的税款所属期进行了补充纳税申报，并按规定加收滞纳金，评估人员将相关资料存档，评估结束。

要求：指出在此评估案例中税务机关存在的主要执法问题是什么？

【答案及解析】

税务机关存在的执法问题有：

（1）已列入稽查计划的纳税人，不应再列入评估任务；

（2）评估应由税源管理部门负责，不应有稽查人员参与；

（3）税务约谈要经所在税源管理部门批准并事先发出《税务约谈通知书》，提前通知纳税人；

（4）纳税人可以委托代理人约谈，符合规定程序的，税务机关不应拒绝；

（5）对评估分析和税务约谈中发现的必须到生产经营现场了解情况、审核账目凭证的，应经所在税源管理部门批准；

（6）评估处理时不应任意改变属期，人为调整滞纳金（税务机关依照法律、行政法规的规定征收税款，不得违反法律、行政法规的规定开征、停征、多征、少征、提前征收、延缓征收或者摊派税款。建议用“得”）；

（7）评估不得以评代查，涉嫌偷、逃、抗、骗税行为的应移交稽查；

（8）评估报告为内部文书，不送达纳税人，不应作为行政复议的依据。

4. 某公司成立于2008年，从事服装的生产销售，是增值税一般纳税人，企业所得税征收方式为查账征收。管理人员的工资相对固定，生产工人的工资采用计件工资制度。

2021年7月，主管税务机关根据征管信息系统的提示和本局的纳税评估安排，将该纳税人列入增值税、企业所得税纳税评估对象，并取得纳税人的部分会计报表数据和纳税申报数据，具体列示如表3－1所示。

表3－1　某公司2019—2020年部分会计报表数据和纳税申报数据　单位：万元

项目	2019年	2020年
主营业务收入	5 800	6 400
其他业务收入	500	400
主营业务成本	4 300	5 100
营业费用	700	800
管理费用	950	1 100
财务费用	100	100
营业外收入	200	1 200
营业外支出	100	560
利润	200	260
固定资产原值	2 800	4 200
累计折旧	500	930
工资发生额	700	820
应纳增值税额	260	240
应纳所得税额	56	50

该市纳税评估预警系统中，同行业2020年预警值分别是：增值税税负率为5%、企业所得税贡献率为1.3%。2019年、2020年该公司生产经营所需的料、工、费以及产品的价格基本稳定。

根据以上资料，请回答以下问题。

（1）计算2019年增值税税负率，2020年增值税税负率，并结合同行业税负率，分析企业可能存在的问题。

（2）计算2020年企业所得税贡献率，并结合同行业所得税贡献率，分析企业可能存在的问题。

（3）计算2020年主营业务收入变动率、主营业务成本变动率，分析企业可能存在的问题。

（4）计算管理费用变动率、营业费用变动率，分析企业可能存在的问题。

（5）计算营业外收入变动率，结合主营业务成本变动率和主营业务收入变动率，分析企业可能存在的问题。

（6）计算固定资产变动率，结合业务变动，分析企业可能存在的问题。

（7）计算工资变动率，并分析企业可能存在的问题。

【答案及解析】

（1）2019年增值税税负率=260÷（5 800+500）=4.13%，2020年增值税税负率=240÷（6 400+400）=3.53%，同行业增值税税负率为5%。

企业2020年增值税税负率低于2019年，低于同行业的水平，所以应进一步分析是否存在不得抵扣的进项税抵扣的问题，是否存在销售未计收入、少计增值税的问题。

（2）2020年所得税贡献率=50÷（6 400+400）=0.74%

低于同行业所得税贡献率1.3%。可能存在销售未计收入、多列成本费用、扩大税前扣除范围的问题。

（3）2020年主营业务收入变动率=（6 400－5 800）÷5 800=10.34%，主营业务成本变动率=（5 100－4 300）÷4 300=18.6%。

主营业务成本变动率大于主营业务收入变动率，企业可能存在销售未计收入、多列成本费用的问题。

（4）管理费用变动率=（1 100－950）÷950=15.79%，营业费用变动率=（800－700）÷700=14.29%。

管理费用变动率、营业费用变动率大于主营业务变动率，企业可能存在多列管理费用、营业费用，扩大税前扣除范围的问题。

（5）2020年营业外收入变动率=（1 200－200）÷200=500%

营业外收入变动率大于主营业务收入变动率、主营业务成本变动率大于主营业务收入变动率，企业可能存在销售未计收入、计入营业外收入的问题，可能少计增值税。

（6）固定资产变动率=（4 200－2 800）÷2 800=50%

收入增长变动不大，企业可能存在销售未计收入，账外经营问题。

（7）2020年工资变动率=（820－700）÷700=17.14%

2019年工资增加了17.14%，企业现有职工人数稳定，管理人员的工资相对固定，生产工人的工资采用计件工资制度，所以应进一步分析工资增加的原因是否因为企业的生产规模扩大，每位工人的完工产品增加所致。

5. 某省甲市乙区税务局认为一家化工厂有逃税行为，拟对该厂作出罚款 3 万元的行政处罚决定，并查封了该厂的厂房、设备。因该厂没有在法定期间提出听证申请，税务机关因此作出上述行政处罚决定。该厂不服该处罚决定，以显失公正、查封措施违法为由，提起行政复议。复议机关认为乙区税务局适用的法律依据错误，导致对事实的定性出现错误。遂改变了乙区税务局的处罚依据，但没有改变处罚结果。该厂不服，向人民法院提起行政诉讼，要求变更行政处罚决定，赔偿因查封造成的该厂损失。经法院审理发现，该厂有擅自印制和非法使用发票行为。

根据以上条件，回答下列问题：

（1）关于税务机关的处罚行为，说法错误的有（　　）（多选）。

A. 对于罚款的处罚，该厂可以申请税务行政处罚听证

B. 对于税务机关作出的查封行为，该厂可以申请税务行政处罚听证

C. 税务机关在作出查封决定之前，应当向当事人送达《税务行政处罚事项告知书》

D. 税务机关在作出 3 万元罚款的行政处罚决定之前，应当向当事人送达《税务行政处罚事项告知书》

（2）该厂对行政复议不服，（　　）（单选）。

A. 应当向 B 区人民法院提起行政诉讼

B. 应当向复议机关所在区人民法院提起行政诉讼

C. 应当向甲市中级人民法院提起行政诉讼

D. 可以选择向乙区人民法院提起行政诉讼或者向复议机关所在区人民法院提起行政诉讼

（3）关于此案的审理，下列说法正确的有（　　）（多选）。

A. 人民法院应于立案之日起 5 日内，将起诉状副本和应诉通知书发送给被告

B. 人民法院可以独任审判员审理此案

C. 行政诉讼案件的审理不能由陪审员参与审理

D. 如果该案涉及商业秘密，经过该厂申请人民法院可以不开庭审理

（4）人民法院在审理该案时，（　　）（多选）。

A. 无权判决对该厂发票违法行为予以罚款

B. 有权判决变更罚款 3 万元为 6 万元

C. 对变更处罚决定的争议不适用调解方式，对赔偿争议可以适用调解方式

D. 对变更处罚决定的争议和赔偿争议都可以适用调解方式

【答案及解析】

（1）【参考答案】BC

【解析】B 项，税务机关查封行为属于行政强制，不可以申请税务行政处罚听证，可以对于行政处罚申请听证，此项错误。C 项，税务机关在作出查封决定之后，应当

向当事人送达《税务行政处罚事项告知书》，此项错误。

（2）【参考答案】D

【解析】复议机关对原行为的事实、证据、规范依据认为有问题，在复议决定书中加以阐述但最终并没有改变原行为的结果，仍视为复议机关维持原行政行为，当事人如果不服到法院起诉，应把原行政机关和复议机关为共同被告。所以本题可以选择向乙区人民法院提起行政诉讼或者向复议机关所在区人民法院提起行政诉讼。

（3）【参考答案】AD

【解析】B错误，人民法院应当合议庭审理此案，不能独任审判员审理此案。C错误，行政诉讼案件的审理可以由法官和陪审员组成合议庭参与审理。

（4）【参考答案】AD

【解析】人民法院在行政诉讼中不得对行政机关未予处罚的违法行为判决予以处罚。《行政诉讼法》第六十条规定，人民法院审理行政案件，不适用调解。但是，行政赔偿、补偿以及行政机关行使法律、法规规定的自由裁量权的案件可以调解。该法第七十七条规定，行政处罚明显不当，或者其他行政行为涉及对款额的确定、认定确有错误的，人民法院可以判决变更。人民法院判决变更，不得加重原告的义务或者减损原告的权益。故选项B和选项C是错误的。

第四章　大企业税收服务与管理

★知识要点归纳

第一节　大企业税收服务与管理综述

一、大企业税收服务与管理工作的内涵

大企业税收服务与管理工作是税务机关为贯彻落实《深化国税、地税征管体制改革方案》确定的基本原则和目标任务，对纳税人实施分类分级管理，提升大企业税收管理层级，抓住全国千户集团这个“关键少数”，推动大企业税收服务深度融合、执法适度整合、信息高度聚合，着力解决当前大企业税收管理中信息不对称、能力不对等、服务不到位、管理不适应等问题，提升大企业税收服务与管理质效，为我国大企业持续健康发展提供良好的税收环境。

二、大企业税收服务与管理对象划分标准

（一）统计部门大企业划分标准

什么是大企业，不同政府部门、不同国家有着不同标准。我国工业和信息化部、国家统计局、国家发展改革委和财政部按照行业类别，依据从业人员、营业收入、资产总额等指标，对大企业的标准进行了界定（见表4－1）。

表4－1　　统计口径大中小微型企业划分标准

行业名称	指标名称	计量单位	大型	中型	小型	微型
农、林、牧、渔业	营业收入（Y）	万元	Y≥20 000	500≤Y＜20 000	50≤Y＜500	Y＜50
工业	从业人员（X）	人	X≥1 000	300≤X＜1 000	20≤X＜300	X＜20
	营业收入（Y）	万元	Y≥40 000	2 000≤Y＜40 000	300≤Y＜2 000	Y＜300

续表

行业名称	指标名称	计量单位	大型	中型	小型	微型
建筑业	营业收入（Y）	万元	Y≥80 000	6 000≤Y＜80 000	300≤Y＜6 000	Y＜300
	资产总额（Z）	万元	Z≥80 000	5 000≤Z＜80 000	300≤Z＜5 000	Z＜300
批发业	从业人员（X）	人	X≥200	20≤X＜200	5≤X＜20	X＜5
	营业收入（Y）	万元	Y≥40 000	5 000≤Y＜40 000	1 000≤Y＜5 000	Y＜1 000
零售业	从业人员（X）	人	X≥300	50≤X＜300	10≤X＜50	X＜10
	营业收入（Y）	万元	Y≥20 000	500≤Y＜20 000	100≤Y＜500	Y＜100
交通运输业	从业人员（X）	人	X≥1 000	300≤X＜1 000	20≤X＜300	X＜20
	营业收入（Y）	万元	Y≥30 000	3 000≤Y＜30 000	200≤Y＜3 000	Y＜200
仓储业	从业人员（X）	人	X≥200	100≤X＜200	20≤X＜100	X＜20
	营业收入（Y）	万元	Y≥30 000	1 000≤Y＜30 000	100≤Y＜1 000	Y＜100
邮政业	从业人员（X）	人	X≥1 000	300≤X＜1 000	20≤X＜300	X＜20
	营业收入（Y）	万元	Y≥30 000	2 000≤Y＜30 000	100≤Y＜2 000	Y＜100
住宿业	从业人员（X）	人	X≥300	100≤X＜300	10≤X＜100	X＜10
	营业收入（Y）	万元	Y≥10 000	2 000≤Y＜10 000	100≤Y＜2 000	Y＜100
餐饮业	从业人员（X）	人	X≥300	100≤X＜300	10≤X＜100	X＜10
	营业收入（Y）	万元	Y≥10 000	2 000≤Y＜10 000	100≤Y＜2 000	Y＜100
信息传输业	从业人员（X）	人	X≥2 000	100≤X＜2 000	10≤X＜100	X＜10
	营业收入（Y）	万元	Y≥100 000	1 000≤Y＜100 000	100≤Y＜1 000	Y＜100
软件和信息技术服务业	从业人员（X）	人	X≥300	100≤X＜300	10≤X＜100	X＜10
	营业收入（Y）	万元	Y≥10 000	1 000≤Y＜10 000	50≤Y＜1 000	Y＜50
房地产开发经营	营业收入（Y）	万元	Y≥200 000	1 000≤Y＜200 000	100≤Y＜1 000	Y＜100
	资产总额（Z）	万元	Z≥10 000	5 000≤Z＜10 000	2 000≤Z＜5 000	Z＜2 000
物业管理	从业人员（X）	人	X≥1 000	300≤X＜1 000	100≤X＜300	X＜100
	营业收入（Y）	万元	Y≥5 000	1 000≤Y＜5 000	500≤Y＜1 000	Y＜500
租赁和商务服务业	从业人员（X）	人	X≥300	100≤X＜300	10≤X＜100	X＜10
	资产总额（Z）	万元	Z≥120 000	8 000≤Z＜120 000	100≤Z＜8 000	Z＜100
其他未列明行业	从业人员（X）	人	X≥300	100≤X＜300	10≤X＜100	X＜10

（二）税务部门大企业税收管理服务对象划分标准

税务部门的大企业税收管理工作的对象为全国千户集团和各省（自治区、直辖市和计划单列市）税务局（以下简称“省局”）确定的大企业为服务与管理对象，通过完善大企业纳税服务机制，创新大企业个性化纳税服务产品和方式，提供大企业税收政策确定性服务，提升税法遵从度和纳税人满意度；通过转变大企业税收管理方式，将大企业复杂涉税事项提升至总局、省局统筹管理，逐步实现大企业税收服务与管理的全国一体化运作。

基本包括以下企业：

（1）纳入国家税务总局千户集团总部及其成员企业。2015 年，税务总局按照企业集团年纳税额 3 亿元以上的标准，筛选了 1 000 户左右的企业集团，作为深化大企业税收服务与管理的对象。此后按照这一标准对纳入千户集团的企业名单进行了调整。

（2）省局确定的大企业为服务与管理对象。

（3）各级税务机关根据地方实际确定的纳入大企业管理范围的企业。

（三）大企业税收服务和管理工作的要求

1. 统筹兼顾

通盘考虑各项工作职责的人力配置，统筹分析应对力量，合理划分内部工作职能与工作重点，积极优化与局内各科室的工作衔接，建立上下衔接、左右通达、健全有效的工作机制，实现大企业纳税服务和风险管理双促进、双提高。

2. 科学高效

立足大企业税收管理现代化，强化规划，优化流程，细化标准，持续提升服务和管理的科技含量与技术水准；着力做精数据、做优平台、做深服务，构建运转高效、工作完备、指挥有力的大企业税收服务和管理新格局。

3. 提升层级

针对大企业纳税人经营范围广、涉税事项专、层级架构繁、服务要求高的特点，以集团为对象，以行业为维度，突出分类，提升层级，将复杂涉税事项提升至市（地）以上管理，全面提高大企业服务和管理专业化水平。

4. 优化效能

依据工作序列，明晰工作定位，提升管理质效。风险管理重在形成闭环，纳税服务重在遵从引导，经济分析重在集成拓展，形成相得益彰、相互促进的良性综合效应。

（四）大企业税收服务和管理工作指导思想

全面贯彻税收征管体制改革总体部署和要求，以提升大企业服务和管理能力为目标，细化工作职责，理顺工作机制，提升工作效能，更好地发挥大企业税收服务和管理在深化税收领域“放管服”改革、优化税收营商环境、实现税收征管现代化中的积极作用。

第二节 大企业数据管理

一、千户集团数据管理的内容

1. 做好数据规划

以提高千户集团数据质量为核心，通过整体规划，进一步明确数据采集范围、采集内容和采集方式，细化明确具体管理措施，逐步构筑采集有考评、治理有反馈、使用有监控的管理闭环，建立规范统一的保障机制，实现数据管理规范高效、数据内容完整准确、数据应用安全可控。

2. 推进名册管理

核实、确认本地千户集团名册信息；审核、补充本地千户集团成员企业名册信息；进一步强化千户集团名册信息管理，避免出现企业信息漏报、误报等情况。

3. 强化税务端数据归集

根据千户集团及成员企业名单，从金税三期、增值税发票管理等信息系统中抽取、加工相关税收征管数据，做好相关数据的“一户式”加载存储和分析应用。配合总局完成千户集团税收快报数据的归集、加工和审核等工作。

4. 规范企业端数据采集

落实千户集团及成员企业在征管系统中的标记工作，采集、审核、抽取千户集团及成员企业附报数据。按月（季）做好千户集团企业直报数据的收集、审核、报送和汇总工作。落实千户集团涉税电子财务数据常态化采集机制，按时、保质保量地完成千户集团涉税电子财务数据采集、检测和加载工作，配合总局做好数据抽取工作。做好数据采集软件的业务保障，进一步加强数据采集过程中的审核校对，确保数据采集完整准确、及时有效。

5. 加强第三方数据获取

积极推进千户集团第三方数据的采集、交换和共享。做好分析过程中相关互联网涉税数据收集、整理等工作。指导下级大企业服务和管理部门开展千户集团的第三方数据交换、获取、应用等工作。

6. 抓好数据联络员管理

根据总局千户集团数据联络员管理办法的相关要求，抓好本地千户集团数据联络员日常管理、业务培训等工作任务的落实。

二、千户集团数据管理的工作规范

1. 千户集团数据采集的内容包括企业端数据、税务端数据和第三方数据。税务总局确定千户集团数据采集范围、标准和时限，收集和加载省税务机关报送的企业端数据。省税务机关根据税务总局要求，加强国税、地税合作，联合组织采集、审核、报送本省千户集团企业端数据。

2. 各级税务机关以金税三期为基础，按照千户集团税收管理需要，集成现有各类应用系统涉税数据。

3. 税务总局与国务院有关部门沟通协调，完善数据交换共享工作机制。各地税务机关与本级政府相关部门、行业协会等单位沟通联系，获取千户集团相关涉税信息。

4. 省税务机关应当充分利用现代科技手段，从互联网、报刊杂志等媒体发布的公开信息中，获取千户集团涉税信息，重点关注企业重组、股权转让、关联交易等重大事项信息。

5. 省税务机关大企业税收管理部门会同技术部门对涉及千户集团的第三方信息进行整理、清洗和加载，并按要求上报税务总局（大企业税收管理司）。

6. 税务总局整合企业端、税务端和第三方数据，逐步实现多层级、全方位的集成应用，为千户集团税收风险分析提供支撑。对超出查询权限的千户集团相关数据，省税务机关可以向税务总局申请查询、应用，并填报“千户集团数据需求查询申请单”。

7. 税务总局通过完善千户集团数据联络员机制、明确数据业务标准、规范数据检测机制等方式，不断强化数据质量保障。

8. 各省税务机关应当统筹开展数据采集工作，充分利用已有数据资源，避免重复采集。

第三节　大企业个性化纳税服务

一、大企业个性化纳税服务内涵

（一）创新大企业个性化纳税服务方式

总局指导省局，借助手机 APP、微信等互联网工具，为大企业提供政策咨询、业务交流等服务；定期向大企业提示共性的、行业性的及有关重大事项的税收风险，突出事前预防；探索建立大企业重大涉税事项报告制度，规范报告事项内容及程序，针对涉税问题提出服务和管理的意见建议。

（二）提供大企业税收政策确定性服务

总局指导省局，对大企业执行税收政策遇到的热点、难点问题，提供专业的政策解读，确保税法适用的确定性和税法执行的统一性；定期征集大企业意见建议，为完善税收政策和管理制度提供参考；随着相关法律法规修订，总局探索建立复杂涉税事项事先裁定制度，推进大企业税收事先裁定工作。

（三）完善大企业税务风险内控制度

总局指导省局，制定并完善大企业税务风险内控测试指标体系，组织开展大企业税务风险内控调查和测试工作，引导和推动大企业完善税务风险内控体系；选择税务风险内控制度较为完善、税法遵从度较高的大企业，签订《税收遵从合作协议》，引导和约束税企双方共同信守承诺、防范风险。

（四）健全大企业税收服务协调机制

总局、省局两级建立税企高层对话机制；改进大企业涉税事项处理机制，规范大企业涉税诉求的受理和回复工作，快速、准确地回应大企业涉税诉求；完善大企业涉税事项协调会议机制，及时解决重大、复杂涉税事项；为大企业提供个性化纳税服务，减轻大企业办税负担，实现征纳双方的良性互动。

二、大企业个性化纳税服务的主要措施

（一）增强服务意识，转变服务理念

以大企业需求为导向，树立税企合作共治、服务与管理高度融合的理念。坚持风险管理和优质服务同步推进，防范税收风险和引导自觉遵从平行治理。树立积极有为的意识，促进服务创新，营造和谐营商环境。

（二）拓展服务渠道，加强信息交流

运用“互联网＋”思维，依托税务大数据，借助APP、微信、微博等网络平台，拓展服务渠道，加强税企之间信息交流，消除税务机关与大企业之间的地域、层级限制，实现大企业纳税服务互联互通。

（三）强化日常沟通，及时回应诉求

完善大企业数据联络员制度，促进数据报送、诉求协调、风险管理等工作顺畅高效。不定期走访大企业，认真听取意见和建议，了解生产经营及重大涉税事项情况，及时回应涉税问题，做到沟通及时，处理快捷。

（四）优化专项交流，解决热点问题

定期举办税企沙龙、恳谈会、联席会等，通报大企业关心的涉税问题，提高税企双

方对涉税事项认识的一致性。结合税收热点、难点问题，适时开展专题调研、高层对话，及时提出解决方案。建立行业税收工作小组，研究行业性涉税问题，探索有效对策建议。

（五）建立绿色通道，提供专属服务

合理确定准入标准，为符合条件的大企业提供绿色通道，提供发票直送、诉求升级、自我遵从免查等专属服务。针对大企业的个性化需求，尝试对接相关政府部门和行业协会，着力解决大企业遇到的各类问题。

（六）加强集团重组服务，提高政策确定性

针对涉及多地区或多税种的大企业重组涉税事项，建立大企业重组涉税事项纳税服务工作机制，规范工作程序，依申请为大企业协调重组中的疑难事项，提高政策确定性和执行统一性，解决大企业重组事项多头跑、多次跑问题。

（七）针对重大交易事项，提供专业辅导

对股权转让、关联交易、跨境投资等重大交易事项，建立重大事项辅导制度，提出税务风险建议，降低大企业重大事项涉税风险成本，充分享受现有税收政策红利。

（八）减少跨区域涉税争议，提高执行一致性

针对跨区域经营的企业集团各地税收政策理解、执行不一致问题，加强组织协调，提出解决方案，及时提请上级单位协调，提高各地政策执行一致性。

（九）强化数据监测分析，提供便捷高效服务

积极利用互联网和大数据技术，探索开展大企业数据监测统计，及时掌握大企业税收波动情况和发展趋势，开展精准分析，为大企业提供便捷、高效的服务。

（十）研究内控指标体系，帮助企业加强内控建设

分析企业关键涉税控制节点和内控薄弱环节，研究完善内控测试指标体系。开展内控调查，深入了解企业情况。选择合适方法，有重点地测试企业内控制度实际执行情况，提出完善建议，提升企业内控质量。

（十一）签订遵从协议，推动遵从合作

选择税务风险内控完善的企业集团，签订《税收遵从合作协议》或者《税收遵从合作备忘录》，加强后续跟踪服务管理，建立工作台账，定期出具遵从评价报告，推动企业提高遵从水平。

（十二）定期归集整理税收风险，适时推送提醒到户

积极利用计算机扫描的风险成果，结合千户集团税收风险管理情况，定期归集日常风险，及时推送到户，督促企业自我评估、自我纠正，切实提高企业自我防范能力。

（十三）聚焦企业生产流程，定制专门服务手册

针对重点风险企业，研究生产流程、整体架构、行业特征和核算特点，分析潜在风险，量身定制专门服务手册，提供针对性服务。

（十四）分年编写行业指引，揭示行业共性风险

研究行业风险特征，梳理行业政策规定，分析行业共性风险，细化风险控制方法，分门别类编写风险指引，引导企业加强防范。

（十五）汇编典型风险案例，激发企业增强防范意识

收集整理企业税务风险典型案例，汇编成册，不定期发布，引导企业规范涉税行为。

（十六）积极利用信用评价体系，提升总体信用水平

完善信用评价体系，建立企业集团总部与成员企业信用联动关系，探索以集团为口径评价纳税信用状况，引导企业集团和成员企业诚信水平总体提高。

（十七）编制年度遵从报告，增强企业信誉意识

汇总企业税收缴纳、信用评定和遵从情况，按年编制《千户集团年度报告》《千户集团年鉴》，推进企业集团信息共享，增强大企业信誉意识。

（十八）优化“走出去”企业服务，助力国家发展战略

围绕“走出去”企业，梳理内外税收政策，跟踪征管问题，建立数据档案，收集整理大企业海外税收维权案例，定期开展政策辅导和税收提醒，强化“一对一”服务，降低“走出去”企业的税收成本和涉税风险。

第四节　大企业税收风险管理

一、大企业税收风险管理目标

大企业税收风险管理的目标在于引导大企业合理控制税务风险，防范税务违法行为，依法履行纳税义务，避免因没有遵循税法可能遭受的法律制裁、财务损失或声誉损害。

主要目标包括：

（1）税务规划具有合理的商业目的，并符合税法规定；

（2）经营决策和日常经营活动考虑税收因素的影响，符合税法规定；

（3）对税务事项的会计处理符合相关会计制度或准则以及相关法律法规；

（4）纳税申报和税款缴纳符合税法规定；

（5）税务登记、账簿凭证管理、税务档案管理以及税务资料的准备和报备等涉税事项符合税法规定。

二、大企业税收风险管理特点

大企业的税收风险管理具有以下四个特点。

（一）统筹协作要求高

大企业往往业务涉及领域广，业务形式复杂多样，成员企业分布较为分散，部分集团还实行了财务集中核算制度，单独一个税务机关难以有效地分析掌握大企业税收风险，通常需要各级税务机关上下联动，横向协作，统筹开展集团税收风险分析。

（二）信息支撑难度大

大企业内部管理信息化程度高，数据集中存储为税务机关集中采集企业财务数据提供了基础，但同时企业集团财务软件版本众多，且数据集中存储后数据量巨大，数据采集、整理、加载等难度大。

（三）共性风险易多发

多数大企业的内部财务管理制度健全，核算规范统一，定期组织财务人员进行培训。正因如此，一旦企业集团内部对税收政策的理解出现偏差，财务核算统一的同时更容易出现集团性共性风险。

（四）大数据可用性高

大企业由于生产经营管理规范，信息化公开披露及时，且公开信息多数经过律师、会计师事务所审计，可信度高。通过采集互联网涉税信息和第三方数据开展大数据分析是当前大企业风险分析的重要手段之一。

三、大企业税收风险管理的原则

1. 两级统筹

强化税务总局、省税务机关在千户集团税收风险管理工作中的分工协作，注重顶层设计，整合管理资源，明确工作职责，坚持上下联动，形成工作合力。

2. 合作推进

加强税务机关内部各部门工作协调，提高征管效率。积极与政府相关部门、行业协会等合作，实现信息共享。

3. 信息集

以数据为核心，利用现代化采集、分析工具，建立科学的指标模型，构建智能化的税收管理信息系统，发挥大数据技术对千户集团税收风险管理的支撑作用。

4. 促进遵从

在千户集团税收风险管理各环节强化税收宣传，优化纳税服务，加强税企合作，提升企业获得感，促进千户集团对税法的自我遵从。

四、大企业税收风险管理的主要任务

（一）进行大企业信息管理

1. 国家税务总局的任务

制定集团名册管理办法，组织各地大企业管理部门采集、更新集团及其成员单位名册信息；制定集团数据报送范围和标准，收集和加载集团财务报表数据和税收征管数据；组织编写业务需求，升级完善集团税收风险分析、名册管理和税收快报等功能模块；与财政部、国资委等部门沟通联系，获取集团企业有关信息；研究建立集团及其成员单位申报纳税时，必须附报财务报表的机制。

2. 省税务机关的任务

采集核实并定期更新本省集团名册信息。按时采集、审核、报送集团财务报表数据、税收征管数据、税收快报数据；协助国家税务总局制定完善集团名册管理办法；与各省财政、国有资产监督管理等部门沟通联系，获取集团企业相关信息。

（二）开展总局、省局两级税收风险统筹分析

1. 国家税务总局的任务

总局按照工作规划、年度计划和相关部署，以及省局提出的税收风险管理工作建议，制订大企业税收风险管理战略规划和年度计划；总局组建千户集团税收风险分析专业团队，以税收风险分析平台为载体，采取计算机风险扫描、人工专业复评的“人机结合”方式，联合省局大企业税收管理部门，跨区域统筹开展千户集团税收风险分析；针对行业代表性集团开展典型调查，提高分析的精准度；设立大企业税收风险分析专家委员会，提出确定、统一的政策执行意见，形成税收风险分析报告。

2. 省税务机关的任务

省局大企业税收管理部门配合总局，跨区域统筹开展千户集团税收风险分析；负责总部在本省的千户集团的沟通协调工作；参照总局对千户集团风险分析方法，统筹开展本省大企业的税收风险分析。

（三）实施风险任务统一推送差别化应对

1. 国家税务总局的任务

总局税收风险管理领导小组办公室扎口管理，统一推送千户集团税收风险应对任务。总局大企业税收管理司将税收风险分析报告报送总局风险办，同时抄送省局大企业税收管理部门。省局大企业税收管理部门针对总局推送的风险应对任务，主动对接省局风险办，研究细化总局推送的风险应对任务。

2. 省税务机关的任务

省局风险办根据总局风险办推送和省局大企业税收管理部门报送的风险应对任务清单，按照风险等级推送给相应税务机关风险应对主体，开展差别化风险应对。地（市）局按照省局风险办的要求开展风险应对，接受省局大企业税收管理部门的专业指导。

3. 地（市）税务机关的任务

地（市）局按照省局风险办的要求开展风险应对，接受省局大企业税收管理部门的专业指导。

（四）加强风险应对过程管控

1. 国家税务总局的任务

总局大企业管理司负责全国千户集团税收风险应对工作的专业指导，风险应对结果的分析评价和绩效考核，跨省风险应对事项的统筹协调；省局大企业税收管理部门负责本省范围内大企业税收风险应对工作的专业指导，风险应对结果的分析评价和绩效考核，协调本省范围内风险应对主体解决具有大企业特征的涉税风险问题。

2. 省税务机关的任务

省局、地（市）局风险应对主体负责将风险应对结果报送省局风险办，同时报送省局大企业税收管理部门；省局风险办负责将风险应对结果报送总局风险办；省局大企业税收管理部门负责对风险应对结果进行加工整理，形成个案分析报告和综合分析报告，一并报送总局大企业管理司，并且提出风险分析和应对工作建议。

3. 地（市）税务机关的任务

地（市）局风险应对主体负责将风险应对结果报送省局风险办，同时报送省局大企业税收管理部门。

（五）加强税收风险应对指导及结果应用

各级税收风险分析和应对部门根据反馈结果，及时优化风险分析工具，更新税收风险特征库和大企业基础信息库。各级税务机关针对税收管理中的薄弱环节，加强大企业日常税源监控和税收征管，根据税收风险管理中发现的税收法律和政策问题，提出完善税收立法、调整税收政策的意见建议。各级大企业税收管理部门根据税收风险分析和应对结果，提出后期开展税收风险管理的工作建议；针对了解掌握的大企业税收风险状况，向大企业提出税收风险防控建议，指导大企业完善税收风险内控机制。

第五节　大企业经济分析指标

一、大企业经济分析重点关注的内容

（一）企业所处的行业特点；

（二）企业适用的产业政策、税收政策、会计准则或会计制度；

（三）企业内部控制制度；

（四）企业财务报表、审计报告及相关鉴证报告；

（五）企业重组、股权转让、关联交易等复杂涉税事项；

（六）以前年度风险应对结论，包括纳税评估报告、稽查处理决定书等。

二、大企业经济分析常用的指标

（一）收入类评估分析指标及其计算公式和指标功能

主营业务收入变动率 =（本期主营业务收入 - 基期主营业务收入）÷ 基期主营业务收入 × 100%

如主营业务收入变动率超出预警值范围，可能存在少计收入和多列成本等问题，需运用其他指标进一步分析。

（二）成本类评估分析指标及其计算公式和指标功能

单位产成品原材料耗用率 = 本期投入原材料 ÷ 本期产成品成本 × 100%

分析单位产品当期耗用原材料与当期产出的产成品成本比率，判断纳税人是否存在账外销售问题，是否错误使用存货计价方法，是否人为调整产成品成本或应纳税所得额等问题。

主营业务成本变动率 =（本期主营业务成本 - 基期主营业务成本）÷ 基期主营业务

成本×100%

主营业务成本变动率超出预警值范围，可能存在销售未计收入、多列成本费用、扩大税前扣除范围等问题。

（三）费用类评估分析指标及其计算公式和指标功能

1. 主营业务费用变动率=（本期主营业务费用－基期主营业务费用）÷基期主营业务费用×100%

与预警值相比，如相差较大，可能存在多列费用问题。

2. 营业（管理、财务）费用变动率=［本期营业（管理、财务）费用－基期营业（管理、财务）费用］÷基期营业（管理、财务）费用×100%

如果营业（管理、财务）费用变动率与前期相差较大，可能存在税前多列支营业（管理、财务）费用问题。

3. 成本费用率=（本期营业费用+本期管理费用+本期财务费用）÷本期主营业务成本×100%

分析纳税人期间费用与销售成本之间关系，与预警值相比较，如相差较大，企业可能存在多列期间费用问题。

4. 成本费用利润率=利润总额÷成本费用总额×100%

其中成本费用总额=主营业务成本总额+费用总额

与预警值比较，如果企业本期成本费用利润率异常，可能存在多列成本、费用等问题。

税前列支费用评估分析指标包括：工资扣除限额、“三费”（职工福利费、工会经费、职工教育经费）扣除限额、交际应酬费列支额（业务招待费扣除限额）、公益救济性捐赠扣除限额、开办费摊销额、技术开发费加计扣除额、广告费扣除限额、业务宣传费扣除限额、财产损失扣除限额、呆（坏）账损失扣除限额、总机构管理费扣除限额、社会保险费扣除限额、无形资产摊销额、递延资产摊销额等。

如果申报扣除（摊销）额超过允许扣除（摊销）标准，可能存在未按规定进行纳税调整，擅自扩大扣除（摊销）基数等问题。

（四）利润类评估分析指标及其计算公式和指标功能

主营业务变动率=（本期主营业务利润－基期主营业务利润）÷基期主营业务利润率×100%

其他业务利润变动率=（本期其他业务利润变动率－基期其他业务利润）÷基期其他业务利润×100%

上述指标若与预警值相比差额较大，可能存在多结转成本或不计、少计收入问题。

1. 税前弥补亏损扣除限额

按税法规定审核分析允许弥补的亏损数额。如申报弥补亏损额大于税前弥补亏损扣除限额，可能存在未按规定申报税前弥补等问题。

2. 营业外收支增减额

营业外收入增减额与基期相比减少较多，可能存在隐瞒营业外收入等问题；营业外支出增减额与基期相比支出增加较多，可能存在将不符合规定的支出列入营业外支出等问题。

（五）资产类评估分析指标及其计算公式和指标功能

净资产收益率 = 净利润 ÷ 平均净资产 ×100%

分析纳税人资产综合利用情况。如指标与预警值相差较大，可能存在隐瞒收入或闲置未用资产计提折旧问题。

总资产周转率 = （利润总额 + 利息支出）÷ 平均总资产 ×100%

存货周转率 = 主营业务成本 ÷ ［（期初存货成本 + 期末存货成本）÷2］×100% 分析总资产和存货周转情况，推测销售能力。如总资产周转率或存货周转率加快，而应纳税税额减少，可能存在隐瞒收入、虚增成本的问题。

应收（付）账款变动率 = ［期末应收（付）账款 - 期初应收（付）账款］÷ 期初应收（付）账款 ×100%

分析纳税人应收（付）账款增减变动情况，判断其销售实现和可能发生坏账情况。如应收（付）账款增长率增高，而销售收入减少，可能存在隐瞒收入、虚增成本的问题。

固定资产综合折旧率 = 基期固定资产折旧总额 ÷ 基期固定资产原值总额 ×100%

固定资产综合折旧率高于基期标准值，可能存在税前多列支固定资产折旧额的问题。要求企业提供各类固定资产的折旧计算情况，分析固定资产综合折旧率变化的原因。

资产负债率 = 负债总额 ÷ 资产总额 ×100%

其中负债总额 = 流动负债 + 长期负债

资产总额是扣除累计折旧后的净额。

分析纳税人经营活力，判断其偿债能力。如果资产负债率与预警值相差较大，则企业偿债能力有问题，要考虑由此对税收收入产生的影响。

三、大企业经济分析的方法

1. 趋势分析法

通过对比两期或连续数期财务报告中的相同指标，确定其增减变动的方向、数额和幅度，来说明企业财务状况或经营成果的变动。通过将重要财务指标的比较、财务报表、纳税情况的数据对比，对其发展变化趋势分析。

运用趋势分析法要注意的问题包括：用于进行对比的各个时期的指标，在计算口径上必须一致；剔除偶发性项目的影响，使作为分析的数据能反映正常的经营状况；对某项有显著变动的指标作重点分析，研究其产生的原因，以便采取对策，趋利避害。

2. 比率分析法

比率分析法是通过计算各种比率指标来确定经济活动变动程度的分析方法。

比率分析法有三种方式：构成比率又称结构比率，它是某项财务指标的各组成部分数值占总体数值的百分比，反映部分与总体的关系。

效率比率，是某项财务活动中所费与所得的比例、反映投入与产出的关系。

相关比率，是以某个项目和与其有关但又不同的项目加以对比所得的比率，反映有关经济活动的相互关系。

3. 因素分析法

因素分析法是依据分析指标与其影响因素的关系，从数量上确定各因素对分析指标影响方向和影响程度的一种方法。

四、大企业经济分析的结构

大企业经济分析报告没有固定的格式和体裁，但要求能够反映要点、分析透彻、有实有据、观点鲜明、符合报送对象的要求。

一般来说，采用五段论的方式，包含提要段、说明段、分析段、评价段和建议段，但在实际编写分析时要根据具体的目的和要求有所取舍，不一定要拘泥于这五部分内容。可采用文字处理与图表相结合的方法，易懂、生动、形象地展示观点。

★习题精练及答案解析

一、单项选择题

1. 税务审计是纳税评估中的特殊方式，它主要针对的是（　　）。

A. 大企业　　B. 小企业

C. 小规模纳税人　　D. 一般纳税人

【参考答案】A

【解析】根据《国家税务总局关于进一步加强税收风险管理工作的通知》（税总发〔2016〕54 号）文件要求，切实发挥税务审计在大企业税收风险管理中的核心作用。

2. 各级税务机关以（　　）为基础，按照千户集团税收管理需要，集成现有各类应用系统涉税数据。

A. 税务端　　B. 企业端

C. 大企业税收信息系统　　D. 金税三期

【参考答案】D

【解析】各级税务机关以金税三期为基础，按照千户集团税收管理需要，集成现有各类应用系统涉税数据。

3. 大企业税收风险管理对不同风险的纳税人采用的方法不正确的是（　　）。

A. 对暂未发现风险的纳税人不打扰　　B. 对低风险纳税人予以提醒辅导

C. 对中风险纳税人开展税收审计　　D. 对中高风险纳税人重点监管

【参考答案】C

【解析】大企业税收风险管理目标是通过加强税收风险管理，对纳税人实施差别化精准管理，对暂未发现风险的纳税人不打扰，对低风险纳税人予以提醒辅导，对中高风险纳税人重点监管。

4. 按照《千户集团名册管理办法》规定，当年如新增符合条件的千户集团，由省税务机关提出，并组织集团总部按照要求填报集团名册信息，经省税务机关审核后于每年（　　）前汇总上报国家税务总局。

A. 4 月 30 日　　B. 5 月 31 日　　C. 6 月 30 日　　D. 12 月 31 日

【参考答案】C

【解析】当年如新增符合条件的千户集团，由省税务机关提出，并组织集团总部按照要求填报集团名册信息，经省税务机关审核后于每年 6 月 30 日前汇总上报国家税务总局。

5. 各省要积极充分依托金税三期等相关应用系统，结合本地大企业税收服务和管理实际需要，在总局（　　）功能基础上，拓展完善当地大企业信息化平台功能。

A. 大企业税收管理系统（税务审计软件）

B. 电子税务局

C. 千户集团风险分析平台

D. 税源直报系统

【参考答案】A

【解析】根据国家税务总局大企业税收管理司关于印发《关于加强大企业税收服务和管理工作的指导意见》的通知（税总企便函〔2018〕67 号）的规定。

6. 2017 年，税务总局决定开展千户集团扩围工作，对年纳税额（　　）以上、尚未列入千户集团管理范围的企业集团纳税人，由省（区、市）税务机关大企业税收管理部门比照千户集团服务和管理模式实施统一管理。

A. 2 亿元　　B. 1 亿元　　C. 8 000 万元　　D. 5 000 万元

【参考答案】B

【解析】国家税务总局关于开展千户集团扩围工作的指导意见（税总发〔2017〕139 号）。

7.《关于加强大企业税收服务和管理工作的指导意见》中规定的工作原则不包括（　　）。

A. 统筹兼顾　　B. 科学高效　　C. 层级下放　　D. 优化效能

【参考答案】C

【解析】《关于加强大企业税收服务和管理工作的指导意见》规定了强化大企业税收服务和管理工作原则包括统筹兼顾、科学高效、提升层级、优化效能。

8. 各级税务机关大企业税收管理部门在处理需要征求其他部门意见的涉税诉求时，应先（　　），再征求其他相关部门意见。

A. 转交其他相关部门

B. 与相关部门召开涉税事项协调会议

C. 提出具体处理建议

D. 暂缓提出处理建议

【参考答案】C

【解析】根据关于印发《国家税务总局大企业税收服务和管理规程（试行）》的通知（国税发〔2011〕71 号）第十一条的规定。

9. 根据《深化大企业税收服务与管理改革实施方案》精神，力争实现大企业税收管理现代化的年份是（　　）年。

A. 2018　　B. 2020　　C. 2022　　D. 2030

【参考答案】B

【解析】根据国家税务总局关于印发《深化大企业税收服务与管理改革实施方案》的通知（税总发〔2015〕157 号）精神，力争在 2020 年实现大企业税收管理现代化。

10. 千户集团税收风险指标模型在验证和应用过程中，始终按照（　　）三位一体的指标模型建设思路进行持续优化。

A. “研发、验证、应用”　　B. “研发、应用、反馈”

C. “研发、验证、反馈”　　D. “验证、应用、反馈”

【参考答案】A

【解析】国家税务总局大企业税收管理司关于开展千户集团行业模型建设工作的通知（税总企便函〔2017〕127 号）。

11. 在千户集团税收风险分析工作中，税务总局、省税务机关应结合计算机扫描结果，开展（　　），形成《千户集团税收风险分析报告》。

A. 人工专业复评　　B. 常规风险分析

C. 行业重点剖析　　D. 重大事项分析

【参考答案】A

【解析】根据国家税务总局关于印发《千户集团税收风险管理工作规程（试行）》的通知（税总发〔2017〕128 号）第二十一条的规定。

12. 在分类分级管理中，大企业专指（　　）确定并牵头管理的、资产或纳税规模达到一定标准的企业集团。

A. 国家税务总局和省级税务机关　　B. 国家税务总局

C. 市级以上的税务机关　　D. 县区级税务机关

【参考答案】B

【解析】根据国家税务总局关于印发《纳税人分类分级管理办法》的通知（税总发〔2016〕99 号）规定，大企业专指国家税务总局确定并牵头管理的、资产或纳税规模达到一定标准的企业集团。

13. 2017 年为了推进千户集团税收分析工作，大企业管理司提出“三抓一提”工程，以下选项不是其中内容的是（　　）。

A. 提质效　　B. 抓协调　　C. 抓进度　　D. 提效率

【参考答案】A

【解析】“三抓一提”工程是指抓协调、抓进度、抓质量、提效率。

14. （　　）负责组织开展年度遵从报告工作，收集企业集团的税务遵从责任报告。

A. 税务总局　　B. 省级税务机关

C. 地市级税务机关　　D. 县区级税务机关

【参考答案】A

【解析】根据国家税务总局关于印发《国家税务总局大企业税收服务和管理规程（试行）》的通知（国税发〔2011〕71 号）第四十五条的规定。

15. 国际上计算宏观税负，也是用(　　)和(　　)的比值衡量。

A. 税收收入；国内生产总值　　B. 税收收入；国民生产总值

C. 财政收入；国内生产总值　　D. 财政收入；国民生产总值

【参考答案】A

【解析】国际上计算宏观税负，也是用税收收入和国内生产总值的比值衡量。

16. 关于税务检查证，下列说法错误的是（　　）。

A.《税务检查证管理办法》2019 年 3 月 1 日起生效，同时启用新的税务检查证

B. 税务检查证分为稽查部门专用税务检查证和征收管理部门专用税务检查证

C. 首次申领税务检查证的，应当取得税务执法资格

D. 税务人员出示税务检查证时，可以告知被检查人通过扫描二维码查验持证人身份

【参考答案】A

【解析】根据国家税务总局关于发布《税务检查证管理办法》的公告（国家税务总局公告 2018 年第 44 号），本公告自 2019 年 1 月 1 日起实施，同时启用新的税务检查证。

17. 下列措施中，不属于大企业税收风险管理内部控制措施的是（　　）。

A. 职责分离控制　　B. 授权审批控制

C. 过程预警控制　　D. 集体决策控制

【参考答案】A

【解析】根据国家税务总局关于印发《大企业税收风险管理内部控制制度（试行）》的通知（税总发〔2018〕177 号）第十二条的规定。

18. 以下机构中，主要负责千户集团税收风险分析“数据采集、风险分析、推送应对和反馈考核”四环节中“风险分析”环节的工作任务的是（　　）。

A. 大企业管理司数据管理处　　B. 大企业管理司评审质控处

C. 大企业管理司经济分析处　　D. 北京市税务局第五分局

【参考答案】D

【解析】国家税务总局关于印发《税务总局千户集团税收风险分析专业机构改革方案》的通知（税总函〔2015〕680 号）第二（三）项内容。

19. 流动比率是流动资产对流动负债的比率，用来衡量企业流动资产在短期债务到期以前，可以变为现金用于偿还负债的能力。一般说来，比率越高，说明企业资产的变现能力越（　　），短期偿债能力越（　　）。

A. 强　弱　　B. 强　强　　C. 弱　强　　D. 弱　弱

【参考答案】B

【解析】流动比率是流动资产对流动负债的比率，用来衡量企业流动资产在短期债务到期以前，可以变为现金用于偿还负债的能力。一般说来，比率越高，说明企业资产的变现能力越强，短期偿债能力越强。

20. 千户集团税收风险分析工作中，各级税务机关大企业税收管理部门的分工错误的是（　　）。

A. 税务总局层面组织开展年纳税额 3 亿元以上的千户集团税收风险分析；指导各省税务局开展年纳税额 3 亿元以下的千户集团的税收风险分析

B. 省税务局层面组织年纳税额 1—3 亿元的千户集团的税收风险分析；指导各地市税务局开展年纳税额 1 亿元以下的千户集团的税收风险分析

C. 地市税务局层面负责年纳税额 1 亿元以下的千户集团的税收风险分析

D. 县税务局层面负责承接上级机关分配的千户集团企业税收风险分析

【参考答案】D

【解析】千户集团税收风险分析工作中，各级税务机关大企业税收管理部门的分工是：（1）税务总局层面组织开展年纳税额 3 亿元以上的千户集团税收风险分析；指导各省税务局开展年纳税额3亿元以下的千户集团的税收风险分析。(2)省税务局层面组织年纳税额1—3亿元的千户集团的税收风险分析；指导各地市税务局开展年纳税额1亿元以下的千户集团的税收风险分析。(3)地市税务局层面负责年纳税额1亿元以下的千户集团的税收风险分析。(4)县税务局层面原则上不进行千户集团企业税收风险分析。

21. 自2016年3月起，每月采集千户集团总部及其成员企业税收数据，通过开展千户集团（　　）工作，满足千户集团税源监控和税收经济分析工作需要。

A. 网上申报　　B. 税源直报

C. 税收快报　　D. 电子财务数据采集

【参考答案】C

【解析】《国家税务总局办公厅关于开展千户集团税收快报工作的通知》(税总办发〔2016〕16号)。

22. 对于已经确认的风险和不确定事项依据涉税金额大小、问题性质重要程度、企业遵从意愿和遵从能力等因素进行风险等级排序并采取不同的应对手段。对于风险等级较低的问题可以采取（　　）。

A. 实施大企业税务审计　　B. 下发企业责令限期自查

C. 实施税务稽查　　D. 风险较低，不予处理

【参考答案】B

【解析】对于风险等级较低的问题可以归纳整理后，下发企业责令限期自查。

23. 某纳入预算管理的事业单位在进行企业所得税纳税申报时，下列项目中，准予从收入总额中扣除的免税收入有（　　）。

A. 财政拨款

B. 依法收取并纳入财政管理的行政事业性收费

C. 国债利息收入

D. 依法收取并纳入财政管理的政府性基金

【参考答案】C

【解析】A、B、D为不征税收入。

24. 以下各项中属于大企业个性化服务产品的有（　　）

A. 延时服务　　B. 高层对话　　C. 免填单服务　　D. 网上学堂

【参考答案】B

【解析】大企业个性化服务产品有7款，分别是涉税诉求响应、税收遵从合作协议、特殊事项事先裁定、税务内控测评、纳税人学堂、高层对话、新税法适用解读。

25. （　　）不是税收分析应坚持的原则。

A. 实事求是原则　　B. 从税收到经济原则

C. 定性与定量相结合原则　　D. 从经济到税收原则

E. 宏观与微观相结合的原则

【参考答案】B

【解析】税收分析应坚持的原则有实事求是、从经济到税收、定性与定量相结合、宏观与微观相结合的原则。

26. 各级大企业税收管理部门针对了解掌握的大企业税收风险状况，向大企业提出税收风险防控建议，指导大企业完善税收风险内控机制，体现了（　　）的工作要求。

A. 税收风险统筹分析　　B. 差别化风险应对

C. 风险应对过程管控　　D. 风险应对结果应用

【参考答案】D

【解析】各级大企业税收管理部门根据税收风险分析和应对结果，提出后期开展税收风险管理的工作建议；针对了解掌握的大企业税收风险状况，向大企业提出税收风险防控建议，指导大企业完善税收风险内控机制。

27. 各级税务机关应按要求，对收集的企业税收风险信息以及遵从引导、遵从管控等环节反映的企业涉税风险情况在判别、评估基础上，对企业纳税遵从风险采取的措施是（　　）。

A. 针对性管理　　B. 宣传辅导

C. 辅导培训　　D. 税收管控

【参考答案】A

【解析】根据国家税务总局关于印发《国家税务总局大企业税收服务和管理规程（试行）》的通知（国税发〔2011〕71号）第三十四条规定，各级税务机关应按要求，对收集的企业税收风险信息以及遵从引导、遵从管控等环节反映的企业涉税风险情况在判别、评估基础上，对企业纳税遵从风险实施针对性管理。

28.《国家税务总局大企业税务风险管理指引（试行）》旨在（　　），防范税务违法行为，依法履行纳税义务，避免因没有遵循税法可能遭受的法律制裁、财务损失或声誉损害。

A. 引导大企业合理控制税务风险

B. 倡导遵纪守法、诚信纳税的税务风险管理理念

C. 促进企业内部管理与外部监管的有效互动

D. 把税务风险管理制度与企业内部风险控制和管理制度结合起来

【参考答案】A

【解析】依据国家税务总局印发《大企业税务风险管理指引（试行）》的通知（国税发〔2009〕90号）第1.1的规定。

29.（　　）是指各级税务机关运用政策分析、案例分析和经验分析等分析方法，寻找税收风险领域，提取用以识别风险领域的风险特征，建立和健全相应的风险指标体

系和风险识别模型的管理过程。

A. 风险分析模型管理　　B. 行业分析模型管理

C. 税收风险模型管理　　D. 重大事项分析模型管理

【参考答案】C

【解析】税收风险模型管理是指各级税务机关运用政策分析、案例分析和经验分析等分析方法，寻找税收风险领域，提取用以识别风险领域的风险特征，建立和健全相应的风险指标体系和风险识别模型的管理过程。

30.（　　）承担大企业管理司的处室职责，重点承担千户集团税收风险分析工作。

A. 大企业管理司综合处　　B. 大企业管理司评审质控处

C. 大企业管理司经济分析处　　D. 北京市税务局第一分局

【参考答案】D

【解析】国家税务总局关于印发《税务总局千户集团税收风险分析专业机构改革方案》的通知（税总函〔2015〕680号）第一条第（三）项内容。

二、多项选择题

1. 企业纳税人按规模分类可分为（　　）。

A. 大企业　　B. 重点税源企业

C. 小微企业　　D. 一般税源企业

【参考答案】ABD

【解析】根据《纳税人分类分级管理办法》规定，企业纳税人按规模分为大企业、重点税源企业和一般税源企业。

2. 在计算应纳税所得额时，准予扣除企业按照规定计算的固定资产折旧。下列固定资产，不得计算折旧扣除的有（　　）。

A. 与经营活动无关的固定资产

B. 以经营租赁方式租出的固定资产

C. 以融资租赁方式租入的固定资产

D. 已足额提取折旧仍继续使用的固定资产

【参考答案】AD

【解析】选项B和C可以计提折旧在税前扣除。

3. 大企业税务审计是指大企业税收管理部门依据国家税收法律、法规和规章的规定，采用现代审计技术对大企业依法履行纳税义务的（　　）进行审查、评价的税收管理活动。

A. 真实性　　B. 关联性　　C. 完整性　　D. 准确性

【参考答案】ABD

【解析】大企业税务审计主要是对依法履行纳税义务的真实性、关联性、准确性这三方面进行审查、评价的税收管理活动。完整性这个概念不是审计的指向。

4. 目前，国家税务总局开发的用于千户集团名册管理的平台有（　　）。

A. 大企业税收管理信息系统　　B. 千户集团风险分析平台

C. 国家税务总局税务审计系统　　D. 税源管理平台

【参考答案】ABC

【解析】依据国家税务总局关于发布《千户集团名册管理办法》的公告（国家税务总局公告 2017 年第 7 号）的规定。

5. 各级税务机关大企业税收管理部门应分类处理企业税务风险内控体系评析结果，根据不同情况采取相应的税收服务和管理措施，具体做法是（　　）。

A. 对未建立内控体系的企业，积极引导企业建立税务风险内控体系

B. 对已建立内控体系的企业，重点监控其内控体系运行情况

C. 对内控体系需要完善的企业，提出企业内控体系完善建议

D. 对内控体系相对完善的企业，制定相应的激励措施

【参考答案】ABCD

【解析】依据国家税务总局关于印发《国家税务总局大企业税收服务和管理规程（试行）》的通知（国税发〔2011〕71 号）第十五条的规定。

6. 大企业税收服务和管理工作，应实施科学高效、统一规范的专业化管理。通过有效的（　　），防范和控制税务风险，提高税法遵从度，降低税收遵从成本。

A. 遵从引导　　B. 遵从管控　　C. 遵从协议　　D. 遵从应对

【参考答案】ABD

【解析】依据国家税务总局关于印发《国家税务总局大企业税收服务和管理规程（试行）》的通知（国税发〔2011〕71 号）第 2 条的规定。

7. 风险评估采用（　　）相结合的工作方式。

A. 计算机评估和人工评估　　B. 定量评估和定性评估

C. 定期评估和临时评估　　D. 事后评估和实时评估

【参考答案】ABCD

【解析】依据国家税务总局关于印发《国家税务总局大企业税收服务和管理规程（试行）》的通知（国税发〔2011〕71 号）第三十二条的规定。

8. 千户集团是指年度缴纳税额达到国家税务总局管理服务标准的企业集团，包括全部中央企业、中央金融企业以及达到上述标准的单一法人企业等。其中，年度缴纳税额为集团总部及其境内外全部成员企业境内年度纳税额的合计，下面说法正确的有（　　）。

A. 不包括关税

B. 不包括船舶吨税

C. 不包括企业代扣代缴的个人所得税

D. 扣减出口退税和财政部门办理的减免税

【参考答案】ABC

【解析】根据国家税务总局关于发布《千户集团名册管理办法》的公告（国家税务总局公告2017年第7号）第二条的规定。

9. 下列各项属于总局风险应对任务的有（　　）。

A. 大企业税收管理部门对千户集团税收风险分析报告进行评审

B. 大企业税收管理部门对千户集团税收风险分析报告中涉及的需要相关业务部门明确的问题，提交相关业务部门研究确定

C. 大企业税收管理部门对千户集团税收风险分析报告中涉及的重大疑难问题，提请专家委员会研究确定

D. 大企业税收管理部门对审定通过的千户集团税收风险分析报告通过风险办统一推送至下级税务机关应对

【参考答案】ABCD

【解析】根据千户集团税收风险分析及相关工作任务细化分工的相关规定，实施千户集团税收风险任务统一推送差别化应对中税务总局的任务有：①大企业税收管理部门对千户集团税收风险分析报告进行评审。②大企业税收管理部门对千户集团税收风险分析报告中涉及的需要税务总局相关业务司局明确的问题，提交相关业务司局研究确定。③大企业税收管理部门对千户集团税收风险分析报告中涉及的重大疑难问题，提请专家委员会研究确定。④大企业税收管理部门对审定通过的千户集团税收风险分析报告通过税务总局风险办统一推送至各省税务局应对。

10. 在风险分析过程中，不同风险等级实施差别化应对的手段主要有（　　）。

A. 风险提示　　B. 事项告知　　C. 评估约谈　　D. 税务稽查

【参考答案】ACD

【解析】根据《深化国税、地税征管体制改革方案》规定，2016年，以税务总局和省级税务局为主，集中开展行业风险分析和大企业、高收入高净值纳税人风险分析，运用第三方涉税信息对纳税申报情况进行比对，区分不同风险等级分别采取风险提示、评估约谈、税务稽查等方式进行差别化应对，有效防范和查处逃避税行为。

11. 税务总局、省税务机关结合计算机扫描结果，开展人工专业复评，形成《千户集团税收风险分析报告》，人工专业复评主要包括（　　）。

A. 常规风险分析　　B. 税收经济分析

C. 行业重点剖析　　D. 财务政策分析

E. 重大事项分析

【参考答案】ACE

【解析】根据国家税务总局关于印发《千户集团税收风险管理工作规程（试行）》的通知第二十一条规定，人工专业复评主要包括常规风险分析、行业重点剖析和重大事项分析。

12. 依据《纳税评估管理办法（试行）》的规定，纳税评估过程中运用的通用指标——成本类评估分析指标中不包括（　　）。

A. 单位产成品原材料耗用率　　B. 主营业务成本变动率

C. 其他业务成本变动率　　D. 营业外成本变动率

【参考答案】CD

【解析】依据国家税务总局关于印发《纳税评估管理办法（试行）》的通知（国税发〔2005〕43号）的规定。

13. 纳税评估中对企业法人（或经营负责人）信息资料的分析，以下各项表述正确的是（　　）。

A. 企业投资人全部为自然人，但法定代表人不为投资人之一，结合企业存续时间进行分析，可判断其是否为实际经营控制人

B. 虽为不同法定代表人（负责人）企业，但同一地址登记多个纳税人（一址多照），要重点关注是否存在关联关系和关联交易

C. 同一法定代表人（负责人）企业或所投资企业为正常户的，则关注企业是否存在走逃风险

D. 同一自然人控制多个不同类型的纳税人，且这些纳税人增值税认定类型或所得税征收方式存在交叉，可能存在通过调节进销项或收入成本费用，少缴税款的风险

【参考答案】ABD

【解析】同一法定代表人（负责人）企业或所投资企业为非正常户的，才可能存在走逃风险，而同一法定代表人（负责人）企业或所投资企业为正常户的则存在走逃风险较小。

14. 根据涉及事项或环节的重要程度、危害程度等因素，大企业税收风险管理工作风险分为（　　）等级。

A. 高风险　　B. 中风险　　C. 低风险　　D. 一般风险

【参考答案】ABC

【解析】依据国家税务总局关于印发《大企业税收风险管理内部控制制度（试行）》的通知（税总发〔2018〕177号）第四条的规定。

15. 开展千户集团税收风险应对的税务机关应当形成风险应对报告，报告中风险应对结论的类型包括（　　）。

A. 风险核查　　B. 风险确认　　C. 风险排除　　D. 新增风险

E. 风险争议

【参考答案】BCDE

【解析】根据《千户集团税收风险管理工作规程（试行）》附件7《千户集团税收风险应对工作报告》，其结论包括风险确认、风险排除、新增风险、风险争议。

16. 对大企业的评估中对增值税申报进行综合分析，要重点注意的项目是（　　）。

A. 增值税税负　　B. 增值税进项税额转出

C. 增值税应交税费　　D. 进项抵扣中的运输费用

【参考答案】ABD

【解析】增值税应交税费是增值税各个项目综合计算的自然结果，而不是产生问题的条件和原因，因此该项不是重点注意的项目。

17. 全国千户集团及其成员企业应附报的财务会计报表，是指按照企业所适用的会计准则、会计制度等编制的财务会计报表，包括（　　）及附注等。

A. 资产负债表

B. 利润表

C. 现金流量表

D. 所有者权益（股东权益）变动表

【参考答案】ABCD

【解析】根据《国家税务总局关于规范全国千户集团及其成员企业纳税申报时附报财务会计报表有关事项的公告》（国家税务总局公告2016年第67号）第二项的规定。

18. 各级税务机关应当将风险应对结果作为组织开展（　　）等工作的重要依据。

A. 纳税信用评价　　B. 出口企业类别管理

C. 税务稽查分类管理　　D. 分类分级管理

【参考答案】ABC

【解析】根据国家税务总局关于印发《纳税人分类分级管理办法》的通知（税总发〔2016〕99号）第四十三条的规定。

19. 大企业税收服务和管理中，风险评估采用的方式包括（　　）。

A. 计算机评估和人工评估　　B. 定量评估和定性评估

C. 定期评估和临时评估　　D. 日常评估和专项评估

E. 事后评估和实时评估

【参考答案】ABCE

【解析】根据《国家税务总局大企业税收服务和管理规程（试行）》第三十二条规定，风险评估采用计算机评估和人工评估、定量评估和定性评估、定期评估和临时评估、事后评估和实时评估相结合的工作方式。

20. 大企业税收风险管理内部控制，是通过制定、完善并有效实施一系列制度、流程、方法和标准，对大企业税收风险管理工作风险进行事前防范、事中控制、事后监督和纠正的动态管理过程和机制。下列不属于在进行大企业税收风险管理内部控制过程中的导向是（　　）。

A. 风险识别　　B. 风险分析　　C. 风险防控　　D. 风险应对

【参考答案】ABD

【解析】根据国家税务总局关于印发《大企业税收风险管理内部控制制度（试行）》的通知第三条，本制度所称大企业税收风险管理内部控制，是指以风险防控为导向，通过查找、梳理、评估大企业税收风险管理工作中的各类风险，制定、完善并有效实施一系列制度、流程、方法和标准，对大企业税收风险管理工作风险进行事前防范、事中控制、事后监督和纠正的动态管理过程和机制。

21. 企业的纳税信用情况，是企业税务遵从的一个重要方面。以下各项属于企业纳税信用情况评比内容的是（　　）。

A. 按期纳税申报率　　B. 欠缴税款情况

C. 缴纳税款总量　　D. 税款按期入库率

【参考答案】ABD

【解析】缴纳税款总量这个指标并不能说明企业纳税信用情况。与信用并不能产生直接的对应联系。

22. 下列各项，属于特别纳税调整管理内容的是（　　）。

A. 转让定价管理　　B. 境外交易管理

C. 一般反避税管理　　D. 资本弱化管理

【参考答案】ACD

【解析】根据《特别纳税调整实施办法（试行）》的规定，特别纳税调整管理包括：转让定价管理、预约定价安排管理、成本分摊协议管理、受控外国企业管理、资本弱化管理以及一般反避税管理等。

23. 纳税评估工作中的通用指标包括（　　）。

A. 收入类评估分析指标

B. 成本类评估分析指标

C. 费用类评估分析指标

D. 主营业务收入变动率与主营业务利润变动率配比

【参考答案】ABC

【解析】根据《纳税评估管理办法（试行）》规定，纳税评估工作中的通用指标包括收入类评估分析指标、成本类评估分析指标、费用类评估分析指标、利润类评估分析指标、资产类评估分析指标等。

24. 根据《关于加强大企业税收服务和管理工作的指导意见》要求，高标准、严要求、高质量地推进制度建设。制度规范建设要始终坚持（　　）的原则，搭建系统、全面的制度框架。

A. 体系要全　　B. 标准要高　　C. 落实要严　　D. 风险要低

【参考答案】ABC

【解析】《关于加强大企业税收服务和管理工作的指导意见》中，风险要低不属于应坚持的原则。

25. 关于大企业重组涉税事项纳税服务工作机制，以下说法正确的是（　　）。

A. 大企业集团总部可以直接向税务总局提出重组涉税事项书面咨询请求

B. 税务总局大企业税收管理司负责登记大企业重组涉税事项

C. 涉及多税种、多省份的综合性复杂重组涉税事项登记后转到企业重组涉税事项办公室处理

D. 涉及单一税种或单一司局的大企业重组涉税事项，大企业重组涉税事项办公室直接处理并回复来文单位

【参考答案】AC

【解析】根据《国家税务总局办公厅关于建立大企业重组涉税事项纳税服务工作机制的通知》（税总办发〔2017〕139号）第三项的内容。

26. 税源监控包括日常涉税事项监控和专项涉税事项监控，其中，专项涉税事项监控主要包括（　　）。

A. 登记申报和发票事项的监控　　B. 企业涉税诉求处理情况的监控

C. 税务风险内控情况的监控　　D. 税收遵从协议履行情况的监控

【参考答案】BCD

【解析】依据国家税务总局关于印发《国家税务总局大企业税收服务和管理规程（试行）》的通知（国税发〔2011〕71号）第二十三条的规定。

27. 世界各国从税收管理角度划分的大企业，都具有某些共同的特质（　　）。

A. 企业规模大，行业地位高　　B. 集团化管理，多元化经营

C. 税收贡献大，遵从风险高　　D. 法治意识强，服务要求高

【参考答案】ABCD

【解析】《国外大企业税收管理概览》第一章第三节。

28. 按照《国家税务总局大企业税收服务和管理规程（试行）》规定，遵从引导包括（　　）。

A. 政策服务

B. 涉税诉求的受理和回复

C. 引导企业建立完善税务风险内控体系

D. 税收遵从协议的签订和实施

【参考答案】ABCD

【解析】根据《国家税务总局大企业税收服务和管理规程（试行）》（国税发〔2011〕71号）规定，遵从引导是指通过个性化的纳税服务和专业化的税收管理，提高企业自身依法处理涉税事务的能力。包括政策服务、涉税诉求的受理和回复、引导企业建立完善税务风险内控体系、税收遵从协议的签订和实施。

29. 专项涉税事项监控是指从日常涉税事项以外的事项中选取特定事项进行监控，主要包括（　　）。

A. 企业内审情况的监控

B. 企业涉税诉求处理情况的监控

C. 税务风险内控情况的监控

D. 税收遵从协议履行情况的监控

【参考答案】BCD

【解析】根据《国家税务总局大企业税收服务和管理规程（试行）》（国税发〔2011〕71号）第二十三条第三款的规定，专项涉税事项监控是指从日常涉税事项以外的事项中选取特定事项进行监控，主要包括：企业涉税诉求处理情况的监控、税务风险内控情况的监控、税收遵从协议履行情况的监控等。

30. 需要计入相关资产的成本的税金有（　　）。

A. 车辆购置税　　B. 契税

C. 不得抵扣的增值税　　D. 车船税

【参考答案】ABC

【解析】选项D，车船税需要计入税金及附加。

31. 2019年1月，财政部、税务总局对（　　）和（　　）企业汇总缴纳增值税总分机构名单进行了调整。

A. 铁路　运输　　B. 陆路　运输　　C. 水路　运输　　D. 航空　运输

【参考答案】AD

【解析】《财政部 税务总局关于调整铁路和航空运输企业汇总缴纳增值税总分机构名单的通知》（财税〔2019〕1号）。

32. 下列关于收入实现的确认，表述正确的有（　　）。

A. 采用售后回购方式销售商品且有证据表明不符合销售收入确认条件的，收到的款项应确认为负债，回购价格大于原售价的，差额应在回购期间确认为利息费用

B. 采取以旧换新方式销售商品的，销售的商品应当按照扣除旧商品作价后的金额确认收入

C. 销售商品涉及商业折扣的，应当按扣除商业折扣前的金额确定销售商品收入金额，商业折扣在实际发生时作为财务费用扣除

D. 企业已经确认销售收入的售出商品发生销售折让和销售退回，应当在发生当期冲减当期销售商品收入

【参考答案】AD

【解析】选项 B：销售商品以旧换新的，销售商品应当按照销售商品收入确认条件确认收入，回收的商品作为购进商品处理。选项 C：商品销售涉及商业折扣的，应当按照扣除商业折扣后的金额确定销售商品收入金额；销售商品涉及现金折扣的，应当按扣除现金折扣前的金额确定销售商品收入金额，现金折扣在实际发生时作为财务费用扣除。

33. 下列各项中，对企业所得税税收优惠政策的表述正确的有（　　）。

A. 企业从事符合条件的环境保护、节能节水项目的所得，自开始生产经营所属纳税年度起，第一年至第三年免征企业所得税，第四年至第六年减半征收企业所得税

B. 企业从事国家重点扶持的公共基础设施项目的投资经营的所得，自项目取得第一笔生产经营收入所属纳税年度起，实行三免三减半优惠政策

C. 企业安置残疾人员的，在按照支付给残疾职工工资据实扣除的基础上，按照支付给残疾职工工资的 100% 加计扣除

D. 企业综合利用资源，生产符合国家产业政策规定的产品取得的收入，减按 80% 计入收入总额

【参考答案】BC

【解析】选项 A：企业从事符合条件的环境保护、节能节水项目的所得，自项目取得第一笔生产经营收入所属纳税年度起，第一年至第三年免征企业所得税，第四年至第六年减半征收企业所得税；选项 D：企业综合利用资源，生产符合国家产业政策规定的产品所取得的收入，可以在计算应纳税所得额时减按 90% 计入收入总额。

三、判断题

1. 已入选千户集团名单的企业集团总部，每年应按照要求填报相关信息，于每年 6 月 30 日前报送省、自治区、直辖市、计划单列市税务机关。（　　）

【参考答案】×

【解析】根据国家税务总局关于发布《千户集团名册管理办法》的公告第 6 条，已入选千户集团名单的企业集团总部按年维护集团名册信息，每年应按照要求填报相关信息，于每年 5 月 31 日企业所得税汇算清缴结束前报送省、自治区、直辖市、计划单列市税务机关。

2. 大企业税收风险管理内部控制要求按照“因事设岗、分类管事”原则确立岗责体系，明确各个岗位的工作职责。（　　）

【参考答案】√

【解析】依据国家税务总局关于印发《大企业税收风险管理内部控制制度（试行）》的通知（税总发〔2018〕177 号）第十二条的规定。

3. 对于风险应对中确认的税收风险点，应当由企业的税收管理员对其进行整改，对涉及的税款、滞纳金，依法组织入库。（　　）

【参考答案】×

【解析】根据《千户集团税收风险管理工作规程（试行）》第三十五条，对于风险应对中确认的税收风险点，风险应对部门应当督促纳税人进行整改，对涉及的税款、滞纳金，依法组织入库。

4. 大企业税收管理部门主要负责对大企业或本级重点税源企业的一般性纳税服务、数据采集、风险分析识别、风险应对过程监控、效果评价和风险分析工具设计维护等事项。（　　）

【参考答案】×

【解析】不是“一般性纳税服务”，而是“个性化纳税服务”。

5. 遵从管控是指通过个性化的纳税服务和专业化的税收管理，提高企业自身依法处理涉税事务的能力。（　　）

【参考答案】×

【解析】遵从引导是指通过个性化的纳税服务和专业化的税收管理，提高企业自身依法处理涉税事务的能力。《国家税务总局大企业税收服务和管理规程（试行）》的通知（国税发〔2011〕71 号）第四条的规定。

6. 各级税务机关应建立大企业涉税事项协调会议制度，研究解决各类涉税事项以及企业反映的普遍性、非行业性涉税问题。（　　）

【参考答案】×

【解析】各级税务机关应建立大企业涉税事项协调会议制度，研究解决重大涉税事项以及企业反映的普遍性、行业性涉税问题。《国家税务总局大企业税收服务和管理规程（试行）》的通知（国税发〔2011〕71 号）第十二条的规定。

7. 企业因内部组织架构、经营模式或外部环境发生重大变化，以及受行业惯例和监管的约束而产生的重大税务风险，必须及时向税务机关报告，以寻求税务机关辅导和帮助。（　　）

【参考答案】×

【解析】根据国家税务总局印发《大企业税务风险管理指引（试行）》的通知（国税发〔2009〕90 号）的规定。

8. 实施税收风险管理，就是要把有限的征管资源优先配置到高风险领域和大企业税收领域，实现税源管理专业化，推动服务管理方式创新和税收管理体制变革。（　　）

【参考答案】√

【解析】根据《国家税务总局关于加强税收风险管理工作的意见》（税总发〔2014〕105号）规定，实施税收风险管理，就是要把有限的征管资源优先配置到高风险领域和大企业税收领域，实现税源管理专业化，推动服务管理方式创新和税收管理体制变革。

9. 税源监控包括一般涉税事项监控和特殊涉税事项监控。（　　）

【参考答案】×

【解析】根据《国家税务总局大企业税收服务和管理规程（试行）》第二十三条的规定，税源监控包括日常涉税事项监控和专项涉税事项监控。

10. 大企业税收风险管理内部控制要求按照“因事设岗、分类管事”原则确立岗责体系，明确各个岗位的工作职责。（　　）

【参考答案】√

【解析】根据国家税务总局关于印发《大企业税收风险管理内部控制制度（试行）》的通知（税总发〔2018〕177号）第十二条的规定。

11. 我国初步建立了以“风险分析——风险应对——数据采集——反馈考核”为流程的大企业税收风险管理并正在不断开展积极、有效的探索。（　　）

【参考答案】×

【解析】我国初步建立了以“数据采集——风险分析——推送应对——反馈考核”为流程的大企业税收风险管理体系，并正在不断开展积极、有效的探索。

12. 归集千户集团税务端数据是指国家税务总局从各类税务信息系统里归集千户集团及其成员企业相关税收征管数据，并按照成员企业维度进行整合。（　　）

【参考答案】×

【解析】归集千户集团税务端数据是指国家税务总局从各类税务信息系统里归集千户集团及其成员企业相关税收征管数据，并按照集团维度进行整合，不是成员企业维度。

13. 风险自查是全流程税收风险管理的起始环节。（　　）

【参考答案】×

【解析】风险评估是全流程税收风险管理的起始环节。依据《国家税务总局关于税务总局定点联系企业税收风险管理工作有关事项的通知》（税总发〔2014〕26号）第一项的规定。

14. 销售商品涉及商业折扣的，应当按扣除商业折扣前的金额确定销售商品收入金额，商业折扣在实际发生时作为财务费用扣除。（　　）

【参考答案】×

【解析】商品销售涉及商业折扣的，应当按照扣除商业折扣后的金额确定销售商品收入金额；销售商品涉及现金折扣的，应当按扣除现金折扣前的金额确定销售商品收入金额，现金折扣在实际发生时作为财务费用扣除。

15.《大企业税务风险管理指引（试行）》旨在引导大企业合理控制税务风险，防范税务违法行为，依法履行纳税义务，避免因没有遵循税法可能遭受的法律制裁、财务损失或声誉损害。企业必须按照本指引，建立相应的税务风险管理制度。（　　）

【参考答案】×

【解析】根据国家税务总局印发《大企业税务风险管理指引（试行）》的通知（国税发〔2009〕90号）的规定。

16. 自2018年1月起，由千户集团总部统一部署其合并财务报表范围内的成员企业开展电子财务相关数据采集工作。（　　）

【参考答案】√

【解析】根据《国家税务总局大企业税收管理司关于分行业开展千户集团电子财务数据采集有关工作的通知》（税总企便函〔2018〕7号）第三项的规定。

17. 千户集团各成员单位必须设置独立或兼职联络员1名，与税务机关大企业管理部门直接对接，是千户集团数据采集工作的主要责任人。（　　）

【参考答案】×

【解析】根据国家税务总局大企业税收管理司关于印发《千户集团数据联络员管理办法》的通知（税总企便函〔2017〕9号）第三条的规定。

18. 了解大企业的基本情况，其中的重要一项是“企业税收规模”，“企业税收规模”指标应当包括各月份及年度总的税收缴纳金额。（　　）

【参考答案】×

【解析】这个指标主要列示的是年度总的税收缴纳金额，规模主要是了解年度情况。

19. 千户集团名单由国家税务总局确定，按季度发布。（　　）

【参考答案】×

【解析】依据国家税务总局关于发布《千户集团名册管理办法》的公告（国家税务总局公告2017年第7号）的规定。千户集团名单由国家税务总局确定，按年度发布。

20. 千户集团是指年度缴纳税额达到国家税务总局管理服务标准的企业集团，包括全部中央企业、中央金融企业以及达到上述标准的单一法人企业等。（　　）

【参考答案】√

【解析】依据为国家税务总局关于发布《千户集团名册管理办法》的公告（国家

税务总局公告 2017 年第 7 号）第二条对千户集团的范围界定。

21. 合并重组、破产、注销或年度缴纳税额连续 5 年未达到国家税务总局管理服务标准的企业集团，应从千户集团名册管理范围内调出。（ ）

【参考答案】√

【解析】依据为国家税务总局关于发布《千户集团名册管理办法》的公告（国家税务总局公告 2017 年第 7 号）第八条对千户集团名册调出的规定。

22. 各级税务机关大企业税收管理部门及主管税务机关应根据具体情况各自制定标准，开展对企业涉税信息的采集和整理、处理及应用工作，构建大企业税收管理信息系统，实现信息共享。（ ）

【参考答案】×

【解析】应按照统一标准。依据《国家税务总局大企业税收服务和管理规程（试行）》的通知（国税发〔2011〕71 号）第四十九条的规定。

23. 遵从引导是指通过个性化的纳税服务和专业化的税收管理，提高企业自身依法处理涉税事务的能力。（ ）

【参考答案】√

【解析】根据《国家税务总局大企业税收服务和管理规程（试行）》（国税发〔2011〕71 号）第四条的规定，遵从引导是指通过个性化的纳税服务和专业化的税收管理，提高企业自身依法处理涉税事务的能力。

24. 省级税务机关大企业税收管理部门应于集团报送期结束后 5 个工作日内（节假日顺延）将数据报送至税务总局大企业税收管理司。（ ）

【参考答案】×

【解析】根据《国家税务总局大企业税收管理司关于调整千户集团相关基础涉税数据报送对象范围的通知》，省级税务机关大企业税收管理部门应于集团报送期结束后两个工作日内（节假日顺延）将数据报送至税务总局大企业税收管理司。

25. 当前大企业税收管理中存在的突出问题主要是信息不对称、能力不对等、服务不到位、管理不适应等。（ ）

【参考答案】√

【解析】国家税务总局关于印发《深化大企业税收服务与管理改革实施方案》的通知（税总发〔2015〕157 号）中明确，应着力解决当前大企业税收管理中信息不对称、能力不对等、服务不到位、管理不适应等问题，提升大企业税收服务与管理质效，为我国大企业持续健康发展提供良好的税收环境。

26. 坚持服务和管理并重，通过优化大企业纳税服务预防和消除税收风险，注重在税收风险管理前满足大企业特殊服务需求。（ ）

【参考答案】×

【解析】依据国家税务总局关于印发《深化大企业税收服务与管理改革实施方案》的通知（税总发〔2015〕157号）的规定。

27. 省税务机关负责本级大企业的税收风险分析工作。（　　）

【参考答案】×

【解析】大企业、高收入高净值自然人等纳税人的税收风险分析工作，由税务总局主要负责组织实施，省税务机关协助税务总局开展。依据国家税务总局关于印发《纳税人分类分级管理办法》的通知（税总发〔2016〕99号）第二十二、二十三条的规定。

28. 大企业税收服务与管理改革中，对跨区域、跨国经营的大企业，纳税申报等基础事项实行属地管理，税收风险分析事项提升至国家税务总局、省局和市局统一进行。（　　）

【参考答案】×

【解析】对跨区域、跨国经营的大企业，在纳税申报等涉税基础事项实行属地管理、不改变税款入库级次的前提下，将其税收风险分析事项提升至国家税务总局、省级税务局集中进行，将分析结果推送相关税务机关做好应对。

29. 大企业税收管理系统中，账号一人一号，但可以一个账号同时多人登录使用。（　　）

【参考答案】×

【解析】大企业税收管理系统的账号一人一号，不能一个账号同时多人登录使用。

30. 税务机关大企业税收管理部门可以通过从征管系统集中抽取、基层税务机关报送、向企业采集、协作互助等方式采集企业涉税信息。（　　）

【参考答案】√

【解析】根据《国家税务总局大企业税收服务和管理规程（试行）》的通知（国税发〔2011〕71号）第五十条的规定。

四、简答题

1. 千户集团数据管理工作要求中，建立健全千户集团数据管理制度规范的主要内容包括哪些？

【参考答案】

（1）建立健全千户集团数据联络员制度；

（2）建立千户集团名册管理制度；

（3）建立数据管理岗责任制度；

（4）建立千户集团数据质量管控和考核评价制度。

2. 税收风险管理的主要目标包括哪些？

【参考答案】

（1）税务规划具有合理的商业目的，并符合税法规定；

（2）经营决策和日常经营活动考虑税收因素的影响，符合税法规定；

（3）对税务事项的会计处理符合相关会计制度或准则及相关法律法规；

（4）纳税申报和税款缴纳符合税法规定；

（5）税务登记、账簿凭证管理、税务档案管理以及税务资料的准备和报备等涉税事项符合税法规定。

3. 大企业税收风险管理工作风险的内容和大企业税收风险管理内部控制措施主要包括哪些？

【参考答案】

大企业税收风险管理工作风险，是指税务机关及其工作人员在大企业税收风险管理数据采集、风险分析、推送应对、反馈考核等风险管理工作过程中，因违反有关法律、法规、规章及相关规定，导致国家利益、纳税人和缴费人合法权益受损的税收执法风险以及由此产生的廉政风险。

大企业税收风险管理内部控制措施主要包括：

（1）职责分工控制。按照“因事设岗、分类管事”原则确立岗责体系，明确各个岗位的工作职责，形成职权与责任对等、环节与岗位匹配的职责分工模式，形成相互制衡又协调配合的大企业风险管理岗责体系。

（2）不相容岗位（职责）分离控制。严格遵循风险分析与评审、执行与审核的分离，做到权责一致、边界清晰、相互制衡、协调配合、运转顺畅。

（3）授权审批控制。根据授权审批的相关规定，进一步明确各级大企业风险管理岗位的权限范围、严格审批程序，保证各岗位人员在授权范围内行使职权。

（4）流程控制。强化对大企业税收风险管理各事项的流程控制，将内部控制管理嵌入业务处理流程，各流程间相互制约，在流程中管控风险，形成有效的制约监督体系。

（5）过程预警控制。根据风险管理相关环节的内在逻辑及特点，运用各种手段在时效要求、逻辑关系审核、完整性校验等重要节点设置监控指标进行交叉比对和设置提醒，对错误情况进行预警、干预或阻断。

（6）集体决策控制。坚持重大涉税事项、重大决策事项的集体审议和会签，有效防范相关风险。

（7）痕迹记录控制。开展大企业税收风险管理工作应当按照规定制作并完整保留各项工作底稿、相关税务文书及送达回证、证据资料、集体审议会议纪要等资料。

4. 大企业税收管理过程中，税务审计的定义、类型和主要审计环节有哪些？

【参考答案】

税务审计是风险应对的主要手段和全流程风险管理的关键环节。税务机关运用现代审计技术和方法，结合企业生产经营、税务管理及其他相关信息，对税收风险较高的企业进行全面、系统的分析、审核和评价。

税务总局向企业发函，明确税务审计工作总体安排，布置抽取电子数据、开展现场工作等需要企业配合事项。各地按照税务总局统一部署组织实施税务审计，在通知企业办理缴纳税款及滞纳金、提供有关资料等涉税事项时，依照《国家税务总局关于印发全国统一税收执法文书式样的通知》（国税发〔2005〕179 号）文件要求，使用税务总局已经统一颁布的税收执法文书。

税务审计的类型和主要环节如下：

1. 案头审计

（1）数据抽取。税务总局负责抽取已实现数据总部集中的企业的电子数据，经整理后下发各省税务机关。各地根据税务总局统一部署，抽取未实现数据总部集中的本地成员企业电子数据，并将数据上传至税务总局。

（2）省局全面案头审计。各省税务机关在对收集的各种信息进行全面分析的基础上，结合税务总局下发的税收风险特征库、风险评估报告等，对抽取的企业电子数据进行重点审核；按户归集案头审计结果，评价企业税务风险状况，分析可能的风险来源和成因；将审计结果上报税务总局，作为税务总局确认重点审计对象的依据。

（3）税务总局重点案头审计。税务总局通过对各省全面案头审计的评价分析，从中选择整体税收风险较高的企业或部分重点涉税事项进行重点案头审计，确定需要开展现场审计的企业名单。

2. 现场审计

（1）审计通知。税务总局确定现场审计对象后，约谈企业集团总部，告知现场审计企业名单、现场审计工作安排、需准备的资料清单以及其他需要配合的事项。税务总局和各省税务机关组建现场审计团队。各省税务机关配合税务总局，或者承接税务总局推送的现场审计任务，并发出《税务事项通知书》，提前通知现场审计对象。

（2）内部控制测试。现场审计团队对企业内部控制制度执行情况进行测试并作出评价，确定是否需要进行实质性测试。

（3）实质性测试。现场审计团队运用实质性分析和细节测试等方法进行实质性测试，及时汇总现场审计情况，要求企业在提供的资料上签章（字）确认。

（4）交换意见。现场审计团队拟定初步审计意见，听取企业陈述和申辩意见，填写询问（调查）笔录和陈述申辩笔录。

（5）形成现场审计报告。现场审计团队根据发现的涉税风险事项形成现场审计报告，把现场审计过程中已经核实确认并且税法规定明确的税收风险，及时推送给企业所在地税务机关。

（6）审计处理。税务总局汇总整理税务审计各阶段工作成果，统一研究处理税企双方存在争议的重大税收政策问题，下发税务审计建议，向各省税务机关揭示重大税收风险、提出整改要求和处理意见等，并适时抽查各省落实情况。各地参照税务总局的审计建议，对本地企业存在的税收风险进行核实处理，发出《税务事项通知书》《税务处理决定书》《税务行政处罚决定书》等文书，督促企业及时足额缴纳税款及滞纳金，整改落实好核实确认的问题。发现企业有偷逃骗税嫌疑的，移交稽查部门处理。工作结束后，应及时将整改落实情况汇总上报税务总局。

5. 对大企业和小企业开展分类精细服务，是如何体现的？

【参考答案】

（1）助力大型企业。提供大企业税收确定性服务，建立健全相关制度，提升大企业纳税人满意度。试点开展大企业集团遵从评价，根据企业集团遵从度，提供差异性服务和管理措施。试点开展税企数据互联互通，降低大企业集团办税成本，提升纳税人服务体验。通过线上沟通渠道，适时推送行业性税收优惠政策，开展政策宣传，助力企业及时、准确掌握政策。与部分遵从意愿强、遵从能力高的大企业集团签订税收遵从合作协议，提供定制服务。

（2）扶持中小企业。扩大小微企业减税降费红利账单推送服务试点范围，帮助纳税人算清算细减税降费红利账。按照国务院部署，组织开展税务系统助力中小企业发展主题服务月活动。推进“专精特新”中小企业和“小巨人”企业“一户一档”服务措施落实，助力企业高质量发展。深化规范“银税互动”合作，试点在税务和银保监部门间实现数据直连，安全高效助力小微企业缓解融资难融资贵的问题。

五、计算题

1. 某公司是一般纳税人，请根据以下资料进行案头分析。

该企业 2021 年第一季度的经营情况如下：

（1）业务收入：第一季度合计 500 万元，上年同期是 400 万元；

（2）本期销售成本：第一季度合计 400 万元；

（3）本期投入情况：第一季度该企业产品生产总投入 400 万元，其中：投入原材料 300 万元，动力 10 万元，工资 50 万元；

（4）本期账面产出产成品 15 件，产成品期末库存比期初减少 5 件，本期销售 20 件；

（5）企业存货：企业资产负债表期初存货为 200 万元，期末存货为 300 万元。

注：同行业单位产品耗用原材料 10 万元。（未提供资料均不考虑）

计算：

（1）该企业第一季度销售变动率。

（2）该企业第一季度成本率。

（3）该企业第一季度存货周转率。

（4）按照同行业水平测算企业第一季度的实际产量。

（5）根据上述依据分析企业可能存在的税收风险，并提出税收审计的工作计划纲要

【答案及解析】

（1）该企业第一季度销售变动率 = （500 - 400）÷400 = 25%

（2）该企业第一季度成本率 = 400 ÷ 500 = 80%

（3）该企业第一季度存货周转率 = 400 ÷ [（200 + 300）÷2）] = 1.6（次）

或［（200 + 300）÷2）］×360 ÷ 400 = 225（天）

注意：存货周转率有两种表达方式：一是存货周转次数；二是存货周转天数。在不同情况下分别使用。

（4）预测该企业第一季度企业实际产出量 = 300 ÷ 10 = 30（件）

（5）企业存在的风险：

预测企业实际产量为30件，实际账面产量为15件。账面产量远小于预测产量，企业可能存在少计产量，少计销售的风险。

本期账面产出产成品15件，产成品期末库存比期初减少5件，本期销售20件，企业账面库存产成品下降5件，但是企业资产负债表期初存货为200万元，期末存货为300万元。存货金额变动和库存产成品变动不一致。

结合产量预测，企业可能存在将部分产成品销售后，账面不计收入，暂不结转成本逃避缴纳税款的风险。

针对上述风险，可以通过风险提示的方式提示企业进行自行改正。如果企业自行改正，则不需要开展进一步分析和应对工作。

如果风险通过其他案头分析手段排除，可以要求企业进行说明。如果企业自行说明的内容可以排除风险，则不需要开展进一步应对工作，如果不能排除则可以结合当年税收风险管理计划，统筹开展进一步风险应对工作。

2. 某Z公司总机构设在我国A省某大城市，除在该大城市设立具有主体生产经营职能的二级分支机构外，还分别在我国B、C两省省会设有从事具有主体生产经营职能的二级分支机构。该公司实行以实际利润额按季预缴分摊企业所得税的办法，根据2021年第一季度报表得知，公司第一季度取得收入共计40 000万元、发生的税前可扣除的成本费用共计26 020万元，缴纳增值税共计1 800万元。此外，从公司以前年度报表中得知，A省分支机构和B、C两省的二级分支机构2020年度有关资料如表4 - 2所示。

表 4-2　　A、B、C 2020 年度相关资料　　单位：万元

	营业收入	职工薪酬	资产总额
A 省分支机构	25 600	306	11 600
B 省分支机构	38 400	459	19 720
C 省分支机构	64 000	765	26 680
合计金额	128 000	1 530	58 000

假设只需考虑城建税和教育费附加，不考虑其他相关税费。

要求：根据上述资料，回答下列问题。

(1) 该公司 2021 年第一季度共计应预缴企业所得税（　　）万元。(单选)

A. 3 495　　B. 3 463.5　　C. 3 450　　D. 3 045

(2) A 省分支机构 2021 年第一季度应预缴企业所得税（　　）万元。(单选)

A. 345　　B. 370　　C. 690　　D. 740

(3) B 省分支机构 2021 年第一季度应预缴企业所得税（　　）万元。(单选)

A. 266.6　　B. 269.1　　C. 533.2　　D. 538.2

(4) C 省分支机构 2021 年第一季度应预缴企业所得税（　　）万元。(单选)

A. 1 195.6　　B. 1 190.7　　C. 841.8　　D. 836.9

(5) 下列对于二级分支机构是否就地分摊缴纳企业所得税的表述，正确的是（　　）。(多选)

A. 汇总纳税企业在中国境外设立的不具有法人资格的二级分支机构，不就地分摊缴纳企业所得税

B. 当年撤销的二级分支机构，自办理注销税务登记之日所属企业所得税预缴期间起，不就地分摊缴纳企业所得税

C. 新设立的二级分支机构，设立当年就地分摊缴纳企业所得税

D. 上年度认定为小型微利企业的，其二级分支机构不就地分摊缴纳企业所得税

(6) 下列关于跨地区经营汇总纳税企业所得税征收管理的表述中，不正确的有（　　）。(多选)

A. 总机构和具有主体生产经营职能的三级分支机构就地分摊缴纳企业所得税

B. 总机构应将本期企业应纳所得税额的 50% 部分，在每月或季度终了后 15 日内就地申报预缴

C. 上年度认定为小型微利企业的，其二级分支机构不就地分摊缴纳企业所得税

D. 汇总纳税企业可以核定征收企业所得税

【答案及解析】

(1)【参考答案】C

【答案解析】该公司 2021 年第一季度共计应缴纳城建税和教育费附加 = 1 800 ×

(7% +3%) =180 (万元)

该公司2021年第一季度共计应预缴企业所得税 = (40 000 - 26 020 - 180) ×25% = 3 450 (万元)

(2)【参考答案】A

【答案解析】A省分支机构2021年第一季度应预缴企业所得税的分摊比例 = (25 600 ÷128 000) ×0.35 + (306 ÷1 530) ×0.35 + (11 600 ÷58 000) ×0.30 =20%

A省分支机构2021年第一季度应预缴企业所得税 =3 450 ×50% ×20% =345 (万元)

(3)【参考答案】D

【答案解析】B省分支机构2021年第一季度预缴企业所得税的分摊比例 = (38 400 ÷128 000) ×0.35 + (459 ÷1 530) ×0.35 + (19 720 ÷58 000) ×0.30 =31.2%

B省分支机构2021年第一季度应预缴企业所得税 =3 450 ×50% ×31.2% =538.2 (万元)

(4)【参考答案】C

【答案解析】C省分支机构2021年第一季度预缴企业所得税的分摊比例 = (64 000 ÷128 000) ×0.35 + (765 ÷1 530) ×0.35 + (26 680 ÷58 000) ×0.3 =48.8%

C省分支机构2021年第一季度应预缴企业所得税 =3 450 ×50% ×48.8% =841.8 (万元)

(5)【参考答案】ABD

【答案解析】选项C新设立的二级分支机构，设立当年不就地分摊缴纳企业所得税。

(6)【参考答案】AD

【答案解析】选项A，总机构和具有主体生产经营职能的二级分支机构就地分摊缴纳企业所得税。选项D，汇总纳税企业不得核定征收企业所得税。

第五章　国际税收

★知识要点归纳

第一节　税收管辖权

一、税收管辖权的含义

税收管辖权，是指主权国家根据其法律所拥有和行使的征税权力，是国际法公认的国家基本权利，属于国家主权在税收领域中的体现。

二、税收管辖权的分类

税收管辖权划分原则主要有属人原则和属地原则。

税收管辖权大致分为三类：居民管辖权、公民管辖权和地域管辖权。其中，前两者可以合称为居民（公民）管辖权，遵循的是属人原则，后者遵循的是属地原则。

三、税收管辖权的行使

目前，各国对税收管辖权的行使主要有以下三种情况。

（一）仅行使地域管辖权

这种情况下，一国只对来源于本国境内的所得行使征税权，其中包括本国居民的境内所得和外国居民的境内所得，但对本国居民的境外所得不行使征税权。

（二）同时行使地域管辖权和居民管辖权

这种情况下，一国对本国居民的境内所得、境外所得，以及外国居民的境内所得这三类所得都行使征税权。其中，对本国居民境外所得征税所依据的是居民管辖权，对外国居民在本国境内所得征税所依据的是地域管辖权。目前我国采用的是这种方法。

（三）同时行使地域管辖权、居民管辖权和公民管辖权

这种情况主要发生在个别强调本国征税范围的国家，其个人所得税除了行使地域管辖权和居民管辖权之外，还坚持行使公民管辖权。

大多数国家在兼用居民（公民）管辖权和地域管辖权的同时，认同并遵循地域税收管辖权优先原则。

优先征税原则是指在国际税收关系中，确定将某项课税客体划归来源国，由来源国优先行使征税权的一项原则。

第二节　非居民企业及个人税收管理

一、非居民企业税收管理

（一）非居民企业的纳税义务

非居民企业在中国境内设立机构、场所的，应当就其所设机构、场所取得的来源于中国境内的所得，以及发生在中国境外但与其所设机构、场所有实际联系的所得，缴纳企业所得税。

非居民企业在中国境内未设立机构、场所的或者虽设立机构、场所但取得的所得与其所设机构、场所没有实际联系的，应当就其来源于中国境内的所得缴纳企业所得税。

（二）对外支付税务备案

境内机构和个人向境外单笔支付等值 5 万美元以上（不含等值 5 万美元），下列外汇资金，除规定的情形外，均应向所在地主管税务机关进行备案。

1. 境外机构或个人从境内获得的包括运输、旅游、通信、建筑安装及劳务承包、保险服务、金融服务、计算机和信息服务、专有权利使用和特许、体育文化和娱乐服务、其他商业服务、政府服务等服务贸易收入。

2. 境外个人在境内的工作报酬，境外机构或个人从境内获得的股息、红利、利润、直接债务利息、担保费以及非资本转移的捐赠、赔偿、税收、偶然性所得等收益和经常转移收入。

3. 境外机构或个人从境内获得的融资租赁租金、不动产的转让收入、股权转让所得以及外国投资者其他合法所得。

二、非居民企业税收管理的主要内容

（一）有机构、场所的非居民企业管理

设立机构、场所的非居民企业，取得规定的所得，其企业所得税由机构、场所所在地主管税务机关负责税收管理。有机构、场所的非居民企业管理主要包括常驻代表

机构、从事工程作业和提供劳务、国际运输等的税务管理。按征收方式分为据实征收和核定征收两类。

1. 非居民承包工程作业和提供劳务税收管理

承包工程作业，是指在中国境内承包建筑、安装、装配、修缮、装饰、勘探及其他工程作业。

提供劳务是指在中国境内从事加工、修理修配、交通运输、仓储租赁、咨询经纪、设计、文化体育、技术服务、教育培训、旅游、娱乐及其他劳务活动。非居民企业在中国境内承包工程作业或提供劳务的，应当自项目合同或协议（以下简称“合同”）签订之日起30日内，向项目所在地主管税务机关办理税务登记手续。

依照法律、行政法规规定负有税款扣缴义务的境内机构和个人，应当自扣缴义务发生之日起30日内，向所在地主管税务机关办理扣缴税款登记手续。非居民企业在中国境内承包工程作业或提供劳务项目的，企业所得税按纳税年度计算、分季预缴，年终汇算清缴，并在工程项目完工或劳务合同履行完毕后结清税款。

2. 常驻代表机构税收管理

外国企业常驻代表机构，是指按照国务院有关规定，在工商行政管理部门登记或经有关部门批准，设立在中国境内的外国企业（包括港澳台企业）及其他组织的常驻代表机构（以下简称“代表机构”）。

代表机构应当就其归属所得依法申报缴纳企业所得税，就其应税收入依法申报缴纳增值税。

代表机构应当自领取工商登记证件（或有关部门批准）之日起30日内，持有关资料，向其所在地主管税务机关申报办理税务登记。

代表机构应当按照有关法律、行政法规和国务院财政、税务主管部门的规定设置账簿，根据合法、有效凭证记账，进行核算，并应按照实际履行的功能和承担的风险相配比的原则，准确计算其应税收入和应纳税所得额，在规定期限内向主管税务机关据实申报缴纳增值税和企业所得税。

对账簿不健全，不能准确核算收入或成本费用，以及无法按照规定据实申报的代表机构，税务机关有权核定其应纳税所得额。

3. 汇算清缴管理

依照外国（地区）法律成立且实际管理机构不在中国境内，但在中国境内设立机构、场所的非居民企业，无论盈利或者亏损，均应按照《中华人民共和国企业所得税法》及《非居民企业所得税汇算清缴管理办法》（国税发〔2009〕6号）的规定参加所得税汇算清缴。

非居民企业应当自年度终了之日起5个月内，向税务机关报送年度企业所得税纳税申报表，并汇算清缴，结清应缴应退税款。

企业在年度中间终止经营活动的，应当自实际经营终止之日起60日内，向税务机关办理当期企业所得税汇算清缴。

4. 核定征收管理

非居民企业因会计账簿不健全，资料残缺难以查账，或者其他原因不能准确计算并据实申报其应纳税所得额的，税务机关有权采取一定的方法核定其应纳税所得额。

税务机关可按照以下标准确定非居民企业的利润率：

（1）从事承包工程作业、设计和咨询劳务的，利润率为15%—30%；

（2）从事管理服务的，利润率为30%—50%；

（3）从事其他劳务或劳务以外经营活动的，利润率不低于15%。

采取核定征收方式征收企业所得税的非居民企业，在中国境内从事适用不同核定利润率的经营活动，并取得应税所得的，应分别核算并适用相应的利润率计算缴纳企业所得税；凡不能分别核算的，应从高适用利润率，计算缴纳企业所得税。

（二）源泉扣缴管理

对非居民企业取得来源于中国境内的股息、红利等权益性投资收益和利息、租金、特许权使用费所得、转让财产所得以及其他所得应当缴纳的企业所得税，实行源泉扣缴。

1. 扣缴义务发生时间

税款由扣缴义务人在每次支付或者到期应支付时，从支付或者到期应支付的款项中扣缴。

非居民企业取得应源泉扣缴的所得为股息、红利等权益性投资收益的，相关应纳税款扣缴义务发生之日为股息、红利等权益性投资收益实际支付之日。非居民企业采取分期收款方式取得应源泉扣缴所得税的同一项转让财产所得的，其分期收取的款项可先视为收回以前投资财产的成本，待成本全部收回后，再计算并扣缴应扣税款。

中国境内企业和非居民企业签订与利息、租金、特许权使用费等所得有关的合同或协议，如果未按照合同或协议约定的日期支付上述所得款项，或者变更或修改合同或协议延期支付，但已计入企业当期成本、费用，并在企业所得税年度纳税申报中作税前扣除的，应在企业所得税年度纳税申报时按照《中华人民共和国企业所得税法》有关规定代扣代缴企业所得税。如果企业上述到期未支付的所得款项，不是一次性计入当期成本、费用，而是计入相应资产原价或企业筹办费，在该类资产投入使用或开始生产经营后分期摊入成本、费用，分年度在企业所得税前扣除的，应在企业计入相关资产的年度纳税申报时就上述所得全额代扣代缴企业所得税。

2. 扣缴税款的申报缴纳

扣缴义务人应当自扣缴义务发生之日起7日内向扣缴义务人所在地主管税务机关申报和解缴代扣税款。扣缴义务人在申报和解缴应扣税款时，应填报“中华人民共和国扣缴企业所得税报告表”。

3. 非居民企业递延缴纳预提所得税

自2018年1月1日起，对境外投资者从中国境内居民企业分配的利润，直接投资于所有非禁止外商投资的项目和领域，凡符合规定条件的，实行递延纳税政策，暂不征收预提所得税。

境外投资者以分得利润进行的直接投资，包括境外投资者以分得利润进行的增资、新建、股权收购等权益性投资行为，但不包括新增、转增、收购上市公司股份（符合条件的战略投资除外）。

境外投资者分得的利润属于中国境内居民企业向投资者实际分配已经实现的留存收益而形成的股息、红利等权益性投资收益。

三、非居民个人纳税义务

我国税法根据国际惯例，对于非居民纳税人的纳税义务范围做了规定。

在中国境内无住所又不居住，或者无住所而一个纳税年度内在中国境内居住累计不满183天的个人，为非居民个人。

在中国境内无住所的个人，在中国境内居住累计满183天的年度连续不满6年的，经向主管税务机关备案，其来源于中国境外且由境外单位或者个人支付的所得，免予缴纳个人所得税；在中国境内居住累计满183天的任一年度中有一次离境超过30天的，其在中国境内居住累计满183天的年度的连续年限重新起算。

在中国境内无住所的个人，在一个纳税年度内在中国境内居住累计不超过90天的，其来源于中国境内的所得，由境外雇主支付并且不由该雇主在中国境内的机构、场所负担的部分，免予缴纳个人所得税。

第三节　反避税与BEPS行动计划

一、国际避税及基本方法

（一）国际避税的概念及产生原因

1. 国际避税的概念

国际避税，是指纳税人利用两个或两个以上国家的税法和国家间的税收协定的漏洞、特例和缺陷，规避或减轻其全球总纳税义务的行为。

2. 国际避税的产生原因

从内在动机来说，国际避税是由纳税人想尽各种办法，尽可能地减轻税收负担的强烈愿望所导致的。从外部因素来说，国际避税主要是由国家间的税收政策差异造成的。

（二）国际避税的基本方法

在国际经济活动中，跨国纳税人利用各国税收的差异进行避税的手法多种多样，常采用的避税方法有 7 种。

1. 采取人员流动避税

采取人员流动避税，是指通过人员的流动进行国际避税。

2. 通过资金、货物或劳务流动避税

纳税人（主要是法人）把资金、货物或劳务等转移出高税国，通常利用常设机构和子公司以及所在国其他税法规定等进行流动。

3. 利用企业组织形式避税

分支机构（包括常设机构和分公司）与子公司往往在享受税收待遇方面差异很大，在跨国纳税方面也有许多差别，且各有利弊。通常在营业初期以分支机构进行经营，当分支机构开始盈利后，再变更为公司，达到避税的目的。

4. 利用税收优惠避税

跨国公司和跨国企业往往可以利用税收优惠从事国际避税活动。此外，还有一些跨国公司和跨国企业设法钻税法对新办企业等缺乏严密界定的漏洞，利用新办企业的免税、减税等规定进行国际避税。

5. 资本弱化

跨国公司通过减少股份资本、扩大贷款份额使资本弱化，从而以增加利息支出来转移应税所得，实现税收负担最小的目的。

6. 利用转让定价避税

在跨国经济活动中，利用关联企业之间的转让定价进行避税已成为一种常见的税收逃避方法，其一般做法是高税国企业向其低税国关联企业销售货物、提供劳务、转让无形资产时制定低价；低税国企业向其高税国关联企业销售货物、提供劳务、转让无形资产时制定高价。这样，利润就从高税国转移到低税国，从而达到最大限度减轻其税负的目的。

7. 利用“避税地”避税

通过在“避税地”设立诸如控股公司、投资公司、信托公司、贸易公司、咨询公司、金融公司、保险公司、海运公司和其他经营机构等所谓“海外公司”（Offshore Company），可以比较方便地以这些海外公司为基地进行国际避税活动，这些海外公司也被称作国际避税活动的“基地公司”。

二、国际反避税及基本方法

（一）国际反避税的基本概念

国际反避税，是指一些国家在国际税务关系中对某些避税地活动所采取的强硬措施。

（二）国际反避税的基本方法

1. 对付“避税地”的法规

通常将建在“避税地”的外国子公司称为“基地公司”。要想阻止跨国公司利用“基地公司”进行避税，居住国必须取消对本国居民从国外应得股息的推迟课税规定。

（1）受控外国公司（Controlled Foreign Company，CFC）。CFC 税制实现下列政策目标：一是防止把所得转移和积累到“避税港”外国公司；二是预防国际偷避税，确保财政收入，防止国家税基的侵蚀；三是确保税收体系的公平。

（2）应税的外国公司保留利润。即受控外国公司应分配给股东且不再享受股东居住国推迟课税规定的某些类型的所得；这种所得虽没有支付给居住国股东，但仍要归属到居住国股东应税所得之中并申报纳税。

（3）对付“避税地”法规适用的纳税人。从各国的情况来看，对付“避税地”法规所适用的纳税人一般既包括法人，也包括自然人。对付“避税地”法规打击的对象一定是在外国受控公司中拥有股权（股权比重一般要达到规定的标准）的本国居民股东。

2. 防止滥用税收协定

为防范第三国居民滥用税收协定避税，可以在协定中纳入一定的防止协定滥用条款，如主要目的测试条款、利益限制条款等。

3. 限制资本弱化的法规

目前许多国家特别是发展中国家采取了一些限制资本弱化的措施，防范跨国公司通过资本弱化方式减少本国企业的纳税义务。

4. 限制避税性移居

许多国家政府一般不能干预公民的移居避税，只能从经济上对其采取一些限制措施，将移居给政府造成的税收利益损失降低到最低程度。

5. 限制利用改变公司组织形式避税

适时地改变国外附属机构的组织形式是跨国公司国际避税的方式之一。当国外分公司开始盈利时，即将其重组为子公司。为防止跨国公司利用这种方式避税，一些国家在法律上也采取了一些防范性措施。

三、国际反避税最新举措——税基侵蚀和利润转移行动计划

税基侵蚀和利润转移（BEPS）项目是由 G20 委托 OECD 实施的国际税改项目，旨在修改原有国际税收规则，遏制国际逃避税行为。BEPS 项目的 15 项行动已全部完成，并于 2015 年 10 月和 11 月相继由 G20 财长与央行行长会议和 G20 领导人峰会审议通过。

第四节　税收协定

一、税收协定基本理论

国际税收协定，是指两个或两个以上的主权国家或地区，为了协调相互之间的税收分配关系，本着对等的原则，在有关税收事务方面通过谈判签订的一种书面协议。

二、税收协定条款

根据国家税务总局关于印发《〈中华人民共和国政府和新加坡共和国政府关于对所得避免双重征税和防止偷漏税的协定〉及议定书条文解释》的通知（国税发〔2010〕75号）的规定，我国对外所签协定有关条款规定与中新协定条款规定内容一致的，中新协定条文解释规定同样适用于其他协定相同条款的解释及执行；中新协定条文解释与此前下发的有关税收协定解释与执行文件不同的，以中新协定条文解释为准。该协定中的条款包括税收协定的适用范围、税收居民、常设机构、营业利润、国际运输、财产所得、投资所得、劳务所得、其他种类所得、特别规定等条款。

三、税收协定解释和执行

（一）税收协定解释

在《公约》一般解释规则的框架下，税收协定还存在一套自洽的解释规则。《OECD关于对所得和财产避免双重征税的协定范本》（2014）（以下简称《OECD范本》）和《联合国关于发达国家和发展中国家间避免双重征税的协定范本》（2011）第三十二条都规定："缔约国一方在适用本协定时，对于未经本协定明确定义的用语，除上下文另有要求以外，应当具有该缔约国当时适用于本协定的税种的法律所规定的含义，此用语在该缔约国有效适用的税法上的含义优先于在该国其他法律上的含义。"

（二）税收协定执行

为统一和规范我国政府对外签署的避免双重征税协定（简称"税收协定"）的执行，现对税收协定中常设机构、海运和空运、演艺人员和运动员条款，以及合伙企业适用税收协定等有关事项公告如下。

1. 不具有法人资格的中外合作办学机构，以及中外合作办学项目中开展教育教学活动的场所构成税收协定缔约对方居民在中国的常设机构。

常设机构条款中关于劳务活动构成常设机构的表述为"在任何12个月中连续或累

计超过6个月”的，按照“在任何12个月中连续或累计超过183天”的表述执行。

2. 海运和空运条款与《中华人民共和国政府和新加坡共和国政府关于对所得避免双重征税和防止偷漏税的协定》及议定书（以下简称“中新税收协定”）第八条（海运和空运）规定内容一致的，按照以下原则执行：

（1）缔约国一方企业以船舶或飞机从事国际运输业务从缔约国另一方取得的收入，在缔约国另一方免予征税。

从事国际运输业务取得的收入，是指企业以船舶或飞机经营客运或货运取得的收入，以及以程租、期租形式出租船舶或以湿租形式出租飞机（包括所有设备、人员及供应）取得的租赁收入。

（2）上述第（1）项的免税规定也适用于参加合伙经营、联合经营或参加国际经营机构取得的收入。对于多家公司联合经营国际运输业务的税务处理，应由各参股或合作企业就其分得利润分别在其所属居民国纳税。

（3）中新税收协定第八条第三款中“缔约国一方企业从附属于以船舶或飞机经营国际运输业务有关的存款中取得的利息收入”，是指缔约国双方从事国际运输业务的海运或空运企业，从对方取得的运输收入存于对方产生的利息。该利息不适用中新税收协定第十一条（利息）的规定，应视为国际运输业务附带发生的收入，在来源国免予征税。

（4）企业从事以光租形式出租船舶或以干租形式出租飞机，以及使用、保存或出租用于运输货物或商品的集装箱（包括拖车和运输集装箱的有关设备）等租赁业务取得的收入不属于国际运输收入，但根据中新税收协定第八条第四款，附属于国际运输业务的上述租赁业务收入应视同国际运输收入处理。

（5）下列与国际运输业务紧密相关的收入应作为国际运输收入的一部分：

①为其他国际运输企业代售客票取得的收入；

②从市区至机场运送旅客取得的收入；

③通过货车从事货仓至机场、码头或者后者至购货者间的运输，以及直接将货物发送至购货者取得的运输收入；

④企业仅为其承运旅客提供中转住宿而设置的旅馆取得的收入。

（6）非专门从事国际运输业务的企业，以其拥有的船舶或飞机经营国际运输业务取得的收入属于国际运输收入。

3. 海运和空运条款中没有中新税收协定第八条第四款规定的，有关税收协定缔约对方居民从事本公告第二条第（四）项所述租赁业务取得的收入的处理，参照本公告第二条第（4）项规定执行。

4. 演艺人员和运动员条款与中新税收协定第十七条（艺术家和运动员）规定内容一致的，按照以下原则执行：

（1）演艺人员活动包括演艺人员从事的舞台、影视、音乐等各种艺术形式的活动；以演艺人员身份开展的其他个人活动（如演艺人员开展的电影宣传活动，演艺人员或运动员参加广告拍摄、企业年会、企业剪彩等活动）；具有娱乐性质的涉及政治、社会、宗教或慈善事业的活动。

演艺人员活动不包括会议发言，以及以随行行政、后勤人员（如摄影师、制片人、导演、舞蹈设计人员、技术人员以及流动演出团组的运送人员等）身份开展的活动。

在商业活动中进行具有演出性质的演讲不属于会议发言。

（2）运动员活动包括参加赛跑、跳高、游泳等传统体育项目的活动；参加高尔夫球、赛马、足球、板球、网球、赛车等运动项目的活动；参加台球、象棋、桥牌比赛、电子竞技等具有娱乐性质的赛事的活动。

（3）以演艺人员或运动员身份开展个人活动取得的所得包括开展演出活动取得的所得（如出场费），以及与开展演出活动有直接或间接联系的所得（如广告费）。

对于从演出活动音像制品出售产生的所得中分配给演艺人员或运动员的所得，以及与演艺人员或运动员有关的涉及版权的所得，按照中新税收协定第十二条（特许权使用费）的规定处理。

（4）在演艺人员或运动员直接或间接取得所得的情况下，依据中新税收协定第十七条第一款规定，演出活动发生的缔约国一方可以根据其国内法，对演艺人员或运动员取得的所得征税，不受到中新税收协定第十四条（独立个人劳务）和第十五条（非独立个人劳务）规定的限制。

（5）在演出活动产生的所得全部或部分由其他人（包括个人、公司和其他团体）收取的情况下，如果依据演出活动发生的缔约国一方国内法规定，由其他人收取的所得应被视为由演艺人员或运动员取得，则依据中新税收协定第十七条第一款规定，演出活动发生的缔约国一方可以根据其国内法，向演艺人员或运动员就演出活动产生的所得征税，不受到中新税收协定第十四条（独立个人劳务）和第十五条（非独立个人劳务）规定的限制；如果演出活动发生的缔约国一方不能依据其国内法将由其他人收取的所得视为由演艺人员或运动员取得，则依据中新税收协定第十七条第二款规定，该国可以根据其国内法，向收取所得的其他人就演出活动产生的所得征税，不受到中新税收协定第七条（营业利润）、第十四条（独立个人劳务）和第十五条（非独立个人劳务）规定的限制。

5. 有关合伙企业及其他类似实体（以下简称“合伙企业”）适用税收协定的问题，应按以下原则执行：

（1）依照中国法律在中国境内成立的合伙企业，其合伙人为税收协定缔约对方居民的，该合伙人在中国负有纳税义务的所得被缔约对方视为其居民的所得的部分，可以在中国享受协定待遇。

（2）依照外国（地区）法律成立的合伙企业，其实际管理机构不在中国境内，但在中国境内设立机构、场所的，或者在中国境内未设立机构、场所，但有来源于中国境内所得的，是中国企业所得税的非居民企业纳税人。

6. 内地与香港、澳门特别行政区签署的避免双重征税安排执行的有关问题适用本公告。

第五节　国际税收情报交换及 CRS

一、国际税收情报交换基本内容

税收情报交换的目的，一是避免国家之间可能存在的重复征税；二是防止跨境逃避税。

1. 专项情报交换，是指缔约国一方主管当局就国内某一税务案件提出具体问题，并依据税收协定请求缔约国另一方主管当局提供相关情报，协助查证的行为。

2. 自动情报交换，是指缔约国双方主管当局之间根据约定，以批量形式自动提供有关纳税人取得专项收入的税收情报的行为。

3. 自发情报交换，是指缔约国一方主管当局将在税收执法过程中获取的其认为有助于缔约国另一方主管当局执行税收协定及其所涉及税种的国内法的信息，主动提供给缔约国另一方主管当局的行为。

4. 同期税务检查，是指缔约国主管当局之间根据同期检查协议，独立地在各自有效行使税收管辖权的区域内，对有共同或相关利益的纳税人的涉税事项同时进行检查，并互相交流或交换检查中获取的税收情报的行为。

5. 授权代表访问，是指缔约国双方主管当局根据授权代表的访问协议，经双方主管当局同意，相互到对方有效行使税收管辖权的区域进行实地访问，以获取、查证税收情报的行为。

6. 行业范围情报交换，是指缔约国双方主管当局共同对某一行业的运营方式、资金运作模式、价格决定方式及偷税方法等进行调查、研究和分析，并相互交换有关税收情报的行为。

二、《多边税收征管互助公约》

中国政府于 2013 年 8 月 27 日正式签署《多边税收征管互助公约》。《多边税收征管互助公约》作为一项旨在通过开展国际税收征管协作，打击跨境逃、避税行为，维护公平税收秩序的多边条约，其影响力不断上升，正日益成为开展国际税收征管协作的新标准。

三、金融账户涉税信息自动交换标准

金融账户涉税信息自动交换标准（以下简称“CRS”）由 OECD 会同 G20 成员国共同制定，于 2014 年 11 月经 G20 布里斯班峰会核准。

第六节　税收服务“一带一路”建设

一、“一带一路”倡议内涵

共建“一带一路”倡议以共商、共建、共享为原则，坚持开放、绿色、廉洁理念，实现高标准、惠民生、可持续目标。共建“一带一路”倡议以和平合作、开放包容、互学互鉴、互利共赢的丝绸之路精神为指引，以政策沟通、设施联通、贸易畅通、资金融通、民心相通为重点，不仅是经济合作，而且是完善全球发展模式和全球治理、推进经济全球化健康发展的重要途径。

二、“一带一路”高峰论坛

2017 年 5 月，首届“一带一路”国际合作高峰论坛在北京成功召开，29 位外国元首、政府首脑，以及联合国秘书长出席这次论坛，140 多个国家和 80 多个国际组织的 1 600多名代表参会。这是各方共商、共建“一带一路”，共享互利合作成果的国际盛会，也是加强国际合作，对接彼此发展战略的重要合作平台。论坛形成了主要涵盖政策沟通、设施联通、贸易畅通、资金融通、民心相通 5 大类、76 大项、279 项具体成果，这些成果已全部得到落实。

2019 年 4 月，第二届“一带一路”国际合作高峰论坛继续在北京举办。37 位外国元首、政府首脑等领导人，以及联合国秘书长、国际货币基金组织总裁出席论坛，法国、德国、英国、西班牙、日本、韩国、欧盟也派出领导人委托的高级代表与会。共有来自 150 多个国家和 90 多个国际组织的 6 000 多位外宾出席，涵盖了全球五大洲各个地区。本次论坛各国政府、地方、企业等达成一系列合作共识、重要举措及务实成果，中国作为东道国对其中具有代表性的一些成果进行了梳理和汇总，形成了第二届高峰论坛成果清单。

三、税收服务“一带一路”建设的主要内容

（一）建立“一带一路”税收征管合作机制

机制的各参与方将在“一带一路”税收征管合作机制下，进一步加强税收合作，

以更好地服务“一带一路”建设，推动构建人类命运共同体。

（二）做好税收协定执行

落实税收协定政策，营造优良营商环境，保障我国“走出去”企业的合法权益。加强我国居民享受税收协定待遇的服务、管理、统计分析工作，跟踪我国对外投资企业经营情况，及时反映境外涉税争议，配合国家税务总局与“一带一路”沿线国家税务主管当局就跨境纳税人提起的涉税争议开展相互协商。

（三）落实相关国内税收政策

结合全面推开营改增试点工作，落实跨境应税服务退税或免税政策、天然气等资源进口税收优惠政策、对外投资和对外承包工程出口货物退（免）税政策；按照所得税政策规定，落实境外所得税税收抵免政策，减轻企业税收负担，促进国际资源共享和国际产能合作。

（四）优化“走出去”税收服务

落实“放管服”改革要求，推动税收服务优化升级。落实出口退（免）税企业分类管理、简化出口退（免）税流程、简化消除双重征税政策适用手续等规定，进一步减轻纳税人办税负担。做好《中国税收居民身份证明》开具工作，便利纳税人境外享受税收协定待遇，助力“走出去”企业和“一带一路”建设重点项目。创新境外税收服务模式与内容，提高服务的针对性和有效性，探索对“走出去”纳税人实行分类服务。针对大型跨国企业着重提供政策确定性相关的个性化服务，针对中小型企业着重提供政策宣传辅导的普惠性服务。发挥优势，运用“互联网 +”思维，提升国际税收办税便利度。

（五）深化国别税收信息研究

深入推进国别税收信息研究工作，做好境外税收政策跟踪和更新，配合国家税务总局陆续发布国别投资税收指南，进一步完善和丰富纳税人可获取的境外税收信息。

（六）完善税收政策咨询

丰富政策咨询途径，有条件的地区要加强 12366 国际税收服务专席或“走出去”服务专线建设。按照“互联网 + 税务”工作要求，丰富网站、微信、微博等税收咨询服务渠道，提升咨询服务水平。以“走出去”企业涉税风险为重点，探索为纳税人提供专家咨询、定制咨询、预约咨询等服务，响应涉税需求，促进纳税遵从。建立和完善国际税收知识库，整理并发布国际税收问题答疑手册。

（七）开展税收宣传与辅导

开展“走出去”税收政策大宣传、大辅导。按照国家税务总局总体工作要求，配合“一带一路”国际合作高峰论坛，结合“便民办税春风行动”，集中开展主题鲜明、形式多样、内容丰富的“走出去”专题宣传与辅导。结合《国家税务总局关于完善关联申报和同期资料管理有关事项的公告》（国家税务总局公告 2016 年第 42 号）、《国家税务总局关于完善预约定价安排管理有关事项的公告》（国家税务总局公告 2016 年第 64 号）、国家税务总局关于发布《特别纳税调查调整及相互协商程序管理办法》的公告（国家税务总局公告 2017 年第 6 号）等重要文件，就 G20 税改及 BEPS 行动计划成果落地、国际税收征管改革、税收协定解释和执行、国际税收其他政策更新等及时做好政策宣传与辅导。

（八）加强数据统计分析

各地税务机关应积极落实对外投资、所得报告相关制度，结合各地区特点以及“走出去”企业类型、所属行业、对外投资目的地等，有针对性地开展数据统计和税收分析，并在此基础上归纳税收风险类型，有针对地为纳税人提示风险。

（九）深化国际税收合作

落实好已签署的双边合作备忘录，加强与毗邻国家税务部门的信息交流与合作；积极参与亚欧博览会、中阿博览会等区域性交流合作平台，推动税收在相关交流活动中发挥更加突出的作用。

★习题精练及答案解析

一、单项选择题

1. 税基侵蚀和利润转移（BEPS）项目是由二十国集团（G20）委托经济合作与发展组织（OECD）实施的国际税改项目，旨在修改原有国际税收规则，遏制国际逃避税行为。BEPS 项目已全部完成，并于 2015 年 10 月和 11 月相继由 G20 财长与央行行长会议和 G20 领导人峰会审议通过，BEPS 项目行动计划共有（　　）项。

A. 10　　B. 12　　C. 15　　D. 20

【参考答案】C

【解析】2015 年 10 月，OECD 发布了包括数字经济、混合错配、受控外国公司规则、利息扣除、有害税收实践、反税收协定滥用、常设机构、无形资产、风险和资本、其他高风险交易、数据统计分析、强制披露原则、转让定价同期资料、争端解决、多边工具在内的共计 15 项行动计划。

2. 下列关于《海外账户税收遵从法案》的表述中，正确的是（　　）。

A.《海外账户税收遵从法案》规定举证责任最终由纳税人承担

B.《海外账户税收遵从法案》的主要目的是追查全球企业避税情况

C. 根据《海外账户税收遵从法案》被认定为“不合作账户持有人”将被扣缴40%的预提所得税

D.《海外账户税收遵从法案》仅适用于美国境内

【参考答案】A

【解析】选项 B,《海外账户税收遵从法案》的主要目的是追查全球范围内美国富人的逃避缴纳税款行为。选项 C，虽然金融机构负有尽职调查与信息报告义务，但举证责任最终仍由纳税人承担。如果某账户持有人不能证明自己并非美国纳税人或者无法向外国金融机构提供必要的证明文件，那么该账户持有人会被认定为“不合作账户持有人”，将被扣缴 30% 的预提所得税，并且将面临被关闭账户的风险。选项 D，作为美国国内法，《海外账户税收遵从法案》的适用范围远远超出美国辖区。

3. 下列不属于国际税收中常设机构的是（　　）。

A. 分支机构　　B. 办事处　　C. 作业场所　　D. 子公司

【参考答案】D

【解析】常设机构是指企业进行全部或部分营业的固定营业场所，主要包括管理场所、分支机构、办事处、工厂、作业场所、矿场、油井或气井、采石场或者任何其他开采自然资源的场所，以及达到一定时间标准的工程或劳务项目。

4. 甲企业销售一批货物给乙企业，该销售行为取得利润 20 万元；乙企业将该批货物销售给丙企业，取得利润 200 万元。税务机关经过调查后认定甲企业和乙企业之间存在关联交易，将 200 万元的利润按照 6∶4 的比例在甲和乙之间分配。该调整方法是（　　）。

A. 利润分割法　　B. 再销售价格法

C. 交易净利润法　　D. 可比非受控价格法

【参考答案】A

【解析】利润分割法根据企业与其关联方对关联交易合并利润（实际或者预计）的贡献计算各自应当分配的利润额。

5. 税收抵免方法中的间接抵免适用于（　　）。

A. 母子公司之间　　B. 总分公司之间

C. 子公司之间　　D. 独立公司之间

【参考答案】A

【解析】间接抵免一般适用于母、子公司之间的税收抵免。它是指母公司所在的居住国政府，允许母公司将其子公司已缴东道国的所得税中应由母公司分得股息承担的那部分税额，来冲抵母公司应纳税额的办法。

6. 假定A国居民公司在某纳税年度中总所得为20万元，其中，来自A国的所得12万元，来自B国的所得8万元。A、B两国的所得税税率分别为30%、25%，若A国采用全额免税法，则该公司在A国应纳税额为（　　）万元。

A. 6　　B. 5.6　　C. 5　　D. 3.6

【参考答案】D

【解析】全额免税法下，居住国政府对其居民来源于非居民国的所得额，单方面放弃征税权，从而使国际重复征税得以彻底免除。因此，该居民公司来自B国的所得不征税，A国仅对来自本国的所得征税。A国应征税额 $=12\times30\%=3.6$ 万元。

7. 境内居民企业在2014年9月1日后，直接或间接持有外国企业股份或有表决权股份达到10%（含）以上的，应在办理企业所得税预缴申报时向主管税务机关填报（　　）。

A. 关联交易信息报告表　　B. 居民企业变更股份报告表

C. 居民企业参股外国企业信息报告表　　D. 居民企业外国投资信息报告表

【参考答案】C

【解析】根据《国家税务总局关于居民企业报告境外投资和所得信息有关问题的公告》，居民企业成立或参股外国企业，或者处置已持有的外国企业股份或有表决权股份，符合以下情形之一，且按照中国会计制度可确认的，应当在办理企业所得税预缴申报时向主管税务机关填报“居民企业参股外国企业信息报告表”：

（1）在本公告施行之日，居民企业直接或间接持有外国企业股份或有表决权股份达到10%（含）以上；

（2）在本公告施行之日后，居民企业在被投资外国企业中直接或间接持有的股份或有表决权股份自不足10%的状态改变为达到或超过10%的状态；

（3）在本公告施行之日后，居民企业在被投资外国企业中直接或间接持有的股份或有表决权股份自达到或超过10%的状态改变为不足10%的状态。

8. 居民个人从中国境外取得所得的，应当在（　　）申报纳税。

A. 取得所得的次年3月1日至6月30日内

B. 取得所得的次月1日至15日内

C. 取得所得的次年4月1日至6月30日内

D. 取得所得的次年1月1日至3月31日内

【参考答案】A

【解析】根据《国家税务总局关于个人所得税自行纳税申报有关问题的公告》，居民个人从中国境外取得所得的，应当在取得所得的次年3月1日至6月30日内，向中国境内任职、受雇单位所在地主管税务机关办理纳税申报；在中国境内没有任职、受雇单位的，向户籍所在地或中国境内经常居住地主管税务机关办理纳税申报；户籍所在地与中国境内经常居住地不一致的，选择其中一地主管税务机关办理纳税申报；在中国境内没有户籍的，向中国境内经常居住地主管税务机关办理纳税申报。

9. 双重居民身份下最终居民身份的判定标准，应按以下（　　）顺序依次判定。

A. 永久性住所——重要利益中心——习惯性居处——国籍

B. 国籍——永久性住所——习惯性居处——重要利益中心

C. 重要利益中心——永久性居所——国籍——习惯性居处

D. 永久性居所——重要利益中心——国籍——习惯性居处

【参考答案】A

【解析】根据国家税务总局关于印发《〈中华人民共和国政府和新加坡共和国政府关于对所得避免双重征税和防止偷漏税的协定〉及议定书条文解释》的通知，根据第一款的规定，同一人有可能同时为中国和新加坡居民。为了解决这种情况下个人最终居民身份的归属，第二款进一步规定了确定标准。需特别注意的是，这些标准的使用是有先后顺序的，只有当使用前一标准无法解决问题时，才使用后一的标准。其顺序为：永久性住所——重要利益中心——习惯性居处——国籍。

10. 境外 W 公司为其在我国境内子公司提供担保，收取含税担保费 100 万元。W 公司应就该担保费收入在我国缴纳增值税（　　）。

A. 0　　B. 9.09 万元　　C. 10 万元　　D. 5.66 万元

【参考答案】D

【解析】$100 \div 1.06 \times 0.06 = 5.66$（万元）

11. 关于非居民税收协定待遇的适用，下列说法中错误的是（　　）。

A. 能够享受协定待遇的非居民纳税人，是指按国内税收法律规定不属于中国税收居民的纳税人

B. 非居民纳税人享受协定待遇，采取“自行判断、申报享受、相关资料留存备查”的方式办理

C. 在源泉扣缴和指定扣缴情况下，非居民纳税人自行判断符合享受协定待遇条件且需要享受协定待遇的，应当如实填写“非居民纳税人享受协定待遇信息报告表”，主动提交给扣缴义务人，并将相关资料留存备查

D. 非居民纳税人对“非居民纳税人享受协定待遇信息报告表”填报信息和留存备查资料的真实性、准确性、合法性承担法律责任

【参考答案】A

【解析】根据国家税务总局关于发布《非居民纳税人享受税收协定待遇管理办法》的公告，本办法所称非居民纳税人，是指按国内税收法律规定或税收协定不属于中国税收居民的纳税人（含非居民企业和非居民个人）。

12. 某外国企业代表机构采用核定征收方式核定其应纳税所得额，2020 年发生工资薪金 50 万元，购置小汽车一辆 10 万元，因搬迁发生装修费用 20 万元，1 月 31 日装修完成后预计将使用 5 年，为总机构从中国境内购买样品支付样品费 2 万元，以上支出皆不含税，此外再无其他支出，核定利润率为 20%，则该代表机构 2020 年应核定收入为（　　）。

A. 82 万元　　B. 82.09 万元　　C. 102.5 万元　　D. 80 万元

【参考答案】C

【解析】根据国家税务总局关于印发《外国企业常驻代表机构税收管理暂行办法》的通知，收入额 = 本期经费支出额/(1 - 核定利润率)。因此，核定收入 = (50 + 10 + 20 + 2) ÷ (1 - 20%) = 102.5 万元。

13. 代表机构的核定利润率不应低于（　　）。

A. 5%　　B. 10%　　C. 15%　　D. 20%

【参考答案】C

【解析】根据国家税务总局关于印发《外国企业常驻代表机构税收管理暂行办法》的通知，代表机构的核定利润率不应低于 15%。

14. 我国某居民企业 2020 年有来源于乙国的税前所得 100 万元，乙国的所得税税率为 30%，但乙国对外国企业来源于本国的所得实行 20% 的优惠税率，我国与乙国签订税收协定给予税收饶让，这笔境外所得应在我国补缴所得税（　　）。

A. 0 万元　　B. 5 万元　　C. 5.25 万元　　D. 25 万元

【参考答案】A

【解析】根据《企业境外所得税收抵免操作指南》，居民企业从与我国政府订立税收协定（或安排）的国家（地区）取得的所得，按照该国（地区）税收法律享受了免税或减税待遇，且该免税或减税的数额按照税收协定规定应视同已缴税额在中国的应纳税额中抵免的，该免税或减税数额可作为企业实际缴纳的境外所得税额用于办理税收抵免。

15. 下列关于一般反避税案件的立案权限，表述正确的是（　　）。

A. 立案由主管税务机关自行决定

B. 由主管税务机关层报省局决定立案

C. 超过 1 000 万元的案件须由省局上报总局立案

D. 所有的一般反避税案件立案调查都需要经过税务总局的批准

【参考答案】D

【解析】根据《一般反避税管理办法（试行)》，主管税务机关发现企业存在避税嫌疑的，报省、自治区、直辖市和计划单列市税务机关复核同意后，报税务总局申请立案。

16. 下列交易适用《一般反避税管理办法（试行)》的有（　　）。

A. 与跨境交易或者支付无关的安排

B. 涉嫌逃避缴纳税款的税收违法行为

C. 出口骗税行为

D. 间接股权转让

【参考答案】D

【解析】根据《一般反避税管理办法（试行）》，下列情况不适用本办法：（1）与跨境交易或者支付无关的安排；（2）涉嫌逃避缴纳税款、逃避追缴欠税、骗税、抗税以及虚开发票等税收违法行为。

17. 企业从境外取得营业利润所得及符合境外税额间接抵免条件的股息所得，虽有所得来源国（地区）政府机关核发的具有纳税性质的凭证或证明，但因客观原因无法真实、准确地确认应当缴纳并已经实际缴纳的境外所得税额的，按境外应纳税所得额的（　　）作为抵免限额（所得来源国的实际有效税率低于我国规定税率50%以上的除外）。

A. 12.5%　　B. 10%　　C. 15%　　D. 25%

【参考答案】A

【解析】根据《企业境外所得税收抵免操作指南》，企业从境外取得营业利润所得以及符合境外税额间接抵免条件的股息所得，虽有所得来源国（地区）政府机关核发的具有纳税性质的凭证或证明，但因客观原因无法真实、准确地确认应当缴纳并已经实际缴纳的境外所得税税额的，除就该所得直接缴纳及间接负担的税额在所得来源国（地区）的实际有效税率低于我国《企业所得税法》第四条第一款规定税率50%以上的外，可按境外应纳税所得额的12.5%作为抵免限额，企业按该国（地区）税务机关或政府机关核发具有纳税性质凭证或证明的金额，其不超过抵免限额的部分，准予抵免；超过的部分不得抵免。属于本款规定以外的股息、利息、租金、特许权使用费、转让财产等投资性所得，均应按本通知的其他规定计算境外税额抵免。

18. 某企业2020年按金融机构同期同类贷款利率从其关联方借款6 800万元，期限一年，发生借款利息408万元，已知关联方对该企业的权益性投资额为3 000万元。就该笔业务，企业需要调增应纳税所得为（　　）。

A. 0　　B. 48万元　　C. 228万元　　D. 318万元

【参考答案】B

【解析】$408\times(6\,800-3\,000\times2)\div6\,800=48$（万元）

19. 成本分摊协议特殊事项文档应当在关联交易发生年度次年（　　）之前准备完毕，应当自税务机关要求之日起30日内提供。

A. 5月31日　　B. 6月30日　　C. 9月30日　　D. 12月31日

【参考答案】B

【解析】主体文档应当在企业集团最终控股企业会计年度终了之日起 12 个月内准备完毕；本地文档和特殊事项文档应当在关联交易发生年度次年 6 月 30 日之前准备完毕。同期资料应当自税务机关要求之日起 30 日内提供。

20. 2019 年 4 月，第一届“一带一路”税收征管合作论坛在中国乌镇召开，与会国家和地区税务部门共同签署的文件是（　　）。

A.《“一带一路”税收征管合作机制谅解备忘录》

B.《“一带一路”税务合作备忘录》

C. 税收国际合作协议

D. 税收共治行动计划

【参考答案】A

【解析】34 个国家和地区税务部门共同签署《“一带一路”税收征管合作机制谅解备忘录》。

21. 关于避税与节税主要区别的表述，正确的是（　　）。

A. 避税合法但不合理，节税合法又合理

B. 避税不合法但合理，节税合法但不合理

C. 避税不违法但有违国家税收政策导向和意图，节税合法

D. 避税合理，节税合法又合理

【参考答案】C

【解析】避税不违法但有违国家税收政策导向和意图，节税合法。

22. 中华人民共和国境内机构和个人向境外单笔支付等值（　　）美元以上服务贸易、收益、经常转移和部分资本项目外汇资金时，须向外汇指定银行（或外管部门）提交由税务机关出具的“对外支付备案表”。

A. 30 000　　B. 10 000　　C. 20 000　　D. 50 000

【参考答案】D

【解析】境内机构和个人向境外单笔支付等值 50 000 美元以上服务贸易、收益、经常转移和部分资本项目外汇资金时，须向外汇指定银行（或外管部门）提交由税务机关出具的“对外支付备案表”。

23. 国际避税地较集中的地区是（　　）。

A. 西欧地区　　B. 太平洋沿岸　　C. 大西洋沿岸　　D. 亚洲地区

【参考答案】C

【解析】避税地大多是岛屿或港口，也有少数沿海和内陆小国，例如，巴哈马、百慕大、开曼群岛、马恩岛、荷属安的列斯、英属维尔京群岛、直布罗陀、瑞士、利比里亚和巴拿马等，多数集中于大西洋沿岸。

24. 一项旨在通过开展国际税收征管协作，打击跨境逃、避税行为，维护公平税收秩序

的多边条约，其影响力不断上升，正日益成为开展国际税收征管协作的新标准。这个条约是（　　）。

A.《多边税收征管互助公约》

B. 金融账户涉税信息自动交换标准

C. 非居民金融账户涉税信息尽职调查管理办法

D. 税基侵蚀和利润转移（BEPS）项目

【参考答案】A

【解析】《多边税收征管互助公约》是一项旨在通过开展国际税收征管协作，打击跨境逃、避税行为，维护公平税收秩序的多边条约，其影响力不断上升，正日益成为开展国际税收征管协作的新标准。

25. 我国采用户籍标准确定跨国自然人居民身份时规定的居住期限是（　　）。

A. 90 天　　B. 183 天　　C. 365 天　　D. 6 年

【参考答案】B

【解析】我国新修订的《中华人民共和国个人所得税法》借鉴国际惯例，将在中国境内居住的时间这一判定居民个人和非居民个人的标准，由是否满 1 年调整为是否满 183 天，以更好地行使税收管辖权，维护国家税收权益。

26. 新加坡甲银行将款项贷放给中国乙企业使用，获得了 210 万元利息，中国政府在对其征税时，税率最高为（　　）。

A. 5%　　B. 7%　　C. 8%　　D. 10%

【参考答案】B

【解析】如果利息受益所有人是缔约国另一方居民，则所征税款：

（1）在该项利息是由银行或金融机构取得的情况下，不应超过利息总额的 7%。

（2）在其他情况下，不应超过利息总额的 10%。

27. 境内机构对外支付下列外汇资金时，须办理和提交“服务贸易等项目对外支付税务备案表”的是（　　）。

A. 境内机构在境外发生的商品展销费用

B. 进口贸易项下境外机构获得的国际运输费用

C. 境内机构在境外承包工程的工程款

D. 我国区县级国家机关对外无偿捐赠援助资金

【参考答案】D

【解析】我国省级以上国家机关对外无偿捐赠援助资金，支付外汇资金时，无须办理和提交“服务贸易等项目对外支付税务备案表”。

28. 境外税额抵免分为直接抵免和间接抵免，其中，间接抵免的适用范围为（　　）。

A. 企业就来源于境外的营业利润所得在境外所缴纳的企业所得税

B. 企业就来源于境外的股息、红利等权益性投资收益所得在境外被源泉扣缴的预提所得税

C. 企业就来源于境外的特许权使用费所得在境外被源泉扣缴的预提所得税

D. 居民企业从其符合规定的境外子公司取得的股息、红利等权益性投资收益所得

【参考答案】D

【解析】本题考查的政策要点是《财政部 国家税务总局关于企业境外所得税收抵免有关问题的通知》（财税〔2009〕125号）。

29. 某居民企业2019年度境内盈利100万元，预缴税款18万元，境外分支机构发生亏损5万元，该企业当年汇算清缴应补（退）的税款为（　　）万元。

A. 2　　B. 7　　C. 3.75　　D. 25

【参考答案】B

【解析】企业在汇总计算缴纳企业所得税时，其境外营业机构的亏损不得抵减境内营业机构的盈利。应纳税额 = 100 × 25% − 18 = 7万元。

30. 有关合伙企业适用税收协定的问题，下列表述错误的是（　　）。

A. 依照中国法律在中国境内成立的合伙企业，其合伙人为税收协定缔约对方居民的，该合伙人在中国负有纳税义务的所得被缔约对方视为其居民的所得的部分，可以在中国享受协定待遇

B. 依照外国（地区）法律成立的合伙企业，其实际管理机构不在中国境内，但在中国境内设立机构、场所的，或者在中国境内未设立机构、场所，但有来源于中国境内所得的，是中国企业所得税的非居民企业纳税人。除税收协定另有规定的以外，只有当该合伙企业是缔约对方居民的情况下，其在中国负有纳税义务的所得才能享受协定待遇

C. 依照外国（地区）法律成立的合伙企业，其实际管理机构不在中国境内，但在中国境内设立机构、场所的，或者在中国境内未设立机构、场所，但有来源于中国境内所得的，是中国企业所得税的非居民企业纳税人。当根据缔约对方国内法，合伙企业取得的所得被视为合伙人取得的所得，该合伙企业在中国负有纳税义务的所得可以享受协定待遇

D. 合伙企业根据《非居民纳税人享受税收协定待遇管理办法》（国家税务总局公告2019年第35号发布）第七条规定留存备查的资料中由缔约对方税务主管当局开具的税收居民身份证明，应能证明其根据缔约对方国内法，因住所、居所、成立地、管理机构所在地或其他类似标准，在缔约对方负有纳税义务

【参考答案】C

【解析】本题考查的政策要点是《国家税务总局关于税收协定执行若干问题的公告》（国家税务总局公告2018年第11号）。

31. 下列关于资本弱化的表述，错误的是（　　）。

A. 支付给税率高于本企业的境内关联方的利息不受资本弱化的限制

B. 金融企业实际支付给关联方的利息支出，标准债资比例为5∶1

C. 企业同时从事金融业务和非金融业务，其实际支付给关联方的利息支出，应按照合理方法分开计算；没有按照合理方法分开计算的，一律按照其他企业的比例计算准予税前扣除的利息支出

D. 企业所得税法规定不得在计算应纳税所得额时扣除的利息支出，可以结转到以后纳税年度扣除

【参考答案】D

【解析】企业所得税法规定不得在计算应纳税所得额时扣除的利息支出，不得结转到以后纳税年度扣除。

32. 下列各项中，不属于《中新税收协定》“不动产所得”条款中不动产范围的是（　　）。

A. 附属于不动产的财产

B. 农业和林业所使用的牲畜和设备

C. 飞机和船舶

D. 不动产的用益权

【参考答案】C

【解析】根据《中华人民共和国政府和新加坡共和国政府关于对所得避免双重征税和防止偷漏税的协定》第六条第二款规定，“不动产”一语应当具有财产所在地的缔约国的法律所规定的含义。该用语在任何情况下应包括附属于不动产的财产，农业和林业所使用的牲畜和设备，有关地产的一般法律规定所适用的权利，不动产的用益权以及由于开采或有权开采矿藏、水源和其他自然资源取得的不固定或固定收入的权利。船舶和飞机不应视为不动产。

33. 下列各项中，不属于国际运输收入的是（　　）。

A. 程租、期租、湿租业务

B. 为其他国际运输企业代售客票取得的收入

C. 从市区至机场运送旅客取得的收入

D. 光租、干租业务

【参考答案】D

【解析】根据《国家税务总局关于税收协定执行若干问题的公告》（国家税务总局公告2018年第11号），企业从事以光租形式出租船舶或以干租形式出租飞机，以及使用、保存或出租用于运输货物或商品的集装箱（包括拖车和运输集装箱的有关设备）等租赁业务取得的收入不属于国际运输收入。

34. 下列申请人从中国取得的所得为股息时，不能直接判定申请人具有“受益所有人”身份的是（　　）。

A. 缔约对方政府

B. 在缔约对方上市的公司

C. 缔约对方居民个人

D. 被缔约对方居民个人直接持有 100% 的股份（在取得股息前连续 12 个月以内任何时候均达到 100%）

【参考答案】B

【解析】本题考查的政策要点是《国家税务总局关于税收协定中“受益所有人”有关问题的公告》（国家税务总局公告 2018 年第 9 号）。

35. 下列国际组织或机构中，受二十国集团委托牵头制订《实施税收协定相关措施以防止税基侵蚀和利润转移的多边公约》的是（　　）。

A. 联合国

B. 经济合作与发展组织

C. 世界贸易组织

D. 世界银行

【参考答案】B

【解析】旨在一揽子修订现行双边税收协定，落实与税收协定相关的税基侵蚀和利润转移（BEPS）行动计划成果建议，由经济合作与发展组织受二十国集团委托牵头制定了《实施税收协定相关措施以防止税基侵蚀和利润转移的多边公约》（以下简称《公约》）。截至 2022 年 6 月 30 日，包括我国在内的 97 个国家或地区签署了《公约》。《公约》于 2022 年 9 月 1 日对我国生效。

二、多项选择题

1. 国际税收产生的条件有（　　）。

A. 双重管辖权的适用

B. 区域经济一体化

C. 收入的国际化

D. 所得税制的普遍推行

【参考答案】CD

【解析】国际税收的产生需要两个客观条件：一是收入的国际化；二是所得税制的普遍推行。

2. 下列关于（区域全面经济伙伴关系协定）的表述正确的有（　　）。

A. 由包括中国、日本、韩国、澳大利亚、新西兰和东盟十国共 15 方成员制定的协定

B. 2022 年 1 月 1 日，《区域全面经济伙伴关系协定》正式生效

C.《区域全面经济伙伴关系协定》的签署，标志着当前世界上人口最多、经贸规模最大、最具发展潜力的自由贸易区正式启航

D. 2021 年 4 月 15 日，中国正式交存（区域全面经济伙伴关系协定）核准书，这标志着中国正式完成 RCEP 核准程序

【参考答案】ABCD

【解析】上述选项表述均正确。

3. 国际上对跨国自然人居民身份的判定，通常采用的标准有（　　）。

A. 永久性住所　　B. 习惯性住所　　C. 国籍标准　　D. 户籍标准

【参考答案】CD

【解析】国际上对跨国自然人居民身份的判定，通常有国籍标准和户籍标准。

4. 我国税法在企业所得税的抵免上的规定有（　　）。

A. 综合分项限额　　B. 不分国不分项限额

C. 分国分项限额　　D. 分国不分项限额

【参考答案】BD

【解析】企业可以选择分国不分项或者不分国不分项计算其来源于境外的应纳税所得额，上述方式一经选择，5 年内不得改变。

5. 下列属于国际税收情报交换类型的有（　　）。

A. 专项情报交换　　B. 自动情报交换

C. 同期税务检查　　D. 自发情报交换

【参考答案】ABCD

【解析】国际税收情报交换也称为税收情报交换，是指中国与相关税收协定缔约国家的主管当局为了正确执行税收协定及其所涉及税种的国内法而相互交换所需信息的行为。税收情报交换又分为专项情报交换、自动情报交换、自发情报交换以及同期税务检查、授权代表访问和行业范围情报交换等类型。

6. 在国际经济活动中，跨国纳税人利用各国税收的差异进行避税的手法多种多样，常采用的避税方法有（　　）。

A. 人员流动　　B. 资金流动　　C. 资本弱化　　D. 转让定价

【参考答案】ABCD

【解析】在国际经济活动中，跨国纳税人利用各国税收的差异进行避税的手法多种多样，常采用的避税方法有采取人员流动避税，通过资金、货物或劳务流动避税，利用企业组织形式避税，用税收优惠避税，资本弱化，利用转让定价避税，利用避税地避税。

7. “一带一路”指的是（　　）。

A. 丝绸之路经济带　　B. 21 世纪海上丝绸之路

C. 海上丝绸之路经济带　　D. 陆上丝绸之路

【参考答案】AB

【解析】本题涉及的知识点是“一带一路”的概念，属于基础型知识点。

8.“缔约国一方居民”是指按照该缔约国法律，在该缔约国负有纳税义务的人，其判断标准主要根据（　　）。

A. 居所　　B. 管理机构所在地

C. 国籍　　D. 总机构所在地

【参考答案】ABD

【解析】根据《中华人民共和国政府和新加坡共和国政府关于对所得避免双重征税和防止偷漏税的协定》，“缔约国一方居民”一语是指在该缔约国税收上，按照该缔约国法律，由于住所、居所、总机构所在地，控制和管理所在地，或者其他类似的标准作为居民，负有纳税义务的人。

9. 缔约国一方的居民个人在缔约国的另一方从事非独立劳务取得的所得，同时符合（　　）条件的，应仅在该缔约国一方征税。

A. 该居民个人在任何12个月中在该缔约国另一方停留连续或累计不超过183天

B. 该项报酬不是由雇主设在该缔约国另一方的常设机构或固定基地所负担

C. 该项报酬由并非该缔约国另一方居民的雇主支付或代表该雇主支付

D. 该居民个人并非缔约国另一方居民企业的高管

【参考答案】ABC

【解析】根据《中华人民共和国政府和新加坡共和国政府关于对所得避免双重征税和防止偷漏税的协定》，缔约国一方居民因在缔约国另一方受雇的活动取得的报酬，同时具有以下三个条件的，应仅在该缔约国一方征税：

（1）收款人在有关历年中在该缔约国另一方停留连续或累计不超过183天；

（2）该项报酬由并非该缔约国另一方居民的雇主支付或代表该雇主支付；

（3）该项报酬不是由雇主设在该缔约国另一方的常设机构或固定基地负担。

10. 境外注册的中资控股企业或其中国主要投资者向税务机关提出居民企业省份认定申请时，以下属于应同时向税务机关提供的资料是（　　）。

A. 企业法律身份证明文件

B. 企业董事及高层管理人员在中国境内居住记录

C. 企业最近两个年度的公证会计师审计报告

D. 企业集团组织结构说明及生产经营概况

【参考答案】ABD

【解析】根据国家税务总局关于印发《境外注册中资控股居民企业所得税管理办法（试行）》的公告，境外中资企业应当根据生产经营和管理的实际情况，自行判定实际管理机构是否设立在中国境内。如其判定符合《公告》第二条规定的居民企业条件，应当向其主管税务机关书面提出居民身份认定申请，同时提供以下资料：

（1）企业法律身份证明文件；

（2）企业集团组织结构说明及生产经营概况；

（3）企业上一个纳税年度的公证会计师审计报告；

（4）负责企业生产经营等事项的高层管理机构履行职责场所的地址证明；

（5）企业上一年度及当年度董事及高层管理人员在中国境内居住的记录；

（6）企业上一年度及当年度重大事项的董事会决议及会议记录；

（7）主管税务机关要求提供的其他资料。

11. 境内机构对外支付下列外汇资金，无须办理和提交备案表的有（　　）。

A. 向在境外的雇员支付差旅费　　B. 支付在境外发生的保险费

C. 向境外支付金融服务费　　D. 支付参加境外展销会的费用

【参考答案】ABD

【解析】根据《关于服务贸易等项目对外支付税务备案有关问题的公告》，境内机构和个人对外支付下列外汇资金，无须办理和提交备案表：

（1）境内机构在境外发生的差旅、会议、商品展销等各项费用；

（2）境内机构在境外代表机构的办公经费，以及境内机构在境外承包工程的工程款；

（3）境内机构发生在境外的进出口贸易佣金、保险费、赔偿款；

（4）进口贸易项下境外机构获得的国际运输费用；

（5）保险项下保费、保险金等相关费用；

（6）从事运输或远洋渔业的境内机构在境外发生的修理、油料、港杂等各项费用；

（7）境内旅行社从事出境旅游业务的团费以及代订、代办的住宿、交通等相关费用；

（8）亚洲开发银行和世界银行集团下属的国际金融公司从我国取得的所得或收入，包括投资合营企业分得的利润和转让股份所得、在华财产（含房产）出租或转让收入以及贷款给我国境内机构取得的利息；

（9）外国政府和国际金融组织向我国提供的外国政府（转）贷款（含外国政府混合（转）贷款）和国际金融组织贷款项下的利息。本项所称国际金融组织是指国际货币基金组织、世界银行集团、国际开发协会、国际农业发展基金组织、欧洲投资银行等；

（10）外汇指定银行或财务公司自身对外融资如境外借款、境外同业拆借、海外代付以及其他债务等项下的利息；

（11）我国省级以上国家机关对外无偿捐赠援助资金；

（12）境内证券公司或登记结算公司向境外机构或境外个人支付其依法获得的股息、红利、利息收入及有价证券卖出所得收益；

（13）境内个人境外留学、旅游、探亲等因私用汇；

（14）境内机构和个人办理服务贸易、收益和经常转移项下退汇；

（15）国家规定的其他情形。

12. 中国境内企业（以下称“企业”）和非居民企业签订与利息、租金、特许权使用费等所得有关的合同或协议，下列关于扣缴义务的说法，正确的有（　　）。

A. 未按照合同或协议约定的日期支付上述所得款项，但已计入企业当期成本、费用，并在企业所得税年度纳税申报中作税前扣除的，应在企业所得税年度纳税申报时按照企业所得税法有关规定代扣代缴企业所得税

B. 企业上述到期未支付的所得款项，不是一次性计入当期成本、费用，而是计入相应资产原价或企业筹办费，在该类资产投入使用或开始生产经营后分期摊入成本、费用，分年度在企业所得税前扣除的，应当分年度代扣代缴企业所得税

C. 如果企业在合同或协议约定的支付日期之前支付上述所得款项的，应在实际支付时按照企业所得税法有关规定代扣代缴企业所得税

D. 合同或协议约定的日期之后支付上述所得款项，应在实际支付时按照企业所得税法有关规定代扣代缴企业所得税

【参考答案】AC

【解析】根据《关于非居民企业所得税管理若干问题的公告》，中国境内企业（以下称“企业”）和非居民企业签订与利息、租金、特许权使用费等所得有关的合同或协议，如果未按照合同或协议约定的日期支付上述所得款项，或者变更或修改合同或协议延期支付，但已计入企业当期成本、费用，并在企业所得税年度纳税申报中作税前扣除的，应在企业所得税年度纳税申报时按照企业所得税法有关规定代扣代缴企业所得税。

如果企业上述到期未支付的所得款项，不是一次性计入当期成本、费用，而是计入相应资产原价或企业筹办费，在该类资产投入使用或开始生产经营后分期摊入成本、费用，分年度在企业所得税前扣除的，应在企业计入相关资产的年度纳税申报时就上述所得全额代扣代缴企业所得税。

如果企业在合同或协议约定的支付日期之前支付上述所得款项的，应在实际支付时按照企业所得税法有关规定代扣代缴企业所得税。

13. 企业境外承包工程时，总承包企业作为境外纳税主体，应就其在境外缴纳的企业所得税税额，填制分割单后提交主管税务机关备案，并将（　　）资料留存备查。

A. 总承包企业与境外发包方签订的总承包合同

B. 各方企业组建联合体合同或协议

C. 境外所得缴纳的企业所得税税额按合理比例分配的计算过程及相关说明

D. 总承包企业境外所得相关完税证明或纳税凭证

【参考答案】ACD

【解析】《国家税务总局关于企业境外承包工程税收抵免凭证有关问题的公告》（国家税务总局公告2017年第41号）第四条：总承包企业作为境外纳税主体，应就其在境外缴纳的企业所得税税额，填制“分割单（总分包方式）”后提交主管税务机关备案，并将以下资料留存备查：

（1）总承包企业与境外发包方签订的总承包合同；

（2）总承包企业与分包企业签订的分包合同，如建设项目再分包的，还需留存备查分包企业与再分包企业签订的再分包合同；

（3）总承包企业境外所得相关完税证明或纳税凭证；

（4）境外所得缴纳的企业所得税税额按收入、工作量等因素确定的合理比例分配的计算过程及相关说明。

14. 下列关于年度关联交易金额条件的表述中，属于应当准备本地文档的有（　　）。

A. 金融资产转让金额超过1亿元

B. 其他关联交易金额超过3 000万元

C. 无形资产所有权转让金额超过1亿元

D. 有形资产所有权转让金额（来料加工业务按照年度进出口报关价格计算）超过2亿元

【参考答案】ACD

【解析】年度关联交易金额符合下列条件之一的企业，应当准备本地文档：

（1）有形资产所有权转让金额（来料加工业务按照年度进出口报关价格计算）超过2亿元。

（2）金融资产转让金额超过1亿元。

（3）无形资产所有权转让金额超过1亿元。

（4）其他关联交易金额超过4 000万元。

15. 税务机关实施特别纳税调查，应当重点关注的企业具有的风险特征包括（　　）。

A. 关联交易金额较大或者类型较多

B. 利润水平与其所承担的功能风险不相匹配

C. 从其关联方接受的债权性投资与权益性投资的比例超过规定标准

D. 由居民企业和中国居民控制的设立在实际税负高于12.5%的国家（地区）的企业，并且由于合理的经营需要而对利润减少分配

【参考答案】ABC

【解析】根据《特别纳税调查调整及相互协商程序管理办法》，税务机关实施特别纳税调查，应当重点关注具有以下风险特征的企业：（1）关联交易金额较大或者类型较多。（2）存在长期亏损、微利或者跳跃性盈利。（3）低于同行业利润水平。（4）利

润水平与其所承担的功能风险不相匹配，或者分享的收益与分摊的成本不相配比。（5）与低税国家（地区）关联方发生关联交易。（6）未按照规定进行关联申报或者准备同期资料。（7）从其关联方接受的债权性投资与权益性投资的比例超过规定标准。（8）由居民企业，或者由居民企业和中国居民控制的设立在实际税负低于12.5%的国家（地区）的企业，并非由于合理的经营需要而对利润不作分配或者减少分配。（9）实施其他不具有合理商业目的的税收筹划或者安排。

16. 对一般反避税案件可以采用调整的方案有（　　）。

A. 对全部交易重新定性

B. 将某交易方与其他交易方视为同一实体

C. 在税收上否定交易方的存在

D. 对相关所得在交易各方间重新分配

【参考答案】ABCD

【解析】根据《一般反避税管理办法（试行）》，税务机关应当以具有合理商业目的和经济实质的类似安排为基准，按照实质重于形式的原则实施特别纳税调整。调整方法包括：

（1）对安排的全部或者部分交易重新定性；

（2）在税收上否定交易方的存在，或者将该交易方与其他交易方视为同一实体；

（3）对相关所得、扣除、税收优惠、境外税收抵免等重新定性或者在交易各方间重新分配；

（4）其他合理方法。

17. 非居民企业间接转让中国应税财产，判断其是否具有合理的商业目的时，应综合分析的因素有（　　）。

A. 境外企业股权主要价值是否直接或间接来自中国应税财产

B. 境外企业股东、业务模式及相关组织架构的存续时间

C. 股权转让方间接投资、间接转让中国应税财产交易与直接投资、直接转让中国应税财产交易的可替代性

D. 间接转让中国应税财产所得在中国可适用的税收协定或安排情况

【参考答案】ABCD

【解析】根据《关于非居民企业间接转让财产企业所得税若干问题的公告》，判断合理商业目的，应整体考虑与间接转让中国应税财产交易相关的所有安排，结合实际情况综合分析以下相关因素：

（1）境外企业股权主要价值是否直接或间接来自中国应税财产；

（2）境外企业资产是否主要由直接或间接在中国境内的投资构成，或其取得的收入是否主要直接或间接来源于中国境内；

（3）境外企业及直接或间接持有中国应税财产的下属企业实际履行的功能和承担的风险是否能够证实企业架构具有经济实质；

（4）境外企业股东、业务模式及相关组织架构的存续时间；

（5）间接转让中国应税财产交易在境外应缴纳所得税情况；

（6）股权转让方间接投资、间接转让中国应税财产交易与直接投资、直接转让中国应税财产交易的可替代性；

（7）间接转让中国应税财产所得在中国可适用的税收协定或安排情况；

（8）其他相关因素。

18. 企业与其关联方签署成本分摊协议自行分摊的成本不得税前扣除的情形有（　　）。

A. 不具有合理商业目的和经济实质

B. 不符合独立交易原则

C. 没有遵循成本与收益配比原则

D. 企业成立不足 10 年

【参考答案】ABC

【解析】根据《特别纳税调整实施办法（试行)》，企业与其关联方签署成本分摊协议，有下列情形之一的，其自行分摊的成本不得税前扣除：

（1）不具有合理商业目的和经济实质；

（2）不符合独立交易原则；

（3）没有遵循成本与收益配比原则；

（4）未按本办法有关规定备案或准备、保存和提供有关成本分摊协议的同期资料；

（5）自签署成本分摊协议之日起经营期限少于 20 年。

19. 税务机关可以按照已税前扣除的金额全额实施特别纳税调整的有（　　）。

A. 企业受让其关联方转让未带来经济利益的无形资产使用权而支付特许权使用费的

B. 企业向仅拥有无形资产所有权而未对其价值做出贡献的关联方支付特许权使用费的

C. 企业向其关联方支付非受益性劳务价款的

D. 企业以不合理价格支付技术使用费的

【参考答案】ABC

【解析】根据《特别纳税调查调整及相互协商程序管理办法》，企业向仅拥有无形资产所有权而未对其价值创造做出贡献的关联方支付特许权使用费，不符合独立交易原则的，税务机关可以按照已税前扣除的金额全额实施特别纳税调整。

20. 下列应当在报送“年度关联业务往来报告表”时填报国别报告的情形有（　　）。

A. 该居民企业为跨国企业集团的最终控股企业，且上一会计年度合并财务报表中各类收入金额合计为70亿元。

B. 税务机关对该居民企业开展特别纳税调整调查。

C. 该居民企业提出预约定价申请。

D. 该居民企业被跨国企业集团指定为国别报告的报送企业。

【参考答案】AD

【解析】根据《关于完善关联申报和同期资料管理有关事项的公告》，存在下列情形之一的居民企业，应当在报送年度关联业务往来报告表时，填报国别报告：

（1）该居民企业为跨国企业集团的最终控股企业，且其上一会计年度合并财务报表中的各类收入金额合计超过55亿元。

最终控股企业是指能够合并其所属跨国企业集团所有成员实体财务报表的，且不能被其他企业纳入合并财务报表的企业。

（2）该居民企业被跨国企业集团指定为国别报告的报送企业。

21. 下列企业需要准备特殊事项文档有（　　）。

A. 企业签订成本分摊协议

B. 企业关联债资比超过标准比例

C. 企业发生大额无形资产交易

D. 企业全年关联交易总额达到25亿元

【参考答案】AB

【解析】根据《关于完善关联申报和同期资料管理有关事项的公告》，企业签订或者执行成本分摊协议的，应当准备成本分摊协议特殊事项文档。

企业关联债资比例超过标准比例需要说明符合独立交易原则的，应当准备资本弱化特殊事项文档。

22. 下列对避税安排特征的表述正确的有（　　）。

A. 以获取税收利益为唯一目的

B. 以获取税收利益为主要目的

C. 以形式不符合税法规定，但与其经济实质相符的方式获取税收利益

D. 以形式符合税法规定，但与其经济实质不符的方式获取税收利益

【参考答案】ABD

【解析】避税安排具有以下特征：

（1）以获取税收利益为唯一目的或者主要目的。

（2）以形式符合税法规定，但与其经济实质不符的方式获取税收利益。

23. 以下符合《中国税收居民身份证明》开具管理规定的有（　　）。

A. 中国居民企业的境内分支机构应向分支机构主管税务机关申请

B. 中国居民企业的境外分支机构应由其中国总机构向总机构主管税务机关申请

C. 合伙企业应当以其中国居民合伙人作为申请人，向中国居民合伙人主管税务机关申请

D. 申请人填报或提供的相关资料原件为外文文本的，应当同时提供中文译本

【参考答案】BCD

【解析】根据关于调整《中国税收居民身份证明》有关事项的公告，中国居民企业的境内、外分支机构应由其中国总机构向总机构主管税务机关申请。

24. 对非居民企业在中国境内取得工程作业和劳务所得应缴纳的所得税，税务机关可以指定工程价款或者劳务费的支付人为扣缴义务人，并同时告知扣缴义务人所扣税款的（　　）。

A. 计算依据　　B. 计算方法　　C. 扣缴期限　　D. 扣缴日期

【参考答案】ABC

【解析】根据《中华人民共和国企业所得税实施条例》第一百零六条规定，告知扣缴义务人所扣税款的包括计算依据、计算方法、扣缴期限、扣缴方式。

25. 对于在中国境内未设立机构、场所的，或者虽设立机构、场所但取得的所得与其所设机构、场所没有实际联系的非居民企业的所得，下列计算应纳税所得额的方法正确的有（　　）。

A. 转让财产所得，以收入全额为应纳税所得额

B. 利息所得，以收入全额为应纳税所得额

C. 租金所得，以收入全额为应纳税所得额

D. 特许权使用费所得，以收入全额为应纳税所得额

【参考答案】BCD

【解析】选项 A，以收入全额减除财产净值后的余额为应纳税所得额。

26. 下列关于转让定价方法的表述，正确的有（　　）。

A. 可比非受控价格法可以适用于所有类型的关联交易

B. 再销售价格法以关联方购进商品再销售给非关联方的价格减去可比非关联交易毛利后的金额作为关联方购进商品的公平成交价格

C. 成本加成法通常适用于有形资产的购销、转让和使用，劳务提供或资金融通的关联交易

D. 可比非受控价格法以关联交易发生的合理成本加上可比非关联交易作为关联交易的公平成交价格

【参考答案】ABC

【解析】选项 D，成本加成法以关联交易发生的合理成本加上可比非关联交易毛利作为关联交易的公平成交价格。

27. 按我国税法对居民的判定标准，个人居民包括（　　）。

A. 天津市常住居民

B. 在境内有住所的外国侨民

C. 在境内居住，且一个纳税年度内，一次离境不超过 30 日，或多次累计不超过 90 日的外籍人员

D. 中国台湾同胞

【参考答案】ABC

【解析】港、澳、台同胞不属于我国税法上的居民。

28. 下列各项税费中，应计入出口货物完税价格的有（　　）。

A. 货物运至我国境内输出地点装载前的保险费

B. 货物运至我国境内输出地点装载前的运输费用

C. 货物出口关税

D. 货价中单独列明的货物运至我国境内输出地点装载后的运输费用

【参考答案】AB

【解析】出口货物的完税价格由海关以该货物向境外销售的成交价格为基础审查确定，并应当包括货物运至中华人民共和国境内输出地点装载前的运输及其相关费用、保险费。但其中包含的出口关税税额及货价中单独列明的货物运至我国境内输出地点装载后的运输及其相关费用、保险费，应当扣除。

29. 税收管辖权是一国政府在征税方面的主权，从目前世界各国的税制来看，税收管辖权实施的类型主要有（　　）。

A. 单一地域税收管辖权　　B. 居民税收管辖权

C. 公民税收管辖权　　D. 地域税收管辖权兼居民税收管辖权

【参考答案】AD

【解析】税收管辖权是一国政府在征税方面的主权，从目前世界各国的税制来看，税收管辖权的实施主要有单一地域税收管辖权、地域税收管辖权兼居民税收管辖权两种类型。

30. 国际税收协定，是指国与国之间签订的避免对所得和资本双重征税和防止偷逃税的协定，是对签订国具有约束力的法律文件，属于国际法的范畴，其主要的意义和必要性表现在（　　）。

A. 具有优先于国内法的法律地位

B. 避免纳税人居住国与所得来源国之间征税权的矛盾

C. 弥补国内法在解决重复征税问题上存在的缺陷

D. 为各国在防止跨国偷逃税方面加强国际合作提供法律保障

【参考答案】BCD

【解析】国际税收协定属于国际法的范畴，其主要的意义和必要性表现在避免纳税

人居住国与所得来源国之间征税权的矛盾，弥补国内法在解决重复征税问题上存在的缺陷，为各国在防止跨国偷逃税方面加强国际合作提供法律保障。

31. 非居民纳税人享受协定待遇备案改备查后，下列选项属于留存备查资料的有（　　）。

A. 由协定缔约对方税务主管当局开具的证明非居民纳税人取得所得的当年度或上一年度税收居民身份的税收居民身份证明

B. 享受税收协定国际运输条款或国际运输协定待遇的，可用能够证明符合协定规定身份的证明代替税收居民身份证明

C. 与取得相关所得有关的合同、协议、董事会或股东会决议、支付凭证等权属证明资料

D. 享受股息、利息、特许权使用费条款协定待遇的，应留存证明“受益所有人”身份的相关资料

【参考答案】ABCD

【解析】本题考查的政策要点是国家税务总局关于发布《非居民纳税人享受协定待遇管理办法》的公告（国家税务总局公告2019年第35号）。

32. 下列表述中，符合税收协定管理内容的有（　　）。

A. 受益所有人是指对所得或所得据以产生的权利或财产具有所有权和支配权的人

B. 依照外国（地区）法律成立的合伙企业，实际管理机构不在我国境内，但在境内设立机构场所的，是我国企业所得税纳税人

C. 申请人可以向主管其所得税的县税务局申请开具《中国税收居民身份证明》

D. 主管税务机关无法准确判断居民身份的，应当及时报告上级税务机关。需要报告上级税务机关的，主管税务机关应当在受理申请之日起30个工作日内办结。

【参考答案】ABC

【解析】本题考查的政策要点是国家税务总局关于调整《中国税收居民身份证明》有关事项的公告（国家税务总局公告2019年第17号）。

33. 下列款项或报酬不应是特许权使用费，应为劳务活动所得（　　）。

A. 单纯货物贸易项下作为售后服务的报酬

B. 产品保证期内卖方为买方提供服务所取得的报酬

C. 专门从事工程等专业服务的机构或个人提供的相关服务所取得的款项

D. 专门从事咨询等专业服务的机构或个人提供的相关服务所取得的款项

【参考答案】ABCD

【解析】本题考查的政策要点是《国家税务总局关于执行税收协定特许权使用费条款有关问题的通知》（国税函〔2009〕507号）。

34. 下列情形中，中国居民可以申请启动相互协商程序的有（　　）。

A. 对居民身份的认定存有异议，构成双重居民身份

B. 对各项所得或财产的征免税或适用税率存有异议的

C. 对税收协定其他条款的理解和适用出现争议而不能自行解决的

D. 已经形成不同税收管辖权之间重复征税情形

E. 违反税收协定非歧视待遇（无差别待遇）条款的规定形成税收歧视的

【参考答案】ABCDE

【解析】本题考查的政策要点是国家税务总局关于发布《税收协定相互协商程序实施办法》的公告（国家税务总局公告 2013 年第 56 号）。

35. 缔约国一方企业在缔约国另一方仅由于（　　）活动的目的设立的具有准备性或辅助性的固定场所，不应被认定为常设机构。

A. 仓储　　B. 展览　　C. 采购　　D. 信息收集

【参考答案】ABCD

【解析】本题考查的政策要点是国家税务总局关于印发《〈中华人民共和国政府和新加坡共和国政府关于对所得避免双重征税和防止偷漏税的协定〉及议定书条文解释》的通知。

三、判断题

1. 依照中国法律在中国境内成立的合伙企业，其合伙人为税收协定缔约对方居民的，该合伙人在中国负有纳税义务的所得被缔约对方视为其居民的所得的部分，可以在中国享受协定待遇。（　　）

【参考答案】√

【解析】根据《关于税收协定执行若干问题的公告》，依照中国法律在中国境内成立的合伙企业，其合伙人为税收协定缔约对方居民的，该合伙人在中国负有纳税义务的所得被缔约对方视为其居民的所得的部分，可以在中国享受协定待遇。

2. 非境内注册居民企业存放在中国境内的会计账簿和境内税务机关要求提供的报表等资料，可以选择使用中文。（　　）

【参考答案】×

【解析】根据《关于印发〈境外注册中资控股居民企业所得税管理办法（试行）〉的公告》，非境内注册居民企业存放在中国境内的会计账簿和境内税务机关要求提供的报表等资料，应当使用中文。

3. 主管税务机关无法准确判断居民身份的，应当及时报告上级税务机关，上级税务机关应在 20 日内作答复。（　　）

【参考答案】×

【解析】根据《关于开具〈中国税收居民身份证明〉有关事项的公告》，主管税务机关无法准确判断居民身份的，应当及时报告上级税务机关。需要报告上级税务机关的，主管税务机关应当在受理申请之日起20个工作日内办结。

4. 纳税人同一笔合同需要多次对外支付的，备案人须在每次付汇前办理税务备案手续，但只需在首次付汇备案时提交合同（协议）或相关交易凭证复印件。 （ ）

【参考答案】×

【解析】根据《关于服务贸易等项目对外支付税务备案有关问题的补充公告》，境内机构和个人对同一笔合同需要多次对外支付的，仅需在首次付汇前办理税务备案。

5. 外国企业常驻代表机构，采取用经费支出换算收入计算企业所得税的，其经费支出不包括为其总机构垫付的不属于其自身业务活动所发生的费用。 （ ）

【参考答案】√

【解析】根据《外国企业常驻代表机构税收管理暂行办法》，代表机构的经费支出额包括：在中国境内、外支付给工作人员的工资薪金、奖金、津贴、福利费、物品采购费（包括汽车、办公设备等固定资产）、通信费、差旅费、房租、设备租赁费、交通费、交际费、其他费用等。不包括为其总机构垫付的不属于其自身业务活动所发生的费用。

6. 扣缴义务人每次与非居民企业签订涉及源泉扣缴事项的业务合同时，应当自签订合同（包括修改、补充、延期合同）之日起30日内，向其主管税务机关报送“扣缴企业所得税合同备案登记表”、合同复印件及相关资料。 （ ）

【参考答案】×

【解析】根据关于《国家税务总局关于非居民企业所得税源泉扣缴有关问题的公告》的解读，按照国家税务总局关于印发《非居民企业所得税源泉扣缴管理暂行办法》的通知（国税发〔2009〕3号），此文已被本公告废止，以下称“原国税发〔2009〕3号文件”其第五条规定，扣缴义务人每次与非居民企业签订涉及源泉扣缴事项的业务合同时，应当自签订合同（包括修改、补充、延期合同）之日起30日内，向其主管税务机关报送“扣缴企业所得税合同备案登记表”、合同复印件及相关资料。本公告废止了该项规定，除自主选择在申报和解缴应扣税款前报送有关申报资料的外，扣缴义务人不再需要办理该项合同备案手续。

7. 居民企业在境外设立不具有独立纳税地位的分支机构取得的各项境外所得，无论是否汇回中国境内，均应计入该企业所属纳税年度的境外应纳税所得额。 （ ）

【参考答案】√

【解析】根据《企业境外所得税收抵免操作指南》，居民企业在境外投资设立不具有独立纳税地位的分支机构，其来源于境外的所得，以境外收入总额扣除与取得境外收入有关的各项合理支出后的余额为应纳税所得额。各项收入、支出按《企业所得税法》及其实施条例的有关规定确定。

居民企业在境外设立不具有独立纳税地位的分支机构取得的各项境外所得，无论是否汇回中国境内，均应计入该企业所属纳税年度的境外应纳税所得额。

8. 非居民企业在中国境内未设立机构、场所而转让中国境内土地使用权，应以其取得的土地使用权转让收入总额作为土地使用权转让所得计算缴纳企业所得税。（　　）

【参考答案】×

【解析】根据《关于非居民企业所得税管理若干问题的公告》，非居民企业在中国境内未设立机构、场所而转让中国境内土地使用权，或者虽设立机构、场所但取得的土地使用权转让所得与其所设机构、场所没有实际联系的，应以其取得的土地使用权转让收入总额减除计税基础后的余额作为土地使用权转让所得计算缴纳企业所得税，并由扣缴义务人在支付时代扣代缴。

9. 非居民企业出租位于中国境内的房屋，并委托中国境内其他单位或个人对上述不动产进行日常管理的，其取得的租金收入应按税法规定源泉扣缴。（　　）

【参考答案】×

【解析】根据《关于非居民企业所得税管理若干问题的公告》，非居民企业出租位于中国境内的房屋、建筑物等不动产，对未在中国境内设立机构、场所进行日常管理的，以其取得的租金收入全额计算缴纳企业所得税，由中国境内的承租人在每次支付或到期应支付时代扣代缴。

如果非居民企业委派人员在中国境内或者委托中国境内其他单位或个人对上述不动产进行日常管理的，应视为其在中国境内设立机构、场所，非居民企业应在税法规定的期限内自行申报缴纳企业所得税。

10. 非居民企业不能享受小型微利政策。（　　）

【参考答案】√

【解析】根据《关于非居民企业不享受小型微利企业所得税优惠政策问题的通知》，《中华人民共和国企业所得税法》第二十八条规定的小型微利企业是指企业的全部生产经营活动产生的所得均负有我国企业所得税纳税义务的企业。

因此，仅就来源于我国所得负有我国纳税义务的非居民企业，不适用该条规定的对符合条件的小型微利企业减按20%税率征收企业所得税的政策。

11. 税收情报交换的目的，一是避免国家之间可能存在的重复征税，二是防止跨境逃避税。（　　）

【参考答案】√

【解析】本题的考核点是税收情报交换的目的，属于基础型知识点。

12. 自发情报交换，是指缔约国双方主管当局之间根据约定，以批量形式自动提供有关纳税人取得专项收入的税收情报的行为。（　　）

【参考答案】×

【解析】自发情报交换，是指缔约国一方主管当局将在税收执法过程中获取的其认为有助于缔约国另一方主管当局执行税收协定及其所涉及税种的国内法的信息，主动提供给缔约国另一方主管当局的行为。

13. 企业所有者降低股本比重，提高贷款比重，以贷款替代募股的避税方式属于通过资金流动来避税。 （ ）

【参考答案】×

【解析】所述避税方法为资本弱化。

14. 我国目前同时采用居所标准与停留时间标准判定纳税人的居民身份。 （ ）

【参考答案】√

【解析】本题的考核点是我国居民纳税人的判断标准。

15. 目前我国采用注册地标准和管理机构所在地标准来判定法人的居民身份。 （ ）

【参考答案】√

【解析】本题的考核点是跨国法人的居民身份判定标准。

16. 派遣人员在中国境内提供劳务，如果派遣企业对被派遣人员工作结果承担部分或全部责任和风险，通常考核评估被派遣人员的工作业绩，应视为派遣企业在中国境内设立机构、场所提供劳务。 （ ）

【参考答案】√

【解析】本题考核的政策要点是《国家税务总局关于非居民企业派遣人员在中国境内提供劳务征收企业所得税有关问题的公告》（国家税务总局公告2013年第19号）。

17. 境外投资者从中国境内居民企业分配的利润，用于境内直接投资暂不征收预提所得税政策的适用范围为所有非禁止外商投资的项目和领域。 （ ）

【参考答案】√

【解析】根据《关于扩大境外投资者以分配利润直接投资暂不征收预提所得税政策适用范围的通知》（财税〔2018〕102号），对境外投资者从中国境内居民企业分配的利润，用于境内直接投资暂不征收预提所得税政策的适用范围，由外商投资鼓励类项目扩大至所有非禁止外商投资的项目和领域。

18. 对于担任境内居民企业的董事、监事及高层管理职务的境外个人，无论是否在境内履行职务，取得由境内居民企业支付或者负担的董事费、监事费、工资薪金或者其他类似报酬，属于来源于中国境内的所得。 （ ）

【参考答案】√

【解析】本题考核的政策要点是《关于非居民个人和无住所居民个人有关个人所得税政策的公告》（财政部 税务总局公告2019年第35号）。

19. 非居民企业在中国境内承包工程作业或提供劳务的，应当在项目完工后30日内，向项目所在地主管税务机关报送项目完工证明、验收证明等相关文件复印件，并依据《税务登记管理办法》的有关规定申报办理注销税务登记。 （ ）

【参考答案】×

【解析】本题考核的政策要点是《非居民承包工程作业和提供劳务税收管理暂行办法》（国家税务总局令第 19 号）。

20. 中国居民企业向境外 H 股非居民企业股东派发 2008 年及以后年度股息时，统一按 20% 的税率代扣代缴企业所得税。（　　）

【参考答案】×

【解析】本题考核的政策要点是《国家税务总局关于中国居民企业向境外 H 股非居民企业股东派发股息代扣代缴企业所得税有关问题的通知》（国税函〔2008〕897 号）。

21. 对间接转让股权所得按规定应缴纳企业所得税的，依照有关法律规定或者合同约定对股权转让方直接负有支付相关款项义务的单位或者个人为扣缴义务人。（　　）

【参考答案】√

【解析】本题考核的政策要点是《关于非居民企业间接转让财产企业所得税若干问题的公告》（国家税务总局公告 2015 年第 7 号）。

22. 股权转让方直接转让同一境外企业股权导致间接转让两项以上中国应税财产，涉及两个以上主管税务机关的，可选择任一所涉及的主管税务机关申报缴纳企业所得税。（　　）

【参考答案】×

【解析】本题考核的政策要点是《关于非居民企业间接转让财产企业所得税若干问题的公告》（国家税务总局公告 2015 年第 7 号）。

23. 境内机构和个人向境外单笔支付 5 万元以上应向所在地主管税务机关进行税务备案。（　　）

【参考答案】×

【解析】本题考核的政策要点是《关于服务贸易等项目对外支付税务备案有关问题的公告》（国家税务总局公告 2013 年第 40 号）。

24. 在境内、境外单位同时担任职务或者仅在境外单位任职的个人，在境内停留的当天不足 24 小时的，不计入境内工作天数。（　　）

【参考答案】×

【解析】本题考核的政策要点是《关于非居民个人和无住所居民个人有关个人所得税政策的公告》（财政部 税务总局公告 2019 年第 35 号）。

25. 无住所居民个人为外籍个人的，2022 年 1 月 1 日前计算工资薪金收入额时，已经按规定减除住房补贴、子女教育费、语言训练费等八项津补贴的，不能同时享受专项附加扣除。（　　）

【参考答案】√

【解析】本题考核的政策要点是《关于非居民个人和无住所居民个人有关个人所得税政策的公告》（财政部 税务总局公告 2019 年第 35 号）。

四、简答题

1. 税务机关实施特别纳税调查，应当重点关注具备哪些特征的企业？

【参考答案】

税务机关实施特别纳税调查，应当重点关注具备如下特征的企业：

（1）关联交易金额较大或者类型较多；

（2）存在长期亏损、微利或者跳跃性盈利；

（3）低于同行业利润水平；

（4）利润水平与其所承担的功能风险不相匹配，或者分享的收益与分摊的成本不相配比；

（5）与低税国家（地区）关联方发生关联交易；

（6）未按照规定进行关联申报或者准备同期资料；

（7）从其关联方接受的债权性投资与权益性投资的比例超过规定标准；

（8）由居民企业，或者由居民企业和中国居民控制的设立在实际税负低于12.5%的国家（地区）的企业，并非由于合理的经营需要而对利润不作分配或者减少分配；

（9）实施其他不具有合理商业目的的税收筹划或者安排。

2. 非居民企业在中国境内取得工程作业和劳务所得应缴纳的所得税，税务机关在哪些情况下可以指定工程价款或者劳务费的支付人为扣缴义务人？

【参考答案】

可以指定工程价款或者劳务费的支付人为扣缴义务人的情形包括：

（1）预计工程作业或者提供劳务期限不足一个纳税年度，且有证据表明不履行纳税义务的；

（2）没有办理税务登记或者临时税务登记，且未委托中国境内的代理人履行纳税义务的；

（3）未按照规定期限办理企业所得税纳税申报或者预缴申报的。

3. 税收管辖权的行使有哪些情况？

【参考答案】

目前，各国对税收管辖权的行使主要有以下三种情况：

（1）仅行使地域管辖权。这种情况下，一国只对来源于本国境内的所得行使征税权，其中包括本国居民的境内所得和外国居民的境内所得，但对本国居民的境外所得不行使征税权。

（2）同时行使地域管辖权和居民管辖权。这种情况下，一国对本国居民的境内所得、境外所得，以及外国居民的境内所得这三类所得都行使征税权。其中，对本国居民境外所得征税依据的是居民管辖权，对外国居民在本国境内所得征税依据的是地域管辖权。目前我国采用的是这种方法。

（3）同时行使地域管辖权、居民管辖权和公民管辖权。这种情况主要发生在个别强调本国征税范围的国家，其个人所得税除了行使地域管辖权和居民管辖权之外，还坚持行使公民管辖权。大多数国家在兼用居民（公民）管辖权和地域管辖权的同时，认同并遵循地域税收管辖权优先原则。

五、综合实务题

1. 我国居民企业新阳集团在境外 A 国设有分支机构甲公司，在 B 国设有分支机构乙公司，我国与 A、B 两国已缔结避免双重征税协定。2020 年，新阳集团境内应纳税所得额为 2 000 万元，境外甲公司税后所得 50 万元，已在 A 国缴纳所得税 10 万元，境外乙公司税后所得 21 万元，已在 B 国缴纳所得税 9 万元。新阳集团适用 25% 的企业所得税税率，企业历年来只有这两处境外所得。请依据我国境外抵免政策，分别采用“分国不分项”或是“不分国不分项”方法，测算其可抵免境外所得税税额和抵免限额，不考虑其他税种，以当年应缴所得税金额判断企业选择哪种抵免方法更有利。

【参考答案】

企业依据我国税法计算的境内、境外所得应纳企业所得税额：应纳税额 =（2 000 + 60 + 30）×25% = 522.5（万元）

（1）“分国不分项”方式可抵免境外所得税扣除限额

A 国扣除限额 = 522.5 × 60 ÷（2 000 + 60 + 30）= 15（万元）

B 国扣除限额 = 522.5 × 30 ÷（2 000 + 60 + 30）= 7.5（万元）

企业在 A 国实际缴纳企业所得税 10 万元，小于扣除限额 15 万元，可全额扣除。企业在 B 国实际缴纳企业所得税 9 万元，大于扣除限额 7.5 万元，只能扣除 7.5 万元，超过部分“从次年起在连续五个纳税年度内，用每年度抵免限额抵免当年应抵税额后的余额进行抵补”。

企业在国内应缴企业所得税额 = 522.5 − 10 − 7.5 = 505（万元）

（2）“不分国不分项”方式可抵免境外所得税扣除限额

企业全部境外所得扣除限额 =（60 + 30）× 25% = 22.5（万元）

企业在 A 国、B 国实际缴纳企业所得税 19 万元，小于“不分国不分项”方式计算的境外可抵免扣除限额 22.5 万元，可全额抵免。

企业在国内应缴企业所得税额 = 522.5 − 10 − 9 = 503.5（万元）

以当年应缴所得税金额应选择“分国不分项”方式。

2. 甲公司为一家注册在香港的公司，甲公司通过其在开曼群岛设立的特殊目的公司 SPV 公司，在中国境内设立了一家外商投资企业乙公司。SPV 公司是一家空壳公司，自成立以来不从事任何实质业务，没有配备资产和人员，也没有取得经营性收入。甲公司及其子公司相关股权架构示意如图 5 − 1 所示，持股比例为 100%。

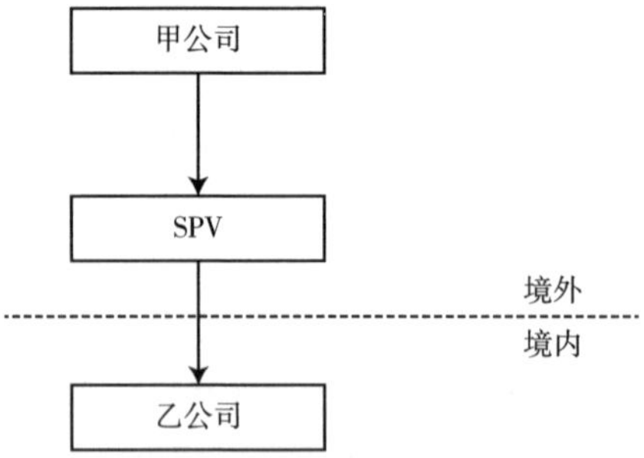

图 5－1　甲公司及其子公司相关股权架构

乙公司于 2017 年发生了如下业务。

（1）5 月 5 日，通过 SPV 公司向甲公司分配股息 1 000 万元。

（2）7 月 15 日，向甲公司支付商标使用费 1 000 万元、咨询费 800 万元，7 月 30 日，向甲公司支付设计费 5 万元。甲公司未派遣相关人员来中国提供相关服务。

（3）12 月 20 日，甲公司将 SPV 公司的全部股权转让给另一中国居民企业丙公司，丙公司向甲公司支付股权转让价款 8 000 万元。

（其他相关资料：假设 1 美元折合 6.5 元人民币）

要求：根据上述资料，按照下列序号回答问题，如有计算需计算出合计数。

（1）计算乙公司向 SPV 公司分配股息时应代扣代缴的企业所得税。

（2）计算乙公司向甲公司支付商标使用费、咨询费、设计费应代扣代缴的增值税。

（3）计算乙公司向甲公司支付商标使用费、咨询费、设计费应代扣代缴的企业所得税。

（4）指出乙公司上述对外支付的款项中，需要办理税务备案手续的项目有哪些，并说明理由。

（5）判断甲公司转让 SPV 公司的股权是否需要在中国缴纳企业所得税并说明理由。

【答案与解析】

（1）应代扣代缴的企业所得税 = 1 000 × 10% = 100（万元）

按照《企业所得税法》及其实施条例的规定，实行源泉扣缴的非居民企业取得的股息、红利等权益性投资收益，减按 10% 的税率征收企业所得税。

（2）应代扣代缴的增值税 =（1 000 + 800 + 5）÷（1 + 6%）× 6% = 102.17（万元）

扣缴义务人按照规定公式和适用税率计算应扣缴税额：

应扣缴税额 = 购买方支付的价款 ÷（1 + 税率）× 税率

（3）应代扣代缴的企业所得税 = 1 000 ÷（1 + 6%）× 10% = 94.34（万元）

非居民企业取得利息、租金、特许权使用费所得应缴纳增值税的，在计算缴纳企业所得税时，应以不含增值税的收入全额作为应纳税所得额。

由于甲公司未派遣相关人员来中国提供咨询和设计相关服务，所以咨询费和设计费不属于来源于中国的所得，不需要在我国缴纳企业所得税。

（4）乙公司对外支付的股息、商标使用费、咨询费需要办理税务备案手续。

理由：境内机构和个人向境外单笔支付等值 5 万美元以上（不含等值 5 万美元）的外汇资金，除无须进行税务备案的情形外，均应向所在地主管税务机关进行税务备案。

5 万美元 =5 ×6.5 =32.5（万元人民币），乙公司对外支付的股息、商标使用费、咨询费均高于 32.5 万元人民币，也就是高于 5 万美元，应当办理税务备案手续。

（5）需要在境内缴纳企业所得税。

理由：非居民企业通过实施不具有合理商业目的的安排，间接转让中国居民企业股权等财产，规避企业所得税纳税义务的，应按照《企业所得税法》的有关规定，重新定性该间接转让交易，确认为直接转让中国居民企业股权等财产，应在中国境内缴纳企业所得税。

3. 中国居民企业 A（企业所得税税率为 25%）持有甲国 B 公司 40% 股权，甲国的所得税税率为 10%。2022 年 B 公司实现应纳税所得额为 4 000 万元，在甲国缴纳企业所得税 400 万元。B 公司决定向股东分配 2 500 万元的税后利润，A 公司分得 1 000 万元，并按照甲国的预提所得税税率缴纳了 50 万元的预提所得税，实际获得 950 万元的股息所得。A 公司为进行对 B 公司的投资，当年发生的管理费用为 20 万元。

要求：根据上述资料，按照下列序号回答问题，如有计算需计算出合计数。

（1）A 公司来自 B 公司的股息所得，是否符合间接抵免条件，请说明理由。

（2）请计算 A 公司来自 B 公司的股息所得直接缴纳和间接负担的税额。

（3）请计算 A 公司来自 B 公司股息所得调整后的应纳税所得额。

（4）请计算 A 公司来自 B 公司的股息所得在我国应补缴的企业所得税税额。

【答案与解析】

（1）间接抵免条件：直接或者间接持股方式合计持股 20% 以上（含）。A 公司来自 B 公司的股息所得，符合间接抵免条件，因为 A 公司对 B 公司的直接持股比例超过 20%。

（2）A 公司直接缴纳的来自 B 公司股息的预提所得税为 50 万元。B 公司所纳税额属于由 A 公司负担的部分（本层企业就利润和投资收益所实际缴纳的税额 + 符合规定的由本层企业间接负担的税额）× 本层企业向一家上一层企业分配的股息（红利）÷ 本层企业所得税后利润额 =400 ×1 000 ÷3 600 =111.11 万元。

A 公司来自 B 公司的所得直接缴纳和间接负担的税额 =50 +111.11 =161.11（万元）

（3）A 公司来自 B 公司股息所得调整后的应纳税所得额 = 境外股息、红利税后净所得 + 该项所得直接缴纳和间接负担的税额之和 · 计算企业应纳税所得总额时已按税法规定扣除的有关成本费用中与境外所得有关的部分进行对应调整扣除 =950 +161.11 -20 =1 091.11 万元。

(4) 抵免限额 =1 091.11 ×25% =272.78 (万元)

直接缴纳和间接负担的税额，161.11 万元，按照 161.1 万元抵免需补缴税款，等于 111.67 万元。

第六章　收入规划核算

第一节　收入规划

一、收入规划工作的意义和原则

（一）收入规划工作的意义

税收收入规划是围绕税务部门征收税款目标进行的一项专业性较强的工作，是对长中短期税收目标的一种总体安排设计。

做好收入规划工作是确保财政收入稳定增长的重要举措，是保证税收调节经济、调节分配作用得以发挥的客观需要，是维护我国市场经济秩序的重要方面。

（二）收入规划工作的原则

收入规划工作要坚持依法治税、从经济到税收和实事求是的原则。

二、新型收入规划管理体系

（一）新型收入规划管理体系的内涵

新型收入规划管理体系是新时期我国经济发展对税务部门税收职能充分发挥的客观需要，包括内部收入规划管理和外部收入规划管理两个方面。

内部收入规划管理，是指从税务机关内部的税收收入管理角度出发，通过分解各级税务机关组织收入工作步骤，并对每个环节工作采用科学的方法，严密的规划组织，从而达到对各环节更加有效的管理。

外部收入规划管理，是指税收规划与经济发展之间的关系研究。税务部门通过定期或专项的方式开展广泛的经济税收调查，将调查了解到的经济社会信息与税务机关内部掌握的大数据进行关联比对分析，通过各种数理统计等技术方法，对各行业、各区域多维度经济税收发展趋势进行预测，对不同的经济税收宏观和微观政策运用各种模型进行方向趋势和力度大小的测度，从而得出最优化的长中短期政策方案，并向上级部门和政府主要领导汇报，为各级政府进行经济决策服务，从而实现对经济社会发展的有效推动。

（二）新型税收收入管理目标

新型税收收入管理主要实现以下4项工作目标：一是强化税务机关完成预算的能力；二是提高税务机关统筹收入的自主性；三是增强组织收入工作的科学性；四是提升税收管理效率和收入增长质量。

（三）新型税收收入管理内容

新型税收收入管理有4个重要的环节，包括：客观地“定”、科学地“分”、合理地“调”、准确地“考”。

1. 税收收入管理的“定”

客观地“定”，是指税务机关应当根据管辖领域内经济发展客观情况，综合考虑税收政策和税收征管等因素，有根据地提出税收收入预期目标，实事求是地开展组织收入工作。过高的目标在实际执行过程中往往引发违反组织收入原则的情况，带来税收执法风险，而过低的目标则容易淡化收入目标，不利于充分调动组织收入工作的积极性。

2. 税收收入管理的“分”

科学地“分”，是指税务机关内部将组织收入工作科学合理地分解到各个层级和每个层级中的各个相关业务部门，从而形成组织收入合力。既将任务下达到下一级税务机关，同时又将任务分解到各个横向部门，从而形成上下左右各方共担组织收入目标的工作局面。

3. 税收收入管理的“调”

合理地“调”，是指上级税务机关对下级税务机关下达税收目标后，在整体税收目标保持基本稳定的情况下，对有增收潜力的地区与收入缺口较大地区税收目标进行相应有增有减的调整，或在总体目标受到各种不确定因素影响的情况下，根据客观实际情况对总量进行适度调整的一系列收入目标管理活动。

4. 税收收入管理的“考”

准确地“考”，是指通过目标考核对承担组织收入目标的组织或个人目标完成情况，结合主观努力程度相关质量评判指标进行科学评价，以鼓励先进鞭策落后的制度设计。

三、收入规划管理要求和制度保障

（一）收入规划管理要求

要建立“预测预期——目标确定——过程监控——结果评价”的闭环收入管理机

制，实现“客观地定、科学地分、合理地调、准确地考”，最终达到对税收收入科学有效的统筹调控。

（二）收入规划管理制度保障

要建立5个方面的制度，实现税收收入管理体系的良性运转。在坚持组织收入原则的前提下，适应税收新常态的工作需要，以行业税源分析监控为基础，以组织收入目标为引领，以收入质量考核为抓手，以横向纵向统筹协调为机制，以信息化数据平台为支撑，实现税收收入“量质齐升”。

第二节　税收分析

一、税收分析的概念及表现形式

（一）税收分析的概念

税收分析，是税务机关研究解决与税收有关的经济社会问题的重要途径和方法，通过收集和整理内部税收数据，结合外部信息，运用一定的经济税收理论和技术方法，查找规律和问题，作为上级领导和政府部门了解经济税收形势、提供研究税制、制定宏观经济政策和加强税收征管的依据，并提出改进措施，服务经济社会发展的一项综合性税收工作。

随着我国国民经济的持续稳定增长和经济发展方式的逐步优化，对税收收入的管理要求不断提高，税收分析在税务部门加快税收现代化进程，全面推进税制改革，提高税收征管效能，服务经济社会发展以及参与国际税收合作等方面的重要性日益凸显。

（二）税收分析的表现形式

税收分析在表现形式上既注重通过税收分析查找问题的过程本身，同时也注重通过实践找到解决问题的方法，总结经验，为领导决策服务，并将经验通过分析报告的形式予以推广，从而形成良性循环。

二、税收分析机制

税收分析机制的搭建是做好税收分析工作的基本体制保障。科学、高效的税收分析运行机制，就是围绕税收形势分析、税收风险分析、政策效应分析、经济运行分析等4类分析内容，在打造完备的信息数据体系的基础上，运用定性和定量的分析方法，明晰各部门、各层级的分析职责，构建横向分工协作、纵向紧密联动的分析制度和各种闭环工作流程，促进税收分析制度化、系统化、科学化的形成，为不断打造税收分析的拳头产品奠定坚实的基础。

（一）横向税收分析机制

横向税收分析机制，可以根据各地实际工作情况选择由收入规划核算部门与横向职能部门联合牵头、其他部门配合的办法建立，也可以由有关税收职能部门牵头、收入规划核算部门和其他职能部门配合的办法实施。总体上，以有利于各类税收分析工作开展并能最大限度地发挥人力资源整合效能为标准，通过季度税收分析例会或讲评会等形式，实现税收分析工作的持续改进和良性循环。

（二）纵向税收分析机制

纵向税收分析机制，实行层级管理，分为税务总局、省局、市局和区县局 4 级。上级税务机关负责对下级税务机关税收分析工作进行指导和监督，下级税务机关要按照上级税务机关的要求开展税收分析工作，并反馈税收分析的具体执行情况。

三、税收分析内容

税收分析作为实现税收职能的工具和方法，包括 4 个方面内容，即税收形势分析、税收风险分析、税收政策效应分析和经济运行分析。

（一）税收形势分析

税收形势分析，主要是通过对税收走势的研判，从宏观上准确剖析收入增减变化原因，客观反映计划执行中存在的问题，提出加强组织收入工作的措施。

（二）税收风险分析

税收风险分析，是运用税收与经济运行中的宏观微观数据，开展关键指标比对，发现税收征管和纳税遵从中存在的风险点，指引征管资源的合理配置，为组织收入服务。

（三）税收政策效应分析

税收政策效应分析，是从事前、事中和事后密切跟踪税制改革和税收政策变动的实施情况，测算税收政策变动对经济、税收的定量影响，提出调整和优化建议。

（四）经济运行分析

经济运行分析，是利用税收大数据优势，从税收角度观察和反映国家经济运行状况，把握经济发展方式转变进程，揭示税源发展中值得关注的问题，为各级党委、政府决策提供意见和建议。

四、税收分析方法

税收分析方法包括对比分析法、因素分析法以及数理统计分析法等方法。

（一）对比分析法

对比分析法，是将实际数与基数进行对比，计算实际数与基数的差异，分析形成差异的原因，借以了解经济活动的成绩和问题的一种分析方法。

分析时，对比的指标可以是绝对数，也可以是相对数，比较标准包括本期计划数、实际完成数、国内外同行业企业同类指标的先进水平或平均水平等。

对比分析法只适用于同质指标的对比。从税收上看，常见做法主要是通过各项税收指标之间或者税收与经济指标之间的对比来描述税收形势、揭示收入中存在的问题。税收数据的对比分析通常包括规模、结构、增减、进度、关联税种等方面的对比分析，税收与经济的对比分析主要采用税负和弹性两种方法。

（二）因素分析法

因素分析法，是指从数量方面研究计算经济现象变动中诸因素的影响程度的一种分析方法。

从经济、政策、征管以及特殊因素等方面对税收、税源进行分析。其中，经济因素包括经济规模、产业结构、企业效益以及产品价格等变化情况；政策因素主要是指税收政策调整对税收、税源的影响；征管因素主要包括加强税源管理和各税种管理、清理欠税、查补税款等对税收收入的影响；特殊因素主要是一次性、不可比的增收、减收因素。

因素分析法是统计分析方法之一，是指当某经济指标同时受两个或两个以上因素变动影响时，分析各因素对该指标变动的影响方向和程度，以便找出主要因素，抓住主要矛盾。因素分析法在税收分析中有着非常重要的作用。首先，可及时反映经济变化对税收收入的影响程度；其次，用因素分析法进行税收分析，可以确定税收收入增长和减少的主要原因；最后，利用因素分析法可以从众多影响税收收入的税源因素中找出主要因素。

（三）数理统计分析法

数理统计分析法，是运用相关分析、一元或多元回归分析、时间序列分析等数理统计理论和方法，借助先进统计分析工具，利用历史数据，建立税收分析预测模型，对税收与相关影响因素的相关关系进行量化分析的方法。

1. 相关分析

相关分析是指两个事物之间存在一定关系，这种关系可能是同向关系，也可能是反向关系，可以是确定性相关，也可以是关联相关。

两个事物间的相关性可以通过制作散点图来大致判定是线性相关还是非线性关系。对其相关强度可以通过相关系数来进行数量测定，通常说相关系数是相关分析的测度工具。

2. 一元线性回归分析

进行回归分析时，首先需要确定哪个变量是因变量，哪个变量是自变量。在回归分析中，被预测或被解释的变量称为因变量，用 Y 表示。用来预测或解释因变量的一个或多个变量称为自变量，用 X 表示。当回归中只涉及一个自变量时称为一元回归，若因变量 Y 与 X 之间为线性关系，则称为一元线性回归。

第三节　税收会计

一、税收会计概述

税收会计，是指运用会计方法和手段，对税收业务进行全面、综合、连续、系统的核算反映与监督的税收管理活动。

（一）税收会计工作的主要任务

税收会计工作的主要任务包括 4 个方面：一是组织税收会计核算，记录和反映税收业务活动，提供税收会计信息；二是加强税收缴库、退库、调库业务管理，保障税款安全；三是实施税收会计监督，规范税收业务行为；四是开展税收会计分析，反映税收、经济运行情况，服务税收决策。

（二）税收会计核算对象

税收会计核算的对象是税收资金及其运动，即税务部门组织征收的各项收入的应征、征收、减免、欠缴、入库和提退等运动的全过程。这里的税收资金既包括税务部门负责征收的各项收入，也包括税务部门负责征收的其他收入。

税收资金的形态可以分为资金来源和资金占用两类。

1. 税收资金的来源形态。税收资金的来源形态是指税收资金形成的具体渠道，包括应征税金、多缴税金和暂收款。

2. 税收资金的占用形态。税收资金的占用形态是指税金形成以后的存在形态，具体有待征税金、待解税金、在途税金、减免税金、入库税金、提退税金、损失税金和保管款等形态。

（三）税收会计核算

税收会计核算应当以实际发生的税收业务为依据，收集和填制会计凭证，登记会计账簿，编制会计报表，对申报、查补、评估、征收、减免、缓征、缴库、退库、调库等税收业务进行全面的记录和反映。

税收会计核算应当坚持客观性、相关性、连续性原则。

1. 税收会计科目

税收会计科目应当根据税收管理的实际需要设置。总账科目、基本明细科目的名称、编号、核算内容及其使用方法由国家税务总局统一规定。

2. 税收会计原始凭证

税收会计原始凭证按其反映的税收业务内容的不同分为应征凭证、减免凭证、征解凭证、入库凭证、提退凭证和其他凭证等类别。

3. 税收会计记账凭证

税收会计记账凭证是根据原始凭证及有关资料编制的、直接凭以登记会计账簿的依据。具备记账凭证基本要素的原始凭证，可作为记账凭证使用。

4. 税收会计账簿

税收会计账簿是以会计凭证为依据，按照会计科目，运用会计账户形式，全面、系统和连续地记录税收资金运动情况的簿籍。它是编制会计报表的主要依据。税收会计账簿包括总账、明细账、日记账和其他辅助性账簿。

5. 税收会计报表编制

税收会计报表应当依据会计账簿和有关资料，按照税收会计资料归类汇总的要求编制。

税收会计报表一般包括日报、月报、年报等，除国家税务总局确定编制周期的报表外，其他报表的具体编制周期由各省税务机关确定。

6. 税收会计对账

税收会计应当按日、月和年终进行税务机关与金库的对账工作。将税务机关税收入库数据信息与国库预算收入日报表数据进行核对。税收入库数据信息与国库提供的库报数据要达到 3 个一致，即：一是预算科目的目级科目一致；二是预算级次一致，包括中央、省、市、县 4 级；三是数据一致，对账精度到角分。

7. 税款账户管理

税款账户是指要办理开户手续、账户由税务机关掌控的账户。银行在“待结算财政款项”科目下专设的用于归集税款的科目，不属于税款账户。

未经国家税务总局和财政部批准，不得开设任何税款过渡账户。目前，经国家税务总局和财政部批准开设的税款账户有两种：一是“税务待缴库资金账户”；二是“税务代保管资金账户”。

二、税收票证

（一）税收票证的概念

税收票证，是指税务机关、扣缴义务人依照法律法规，代征代售人按照委托协议，在征收税款、基金、费、滞纳金、罚没款等各项收入（以下统称“税款”）的过程中，开具的收款、退款和缴库凭证。

税收票证是纳税人实际缴纳税款或者收取退还税款的法定证明。

（二）税收票证的种类和适用范围

税收票证包括税收缴款书、税收收入退还书、出口货物劳务专用税收票证、税收完税证明、印花税专用税收票证以及国家税务总局规定的其他税收票证。

税收票证应当按规定的适用范围填开，不得混用。税收票证应当使用中文印制。民族自治地方的税收票证，可以加印当地一种通用的民族文字。各级政府部门委托税务机关征收的各种基金、费可以使用税收票证。

（三）税收票证的使用管理

税收票证的使用管理包括领发、保管、开具、作废、结报缴销、销毁和其他使用管理。

（四）税收票证的监督管理

税收票证的监督主要针对票证使用中的关键环节实施监督检查，如移交、核算、审核、归档和销毁等。

三、欠缴税金核算

（一）欠缴税金按发生时间核算

纳税人发生的欠缴税金根据所属期按 2001 年 5 月 1 日划分为前后两大部分进行反映。对于 2001 年 5 月 1 日之前发生的欠缴税金，单设“待清理呆账税金”账外科目专项核算反映。对于 2001 年 5 月 1 日之后发生的欠缴税金，全部并入“待征”类总账科目核算。

“待征”类总账科目下按“关停企业欠税”“空壳企业欠税”“未到期应缴税款”“缓征税款”“本年新欠”“往年陈欠”6类明细科目分类核算。

（二）欠缴税金按风险类型核算

根据每笔欠缴税金相关信息和纳税人财务指标，将欠缴税金（指本年新欠、往年陈欠和关停及空壳欠税）分为低风险欠缴、中风险欠缴、高风险欠缴和高危欠缴4类。

各税收会计核算单位应在账外设置“欠缴税金分风险类别登记簿”，分户、分欠缴税金风险类别登记反映纳税人欠缴税金变动情况。

依据“欠缴税金分风险类别登记簿”及税收会计核算内容，设置欠缴税金风险评价指标，主要包括新欠发生率、欠税追征率、欠税比重、欠税综合管控能力等评价指标。

四、减免税金核算

税收会计减免税核算是按照减免税政策及条款项目设置会计科目，通过申报表和收入退还书等原始凭证采集数据，完整、详细、及时地反映和监督减免税业务的税收管理活动。

（一）减免税核算范围

税收会计核算的减免税是指在既定税制框架下，国家对特定纳税人或特定经济行为，实行照顾性或激励性政策而发生的减税或免税。

税收会计核算的减免税政策实行减免税政策库管理。以下内容不纳入减免税政策库，不进行减免税核算：税前扣除、低税率、不征税等基本税制安排；分期纳税等不减少应缴税金总额的优惠政策；出口退税政策；具有减税效果的新税制安排；非税务机关执行的减免税政策；国家税务总局规定的其他政策。

（二）减免税核算内容

税务机关应当设置减免税总账科目及明细科目，对减免税业务办理情况进行核算反映。总账科目名称为“减免税金”，明细科目按照“纳税人识别号”“收入种类”“减免类型”“减免性质”分别设置。

1. “纳税人识别号”明细科目按税务机关登记的纳税人识别号设置，分户核算纳税人享受减免税情况。

2. “收入种类”明细科目按税（费）种类设置，核算不同税（费）种类的减免税情况。

3. “减免类型”明细科目按减免税业务办理类型，分别设置“征前减免”“退库”“抵扣欠税”细目，核算不同业务类型办理的减免税情况。

第四节　税收统计

一、税收统计概述

（一）税收统计的概念和对象

税收统计是社会经济统计的一个重要组成部分，它是根据税收工作的要求，按照统一的制度和方法，从税收经济现象的数量方面反映税收活动及所涉及的社会经济活动情况的一种专业统计。

税收统计研究的对象主要有 3 类：一是税收数据，包括纳税登记、纳税申报数据，以及应征、待征、入库、减免等税收资金核算数据；二是税基数据，主要包括国内生产总值（GDP）、国内生产总值（GNP）、国民收入、社会消费品零售总额、全社会固定资产投资、价格指数、规模以上工业企业利润额、金融机构存贷款余额、货运周转量、客运周转量等经济指标，或主营业务收入、利润总额等反映企业经营状况和个人收入状况的税源指标；三是由以上两类数据衍生的增量、增幅、弹性、税负等税收统计指标。

（二）税收统计的特点

1. 数量性

税收统计是从税务现象的数量变化来研究税务工作的发展变化规律的。因此，税收统计工作离不开对税收数量特征的加工整理和分析研究。进行数量分析，是社会经济统计的首要特点，也是税收统计的首要特点。

2. 具体性

税务统计所研究的数量都有其具体的社会经济内容，即每一个数据都是在一定时间、地点和条件下的量，不是空洞、抽象的数字。

3. 综合性

税收来源于国民经济各部门、各行业和各种企业类型等，涉及社会经济的各个领域，税收税源的增减变化以及税收收入结构比重的变化，都能综合反映国民经济和社会发展的变化情况，如国民经济产业结构调整、产品结构的变化等。

4. 以税法为依据

税收统计在指标设置、指标口径、计算方式上都要以税收法规为依据。

5. 灵活及时

税收统计运用它特有的灵活调查和反映方法，可以随时有针对性地展开专题调查，及时反映税收工作某方面的详细情况。

6. 与税收会计关系密切

税收统计与税收会计在核算对象、数据来源等方面有着密切的联系。税收资金运动既是税收会计核算的对象，也是税收统计研究的主要对象。税收会计所使用的原始凭证，也是税收统计数据的主要来源依据；税收统计中的税收收入口径与税收会计核算的入库税金口径完全一致等。

（三）税收统计的任务和要求

1. 税收统计的任务

税收统计的基本任务是进行统计调查、统计整理、统计分析，提供统计资料，实行统计监督，反映经济税源发展变化情况以及税收政策的实施效果。

2. 税收统计的基本要求

税收统计的基本要求与税收会计编写的要求一致，“资料完整、数据准确、口径统一、报送及时”也是税收统计的基本要求。

（四）税收统计的工作过程

一般来说，税收统计工作过程大致可分为以下 4 个步骤。

1. 设计

在进行税收统计工作之前必须有一个周密的设计。设计是围绕统计对象（主要是涉税数据），按照工作目的和要求，对进行的统计工作所做的全面设想。设计的主要内容包括确定调查对象、调查单位、调查内容和调查方法等。设计是税收统计工作中重要的一环，也是指导以后工作的依据。

2. 统计资料收集

遵循统计学原理采取必要措施得到准确可靠的统计资料。及时、准确、完整是收集统计资料的基本原则。

3. 统计资料整理

整理资料的目的就是通过科学的分组归类，使统计资料系统化、条理化，成为反映各特定内容的综合性资料，便于进一步计算统计指标和开展统计分析。

4. 统计分析

运用统计资料对统计内容进行概括、评价、推断、预测，及时反映有关经济活动的动态和规律，对税收活动进行调节监督，为加强税收征收管理提供决策信息。

税收统计工作的上述 4 个步骤紧密相连、不可分割。

（五）税收统计调查

税收统计调查是指根据税收工作要求，按照预定的调查内容和方法，有组织、有计划地搜集各种统计资料的过程。根据搜集资料的组织方式不同，税收统计调查可分为税收统计报表调查和税收统计专门调查两种。

1. 税收统计报表调查

税收统计报表调查是为了定期取得系统、全面的基本统计资料，按照统一规定的时间、表式、指标和口径要求，自上而下统一布置、自下而上提供统计资料的一种调查方式方法。目前，它是税务机关搜集（或取得）统计资料的主要形式。

2. 税收统计专门调查

税收统计专门调查是指根据特定的目的和要求而专门组织的一种收集统计资料的调查形式。它是对定期报表中没有反映，或反映不全，或反映不够详细的情况所作的调查，包括各种普查、重点调查、抽样调查和典型调查等，多属一次性调查。

（六）税收统计资料整理

税收统计资料的整理是指按照一定的要求，把搜集到的各种统计资料进行科学的分组归类，使之系统化和条理化，成为反映各特定内容的综合性资料的过程。统计资料的整理和加工，是进行统计分析的基础。

税收统计资料的整理原则主要包括系统性、可比性、实用性、以现有资料为依据等。出现与前期资料分组口径不同时，必须在当期整理的统计资料中逐项加以说明，以免在使用资料时发生错误。

常用的税收统计资料分组方法主要有：按税种、地区、企业类型、时期、城乡、行业、重点项目、税目或重点产品分组等。

二、税收报表指标体系

税收报表指标体系，包括税收基础报表指标和税收分析报表指标两部分。

税收基础报表指标，具体包括税收会计类、税收统计类、货物劳务税类、所得税类、财产行为税类、国际税收类、征管类、经济基础类等。

税收分析报表指标，具体包括税收分析表、税源分析表、税收经济分析表、专题分析表等。

三、常用统计分析指标

税收统计分析指标有多种分类，常用的主要有两类：一是税收构成指标；二是税收相对指标。

（一）税收构成指标

研究税收总体特征时，除了要了解掌握总量情况，还需要研究税收总体内部的组成部分，对其每个部分构成情况进行分析，这就需要计算税收构成比例，各类组成分类构成比例称为税收构成指标。如各税种收入占总体收入的比重，某个税种收入同比增收贡献度等。

（二）税收相对指标

税收相对指标包括税收同比、环比、完成进度、税负率（宏观、中观和微观）、税收增长弹性等各项指标体系。

1. 当月税收同比增长幅度

当月税收同比增长幅度是指当月税收收入与去年同期当月税收收入完成情况之差与去年同期当月税收收入完成情况的比值。该指标是最常用的当月税收相对指标之一。

2. 当月税收环比增长幅度

当月税收环比增长幅度是指当月税收收入与当年上月税收收入完成情况之差与当年上月税收收入完成情况的比值。该指标常用在同比增长幅度之后，同时加以表述，用以描述税收的短期增减趋势。

3. 累计税收同比增长幅度

累计税收同比增长幅度是指累计税收收入与去年同期累计税收收入完成情况之差与去年同期累计税收收入完成情况的比值。该指标常用在当月税收同比增长幅度之后，用以表示税收收入增减变化的中长期趋势。当月税收相对指标有时波动比较大，但如果通过累计增幅观察，税收走势就会平缓和清晰得多，对于观察中长期趋势有较好的作用。

累计税收通常不做环比增长比较，因为在以年为单位进行相对比较时，同比与环比的计算结果是相同的。

4. 税收平均增长速度

税收平均增长速度常用几何平均数计算。几何平均数是 n 个变量值乘积的 n 次方根，通常用 G 表示。

5. 税收计划完成程度

税收计划完成程度是税收收入在某时期内实际完成数与计划数值对比的结果，该指标可以通过对本期实际与计划数对比分析，得到税收计划完成程度的相对指标，一般用百分数来表示。

6. 税负率指标

税负率也称税收负担率，是指纳税人承受国家税收的状况或量度，反映一定时期内社会产品在国家与纳税人之间的税收分配数量关系。在考察税收负担水平时，可以从宏观、中观和微观 3 个不同层次进行考察。

（1）宏观税负率。从宏观看，就是把税收作为一个整体来考察，或者说考察整个国民经济的税收负担水平。这种反映一国或一地区总体税收负担水平的指标，被称为宏观税负。宏观税负的高低，表示政府在国民经济总量分配中集中程度的大小，同时也表示政府社会经济职能及财政功能的强弱。宏观税负的高低既是制定各项具体税收政策的重要依据，也是各项具体税收政策实施的综合体现。当前国际上通用的宏观税负指标是一国或一地区一定时期内（通常为一年）税收收入总额与国内生产总值（GDP）的比值。

（2）中观税负率。中观税负率是指一定地区或某个行业或国民经济某一部门的纳税人所缴纳的税收占同期该地区、该行业或部门经济产出的比重。如制造业税负率、化学制品业税负率。

（3）微观税负率。微观税负率是指某一纳税人在一定时期或某一经济事件过程中，所缴纳的税收占同期或该事件的经济收入的比重。目前，国家税务总局和各省市税务机关使用的考察微观税负的指标比较多，这些指标或是直接测算各类税负，或是通过考察微观企业生产经营的主要状况来侧面反映税收负担的状况，均利用税收征管数据和外部信息加工而成。

7. 税收增长弹性

税收增长弹性是指税收收入对经济增长的反应程度，在给定税制不变的情况下，一般表示为税收收入的变化率和 GDP 变化率之比。

8. 其他经济术语

在各类相对指标中，经济部门也经常会用到发展水平、平均发展水平、发展速度、环比发展速度、增长速度、环比增长速度。

（1）发展水平。发展水平是指时间序列中各时间上所对应的指标数据，它反映某种社会经济现象在一定时间所达到的规模和水平。如 2019 年某省税收完成 3 000 亿元，3 000 亿元就代表该省目前的发展规模和水平。

（2）平均发展水平。平均发展水平是将不同时间的发展水平加以平均而得到的平均数。在实际应用中这一指标的使用相对较少。

（3）发展速度。发展速度是反映经济现象发展变化快慢的动态相对指标，它是根据两个不同时间的发展水平对比求得的。结果一般用百分数表示。

（4）环比发展速度。环比发展速度是报告期发展水平与前一期发展水平之比。

（5）增长速度。增长速度是表明经济现象增长快慢的动态相对指标，它是根据增长量与基期水平对比求得的，用以说明报告期发展水平比基期发展水平增长了多少。

（6）环比增长速度。环比增长速度是报告期增长量与前一期发展水平之比。发展速度与增长速度都是反映增长快慢的指标。

四、税收统计方法

（一）税收统计表格的使用

税收统计表格在现实工作中是应用非常频繁的统计和表达工具，统计表格具有直观的特点，可以把需要说明的经济现象通过有规则的设计简洁明了地展示出来。同时好的统计表格可以用较快的方式找到规律或问题的所在，为研究者节约分析时间、提高效率。同时统计表格通常作为一种储存、保管的重要资料，经常作为重要的历史资料使用。最后，统计表格是数理统计重要的数据分析基础，其详实和有效真实成分决定各种模型的分析结果，统计表格在运用时有固定表格和动态表格等多种形态，其使用需要一定的实践，如果运用得好，可以成倍甚至十几倍、几十倍的节省工作时间。所以也成为各级各部门工作人员优先选择的重要统计方式方法之一。

（二）税收统计图形的使用

常用的税收统计图形有以下 4 种。

1. 构成图

构成图通常也叫饼图，当要表示总体中各组成部分的个体数量在总体中所占比例时，经常使用饼图。

2. 条形图

条形图可以描述分类项目的静态和变化情况。一个坐标轴往往用来表示每个项目的各个取值，其长度即为该项目的水平和具体数值。纵轴和横轴通常可以互换，如果条形是垂直的也称为柱形图。

3. 折线图

折线图经常用来描述时间序列数据，用以反映某些指标或变量随时间的变化趋势，所以有时也称为时间序列图。

4. 三维图

对一些较为复杂的经济现象和变量之间的关系，如果简单通过二维的各种图示来表达，很难将现象描述得清楚，这时就需要用到三维空间制图。三维空间制图可以起到直观、清晰的效果。

第五节　重点税源监控

一、税源监控概述

税源监控，是指通过数据采集和分析应用，对纳税人的生产经营和税收情况进行反映、监督、评价，对经济税源运行情况和趋势进行分析、预测，并据以提高管理和服务水平的活动。开展税源监控是增强组织收入工作预见性和主动性，实施税源专业化管理、推进信息管税的重要手段，是提高收入质量、防范税收风险、评价政策效应、服务经济发展的重要途径。

目前，国家税务总局已初步建成了总局、省、市、县4级重点税源监控体系，条件成熟时实现由重点税源监控向整体税源监控的转变。

二、重点税源监控标准

2019年，国家税务总局确定的重点税源纳税人的标准是：2018年实际缴纳增值税500万元以上的增值税纳税人；缴纳消费税100万元以上的消费税纳税人；缴纳企业所得税500万元以上的各类纳税人；除上述税种外，其他各项税收合计达到500万元以上的纳税人；在国内上海、深圳、香港特别行政区，以及美国、英国、新加坡等地上市的纳税人。

为确保行业样本量，通用设备制造，专用设备制造，汽车制造，电气机械和器材制造；仪器仪表制造，医药制造，铁路、船舶、航空航天和其他运输设备制造，计算机、通信和其他电子设备制造等制造业以及信息传输软件和信息技术服务，租赁和商务服务，科学研究和技术服务，交通运输、仓储和邮政业等服务业，监控标准为2018年实际缴纳税款300万元以上的纳税人。

为确保房地产行业样本质量，在上述监控标准的基础上，房地产行业重点税源纳税人还应同时满足以下条件：项目投资额超过2亿元、连续三年实现稳定纳税500万元以上且可持续经营。

2018年虽未达到上述标准，但预计2019年缴纳税款可达到上述标准的纳税人也可纳入监控。

三、重点税源监控内容

（一）重点税源数据采集审核

重点税源数据采集的渠道主要有4种方式，一是重点税源企业通过单机或网上重点税源直报系统申报，税务机关通过国家税务总局下发的TRAS重点税源系统收集上报；二是从税收征管信息系统查询获取；三是税务机关根据实际需要从发展改革委、经济和信息化委员会等外部门交换信息得到，如规模以上企业工业增加值和利税等；四是从互联网查询取得。

在TRAS重点税源系统上报方式中，税务机关采集相关数据后，通过对表中各项数据设定勾稽关系，进行校对和审核。对公式审核报错的数据，通知下级机关和企业核实确认，修改后重新上报。

随着金税三期系统全面推开，大数据优势越来越明显，税务机关可以将大部分数据从征管核心系统中读取，从而不断提高数据采集质量和效率，纳税服务水平也将得到不断提升。

（二）重点税源报表和上报时限要求

重点税源报表共包括5张报表：基本信息表、税收信息（月报）表、主要产品（月报）表、财务信息（季报）表和企业调查问卷（季报）。报表内容为企业基本信息、每月申报的各税种收入信息、财务信息、产品信息以及与企业生产经营有关的用电量、用工人数、工业增加值等经济信息。

重点税源企业每月需按时上报相关报表。为了提高重点税源数据时效性，全国重点税源报表上报时间为每月18日前，逢节假日顺延。

基本信息表年初一次性填报，年中有变化可以调整；税收月报表、主要产品月报表按月报送；报表所属期为3月、6月、9月、12月时，同时上报财务季报表。需要特别说明的是，企业调查问卷为季报表，按报表所属期2月、5月、8月、11月填报，其中2月、5月、8月填报全年预测指标；11月填报下一年全年预测指标。

四、重点税源行业监控方法

重点税源监控既要进行宏观监控，也要开展微观监控。宏观税源监控通常以行业分析为主线开展，建立完善税源景气指数、行业发展指标特征库，从税收视角反映宏观经济运行状况，预测税收变动趋势，为税收收入管理和调整税收政策提供决策依据。主要监控指标包括纳税人基本信息、税源税收指标、产品（服务）产销指标、财务经济指标、能耗指标、纳税人对未来生产经营的预测等。

微观税源监控以建立行业风险分析指标体系和风险特征库为主线开展，建立健全风险预警系统，定期识别重点税源纳税人申报和税款缴纳过程中的风险点，积极开展风险应对，提高税收管理水平。微观税源监控指标除了宏观监控指标之外，还包括各种比率变动指标，如税负率、资产负债率、各种成本费用变动率等。

各级税务机关应建立重点税源监控分析制度，积极开展税源日常分析、专题分析、税源景气（发展）指数分析和税收风险预警分析等各类分析。技术上采用对比分析法、因素分析法和弹性分析法等多种手段，总结税源行业运行规律，查找税收征管薄弱环节。

★习题精练及答案解析

一、单项选择题

1. 全国税收调查的对象由重点调查企业和（　　）两类组成。

A. 抽样调查企业　　B. 出口退税企业

C. 个体工商户　　D. 指定调查企业

【参考答案】A

【解析】全国税收调查的对象由重点调查企业和抽样调查企业组成，均为独立缴纳增值税的企业。其中，重点调查由财政部和国家税务总局根据税制改革、政策调整和税收管理的需要确定，主要包括各地重点税源监控企业、加工贸易企业等。抽样调查在总结往年经验的基础上，综合考虑税收分析研究需要、数据可获取性及代表性、全国调查能力及省级平衡等主、客观因素，采用科学的抽样方法实施。

2. 税收收入管理在分级管理的基础上采取下管一级模式，上级税务机关对下一级税务机关税收收入管理工作实施（　　）

A. 业务监督　　B. 业务指导　　C. 全面监督　　D. 全面指导

【参考答案】D

【解析】本题考点为税收收入规划管理。上级税务机关对下一级税务机关税收收入管理工作实施全面指导。

3. 下列各项中，（　　）不属于新型税收收入管理的工作目标。

A. 强化地方政府完成预算的能力

B. 提高税务机关统筹收入的自主性

C. 增强组织收入工作的科学性

D. 提升税收管理效率和收入增长质量

【参考答案】A

【解析】本题考点为收入规划。新型税收收入管理主要实现以下四项工作目标：一是强化税务机关完成预算的能力；二是提高税务机关统筹收入的自主性；三是增强组织收入的科学性；四是提升税收管理效率和收入增长质量。

4. 在税收资金平衡表中，“年初余额”可以有数的项目是（　　）。

A. 代征税收　　B. 减免税收　　C. 入库税收　　D. 提退税金

【参考答案】A

【解析】本题考点为税收报表指标体系。税收资金平衡表中，“年初余额”可以有数的项目是代征税收，减免税收、入库税收和提退税金均不能有数。

5. 税收缴款书入库销号，以（　　）为入库日期。

A. 收到国库经收处返回缴款书的日期

B. 缴款书填开日期

C. 商业银行收讫章日期

D. 国库经收处收讫章日期

【参考答案】D

【解析】本题考点为金库对账。入库销号必须以国库经收处收讫章日期为入库日期，再进行对账。

6. 下列各项中税收弹性大于 1 小于 2，说明税收负担率较上一年度（　　）。

A. 下降　　B. 上升　　C. 不变　　D. 不确定

【参考答案】B

【解析】本题考点为税收相对指标。弹性系数大于 1 小于 2 时，表明税负率上升。

7. 地区税收总量与地区经济总量的对比分析，是属于（　　）。

A. 税源分析　　B. 税收关联分析

C. 税收弹性分析　　D. 税负分析

【参考答案】D

【解析】本题考点为税收负担率。地区税收总量与地区经济总量的比值称为宏观税负率。

8. 为确保房地产行业样本质量，除规定的监控标准外，房地产行业重点税源纳税人还应同时满足的条件是（　　）。

A. 项目投资额超过 2 亿元、连续三年实现稳定纳税 500 万元以上且可持续经营

B. 项目投资额超过 2 亿元、连续二年实现稳定纳税 500 万元以上且可持续经营

C. 项目投资额超过 3 亿元、连续三年实现稳定纳税 500 万元以上且可持续经营

D. 项目投资额超过 3 亿元、连续二年实现稳定纳税 500 万元以上且可持续经营

【参考答案】A

【解析】本题考点为重点税源监控标准。房地产行业重点税源纳税人还应同时满足项目投资额超过 2 亿元、连续三年实现稳定纳税 500 万元以上且可持续经营。

9. 新欠发生率的计算公式是（　　）。

A. 新欠税款/GDP × 100%

B. 新欠税款/当年应征税款 × 100%

C. 新欠税款/当年入库税款 × 100%

D. 新欠税款/当年收入预期目标 × 100%

【参考答案】B

【解析】本题考点为欠缴税金核算。新欠发生率 = 新欠税款/当年应征税款 × 100%

10. 2020 年，W 市税务局第一稽查局在日常稽查检查中发现一户纳税人以前年度享受减免政策适用错误，将 200 万元不应享受减免的应征税收收入追缴入库，这项增收因素应属于（　　）。

A. 经济因素　　B. 政策因素

C. 征管因素　　D. 人为因素

【参考答案】C

【解析】本题考点为因素分析法内容。从经济、政策、征管以及特殊因素等方面对税收、税源分析税收。

11. 各地税务机关（　　）利用各类税款过渡账户调节收入进度，（　　）通过设立税款过渡账户获取利息弥补经费。

A. 可以，不得　　B. 可以，可以

C. 不得，不得　　D. 不得，可以

【参考答案】C

【解析】本题考点为税收账户设置。税务机关不得利用各类税款过渡账户调节收入进度，不得通过设立税款过渡账户获取利息弥补经费。

12. 纸质税收票证、账簿以及其他税收票证资料，应当整理装订成册，保存期限（　　）年；作为会计凭证的纸质税收票证保存期限（　　）年。

A. 5，10　　B. 10，10　　C. 10，15　　D. 5，15

【参考答案】D

【解析】本题考点为税收票证。票证管理办法规定，纸质税收票证、账簿以及其他税收票证资料，应当整理装订成册，保存期限为5年；作为会计凭证的纸质税收票证保存期限为15年。

13. 国地税合并后，税务部门在税收征缴过程中，收取的罚没收入、利息收入、违约金收入，其缴库的预算级次是：（　　）。

A. 中央100%　　B. 中央50%，地方50%

C. 中央75%，地方25%　　D. 地方100%

【参考答案】A

【解析】本题考点为税收会计。《财政部关于税务部门罚没收入等政府非税收入管理有关事项的通知》（财税〔2018〕161号）第一款规定，上述税款缴库级次为中央100%。

14. 视同现金管理的票证需要销毁时，必须由（　　）人以上共同清点。

A. 5　　B. 4　　C. 3　　D. 2

【参考答案】D

【解析】本题考点为税收票证。《税收票证管理办法》第五十一条规定，未填用的《税收缴款书（出口货物劳务专用）》、“出口货物完税分割单”、印花税票需要销毁的，应当由两人以上共同清点，编制销毁清册，逐级上缴省税务机关销毁；未填用的《税收缴款书（税务收现专用）》《税收缴款书（代扣代收专用）》《税收完税证明》需要销毁的，应当由两人以上共同清点，编制销毁清册，报经市税务机关批准，指派专人到县税务机关复核并监督销毁；其他各种税收票证、账簿和税收票证资料需要销毁的，由税收票证主管人员清点并编制销毁清册，报经县或市税务机关批准，由两人以上监督销毁；税收票证专用章戳需要销毁的，由刻制税收票证专用章戳的税务机关销毁。

15. 税收会计核算应当以实际发生的税收业务为依据，收集和填制（　　），登记（　　），编制（　　），对申报、查补、评估、征收、减免、缓征、缴库、退库、调库等税收业务进行全面的记录和反映。

A. 会计账簿、会计凭证、会计报表　　B. 会计凭证、会计账簿、会计报表

C. 会计凭证、会计报表、会计账簿　　D. 会计报表、会计凭证、会计账簿

【参考答案】B

【解析】本题考点为税收会计核算。收集和填制会计凭证，登记账簿，编制报表。

16.（　　）是从事前、事中和事后密切跟踪税制改革和税收政策变动的实施情况，测算税收政策变动对经济、税收的定量影响，提出调整和优化建议。

A. 税收形式分析　　B. 税收风险分析

C. 税收政策效应分析　　D. 经济运行分析

【参考答案】C

【解析】本题考点为税收分析。税收政策效应分析是从事前、事中和事后密切跟踪税制改革和税收政策变动的实施情况，测算税收政策变动对经济、税收的定量影响，提出调整和优化建议。

17. 下列各项常用税收收入预测方法中不属于相关与回归预测方法是（　　）。

A. 季节比率　　B. 一元线性回归

C. 多元线性回归　　D. 非线性关系

【参考答案】A

【解析】本题考点为税收分析。季节比率属丁时间序列分析。

18. 税收资金的来源形态是指税收资金形成的具体渠道。下列不属于资金来源类的是（　　）。

A. 应征税金　　B. 多缴税金　　C. 保管款　　D. 暂收款

【参考答案】C

【解析】本题考点为税收会计。选项 C，保管款属于资金占用类科目。

19. 下列各项中，（　　）不是税收会计报表编制的原则。

A. 资料完整　　B. 数据准确　　C. 责任明确　　D. 报送及时

【参考答案】C

【解析】本题考点为税收会计。税收会计报表编制的原则是资料完整、数据准确、口径统一和报送及时。

20. 经国家税务总局和财政部批准开设的税款账户有两种，一是税务待缴库资金账户，二是（　　）。

A. 待征税收账户　　B. 税务代保管资金账户

C. 减免税金账户　　D. 在途税金账户

【参考答案】B

【解析】本题考点为税收会计。目前经国家税务总局和财政部批准开设的税款账户有两种，一是税务待缴库资金账户，二是税务代保管金账户。

21. 下列各项中，（　　）是纳税人据以缴纳税款，税务机关、扣缴义务人以及代征代售人据以征收、汇总税款的税收票证。

A. 税收缴款书　　B. 税收收入退还书

C. 税收完税证明　　D. 其他税收票证

【参考答案】A

【解析】本题考点为税收票证。

22. 国家税务总局关于印发《进一步加强减免税核算工作方案》的通知（税总函〔2015〕183号）对税收会计减免税核算内容进行了调整，在“减免税金”总账科目下增设（　　）明细科目，分户核算反映纳税人享受减免税情况。

A. 纳税人名称　　B. 纳税人姓名.

C. 纳税人识别号　　D. 法定代表人身份证号

【参考答案】C

【解析】本题考点为减免税金核算。

23. 某地区2013年、2014年的税收收入分别为80.1亿元和104亿元，两年的增值税分别为39.2亿元和47.6亿元，增值税对该地区税收收入的增收贡献率为（　　）。（计算结果取整数）

A. 35%　　B. 46%　　C. 8%　　D. 以上都不对

【参考答案】A

【解析】本题考点为税收统计。增值税对该地区税收收入的增收贡献率 = (47.6 − 39.2) ÷ (104 − 80.1) × 100% = 35%。

24. 已知某市8月增值税完成45 000万元，比上年同期增长10%，增收3 200万元；8月钢铁行业增值税完成32 150万元，比上年同期增长25%，增收1 670万元，则8月该市钢铁行业增值税对该市增值税的增收贡献率为（　　）。

A. 52%　　B. 3.7%　　C. 5.2%　　D. 25%

【参考答案】A

【解析】本题考点为税收统计。钢铁行业增值税对该市增值税的增收贡献率 = 1 670 ÷ 3 200 × 100% = 52%。

25. 各期发展水平与相应前期发展水平之比描述的是（　　）。

A. 累计增长量　　B. 定基增长速度

C. 逐期增长量　　D. 环比增长速度

【参考答案】D

【解析】本题考点为税收统计。

26. 根据宏观税负的定义，用来分析宏观税负的经济指标应该是税收收入总额与（　　）的比值。

A. 总产值　　B. 国内生产总值

C. 增加值　　D. 总的销售收入

【参考答案】B

【解析】国际上通用的宏观税负指标是一国或一地区一定时期内（通常为 1 年）税收收入总额与国内生产总值（GDP）的比值。

27. 在构成因素分析中，各因素对总量增长的贡献率等于（　　）。

A. 各因素额/总变化额　　B. 各因素变化额/总额

C. 各因素变化额/总变化额　　D. 各因素额/总额

【参考答案】C

【解析】本题考点为税收统计。

28. 国家税务总局是以企业的（　　）为标准确定税源监控对象和范围。

A. 税收规模　　B. 销售额　　C. 企业大小　　D. 地区企业比例

【参考答案】A

【解析】本题考点为重点税源监控。

29. 2019 年国家税务总局确定的重点税源标准之一是：2018 年实际入库增值税（　　）万元以上的增值税纳税人。

A. 300　　B. 400　　C. 500　　D. 600

【参考答案】C

【解析】本题考点为重点税源监控标准。

30. 建立税源的微观经济指标与宏观经济联系的分析，就是要把具体的企业的微观数据整理、汇总成（　　），并以此推断总体宏观经济形势。

A. 样本数据　　B. 宏观经济数据

C. 经济总量　　D. 具体数据

【参考答案】A

【解析】本题考点为重点税源监控。

31. 某税务局 2019 年税收收入完成 315 亿元，2018 年完成 280 亿元；该地区生产总值实现 4 015 亿元，增长 10.4%。则税收增长弹性为（　　）。

A. 0.832　　B. 1.2　　C. 1.25　　D. 1.5

【参考答案】B

【解析】税收增幅 =（315 − 280）− 280 × 100% = 12.5%；税收弹性 = 12.5% + 10.4% = 1.2。

32. 下列各项中，不属于税收会计占用类科目的是（　　）。

A. 待征税收　　B. 多缴税金

C. 待征其他收入　　D. 减免税金

【参考答案】B

【解析】本题考点为税收会计。多缴税金属于税收会计的来源类科目。

33. 因素分析法是税收微观分析中的一种常用方法。以下关于因素分析法的描述中错误的是（　　）。

A. 因素分析法能够找出主要因素，抓住主要矛盾

B. 因素分析法在实际应用中有连环替代法和差额计算法两种方法

C. 因素分析法适用于多种因素构成的综合性指标的分析

D. 因素分析法的一大缺点是只适用绝对指标的分析

【参考答案】D

【解析】本题考点为税收分析。因素分析法既适用绝对指标又适用相对指标的分析。

34. 2021 年，统计局将继续完善“三新”统计调查，加强工业战略性新兴产业统计，通过完善新经济统计的制度和方法，可以提高已有分类标准的可执行性。“三新经济”是新产业、新业态、新商业模式生产活动的集合，下列不属于“三新经济”的是（　　）。

A. 楼宇经济　　B. 街区经济

C. 社区经济　　D. 总部经济

【参考答案】C

【解析】“三新经济”主要是指楼宇经济、街区经济和总部经济。

二、多项选择题

1. 收入规划工作要坚持的原则有（　　）。

A. 依法治税　　B. 实质重于形式

C. 从经济到税收　　D. 实事求是

【参考答案】ACD

【解析】本题考点为收入规划。收入规划工作要坚持依法治税、从经济到税收和实事求是的原则。

2. 税收资金的来源是指税收资金形成的具体渠道，它包括（　　）。

A. 待征税金　　B. 应征税金　　C. 多缴税金　　D. 暂收款

【参考答案】BCD

【解析】本题考点为税收会计。税收资金的来源形态是指税收资金形成的具体渠道，包括应征税金、多缴税金和暂收款。

3. 做好收入规划工作的重要意义有（　　）。

A. 是确保财政收入稳定增长的重要举措

B. 是保证税收调节经济、调节分配作用得以发挥的客观需要

C. 是维护我国市场经济秩序的重要方面

D. 收入规划工作就是为了完成总局和政府下达的收入任务

【参考答案】ABC

【解析】本题考点为收入规划。做好收入规划工作是确保财政收入稳定增长的重要举措，是保证税收调节经济、调节分配作用得以发挥的客观需要，是维护我国市场经济秩序的重要方面。

4. 新型税收收入管理的工作目标包括（　　）。

A. 强化税务机关完成预算的能力

B. 提高税务机关统筹收入的自主性

C. 增强组织收入工作的科学性

D. 提升税收管理效率

【参考答案】ABCD

【解析】本题考点为收入规划。4 个选项都是新型税收收入管理的工作目标。

5. 新型税收收入管理包括（　　）重要环节。

A. 客观地“定”　　B. 科学地“分”

C. 合理地“调”　　D. 准确地“考”

【参考答案】ABCD

【解析】本题考点为收入规划。新型税收收入管理有 4 个重要的环节，包括：客观地“定”、科学地“分”、合理地“调”、准确地“考”。

6. 新型收入规划管理体系包括（　　）方面。

A. 内部收入规划管理　　B. 外部收入规划管理

C. 深入开展调查研究　　D. 高度重视税收分析

【参考答案】AB

【解析】本题考点为收入规划。新型收入规划管理体系是新时期我国经济发展对税务部门税收职能充分发挥的客观需要，包括内部收入规划管理和外部收入规划管理两个方面。

7. 税收统计的特点有（　　）。

A. 数量性　　B. 具体性　　C. 综合性　　D. 以税法为依据

【参考答案】ABCD

【解析】本题考点为收入统计。税收统计有 5 个特点，4 个选项都是税收统计的特点，还有一个特点是与税收会计关系密切。

8. 税收会计工作的主要任务包括（　　）。

A. 组织税收会计核算，记录和反映税收业务活动，提供税收会计信息

B. 加强税收缴库、退库、调库业务管理，保障税款安全

C. 实施税收会计监督，规范税收业务行为

D. 开展税收会计分析，反映税收、经济运行情况，服务税收决策

【参考答案】ABCD

【解析】本题考点为税收会计。4个选项都是税收会计工作的任务。

9. 下列属于占用类科目的有（　　）。

A. 待征税金、待解税金　　B. 在途税金、减免税金

C. 损失税金　　D. 入库税金、提退税金

【参考答案】ABCD

【解析】本考点为税收会计。4个选项都属于资金占用类科目。

10. 税收会计原始凭证按其反映的税收业务内容的不同分为（　　）等。

A. 应征凭证　　B. 减免凭证　　C. 入库凭证　　D. 征解凭证

【参考答案】ABCD

【解析】本题考点为税收会计。税收会计原始凭证按其反映的税收业务内容的不同分为应征凭证、减免凭证、征解凭证、入库凭证、提退凭证和其他凭证等。

11. 税收会计对账要求将税务机关税收入库数据信息与国库预算收入日报表数据进行核对，税收入库数据信息与国库提供的库报数据要达到（　　）一致。

A. 征收品目　　B. 预算级次　　C. 税款金额　　D. 预算科目

【参考答案】BCD

【解析】本题考点为税收会计。税收入库数据信息与国库提供的库报数据要达到3个一致：一是预算科目的目级科目一致；二是预算级次一致，包括中央、省、市、县4级；三是数据一致，对账精度到角分。

12. 下列属于税收基础报表的有（　　）。

A. 应征税金明细月报表　　B. 代征代扣税款明细月报表

C. 待清理呆账税金明细月报表　　D. 清欠分地区分时期分析表

【参考答案】ABC

【解析】本题考点为税收统计。选项D为税收分析报表。

13. 关于收入规划核算工作的总体要求的描述，下面说法正确的有（　　）。

A. 以数据管理为基础　　B. 以制度建设为保障

C. 以队伍建设为根本　　D. 以税收分析为重点

【参考答案】ABCD

【解析】本题考点为收入规划核算工作的总体要求。

14. 根据《国家税务总局关于欠缴税金按风险分类核算管理的通知》规定，根据每笔欠缴税金相关信息和纳税人财务指标，将欠缴税金（指本年新欠、往年陈欠和关停及空壳企业欠税）按类别进行核算管理，分别是（　　）。

A. 低风险欠缴　　B. 中风险欠缴

C. 高危欠缴　　D. 高风险欠缴

【参考答案】ABCD

【解析】本题考点为欠缴税金核算。

15. 税收会计核算的减免税政策实行减免税政策库管理。以下不纳入减免税政策库，不进行减免税核算的有（　　）。

A. 税前扣除、低税率、不征税等基本税制安排

B. 分期纳税等不减少应缴税金总额的优惠政策

C. 出口退税政策

D. 具有减税效果的新税制安排

【参考答案】ABCD

【解析】本题考点为减免税金核算。以下内容不纳入减免税政策库，不进行减免税核算：税前扣除、低税率、不征税等基本税制安排；分期纳税等不减少应缴税金总额的优惠政策；出口退税政策；具有减税效果的新税制安排；非税务机关执行的减免税政策；国家税务总局规定的其他政策。

16. 税收分析的内容包括（　　）。

A. 税收形势分析　　B. 税收风险分析

C. 政策效应分析　　D. 经济运行分析

【参考答案】ABCD

【解析】本题考点为税收分析。税收分析作为实现税收职能的工具和方法，包括4个方面内容，即税收形势分析、税收风险分析、政策效应分析和经济运行分析。

17. 相关分析是指两个事物之间存在一定关系，这种关系可能是（　　）。

A. 同向关系　　B. 反向关系

C. 确定性相关　　D. 关联相关

【参考答案】ABCD

【解析】本题考点为税收分析。相关分析是指两个事物之间存在一定关系，这种关系可能是同向关系，也可能是反向关系，可以是确定性相关，也可以是关联相关。

18. 2019 年国家税务总局确定的重点税源标准有（　　）。

A. 2018 年实际入库增值税 500 万元以上的增值税纳税人

B. 2018 年缴纳消费税 100 万元以上的消费税纳税人

C. 2018 年缴纳企业所得税 500 万元以上的各类纳税人

D. 2018 年在税务局实际缴纳的其他各项税收合计达到 500 万元以上的纳税人

【参考答案】ABCD

【解析】本题考点为重点税源监控。4 个选项都是 2019 年国家税务总局确定的重点税源标准。

19. 重点税源数据采集的渠道主要有（　　）。

A. 重点税源企业通过单机或网上重点税源直报系统申报，税务机关通过国家税务总局下发的 TRAS 重点税源系统收集上报

B. 税务机关根据实际需要从发展改革委、经济和信息化委等外部门交换信息取得

C. 从互联网查询取得

D. 从税收征管信息系统查询获取

【参考答案】ABCD

【解析】本题考点为重点税源监控。重点税源数据采集的渠道主要有 4 种方式，一是重点税源企业通过单机或网上重点税源直报系统申报，税务机关通过国家税务总局下发的 TRAS 重点税源系统收集上报；二是从税收征管信息系统查询获取；三是税务机关根据实际需要从发改委、经信委等外部门交换信息取得，如规模以上企业工业增加值和利税等；四是从互联网查询取得。

20. 下列属于宏观税源监控指标的有（　　）。

A. 纳税人基本信息　　B. 税源税收指标

C. 产品（服务）产销指标　　D. 能耗指标等

【参考答案】ABCD

【解析】本题考点为重点税源监控。4 个选项均是宏观税源监控指标。

21. 2019 年 1 月 1 日起，部分税收票证管理工作进行调整。其中，（　　）和（　　）（印有固定金额的除外）不再印刷，由金税三期核心征管系统、自然人税收管理系统等直接输出打印，字号统一使用系统税票号码。

A.《税收完税证明》（表格式）　　B.《税收完税证明》（文书式）

C.《税收缴款书（税务收现专用）》　　D.《税收缴款书（银行经收专用）》

【参考答案】AC

【解析】本题考点为税收票证。《国家税务总局关于调整部分税收票证管理工作有关事项的通知》（税总函〔2018〕552 号）规定：《税收完税证明》（表格式）、税务机关开具的《税收缴款书（税务收现专用）》（印有固定金额的除外）不再印刷（以下统称“两类非印刷税收票证”），由金税三期核心征管系统、自然人税收管理系统等（以下统称“税收征管系统”）直接输出打印，字号统一使用系统税票号码（式样见附件）。代征人仍向税务机关领用税总函〔2013〕339 号文件规定的印刷制式《税收缴款书（税务收现专用）》。

22. 根据预算科目变化，2021 年税收会计统计报表制度中删除（　　）。

A. 改征增值税　　B. 成品油增值税退税

C. 生育保险基金收入　　D. 失业保险基金收入

E. 增值税留抵退税

【参考答案】AC

【解析】本题考点为税收报表。《国家税务总局关于印发 2021 年税收会计统计报表制度的通知》（税总函〔2020〕275 号）规定：根据预算科目变化删除改征增值税、生育保险基金等相关核算项目。

23. 以下项目是使用收入法核算国内生产总值的组成部分的有（　　）。

A. 居民消费　　B. 净出口

C. 劳动者报酬　　D. 生产税净额

【参考答案】CD

【解析】本题考点为国内生产总值收入法计算。

24. 税务机关应当定期就已办结的缴库、退库、调库业务与国库进行对账，对账项目包括（　　）。

A. 预算科目　　B. 预算级次　　C. 征收品目　　D. 税款金额

【参考答案】ABD

【解析】本题考点为税收会计对账。

25. 在 2021 年全国税收调查表中，本年销项税额分三项填写，以下正确的是（　　）

A. 适用 16% 税率的销项税额　　B. 适用 13% 税率的销项税额

C. 适用 9% 税率的销项税额　　D. 适用 6% 税率的销项税额

【参考答案】BCD

【解析】本题考点为税收调查。

26. 以下关于免抵调业务涉及的预算科目和预算级次正确的是（　　）。

A. 免抵调增增值税级次为中央 50%，地方 50%

B. 免抵调增增值税级次为中央 100%

C. 免抵调减增值税级次为中央 50%，地方 50%

D. 免抵调减增值税级次为中央 100%

【参考答案】AD

【解析】本题考点为税收会计。免抵调增增值税级次为中央 50%，地方 50%，免抵调减增值税级次为中央 100%。

27.（　　）应当视同现金进行严格管理。

A.《税收缴款书（税务收现专用）》　　B.《税收缴款书（银行经收专用）》

C. 税收收入退还书　　D. 税收票证专用章戳

【参考答案】AD

【解析】本题考点为税收票证。选项中视同现金管理有《税收缴款书（税务收现专用)》和税收票证专用章戳。

28. 国内生产总值有三种表现形态，即（　　）。

A. 价值形态　　B. 货币形态

C. 收入形态　　D. 产品形态

【参考答案】ACD

【解析】本题考点为统计指标。国内生产总值有三种表现形态，分别为价值形态、收入形态、产品形态。

29. 减免税明细科目“减免类型”，按减免税业务办理类型分别设置（　　）细目，核算不同业务类型办理的减免税情况。

A. 出口退税　　B. 征前减免　　C. 退库减免　　D. 抵顶欠税

E. 先征后退

【参考答案】BCD

【解析】本题考点为税收会计。

30. 可通过税务代保管资金账户收纳的款项类别有（　　）。

A. 纳税保证金　　B. 发票保证金

C. 纳税担保金　　D. 税收保全款

E. 批缓税款

【参考答案】ABCD

【解析】本题考点为税收账户。《国家税务总局 财政部 中国人民银行关于进一步加强税务代保管资金管理工作的通知》(税总发〔2017〕67 号）的规定。

31. 下列属于数据电文税收票证的是（　　）。

A. S 企业通过横向联网电子缴税系统缴纳税款时，向国库发送的电子缴款信息

B. W 企业通过横向联网电子缴税系统办理税款退库时，向国库发送的电子退款信息

C. Y 企业通过 A 市自行开发的税库银联网系统缴纳税款时，向国库发送的电子缴款信息

D. Z 企业通过国家税务总局金税三期系统缴纳税款后，开具的《税收缴款书（税务收现)》票证的电子信息

【参考答案】AC

【解析】本题考点为税收票证。《税收票证管理办法》规定，税收票证包括纸质形式和数据电文形式。数据电文形式税收票证是指通过横向联网电子缴税系统办理税款的征收缴库、退库时，向银行、国库发送的电子缴款、退款信息。第十四条第二款规

定，税收收入退还书应当由县以上税务机关税收会计开具并向国库传递或发送。国家税务总局关于实施《税收票证管理办法》若干问题的公告(2013 年第 34 号）规定，存储在税收征管系统中纸质税收票证的电子信息，不属于数据电文形式税收票证，所以选项 B、D 错误。

32. 以下税收票证和税收票证专用章戳不能继续使用的是（　　）。

A. 毁损残票　　B. 追回的税收票证

C. 毁损的税收票证专用章戳　　D. 追回的税收票证专用章戳

【参考答案】ABCD

【解析】本题考点为税收票证。《税收票证管理办法》第四十二条，毁损残票和追回的税收票证按照本办法第五十一条规定销毁。第四十四条，毁损和损失追回的税收票证专用章戳按照本办法第五十一条规定销毁。

33. 全国税收调查的对象由重点调查企业和抽样调查企业组成，其中抽样调查对象的确定采用非同比分层等距抽样方法，先后按照（　　）进行分层，并结合调查对象数据质量、税务机关调查能力等因素对样本抽取比例进行调整。

A. 地区　　B. 行业　　C. 企业规模　　D. 销售额

E. 税收规模

【参考答案】ABC

【解析】本题考点为税收调查。全国税收调查抽样企业选取方法。

34. 下列属于“应征税收”科目核算内容的有（　　）。

A. 定期定额征收税金　　B. 核定税金

C. 纳税保证金　　D. 查补的各种税金、滞纳金和罚款

E. 不须缴纳，但须向税务机关申请的已发生的征前减免税金

【参考答案】ABDE

【解析】本题考点为会统核算。税收会计制度第十八条规定：本类科目核算纳税人发生纳税义务后，税务机关应征的税金。包括：①纳税人和扣缴义务人及代征代售单位（人）向税务机关申报、预缴或由税务机关直接核定的应纳税金；②按定期定额方式征收的应纳税金；③不须缴纳，但须向税务机关申请的已发生的征前减免税金；④查补的各种税金、滞纳金和罚款；⑤税务机关征收的临时性零散税金等。

35. 税收分析中的非即期因素包括（　　）。

A. 汇算清缴　　B. 查补税收

C. 清理欠税　　D. 缓缴税款

E. 政策性减免

【参考答案】ABCDE

【解析】本题考点为税收分析相关知识。

三、判断题

1. 新型税收收入管理有 4 个重要的环节，即客观地“分”、科学地“定”、合理地“调”、准确地“考”。（　　）

【参考答案】×

【解析】本题考点为收入规划。新型税收收入管理有 4 个重要的环节，包括：客观地“定”、科学地“分”、合理地“调”、准确地“考”。

2. 合理地“调”就是指上级税务机关对下级税务机关下达税收计划后，在整体税收计划保持基本稳定的情况下，对有增收潜力的地区与收入缺口较大地区税收计划进行相应有增有减的调整。（　　）

【参考答案】×

【解析】本题考点为收入规划。合理地“调”是指上级税务机关对下级税务机关下达税收目标后，在整体税收目标保持基本稳定的情况下，对有增收潜力的地区与收入缺口较大地区税收目标进行相有增有减的调整，或在总体目标受到各种不确定因素影响的情况下，根据客观实际情况对总量进行适度调整的一系列收入目标管理活动。

3. 税收会计核算的对象是税收资金及其运动，即税务部门组织征收的各项收入的应征、征收、减免、欠缴、入库和提退等运动的全过程。（　　）

【参考答案】√

【解析】本题考点为税收会计。

4. 税收会计核算应当坚持客观性、全面性、连续性原则。（　　）

【参考答案】×

【解析】本题考点为税收会计。税收会计核算应当坚持客观性、相关性、连续性原则。

5. 扣缴义务人未按规定为纳税人开具税收票证的，税务机关核实税款缴纳情况后，应当为纳税人开具税收缴款书。（　　）

【参考答案】×

【解析】本题考点为税收票证。扣缴义务人未按规定为纳税人开具税收票证的，税务机关核实税款缴纳情况后，应当为纳税人开具税收完税证明。

6. 累计税收同比增长幅度常用以描述税收的短期增减趋势。（　　）

【参考答案】×

【解析】本题考点为税收统计。当月税收环比增长幅度常用以描述税收的短期增减趋势。累计税收同比增长幅度常用以表示税收收入增减变化的中长期趋势。

7. 分析形成差异的原因，借以了解经济活动的成绩和问题的一种分析方法，它只适用于同质指标的对比。（　　）

【参考答案】√

【解析】本题考点为税收分析。

8. 房地产开发企业项目投资额超过1亿元的，应纳入重点税源监控范围。（　）

【参考答案】√

【解析】本题考点为重点税源监控。

9. 退库减免核算会计分录借记“提退税金”科目，贷记“应征”类科目；借记“减免税金”科目，贷记“提退税金”科目。（　）

【参考答案】×

【解析】本题考点为税收会计。根据税收会计制度规定：退库减免核算会计分录借记“提退税金”科目，贷记“入库”类科目；借记“减免税金”科目，贷记“提退税金”科目。

10. 重点税源监控实行总局、省级局、地（市）级局和县级局4级管理模式，由上而下，层层负责。（　）

【参考答案】×

【解析】本题考点为税源监控。重点税源监控实行总局、省级局、地（市）级局和县级局4级管理模式，由下而上，层层负责。

11. 各级税务机关的组织收入目标是由国家税务总局直接编制和确定的。（　）

【参考答案】×

【解析】本题考点为收入规划。

12. 累计税收同比增长幅度常用以描述税收的短期增减趋势。（　）

【参考答案】×

【解析】本题考点为统计指标。当月税收环比增长幅度常用以描述税收的短期增减趋势，累计税收同比增长幅度常用以描述税收收入增减变化的中长期趋势。

13. 开展税负分析是提高税收征管质量和效率的一个重要抓手和突破口。（　）

【参考答案】√

【解析】本题考点为税收分析。在其他因素不变的情况的，税负的变化反映了税收征管质量的高低。

14. 编制会计统计年报时发现年度内某月待征税金数据有误，因月度数据已经确定，年报时不予调整。（　）

【参考答案】×

【解析】本题考点为会计统计报表。对年度内各月报表的口径和数据误差，应在编制年报时一并修改更正；对结转下年的各税收会计账簿的期末余额，必须在年终一次调整确定，不得随意更改。

第七章 信息化管理

第一节 信息化管理制度

一、《国家税务总局关于加强税收信息化管理工作的意见》（税总发〔2020〕31号）

1. 管理目标

（1）进一步加强信息化规划和管控。

（2）进一步完善项目管理机制。

（3）进一步深化数据治理和应用。

（4）进一步提升信息化运营能力。

（5）进一步提升信息化内生动力。

2. 总体要求

（1）加强信息化规划和管控。

以“金税四期”为契机强化信息化规划和管控，进一步加强信息化项目立项、技术选型、建设等关键环节的规划管控力度。

清理整合应用系统，按照分类施策整合存量、加强统筹管住增量的原则，开展清理整合。

有序开展新技术试点应用，税务总局统筹推进新技术在税收领域的应用，建立省税务局新技术应用试点备案制度，规范新技术试点选型，定期开展评估。

（2）健全管理制度机制。

整合信息化管理制度。完善需求管理机制，明确信息化需求统筹职责。

严格项目管控。严控新增项目；严统应用建设；严抓开发和应用管理；严格项目推广；严审省税务局新建重大项目；严管项目及经费；严密全流程监管。

实行经费管理分工制约。财务部门管、征科部门用、督审部门审。

（3）深化数据治理和应用。

构建数据驱动的业务新模式，规范数据管理机制，提升满足应用的数据治理能力。

（4）提升信息化运营质效。

优化基础设施管理机制，完善运维管理体系，落实安全管理要求，促进服务商提升服务质效。

（5）增强信息化保障能力。

坚持党建引领，加强组织领导，深化内控监督，注重能力建设，充实人力资源。

（6）加强廉政风险防控。

建立健全廉政风险防控机制，严格信息化人员管理，严格执行党规党纪和法律法规要求。

二、《国家税务总局办公厅关于进一步加强税务总局机关信息化项目立项管理的通知》（税总办发〔2020〕28号）

1. 立项管理

（1）范围。信息系统、信息资源库、信息安全基础设施、信息化标准体系、信息化支撑保障配套项目。

（2）分类。年度立项，往年已有项目在本年度延续；新增立项，需要新增的信息化项目。

（3）年度立项流程。

①征集年度立项需求，征管科技司；

②申报年度立项需求，项目业主单位；

③审核项目必要性，征管科技司、电税中心、数据风险局、办公厅；

④项日预算建议评审，财务管理司；

⑤审定年度立项安排，三次会议（网信办专题会、网信办全体会、总局党委会）；

⑥办理年度立项发文，征管科技司。

（4）新增立项流程。

①申请新增立项，项目业主单位；

②需求规划评估，征管科技司会同相关部门；

③进行立项审核，征管科技司、财务管理司、督察内审司、电税中心、采购中心、数据风险局；

④提请立项审批，项目业主单位；

⑤组织预算评审，财务管理司；

⑥办理正式立项，征管科技司（预算金额超过200万元的项目，须总局党委会审议后，办理项目正式立项）。

（5）其他需要强调的几个关键点。

①六司会审制度：征科司、财务司、督审司、数风局、电税中心、采购中心。

②“三分离”机制：立项、预算、采购三分离。

③项目需求申报书包含需求申报内容和预算测算说明两大部分。需求申报书中包括项目基本信息、主要内容和项目边界，从源头避免重复申报。申报书中要填写具体需求、实施计划，以充分支撑项目的必要性和可行性。

④项目预算说明中按软硬件、人力资源服务、软件开发、技术支持等不同内容，提供功能点法、历史对照法等5类评估方法，形成7张不同制式测算表，包含30余项测算要素，支持按照信息化项目类型选择最匹配的测算方式，更科学准确进行预算测算。

⑤信息化项目立项必须通过平台进行“机报”“机审”，项目立项申请部门通过平台提交申请，各职能部门按照分工依托平台开展线上审核，全程透明留痕。各省局、市局也要用好用实平台，将项目全流程纳入平台管理，坚决防止线上线下两张皮，切实以“信息化管信息化”。

三、《国家税务总局办公厅关于进一步加强税务总局信息系统需求管理的通知》（税总办发〔2020〕22号）

1. 工作流程

（1）业务要求提出，各司局通过信息化项目管理平台提交，命名为“××司（局）关于××的业务要求”；

（2）业务要求受理，各省局如有业务要求，应按照运维管理程序，先提交总局对口业务司局确认同意后，作为业务司局的业务要求提交；

（3）业务要求审核及需求编写，征管科技司负责对业务要求完整性、合规性进行审核；

（4）业务需求开发，通过用户测试后，统一由网信办通过运维管理平台发布信息系统版本；测试过程中发现的业务需求问题，通过运维管理平台报告。

2. 业务要求提出时间

一般业务要求。各信息系统一般在每季度发布一次升级版本，为降低大征期运维工作压力，升级版本一般在每年2、5、8、11月发布升级。业务部门在政策制定过程中，政策实施时间应尽量避开大征期。

特殊业务要求。党中央、国务院的决策部署；税务总局党委临时安排的紧急任务；信息系统出现阻断性程序问题，以及严重影响纳税人办税便捷性、准确性的问题。特殊业务要求将发布紧急升级版本或补丁。

一般业务要求中涉及数据供给的，在不影响数据的准确性、连续性及可追溯性的前提下，可由提出要求的业务司局与实施单位共同协商实现时间。

3. 工作要求

（1）应对业务设计思路、业务处理规则、逻辑关系和功能要求进行详细描述。应附带相应的政策文件依据，若政策文件尚未签发，可附政策文件的会签稿或经局领导批准的工作方案。

（2）业务要求中涉及正式发文的纸质表单。应提供纸质表单的表样及详细的填表说明；有查询统计需要的，应同步提交查询统计要求，明确取数口径。

（3）涉及新税（费）种开征的，应提供开征新税（费）种的计税依据、征收品目、预算科目；涉及到相关代码调整的，应提供代码修订内容；需要新增代码的，应说明编码规则及具体码值；涉及税收减免政策，需会同规划核算司同步提交该优惠政策的税收减免性质代码及核算需求。

四、《国家税务总局办公厅关于加强税收信息化项目开发和应用管理工作的通知》（税总办发〔2020〕64号）

1. 目标和范围、方式

（1）目标。促进信息化项目开发符合总局税收信息化规划、技术应用等要求。及时纠正项目开发实施与合同约定、业务需求的偏差。纠正开发过程中“未报先建”“偷工减料”或“以小套大、长头长脚”等问题。

（2）范围。总局年度立项、新增立项的重点信息化项目，暂不包括：预算金额200万元以下的项目；培训类、咨询类、教材编写类、人工服务类等不需要开发的项目；由外部门牵头负责开发的项目。

（3）方式。过程监理、关键环节审议、网信办框架、多部门多环节监控。

2. 过程监理

（1）项目开发重要节点：需求分析、设计、测试、变更等；

（2）项目实施关键环节：开工报告、中期报告、项目验收、资金支付；

（3）监理单位出具监理意见或方案。

3. 关键环节审议

（1）项目开工，开发应用管理，部门组织审议开工报告；

（2）项目中期，开发应用管理部门组织，实施单位、业主单位、职能部门参加，审议中期报告；

（3）项目验收，开发应用管理部门组织，职能部门参加，审议项目验收资料；

（4）审议的方式，包括专题会议、专家评估、现场专项检查等。职能部门包括征管科技部门、财务管理部门、督察内审部门、数据风险管理部门、电子税务管理部门、集中采购部门，按照职责分工发表审议意见。

五、地方特色软件清理整合

1. 目标和范围

按照“分类施策整合存量、加强统筹管住增量”要求，全面清理整合特色软件，严格控制自行新建系统，大幅缩减省局特色软件数量，全面清理市局及县局特色软件，各省范围内特色软件总量原则上“只减不增”。

清理范围包括：省、市、县局自行组织建设（包括已经立项、正在开发中）的各类本地应用系统。总局统推应用系统和按照总局《电子税务局规范》开发建设的各省电子税务局不在本次清理整合范围。

2. 清理整合策略

（1）税务端生产应用类特色软件。

与全国统推应用系统主体功能类似或相近的，全面并入统推系统；

与全国统推应用系统主体功能有冲突的，全部予以关停清理；

与全国统推应用系统主体功能不同的，以省为单位实行集成整合，

其中暂时难以整合的、功能类似的应用系统全省只保留一个。

（2）税务端分析应用类特色软件。

省税务局税务数据查询统计和风险分析类地方特色软件，统一整合至各省金税三期决策支持系统或税收大数据平台。

（3）纳税人缴费人端特色软件。

严格按照税务总局《电子税务局规范》要求进行整合，以省为单位，在确保办税（费）服务质量的前提下，省内各类纳税人缴费人端特色软件，原则上相同功能只保留一个，并力争全部并入电子税务局。

3. 严控新增特色软件

（1）实施省税务局新增特色软件备案管理。

省税务局拟新建应用软件类项目，必须先由省税务局网信办论证通过，经同级纪检组长和督审部门主要负责人签字同意；预算超过 200 万元的项目，在报党委会议正式立项审议前，须编制新增地方特色软件申请备案表，以正式文件报税务总局备案。

（2）严控市级、县级税务局新建应用系统。

市税务局、县税务局原则上不得新建应用系统，确有需要的，应向省税务局提交业务需求，通过省税务局现有特色软件实现相关功能。确无法在现有软件中实现的，省税务局参照新增地方特色软件备案程序进行严格备案。

（3）建立税收信息化项目清单库。

按照分级管理原则，建立税收信息化项目清单库。税务总局负责全国统推及税务总局机关信息化项目的审核、入库和调整，备案审核省税务局特色软件，并对项目清单库中所有项目进行监督检查。项目清单库实行动态调整机制，未纳入清单库的不得推广应用、不得安排经费。

六、税务系统信息化服务商失信行为记录名单制度

1. 范围和失信行为分类

信息化服务商：信息化服务商是指为税务总局、各省（自治区、直辖市和计划单列市）税务局提供信息化项目承建、运维、咨询、监理服务或参加相关采购活动的单位或个人。

管理对象分类：

一般失信行为

严重失信行为：如违反网络安全管理规定、违规收费、“围猎”税务人员行为、违规聘用离职税务人员等。

2. 结果应用及信用修复

总局网信办按季通报。

一般失信行为：由认定部门的同级网信办函告服务商。

严重失信行为：由认定部门的同级网信办约谈服务商主要负责人违反合同约定内容的：由采购部门按合同约定处理影响恶劣的严重违法失信行为：由采购部门将其推送财政部纳入政府采购严重违法失信行为记录名单。

一般失信行为的服务商：自通报之日起，一年内未再发生新的失信行为的，由税务总局网信办将其移出税务系统失信记录名单。

严重失信行为的服务商：自通报之日起，三年内未再发生新的失信行为的，由税务总局网信办将其移出税务系统失信记录名单。

第二节　信息化基础知识

一、信息化的概念

1. 信息化的概念

信息化代表一种信息技术高度应用，信息资源高度共享，以致人的智能潜力以及社会物质资源潜力充分发挥，个人行为、组织决策和社会运行趋于合理化的理想状态；同时信息化也是建立在IT产业发展与IT在社会经济各部门扩散的基础之上，不断运用IT改造传统经济和社会结构，通往前述的理想状态的一段持续过程。

信息化建设是指品牌利用现代信息技术来支撑品牌管理的手段和过程。

2. 信息化建设

信息化建设的内容包括：基础设施建设；软件系统建设；组织体系建设；系统安全体系、灾难备份与恢复建设；组织信息化与业务连续性管理意识培养和强化。

3. IT 治理概念

为确定组织目标和确保目标实现的绩效监控所提供的治理结构。IT 治理关键要素涵盖 IT 组织、IT 战略、IT 架构、IT 基础设施、业务需求、IT 投资、信息安全等，主要确定要素或活动中“做什么决策？谁来决策？怎么来决策？如何监督和评价决策？”。

二、国家信息化治理

1. 网络安全法

《中华人民共和国网络安全法》由全国人大常委会于 2016 年 11 月 7 日发布，自 2017 年 6 月 1 日起施行，立法宗旨是保障网络安全，维护网络空间主权和国家安全、社会公共利益，保护公民、法人和其他组织的合法权益，促进经济社会信息化健康发展。

2. 国家层级信息化建设

2016 年 7 月发布实施《国家信息化发展战略纲要》，作为纲领性文件规范和指导 2016 年－2025 年国家信息化发展，是国家中长期战略规划的重要组成部分。

2016 年 12 月发布实施《“十三五”国家信息化规划》，是指导“十三五”时期各地区各部门信息化工作的具体行动指南，也是“十三五”规划纲要和《国家信息化发展战略纲要》关于信息化任务的细化落实。

第三节　计算机终端设备

一、计算机组成

计算机系统由硬件系统和软件系统两大部分组成。硬件是构成计算机的实体，是计算机系统中实际装置的总称，如机箱、键盘、鼠标器、显示器和打印机等，都是所谓的硬件。

（一）计算机的硬件系统

硬件是指组成计算机的各种物理设备，是指那些看得见、摸得着的实际物理设备。它包括计算机的主机和外部设备，具体由五大功能部件组成，即运算器、控制器、存储器、输入设备和输出设备，这五大部分相互配合、协同工作。

计算机简单工作原理：首先由输入设备接收外界信息（程序和数据），控制器发出指令将数据送入（内）存储器，然后向内存储器发出取指令命令。在取指令命令下，程序指令逐条送入控制器。控制器对指令进行译码，并根据指令的操作要求，向存储器和运算器发出存数、取数命令和运算命令，经过运算器计算并把计算结果存在（内）

存储器内。最后在控制器发出的取数和输出命令的作用下，通过输出设备输出计算结果。

1. 主机

主机由控制器、运算器和存储器三个部分组成。

（1）控制器。

控制器是计算机的控制中心，实现处理过程的自动化。计算机系统各个部件在控制器的控制下协调地进行工作。

（2）运算器。

运算器的功能是在控制器的指挥下，对信息或数据进行处理和运算，包括算术运算和逻辑运算，其内部有一个算术逻辑运算部件（Arithmetical Logic Unit，ALU）和若干种寄存器。运算器主要工作是数据处理（运算）和暂存运算数据。

（3）存储器。

存储器（Memory）一般是指内存储器，简称内存，是计算机用来存放程序和数据的记忆部件。常用的存储单位如下。

位（bit）：表示一位二进制信息，可存放一个 0 或 1，是计算机中存储信息的最小单位。

字节（Byte）：是计算机中存储器的一个存储单元，由 8 个二进制位组成。字节（B）是存储容量的基本单位。

字：由若干个字节组成，是信息处理的单位。保存信息到存储单元的操作称作“写”操作，从存储单元中获取信息的操作称作“读”操作，“读”“写”时一般都以字节为单位。“读”操作不会影响存储单元中的信息，“写”操作使新的信息取代存储单元中原有的信息。

内存储器直接和运算器、控制器交换信息，分为随机存取存储器（Random Access Memory，RAM）和只读存储器（Read Only Memory，ROM）两种。

RAM 中的信息可随机读出或写入，一旦关机（断电），信息不再保存。

ROM 中的信息只有在特定条件下才能写入，通常只能读出而不能写入，断电后，ROM 中的原有内容保持不变。ROM 一般用来存放自检程序、配置信息等。

2. 输入设备

输入设备将原始数据、程序和控制信息转换成计算机所能识别的二进制形式的电信号，送到计算机内存中。常用输入设备有键盘、光电输入机、磁盘驱动器和磁带机等。最早使用的是纸带输入机和卡片输入机，都属于光电输入机，把程序和数据的代码在纸带或卡片上打成不规则的孔，利用光转换成电的原理，变成电的脉冲代码。20 世纪末，使用最为普遍的输入方法是键盘输入，广泛用在微型计算机和终端上。这种方法可将按键所代表的字符直接转换成电脉冲代码。

3. 输出设备

将计算结果或中间结果用人所能识别的形式表现出来，常用输出设备有屏幕显示器、打印机、各种绘图仪等。这些设备可根据计算机工作的需要以多种颜色和多种速度输出结果。

4. 外存储器

在计算机外还有辅助存储器，称为外存储器，简称外存。外存储器有补充内存和长期保存程序、数据及运算结果的作用。外存储器存储的内容不能直接供计算机使用，而要先送入内存，再从内存提供给计算机。外存的特点是容量大、能够长时间保存内容，存取速度比内存慢。个人计算机常见的外存储器有 U 盘、硬盘存储器、磁带存储器、光盘存储器等。

U 盘：U 盘也称为“闪存盘”，可以通过计算机的 USB 口存储数据。与软盘相比，由于 U 盘的体积小、存储量大及携带方便等诸多优点，U 盘已经取代软盘的地位。

硬盘存储器：硬盘是由涂有磁性材料的铝合金圆盘组成的，每个硬盘都由若干个磁性圆盘组成。

磁带存储器：磁带也称为顺序存取存储器 SAM，存储容量很大，但查找速度很慢，一般仅用作数据后备存储。计算机系统使用的磁带机有 3 种类型：盘式磁带机、数据流磁带机及螺旋扫描磁带机。

光盘存储器：光盘指的是利用光学方式进行信息存储的圆盘，应用了光存储技术，即使用激光在某种介质上写入信息，然后再利用激光读出信息。光盘存储器可分为 CD-ROM、CD-R、CD-RW 和 DVD-ROM 等。

（二）计算机的软件系统

计算机软件系统包括系统软件和应用软件两大类。

1. 系统软件

系统软件是指控制和协调计算机及其外部设备，支持应用软件开发和运行的软件。其主要的功能是进行调度、监控和维护系统等。系统软件是用户和裸机的接口。

（1）操作系统软件，如 DOS、Windows 98、Windows NT、Windows XP、Linux、Netware 等。

（2）各种语言的处理程序，如低级语言、高级语言、编译程序、解释程序等。

（3）各种服务性程序，如机器的调试、故障检查和诊断程序、杀毒程序等。

（4）各种数据库管理系统，如 SQL Sever、Oracle、Informix、Foxpro 等。

2. 应用软件

应用软件是用户为解决各种实际问题而编制的计算机应用程序及其有关资料。应用软件主要有以下几种。

（1）用于科学计算方面的数学计算软件包、统计软件包。

（2）文字处理软件包，如 WPS、Word 等。

（3）图像和动画处理软件包，如 Photoshop、3DS MAX 等。

（4）各种财务管理软件、税务管理软件、工业控制软件、辅助教育等专用软件。

3. 硬件和软件的关系

硬件与软件是相辅相成的，硬件是计算机的物质基础，没有硬件就无所谓计算机，软件是计算机的灵魂，没有软件，计算机的存在就毫无价值。

硬件系统的发展给软件系统提供了良好的开发环境，而软件系统发展又给硬件系统提出了新的要求。

★习题精练及答案解析

一、单项选择题

1. 当前的计算机一般称为第四代计算机，所采用的逻辑元件是（　　）。

A. 晶体管　　B. 集成电路

C. 电子管　　D. 大规模、超大规模集成电路

【参考答案】D

【解析】当前的计算机一般称为第四代计算机，所采用的逻辑元件是大规模、超大规模集成电路。第四代计算机所采用的逻辑元件是大规模、超大规模集成电路。

2. 计算机当前的应用领域无处不在，但其应用最早的领域却是（　　）。

A. 数据处理　　B. 科学计算　　C. 人工智能　　D. 过程控制

【参考答案】B

【解析】计算机当前的应用领域无处不在，但其应用最早的领域却是科学计算。

3. 能够将高级语言源程序加工为目标程序的系统软件是（　　）。

A. 解释程序　　B. 汇编程序　　C. 编译程序　　D. 编辑程序

【参考答案】C

【解析】能够将高级语言源程序加工为目标程序的系统软件是编译程序。

4. 计算机中的运算器的主要功能是完成（　　）。

A. 代数和逻辑运算　　B. 代数和四则运算

C. 算术和逻辑运算　　D. 算术和代数运算

【参考答案】C

【解析】计算机中的运算器的主要功能是完成算术和逻辑运算。

5. 下列计算机接口中，可以直接进行“插拔”操作的是（　　）。

A. COM　　B. LPT　　C. PCI　　D. USB

【参考答案】D

【解析】除了 USB，COM 是串口，LPT 是并口，PCI 是主板插槽，都不能热插拔（带电插拔）。

6. 微型计算机的主频很大程度上决定了计算机的运行速度，是指（　　）。

A. 计算机的运行速度快慢　　B. 微处理器时钟工作频率

C. 基本指令操作次数　　D. 单位时间的存取数量

【参考答案】B

【解析】微型计算机的主频是指微处理器时钟工作频率。

7. 六位二进制数最大能表示的十进制整数是（　　）。

A. 64　　B. 63　　C. 32　　D. 31

【参考答案】B

【解析】$2^6-1=63$。

8. 下列四组数依次为二进制、八进制和十六进制的是（　　）。

A. 11，78，19　　B. 12，77，10

C. 12，80，10　　D. 11，77，19

【参考答案】D

【解析】二进制只能出现 0 ~ 1 两个符号，八进制只能出现 0 ~ 7 八个符号。

9. ROM 中的信息是（　　）。

A. 由计算机制造厂预先写入的

B. 在系统安装时写入的

C. 根据用户需求不同，由用户随时写入的

D. 由程序临时写入的

【参考答案】A

【解析】ROM 中的信息是由计算机制造厂预先写入的，只能读，不能写。

10. 在标准 ASCII 编码表中，数字码、小写英文字母和大写英文字母的前后次序是（　　）。

A. 数字、小写英文字母、大写英文字母

B. 小写英文字母、大写英文字母、数字

C. 数字、大写英文字母、小写英文字母

D. 大写英文字母、小写英文字母、数字

【参考答案】C

【解析】标准 ASCII 编码表的前后次序是数字、大写英文字母、小写英文字母。

11. 十进制数 91 相当于二进制数（　　）。

A. 1101011　　B. 1101111　　C. 1110001　　D. 1011011

【参考答案】D

【解析】$1011011 = 0 * 2^7 + 1 * 2^6 + 0 * 2^5 + 1 * 2^4 + 1 * 2^3 + 0 * 2^2 + 1 * 2^1 + 1 * 2^0 = 64 + 16 + 8 + 2 + 1 = 91$。

12. 将汇编语言源程序翻译成计算机可执行代码的软件称为（　　）。

A. 编译程序　　B. 汇编程序　　C. 管理程序　　D. 服务程序

【参考答案】B

【解析】将汇编语言源程序翻译成计算机可执行代码的软件称为汇编程序。

13. 7 位二进制编码的 ASCII 码表示的字符个数是（　　）。

A. 127　　B. 255　　C. 256　　D. 128

【参考答案】D

【解析】$2^7 = 128$。

14. 与二进制数 11111110 等值的十进制数是（　　）。

A. 251　　B. 252　　C. 253　　D. 254

【参考答案】D

【解析】二进制数 11111110 等值的十进制数为 $128 + 64 + 32 + 46 + 8 + 4 + 2 = 255 - 1 = 254$。

15. 用来表示计算机辅助设计的英文缩写是（　　）。

A. CAI　　B. CAM　　C. CAD　　D. CAT

【参考答案】C

【解析】计算机辅助设计是 CAD。

16. 在计算机内部，数据加工、处理和传送的形式是（　　）。

A. 二进制码　　B. 八进制码　　C. 十进制码　　D. 十六进制码

【参考答案】A

【解析】在计算机内部，数据加工、处理和传送的形式是二进制码。

17. 在计算机中表示存储容量时，下列描述中正确的是（　　）。

A. 1KB = 1 024MB　　B. 1KB = 1 000B

C. 1MB = 1 024KB　　D. 1MB = 1 024GB

【参考答案】C

【解析】1KB = 1024B，1MB = 1 024KB，1GB = 1 024MB。

18. 已知英文字母 m 的 ASCII 码值为 109，那么英文字母 p 的 ASCII 码值为（　　）。

A. 111　　B. 112　　C. 113　　D. 114

【参考答案】B

【解析】p 的 ASCII 码值 = m 的 ASCII 码值 + 3 = 109 + 3 = 112。

19. 具有多媒体功能的微型计算机系统中，常用的 WORM 是（　　）。

A. 只读型大容量软盘　　B. 只读型光盘

C. 一次性写入多次读出光盘　　D. 半导体只读存储器

【参考答案】C

【解析】WORM 意指 Write Once Read Many，一次写入多次读取。

20. “32 位微型计算机”中的 32 指的是（　　）。

A. 微机型号　B. 内存容量　C. 运算速度　D. 机器字长

【参考答案】D

【解析】“32 位微型计算机”中的 32 意指机器字长。

21. 计算机的基本构成包括主机、显示器、键盘、鼠标，它们均属于（　　）。

A. 软件部分　B. 硬件部分　C. 主机部分　D. 主板部分

【参考答案】B

【解析】硬件部分是计算机各项功能实现的物质基础，包括主机、显示器、键盘、鼠标等。

22. Office Excel 属于（　　）。

A. 电子表格软件　　B. 文字处理软件

C. 图形图像软件　　D. 网络通信软件

【参考答案】A

【解析】Excel 是 Microsoft Office 组件之一，用于处理电子表格的软件

23. 在 Windows 7 操作系统中，显示桌面的快捷键是（　　）。

A. “Win” + “D”　　B. “Win” + “P”

C. “Win” + “Tab”　　D. “Alt” + “Tab”

【参考答案】A

【解析】先按住 Win 键不放然后再选择 D 键，可以显示桌面。

24. 计算机是能够处理和加工各种电子信息的现代化工具，是一种高度自动化的。能对各种文字、数字、声音和图像进行存储和快速运算的（　　）。

A. 电子设备　　B. 机械设备

C. 娱乐设备　　D. 电器设备

【参考答案】A

【解析】能对各种文字、数字、声音和图像进行存储和快速运算的电子设备。

25. 随着闪存技术的发展，小巧便于携带、存储容量大、价格便宜、性能可靠的是（　　）。

A. U 盘　B. 移动硬盘　C. 光盘　D. 软盘

【参考答案】A

【解析】U 盘使用闪存技术，并且其容量大、易携带性价比高等优点。

26. U 盘属于计算机（ ）。

A. 运算器　B. 控制器　C. 外存　D. 内存

【参考答案】C

【解析】U 盘属于计算机存储器中的外存（辅存），通常存放当前不参加运行的程序和数据，这些程序和数据必须调入内存（主存）才能运行和处理，硬盘、光盘、软盘也都属于该类。

27. 下列哪个部件不是常见计算机硬件（ ）。

A. 电源　B. CPU　C. 鼠标　D. 机箱

【参考答案】D

【解析】计算机硬件组成由 CPU、主板、显卡、声卡、显示器、键盘鼠标等组成。

28. 操作系统的作用之一是（ ）。

A. 将源程序编译为目标程序

B. 实现企业目标管理

C. 控制和管理计算机系统的软硬件资源

D. 实现文字编辑、排版功能

【参考答案】C

【解析】操作系统控制和管理计算机系统的软硬件资源。

29. 中央处理器由（ ）组成。

A. 运算器和控制器　B. 累加器和控制器

C. 运算器和寄存器组　D. 运算和控制系统

【参考答案】A

【解析】CPU 包括运算器和控制器。

30. 计算机与日常使用的袖珍计算器的本质区别是（ ）。

A. 运算速度的高低　B. 存储器容量的大小

C. 规模的大小　D. 自动化程度的高低

【参考答案】D

【解析】计算机与日常使用的袖珍计算器的本质区别是自动化程度的高低。

31. 信息化目标应与企业的（ ）目标保持一致。

A. 项目管理目标　B. 战略管理目标

C. 质量管理目标　D. 经营管理目标

【参考答案】B

【解析】IT 治理强调信息化目标应与企业战略目标保持一致，利用 IT 自身特点，为企业战略规划提供技术或控制支持，以保证信息化建设能够真正贯彻落实组织的业务战略和目标。

32. 信息化包括信息的（　　）。

A. 生产和制造　　B. 生产和应用

C. 发明和创造　　D. 生产和传播

【参考答案】B

【解析】信息化包括信息的生产和应用。

33. IT 治理的目标之一是（　　）。

A. 解决 IT 技术问题

B. 解决资金问题

C. 解决管控信息化过程中的风险问题

D. 解决开发 IT 项目的经验和能力不足问题

【参考答案】C

【解析】IT 治理目标：IT 与组织战略目标融合互动；有效利用信息资源；管控信息化风险；构建信息化可持续发展的长效机制。

在企业信息化建设中的最大问题，往往不是技术问题，也不是资金问题，而是缺乏科学的 IT 管理观念。IT 领导者最大的问题不是缺少经验和能力，而是缺乏卓越的管理素质和管理方法。正因为如此，才引入了“IT 治理”这个概念。

从定义上讲，IT 治理，是指设计并实施信息化过程中，各方利益最大化的制度安排。其目的是实现组织的业务战略，促进管理创新，合理管控信息化过程的风险，建立信息化可持续发展的长效机制，最终实现 IT 商业价值。

34. 以下关于企业信息化方法的叙述中，正确的是（　　）。

A. 业务流程重构是对企业的组织结构和工作方法进行重新设计，SCM（供应链管理）是一种重要的实现手段

B. 在业务数量浩繁且流程错综复杂的大型企业里，主题数据库方法往往形成许多“信息孤岛”，造成大量无效或低效投资

C. 人力资源管理把企业的部分优秀员工看作一种资本，能够取得投资收益

D. 围绕核心业务应用计算机和网络技术是企业信息化建设的有效途径

【参考答案】D

【解析】业务流程重组一般用 BPR/BPM（持续规范/再造），SCM（供应链管理）只负责企业之间对接的问题；主题数据库是多个业务数据库的整合，单个业务数据库才会形成“信息孤岛”；人力资源管理把所有员工都看作生产资本。

35. 企业信息化涉及对企业管理理念的创新，按照市场发展的要求，对企业现有的管理流程重新整合，管理核心从对（　　）的管理，转向对技术、物资和人力资源的管理，延伸到对企业技术创新、工艺设计、产品设计、生产制造过程的管理，进而扩展到对客户关系和供应链的管理乃至发展到电子商务。

A. 人力资源和物资　　B. 信息技术和知识

C. 财务和物料　　D. 业务流程和数据

【参考答案】C

【解析】企业信息集成按照组织范围分为企业内部的信息集成和外部的信息集成。在企业内部的信息集成中，作为管理核心的财务、物料管理，转向技术、物资、人力资源的管理，延伸到企业技术创新、工艺设计、产品设计、生产制造过程的管理，进而扩展到客户关系管理、供应链管理乃至发展到电子商务。

二、多项选择题

1. 常见的多媒体元素有（　　）。

A. 文本　　B. 图形　　C. 图像　　D. 动画

【参考答案】ABCD

【解析】常见的多媒体元素有文本、图形、图像、动画等。

2. 以下关于移动硬盘的描述中正确的是（　　）。

A. 相对 U 盘容量大　　B. 需要放置在机箱内部使用

C. 采用 USB 接口即插即用　　D. 使用方便

【参考答案】ACD

【解析】移动硬盘的特点：相对 U 盘容量大、采用 USB 接口即插即用、使用方便。

3. 在计算机中一个字节可以表示（　　）。

A. 256 种状态　　B. 　个机内码

C. 四位十进制数　　D. 二位十六进制数

【参考答案】AD

【解析】计算机中一个字节可以表示：8 位二进制（2 位十六进制数），$2^8=256$ 种状态。

4. 计算机辅助技术包括（　　）。

A. CAD　　B. CAI　　C. CAB　　D. CAM

【参考答案】ABD

【解析】计算机辅助技术包括 CAD（Computer Aided Design 计算机辅助设计）、CAI（Computer Aided Instruction 计算机辅助教学）、CAM（Computer Aided Manufacturing 计算机辅助制造）、CAT（Computer aided translation 计算机辅助翻译）。

5. 计算机主机通常包括（　　）。

A. 显示器　　B. 控制器　　C. 内存储器　　D. 运算器

【参考答案】BCD

【解析】计算机主机通常包括控制器、内存储器、运算器。

6. 鼠标的基本操作有（　　）。

A. 双击　　B. 拖动　　C. 右击　　D. 单击

【参考答案】ABCD

【解析】鼠标的基本操作有双击、拖动、右击、单击。

7. 在英文录入时，可以进行大小写切换的键是（　　）。

A. Ctrl　　B. CapsLock　　C. Shift　　D. Tab

【参考答案】BC

【解析】在英文录入时，可以进行大小写切换的键是 CapsLock、Shift。

8. 计算机的主要性能指标包括（　　）。

A. 存储容量　　B. 运算速度　　C. 可靠性　　D. 字长

【参考答案】ABD

【解析】计算机的主要性能指标包括存储容量、运算速度、字长。

9. 程序设计语言包括（　　）。

A. 数据库　　B. 机器语言　　C. 高级语言　　D. 汇编语言

【参考答案】BCD

【解析】数据库不属于程序设计语言。

10. 在计算机中采用二进制的主要原因是（　　）。

A. 两个状态的系统容易实现，成本低

B. 运算法则简单

C. 十进制无法在计算机中实现

D. 可进行逻辑运算

【参考答案】ABD

【解析】在计算机中采用二进制的主要原因是两个状态的系统容易实现，成本低；运算法则简单；可进行逻辑运算。

11. 计算机内存包括（　　）。

A. 只读存储器　　B. 硬盘　　C. 软盘　　D. 随机存储器

【参考答案】AD

【解析】计算机内存包括只读存储器、随机存储器。

12. 断电后仍能保存信息的存储器为（　　）。

A. CD－ROM　　B. RAM　　C. ROM　　D. 硬盘

【参考答案】ACD

【解析】断电后仍能保存信息的存储器是 CD－ROM、ROM、硬盘。

13. CPU 能直接访问的存储器是（　　）。

A. ROM　　B. RAM　　C. Cache　　D. 外储存卡

【参考答案】ABC

【解析】CPU 能直接访问的存储器是 ROM、RAM、Cache。

14. 与内存相比，外存的主要优点是（　　）。

A. 存储容量大　　B. 信息可长期保存

C. 价格便宜　　D. 存取速度快

【参考答案】ABC

【解析】外存的主要优点是存储容量大、信息可长期保存、价格便宜；存取速度快是内存的优点。

15. 在 Windows 资源管理器中，假设已经选定文件，下列关于“复制”操作的叙述中，正确的有（　　）。

A. 直接拖至不同驱动器的图标上

B. 按住 Shift 键，拖至不同驱动器的图标上

C. 按住 Ctrl 键，拖至不同驱动器的图标上

D. 按住 Shift 键，然后拖至同一驱动器的另一子目录上

【参考答案】AC

【解析】不同驱动器下拖动文件相当于复制。

16. 在资源管理器中，查找文件的方式有（　　）。

A. 按照建立文件的操作者姓名

B. 按需要查找的文件或文件夹的名称

C. 按照文件最后的修改日期

D. 按高级方式查找（可以给出需要查找文件的某些特征、状况）

【参考答案】BCD

【解析】在资源管理器中查找文件时，可以根据文件的大小、修改日期、文件名、包含文字等特征查找文件。

17. 计算机系统主要的组成部分有（　　）。

A. ARP　　B. 计算机硬件　　C. TCP/IP 协议　　D. 计算机软件

【参考答案】BD

【解析】计算机系统主要由硬件系统及软件系统构成；另两个选项是协议。

18. 下列方法可以启动“资源管理器”的有（　　）。

A. 单击“开始”按钮，再从“开始”菜单单击“程序”，从“程序”级联菜单中选择“Windows 资源管理器”

B. 用右键单击“我的电脑”，选择“资源管理器”

C. 用左键单击“我的电脑”，选择“资源管理器”

D. 打开控制面板，选择“资源管理器”

【参考答案】AB

【解析】启动“资源管理器”的方法有：①单击“开始”按钮，再从“开始”菜单单击“程序”，从“程序”级联菜单中选择“Windows 资源管理器”；②用右键单击“我的电脑”，选择“资源管理器”。

19. 下列关于操作系统的叙述中错误的有（　　）。

A. 操作系统是软件和硬件之间的接口

B. 操作系统是源程序和目标程序之间的接口

C. 操作系统是用户和计算机之间的接口

D. 操作系统是外设和主机之间的接口

【参考答案】ABD

【解析】操作系统是用户和计算机之间的接口。

20. Word 文档的文件扩展名是（　　）。

A. doc　　B. xls　　C. docx　　D. txt

E. exe

【参考答案】AC

【解析】doc 是 Office word 2003 及以前的版本，docx 是 Office Word 2007 及以后的版本，xls 是 Office Excel 的文件扩展名，txt 是文本文件的扩展名，exe 是可执行文件的扩展名。

21. 微软 Office 组件中包含（　　）。

A. Photoshop　　B. PowerPoint　　C. Excel　　D. Word

【参考答案】BCD

22. 电脑显示器常见的接口有（　　）。

A. DP　　B. DVI　　C. SGV　　D. HDMI

E. VGA

【参考答案】ABDE

【解析】显示常见的接口有 DP、HDMI、DVI、VGA 等，目前主流显示器接口为 HDMI 和 DP，DVI 和 VGA 主要使用在旧显示器上，已在逐步淘汰中。

微软 Office 软件包中包含 PowerPoint、Excel、Word；Photoshop 不是 Office 组件。

23. 台式机相对于笔记本电脑的优势有（　　）。

A. 高性价比　　B. 散热性　　C. 扩展性　　D. 便携性

E. 通用性

【参考答案】ABC

【解析】台式机相对于笔记本电脑具有价格低、散热性好、扩展性强等特点。

24. 在 Windows 中，文件属性包含有（　　）。

A. 系统　　B. 隐藏　　C. 文件（文档）　　D. 只读

E. 归档

【参考答案】ABDE

【解析】在 Windows 中，系统、隐藏、只读、归档都属于文件属性。

25. 硬盘又称外部存储器，常见硬盘的接口有（　　）。

A. SATA　　B. SCSI　　C. IDE　　D. SeaGate

E. WD

【参考答案】ABC

【解析】硬盘接口有：SATA、SCSI、IDE、M.2，SeaGate 和 WD 分别是希捷和西数两个硬盘品牌。

26. 计算机硬件一般分为输入和输出设备。下列设备可作为输入设备的有（　　）。

A. 麦克风　　B. 打印机　　C. 扫描仪　　D. 摄像头

E. 显示器

【参考答案】ACD

【解析】输入设备向计算机输入数据和信息，是计算机与用户或其他设备通信的桥梁，是用户和计算机系统之间进行信息交换的主要装置之一，任务是把数据、指令及某些标志信息等输送到计算机中去，键盘、鼠标、摄像头、扫描仪、光笔、手写输入板等都属于输入设备，输出设备把计算或处理的结果或中间结果以人能识别的各种形式，如数字、符号、字母等表示出来，起了人与机器之间进行联系的作用，常见的有显示器、打印机、绘图仪、磁记录设备等。打印机和显示器是输出设备。

27. 外存储器和内存储器相比，下列说法正确的有（　　）。

A. 内存数据读写速度更快　　B. 外存数据读写速度更快

C. 计算机断电后，外存数据会丢失　　D. 外存比内存拥有更大的信息存储量

E. CPU 可直接读取外存数据

【参考答案】AD

【解析】CPU 只能从内存读取数据，外存数据读写速度比内存慢，必须首先被读取到内存中，才能为 CPU 使用。

28. 只读存储器选项包括（　　）。

A. SRAM　　B. 可编程 ROM　　C. 可擦除 ROM　　D. 掩膜 ROM

【参考答案】BCD

【解析】SRAM 是随机存取存储器

29. 外设接口功能包括（　　）。

A. 数据缓冲　　B. 命令控制　　C. 数据运算　　D. 数据转换

【参考答案】ABD

【解析】外设接口在主机和外设之间起桥梁作用，功能有：寻址（选择多个 I/O 接

口的其中之一)；数据寄存和缓冲；联络；中断或 DMA 管理；命令控制。

30. 计算机采用二进制原因是（　　）。

A. 只有 0 和 1 两种状态，设计容易实现

B. 存储信息量大

C. 抗干扰能力强

D. 运算规则简单，节约设备

【参考答案】ACD

【解析】逻辑电路只有两个状态，正好用 0 和 1 表示；简化运算规则；易于转换；二进制数据具有抗干扰能力强、可靠性高的优点。

31. IT 治理目标包括（　　）。

A. 有效利用信息资源　　B. 管控信息化风险

C. 构建可持续发展机制　　D. IT 与组织战略目标融合互动

【参考答案】ABCD

32. 做好 IT 治理的前提条件（　　）。

A. 明确目标　　B. 组织架构　　C. 治理流程　　D. 管理制度

E. 资源整合

【参考答案】ABCD

【解析】资源整合不属于前提条件。

33. 企业信息资源集成管理的前提是对企业（　　）的集成，其核心是对企业（　　）的集成。

A. 信息功能　　B. 信息设施　　C. 信息活动　　D. 信息处理

E. 业务流　　F. 内部信息流　　G. 外部信息流　　H. 内部和外部信息流

【参考答案】AH

【解析】集成管理是企业信息资源管理的主要内容之一，实行企业信息资源集成管理的前提是对企业历史形成的企业信息功能的集成，核心是对企业内部和外部信息流的集成，实施的基础是各种信息手段的集成。

为了加强对企业信息资源的管理，企业应按照信息化和现代化企业管理要求设置信息管理机构，建立信息中心。

三、判断题

1. SRAM 存储器是动态随机存储器。（　　）

【参考答案】×

【解析】SRAM 是英文 static ram 的缩写，是一种具有静止存取功能的内存，不需要刷新电路即能保存它内部存储的数据。

2. 分时操作系统将 CPU 时间分成许多时间片，使每个用户占用一定的时间段，并循环安排每个用户轮流使用 CPU。（　　）

【参考答案】√

【解析】分时操作系统将 CPU 时间分成许多时间片，使每个用户占用一定的时间段，并循环安排每个用户轮流使用 CPU。

3. 一般而言，中央处理器是由控制器，外围设备及存储器所组成。（　　）

【参考答案】×

【解析】中央处理器是由控制器和运算器组成。

4. 程序设计语言是计算机可以直接执行的语言。（　　）

【参考答案】×

【解析】程序设计语言编写的程序必须通过编译才能被计算机执行。

5. 二进制数 101100 转换成等值的八进制数是 45。（　　）

【参考答案】×

【解析】二进制数 101100 转换成等值的八进制数是 54。

6. MIPS 表示的是主机的类型。（　　）

【参考答案】×

【解析】MIPS（Million Instructions Per Second）：单字长定点指令平均执行速度，这是衡量 CPU 速度的一个指标。

7. 操作系统只负责管理内存储器，而不管理外存储器。（　　）

【参考答案】×

【解析】操作系统既负责管理内存储器，也管理外存储器。

8. 已知字符“9”的 ASCII 码 0111001，则字符“8”的 ASCII 码是 0111000。（　　）

【参考答案】√

【解析】字符“8”的 ASCII 码比字符“9”的 ASCII 码少 1。

9. 指令是一组二进制代码，是计算机可以直接执行的操作命令。（　　）

【参考答案】√

【解析】指令是一组二进制代码，是计算机可以直接执行的操作命令。

10. 高级语言编写的源程序，要转换为其等价的目标程序，必须经过编译。（　　）

【参考答案】√

【解析】高级语言编写的源程序，要转换为其等价的目标程序，必须经过编译。

11. 外存中的信息可直接进入 CPU 进行处理。（　　）

【参考答案】×

【解析】内存中的信息可直接进入 CPU 进行处理。

12. 总线是计算机系统中各部件之间传输信息的公共道路。（　　）

【参考答案】√

【解析】计算机系统中各部件之间传输信息依靠总线。

13. 控制器、运算器、存储器和输入输出设备合称为计算机系统。 ( )

【参考答案】×

【解析】计算机系统由硬件和软件两大部分组成。①硬件：输入设备、输出设备、存储器、运算器、控制器；②软件：系统软件和应用软件。

14. 程序必须装载到内存中才能执行。 ( )

【参考答案】√

【解析】程序必须装载到内存中才能执行。

15. 内存中数据的运算可以采用二进制、八进制或十六进制形式。 ( )

【参考答案】×

【解析】内存中数据的运算采用二进制。

16. 程序是能够完成特定功能的一组指令序列。 ( )

【参考答案】√

【解析】程序是能够完成特定功能的一组指令序列。

17. 字处理软件是一种系统软件。 ( )

【参考答案】×

【解析】字处理软件是一种应用软件。

18. 键盘指法中，左手基准键为 A、S、D、F。 ( )

【参考答案】√

【解析】键盘指法中，左手基准键为 A、S、D、F。

19. A 字符的 ASCII 码的值是 41H，则 Z 字符的 ASCII 码为 5AH。 ( )

【参考答案】√

【解析】A 字符的 ASCII 码的值是 41H，则 Z 字符的 ASCII 码为 5AH。

20. 系统软件包括操作系统、语言处理程序和各种服务程序等。 ( )

【参考答案】√

【解析】系统软件包括操作系统、语言处理程序和各种服务程序等。

21. 能够作为计算机“大脑”的部件是内存。 ( )

【参考答案】×

【解析】能够作为计算机“大脑”的部件是中央处理器 CPU，负责对信息进行运算处理，内存只有存储功能，没有运算能力，故错误。

22. 一个完备的计算机系统应该包含计算机的硬件系统和软件系统。 ( )

【参考答案】√

【解析】计算机系统包括硬件系统和软件系统两大部分。硬件系统是计算机各项功能实现的物质基础，软件系统是计算机发挥强大功能的灵魂。

23. ROM 中存储的信息断电即消失。 （ ）

【参考答案】×

【解析】ROM 只读存储器，保存芯片中内容；RAM 随机存储器，掉电后不保存内容。

24. 缓存是指比访问速度比一般随机存取存储器（RAM）快的一种高速存储器，视频流媒体应用更适合采用大缓存块。 （ ）

【参考答案】√

【解析】缓存先于内存与 CPU 交换数据，因此速度更快，视频流媒体应用更适合采用大缓存块。

25. 管理决定由谁来进行决策，治理负责制定和执行这些决策。 （ ）

【参考答案】×

【解析】治理和管理是两个不同的概念，区别在于，治理决定由谁来进行决策，管理负责制定和执行这些决策。

26. 微型计算机的发展以 CPU 技术为指标。 （ ）

【参考答案】√

【解析】CPU 决定了计算机的计算处理能力。

下　篇　模拟试卷及答案解析

模拟试卷（一）

一、单项选择题（下列各题的备选答案中，只有一个正确选项，请将正确选项的字母填写在括号中，多选、错选、不选均不得分。每小题 1 分，共计 30 分）。

1. 纳税人在领用发票时，下列说法中不符合征管规范 2.0 的是（　　）。

A. 纳税信用 B 级的纳税人一次领取不超过 2 个月的增值税发票用量

B. 实行交（验）旧供新领用发票的纳税人，需完成发票验（交）旧事项后方可再次申请领用发票

C. 对于法定代表人或业主存在关联欠税的纳税人，领用发票时进行提醒，后续要开展跨区域税收风险协作管理

D. 辅导期增值税一般纳税人专用发票的领用实行按次限量控制，每次发放专用发票数量不得超过 50 份

2. 当事人对税务机关的行政处罚决定逾期不申请复议也不向人民法院起诉、又不履行的，作出处罚决定的税务机关（　　）。

A. 只能申请人民法院强制执行

B. 可依法采取强制执行措施，也可申请人民法院强制执行

C. 可依法采取税收保全措施

D. 应移送公安机关处理

3. 对国家税务总局作出的具体行政行为不服申请复议时，可以向（　　）提出申请。

A. 国务院　　　　B. 国家税务总局

C. 财政部　　　　D. 全国人大常委会

4. 为进一步落实“放管服”改革要求，税务总局决定自 2019 年 9 月 15 日起，将增值税一般纳税人税务注销一般流程办理时间压缩至（　　）个工作日内。

A. 10　　B. 15　　C. 20　　D. 5

5. 根据税收征管法及有关规定，下列说法中正确的是（　　）。

A. 关联企业之间不按照独立企业之间的业务往来收取或者支付价款、费用，而减少其应纳税的收入或所得额的，税务机关有权调整其应纳税额

B. 税务机关应当在收到申请延期缴纳税款报告之日起 20 日内作出批准或者不予批准的决定；不予批准的，从不予批准之日加收滞纳金

C. 税务机关 2021 年 5 月在对某纳税人的纳税检查中发现，该纳税人 2016 年 7 月

多缴了税款 8 000 元。因为已经超过三年，此笔税款不应当再办理退还手续

D. 纳税人已申报或税务机关已查处的欠缴税款，税务机关不受追征期规定的限制，应当依法无限期追缴税款

6. 纳税人因有特殊困难，不能按期缴纳税款的，可以延期缴纳税款。延期缴纳税款的核准税务机关是指（　　）。

A. 税务所　　B. 征管分局

C. 县以上税务局（分局）　　D. 省级税务局

7. 根据《税收征管法》规定，下列检查行为中正确的是（　　）。

A. 到车站检查纳税人、扣缴义务人托运应纳税货物的有关单据

B. 上路检查纳税人所运输的应纳税商品、货物

C. 到邮政企业检查纳税人、扣缴义务人邮寄应纳税货物的有关凭证

D. 到机场检查纳税人托运应纳税商品的有关单据

8. 根据国家税务总局发布的《关于纳税人权利与义务的公告》，税务机关依法为纳税人的商业秘密和个人隐私保密，但是不包括（　　）。

A. 税收违法行为信息

B. 技术信息

C. 经营信息

D. 纳税人、主要投资人以及经营者不愿意公开的个人事项

9. 按照《关于税收征管若干事项的公告》的规定，下列关于非正常户认定的相关表述中不正确的是（　　）。

A. 非正常户认定取消实地核查环节，实现系统自动认定

B. 纳税人负有纳税申报义务，连续两个月所有税种均未进行纳税申报的，认定为正常户

C. 对于非正常户，税务机关停止其发票领用簿和发票的使用

D. 对欠税的非正常户，税务机关依照《税收征管法》及其实施细则的规定追征税款及滞纳金

10. 下列关于申报期限说法正确的是（　　）。

A. 申报期限最后 1 日是国家法定休假日的，以休假日期满的当日为期限的最后 1 日

B. 在期限内有连续法定休假日的，按休假日天数顺延

C. 在期限内有连续 5 日以上法定休假日的，按休假日天数顺延

D. 在期限内有连续 3 日以上法定休假日的，按休假日天数顺延

11. 下列关于代扣代缴税款制度的表述中，正确的是（　　）。

A. 对扣缴义务人未履行扣缴义务的，可处以应扣未扣税款 50% 以上 3 倍以下的罚款

B. 法律、行政法规的代扣代缴税款，代扣税款手续费的支付有比例限制但是没有限额

C. 税务机关可以将法律、行政法规已确定的代扣代缴税款委托他人代征

D. 扣缴义务人履行扣缴义务时，可从所扣缴的税款中减除扣缴手续费后再上交税务机关

12.《税收征管法》规定，税务机关应当广泛宣传税收法律、行政法规，普及纳税知识，(　　) 地为纳税人提供纳税咨询服务。

A. 有偿　　B. 全天候　　C. 全方位　　D. 无偿

13. 企业从事国家重点扶持的公共基础设施项目的投资经营所得，可享受“三免三减半”的税收优惠。该税收优惠的起始时间是（　　）。

A. 项目开工所属纳税年度

B. 项目竣工所属纳税年度

C. 项目盈利所属纳税年度

D. 项目取得第一笔生产经营收入所属纳税年度

14. 下列关于税务行政处罚权设定的表述中，符合税法规定的是（　　）。

A. 省级税务机关可以设定罚款

B. 税务行政规章对非经营活动中的违法行为设定罚款不得超过 1 000 元

C. 国务院可以设定各种税务行政处罚

D. 市级税务机关可以设定警告

15. 居民个人取得的下列所得中，在计缴个人所得税时可享受专项附加扣除的是（　　）。

A. 综合所得　　B. 财产转让所得

C. 财产租赁所得　　D. 偶然所得

16. 下列开采资源的情形中，依法免征资源税的是（　　）。

A. 开采稠油

B. 煤炭开采企业因安全生产需要抽采的煤层气

C. 从衰竭期矿山开采的矿产品

D. 开采页岩气

17. 在以成交价格估价方法确定进口货物完税价格时，下列各项费用应计入完税价格的是（　　）。

A. 由买方负担的购货佣金

B. 在进口货物价款中单独列明的在境内复制进口货物而支付的费用

C. 在进口货物价款中单独列明的设备进口后发生的保修费用

D. 在进口货物价款中单独列明的设备进口后发生的维修费

18. 关于房地产开发企业销售自行开发的房地产项目的增值税计税方法，下列表述错误的是（　　）。

A. 增值税一般纳税人销售自行开发的房地产新项目，适用一般计税方法计税

B. 增值税一般纳税人销售自行开发的房地产老项目，可以选择适用简易计税方法按照3%的征收率计税

C. 增值税小规模纳税人销售自行开发的房地产项目，按照5%的征收率计税

D. 采取预收款方式销售自行开发的房地产项目，在收到预收款时按照3%的预征率预缴增值税

19. 某县税务局在对某企业增值税涉税风险疑点进行排查时，发现企业涉嫌骗取出口退税、虚开增值税专用发票等增值税重大税收违法行为，决定终止为其办理留抵退税。税务机关向纳税人出具终止办理留抵退税的《税务事项通知书》的期限是（　　）。

A. 自作出终止办理留抵退税决定之日起15个工作日内

B. 自作出终止办理留抵退税决定之日起10个工作日内

C. 自作出终止办理留抵退税决定之日起7个工作日内

D. 自作出终止办理留抵退税决定之日起5个工作日内

20. 创业投资企业采取股权投资方式投资于未上市的中小高新技术企业2年以上的，可以按照其投资额的固定比例在股权持有满2年的当年抵扣该创业投资企业的应纳税所得额；当年不足抵扣的，可以在以后纳税年度结转抵扣。该固定比例是（　　）。

A. 50%　　B. 60%　　C. 70%　　D. 80%

二、多项选择题（下列各题的备选答案中，至少有两个正确选项，请将正确选项的字母填写在括号中，多选、少选、错选、不选均不得分。每小题1分，共计20分）。

1. 下列关于同期资料管理时限及其他要求的表述中，正确的有（　　）。

A. 年度关联交易总额超过5亿元的企业，应当准备主体文档

B. 企业关联债资比例超过标准比例需要说明符合独立交易原则的，应当准备资本弱化特殊事项文档

C. 同期资料应当加盖企业印章，并由法定代表人或者法定代表人授权的代表签章

D. 企业依照有关规定进行关联申报、提供同期资料及有关资料的，税务机关实施特别纳税调查补征税款时，可以依据《企业所得税法实施条例》的规定，按照税款所属纳税年度中国人民银行公布的与补税期间同期的人民币贷款基准利率加收利息

2. 在办理税务注销时，对未处于税务检查状态、无欠税及罚款、已缴销增值税专用发

票及税控专用设备，且符合下列情形之一的纳税人，可以采取“承诺制”容缺办理的有（　　）。

A. 纳税信用级别为 B 级的纳税人

B. 控股母公司纳税信用级别为 B 级的 M 级纳税人

C. 未达到增值税纳税起征点的纳税人

D. 省级人民政府引进人才创办的企业

3. 下列车船中，属于车船税征税范围的有（　　）。

A. 拖拉机　　B. 节能汽车　　C. 纯电动乘用车　　D. 非机动驳船

4. 纳税人对税务机关作出的下列行政行为不服时，可以申请行政复议，也可以直接向人民法院提起行政诉讼的有（　　）。

A. 收缴发票行为　　B. 没收违法所得

C. 阻止出境行为　　D. 暂停免税办理

5. 二手车车商甲是一般纳税人，其经营模式是先收购二手车，之后再转卖给其他消费者，以赚取中间的零售差价。如果购买方乙公司是一般纳税人，则下列关于甲开具发票的说法中正确的有（　　）。

A. 甲应当向乙开具一张二手车销售统一发票

B. 如果乙索取增值税专用发票，甲可以向乙开具一张征收率为 0.5% 的增值税专用发票

C. 甲只能开具一张二手车销售统一发票，不得开具其他发票

D. 如果甲已开具一张二手车销售统一发票，为乙再开具一张增值税专用发票，只需要缴纳一次税

6. 如果税务机关政府信息公开申请内容不符合规定要求，申请人须进行补正，下列有关补正要求的说法错误的有（　　）。

A. 补正原则上不超过一次

B. 补正期限一般不超过 10 个工作日

C. 应当在收到申请之日起 7 个工作日内一次性告知申请人补正事项

D. 申请人补正后仍无法明确申请内容的，税务机关不再受理

7. 甲企业 2019 年 1 月购置一辆国产小汽车自用，缴纳车辆购置税 10 万元，2020 年 7 月该小汽车因质量不合格退回生产企业，下列有关车辆购置税的处理，正确的有（　　）。

A. 甲企业可以到主管税务机关申请退还车辆购置税

B. 甲企业申请办理退税手续时，应提供生产企业开具的退车证明和退车发票

C. 甲企业应申请退还车辆购置税 10 万元

D. 甲企业应申请退还车辆购置税 9 万元

8. 下列项目中，计算消费税时不可扣除外购应税消费品的已纳消费税税额的有（　　）。

A. 为生产高档化妆品而领用的外购已税高档香水精

B. 为生产金银镶嵌首饰而领用的外购已税珠宝玉石

C. 为生产实木地板而领用的外购已税实木地板

D. 为生产白酒而领用的外购已税白酒

9. 某居民个人在北京工作，按规定不得享受住房租金专项附加扣除的有（　　）。

A. 纳税人本人名下拥有北京市市区住房

B. 纳税人配偶名下拥有北京市远郊区住房

C. 纳税人父母名下拥有北京市市区住房

D. 纳税人配偶已申请享受住房贷款利息扣除

10. 按照企业所得税最新政策规定，2021 年度所得税汇算清缴时下列处理错误的有（　　）。

A. 企业将自产产品捐赠过程中发生的运费 1 万元（公益性社会组织开具了公益捐赠票据）作为公益性捐赠支出按照规定在税前做了扣除处理

B. 企业 2018 年度（核定征税）投入使用的设备，2021 年度改为查账征税后，按照税法规定的折旧年限 10 年，就剩余年限继续计提折旧额并在税前扣除

C. 企业购买了价值 100 万元的文物收藏，并作为投资资产进行了税务处理，按税法规定条件计提的折旧费用在企业所得税前做了扣除处理

D. 企业按照市场价格销售货物，取得了由政府财政部门根据企业 3 年来销售货物金额的 1% 支付的资金，全部确认企业所得税收入

11. 转让旧房地产及建筑物的扣除项目包括（　　）。

A. 旧房及建筑物的评估价格　　B. 旧房及建筑物的重置成本价

C. 支付的评估费用　　D. 转让环节缴纳的税款

12. 按现行政策规定，下列业务免征印花税的有（　　）。

A. 对小型、微型企业同金融机构签订的借款合同

B. 对个人销售首次购买的普通住房签订的产权转移书据

C. 企业、个人出租门店、柜台等签订的合同

D. 无息、贴息贷款合同

13. 下列情形应使用《税务事项通知书》的有（　　）。

A. 税务机关在通知纳税人缴纳税款

B. 税务机关要求纳税人提供涉税资料

C. 税务机关责令纳税人改正错误

D. 税务机关在通知纳税人缴纳滞纳金

14. 木木科技公司，于2019年12月20日设立，设立当期按行政许可程序办理的涉税事项有（　　）。

A. 印制公章

B. 申领印有企业名称的增值税普通发票

C. 申请增值税专用发票最高开票限额

D. 申请核定定额征收方式缴纳企业所得税

15.《中华人民共和国个人所得税法》第九条规定："个人所得税以所得人为纳税人，以支付所得的单位或者个人为扣缴义务人。"该规定归属的法律规范分类有（　　）。

A. 授权性规范　　B. 禁止性规范

C. 命令性规范　　D. 强制性规范

16. 某市税务局稽查局从甲公司银行账户上扣缴甲公司所欠税款6万元，该稽查局扣缴税款的行为属于（　　）。

A. 依职权行政行为　　B. 抽象行政行为

C. 具体行政行为　　D. 外部行政行为

17. 下列各项中，不应当征收土地增值税的是（　　）。

A. 公司与公司之间互换房产

B. 房地产开发公司为客户代建房产

C. 经税务机关核准的个人互换居住用房地产

D. 双方合作建房后按比例分配自用房产

18. 税收风险管理的基本内容包括目标规划、信息收集、风险识别、等级排序、风险应对、过程监控和评价反馈，下列属于风险应对手段的是（　　）。

A. 纳税辅导　　B. 风险提醒

C. 税务审计　　D. 反避税调查

19. 居民企业是指依法在中国境内成立，或者依照外国（地区）法律成立但实际管理机构在中国境内的企业。其中，实际管理机构，应当对企业实施实质性全面管理和控制，管理和控制的方面包括（　　）。

A. 生产经营　　B. 人员　　C. 财务　　D. 负债

20. 下列各项中，在计算企业所得税应纳税所得额时不得扣除的有（　　）。

A. 企业之间支付的管理费

B. 企业内营业机构之间支付的租金

C. 企业向投资者支付的股息

D. 银行内营业机构之间支付的利息

E. 企业向客户支付的违约金

三、判断题（判断各题正误，正确的打“√”，错误的打“×”。每小题 0.5 分，共计 10 分）。

1. 烟草企业实际发生的，不超过当年销售收入 15% 的广告费和业务宣传费，准予在计算应纳税所得额时扣除。（　）
2. 电子专票属于增值税专用发票，其法律效力、基本用途、基本使用规定等与增值税纸质专用发票相同。（　）
3. 税务机关按照电子专票和纸质专票的合计数，为纳税人核定增值税专用发票领用数量。（　）
4. 因为运输企业用于申报船舶退税的增值税发票不得用于进项税额抵扣，所以运输企业购进船舶申报退税只需取得增值税普通发票。（　）
5. 自 2019 年 8 月 20 日起，金融机构向小型企业、微型企业和个体工商户发放 1 年期以上（不含 1 年）至 5 年期以下（不含 5 年）小额贷款取得的利息收入适用免征增值税政策，增加了“5 年期以上贷款市场报价利率”这一选择标准。（　）
6. 土地所有者依法征收土地，并向土地使用者支付土地及其相关有形动产、不动产补偿费的行为，可以按规定享受增值税免税政策。（　）
7. 纳税人以自采原矿洗选加工为选矿产品销售，按照选矿产品计征资源税，在原矿移送环节不缴纳资源税。（　）
8. 在简并的财产和行为税纳税申报中，对于一次性税源，纳税人应当在发生纳税义务后立即填写税源明细表，不可以在申报时填报所有税源信息。（　）
9. 甲公司将生产出的排量为 15 升的小汽车 1 辆，用于本公司管理部门办公使用，该车不含税售价为 15 万元，甲公司申报缴纳车辆购置税的不含税价格为 12 万元，甲公司应缴纳车辆购置税为 12 万元。（　）
10. 卷烟在批发、零售环节征收消费税，采用从价定率和从量定额相结合的复合计税方式。（　）
11. 单位和灵活就业人员未按期缴纳社会保险的，税务机关应责令其限期缴纳，缴费人限期未改正的，税务机关可依法采取强制执行措施。（　）
12. 某住宅小区开发可售住宅面积 50 000 平方米，项目配套有会所 2 000 平方米和派出所用房 1 000 平方米。项目完工后派出所无偿移交给公安机关，会所对外出售。总开发成本 20 000 万元。土地增值税清算时该项目住宅可扣除的开发成本是 19 231 万元。（　）
13. 个人独资企业的个人投资者以企业资金为其家庭成员支付与企业生产经营无关的消费性支出，视为企业对个人投资者利润分配，应按“股息、红利所得”税目计征个人所得税。（　）
14. 房地产开发企业将开发的部分房地产转为企业自用或用于出租等商业用途时，应征

收土地增值税。（ ）

15. 自2020年1月1日至2022年12月31日，对物流企业自有或承租的大宗商品仓储设施用地，免征城镇土地使用税。（ ）

16. 纳税人应纳的资源税，应当向应税产品的开采或者生产所在地主管税务机关缴纳。（ ）

17. 某公司获准占用耕地建造厂房，应当在收到自然资源主管部门办理耕地手续的书面通知之日起30日内缴纳耕地占用税。（ ）

18. 税务部门征收国有土地使用权出让收入应当使用省级财政部门统一监（印）制的非税收入票据，按照税务部门全国统一信息化方式规范管理。（ ）

19. 扣缴义务人因有特殊困难，不能按期缴纳税款的，经省、自治区、直辖市税务局批准，可以延期缴纳税款，但是最长不得超过3个月。（ ）

20. 海丰进出口公司纳税信用级别为D级，出口企业管理类别应评定为四类。（ ）

四、综合实务题（共5小题，每小题8分，共计40分）。

1. 某制造企业为增值税一般纳税人，其2021年度的生产经营情况如下。

（1）当年销售货物实现销售收入8 000万元，对应的成本为5 100万元。

（2）12月购入新设备，取得增值税普通发票上注明的金额为600万元，当月投入使用。

（3）通过其他业务收入核算转让5年以上非独占许可使用权收入700万元，与之相应的成本及税费为100万元。

（4）当年发生管理费用800万元，其中含新产品研究开发费用300万元（已独立核算管理）、业务招待费80万元。

（5）当年发生销售费用1 800万元，其中含广告费1 500万元。

（6）当年发生财务费用200万元。

（7）取得国债利息收入150万元，企业债券利息收入280万元。

（8）全年计入成本、费用的实发合理工资总额400万元（含残疾职工工资50万元），实际发生职工福利费120万元，职工教育经费33万元，拨缴工会经费18万元。

（9）当年发生营业外支出共计130万元，其中违约金5万元，税收滞纳金7万元，替高管承担个人所得税15万元。

（10）当年税金及附加科目共列支200万元。

（其他相关资料：各扣除项目均已取得有效凭证，相关优惠已办理必要手续）

要求：根据上述资料，按照下列顺序计算回答问题。

（1）判断12月购进新设备的成本能否一次性税前列支并说明理由。

（2）计算当年的会计利润。

（3）计算业务（3）中转让非独占许可使用权应纳税所得额调整金额。

（4）计算业务（4）中研究开发费及业务招待费应纳税所得额调整金额。

（5）计算业务（5）中广告费应纳税所得额调整金额。

（6）计算业务（7）涉及的应纳税所得额调整金额。

（7）计算业务（8）中工资、职工福利费、工会经费、职工教育经费应纳税所得额调整金额。

（8）计算业务（9）涉及的应纳税所得额调整金额。

（9）计算当年该企业的企业所得税应纳税所得额。

（10）计算当年该企业应缴纳的企业所得税。

2. 某汽车生产企业是增值税一般纳税人，企业所得税实行查账征收，纳税信用 A 级。2020 年 1 月，该企业在政府的扶持下，迅速转产防疫物资。该企业已列入省发展改革委公布的疫情防控重点保障物资生产企业名单。2021 年 3 月发生下列业务：

（1）购进生产防护服专用设备，取得增值税专用发票，注明金额 550 万元、税额 71.5 万元。

（2）将自产的一批医用防护服捐赠给当地承担新型冠状病毒感染的肺炎疫情防治任务的某医院，该批防护服不含税市场价 330 万元。

（3）销售医用防护服，取得不含税收入 800 万元。

（4）将自产小轿车 1 辆用于管理部门，该轿车市场含税售价 70 万元/辆。

（5）当月发生的水、电费，取得增值税专用发票，注明税额合计 18 万元。

（6）2021 年 3 月 28 日，接到主管税务机关送达的《税务事项通知书》。经告知，该公司取得的发票号码为 01901493、01901495，增值税专用发票由开具方主管税务机关列入异常扣税凭证范围，合计进项税额 24 万元，该公司已在 2019 年 9 月的税款所属期申报抵扣。假设，该公司按规定享受支持抗击疫情系列税收优惠政策，当月取得的增值税抵扣凭证均通过增值税发票综合服务平台勾选用于抵扣，该公司认定接受的异常抵扣凭证对应的经营业务真实。

根据上述资料，回答下列问题（计算结果保留两位小数）。

（1）下列关于购进生产防护服专用设备，企业所得税处理正确的是（　　）。（单选）

A. 设备的价款与税金的 10% 可从当期应纳税额中抵减

B. 设备价款大于 500 万元，不得在企业所得税税前一次性扣除

C. 设备价款和税金可在企业所得税前一次性扣除

D. 设备价款可在企业所得税税前一次性扣除

（2）该企业将自产医用防护服捐赠给定点收治医院，税务处理正确的是（　　）。（单选）

A. 视同销售，计提销项税额

B. 免征增值税

C. 直接捐赠不得税前扣除

D. 相关支出可按当年会计利润的12%在企业所得税税前扣除

（3）关于自产轿车用于管理部门，税务处理正确的有（　　）。（多选）

A. 应申报缴纳消费税

B. 应计提增值税销项税额

C. 应确认企业所得税视同销售收入

D. 需申报缴纳车辆购置税

（4）该公司认定接受的异常抵扣凭证对应经营业务真实，接到主管税务机关《税务事项告知书》，正确的处理有（　　）。（多选）

A. 当月转出进项税额24万元

B. 更正2019年9月税款所属期的增值税申报申请

C. 暂不做进项税额转出，自收到《税务事项通知书》之日起10个工作日内向主管税务机关提出核实

D. 向主管税务机关提供证明异常凭证对应经营业务真实性的相关资料

（5）该公司2021年3月应纳增值税税额（　　）万元。

A. 14.5　　B. 23.6　　C. 19.76　　D. 43.76

3. 某电子设备制造有限公司成立于2015年8月，从事电子设备的生产销售，是增值税一般纳税人，企业所得税征收方式为查账征收，未享受增值税、企业所得税税收优惠。2021年7月，主管税务机关根据风险识别系统的提示和纳税评估的安排，将该纳税人列入增值税、企业所得税纳税评估对象。

该公司2020年度部分申报数据如下：主营业务收入6 800万元，主营业务成本5 000万元，管理费用360万元，销售费用280万元，财务费用250万元，存货年初余额400万元，存货年末余额600万元，固定资产年初原值3 300万元，固定资产年末原值3 700万元，全年累计折旧520万元，利润总额860万元，应纳增值税税额240万元，应纳企业所得税税额220万元。请根据以上资料，计算并回答下列问题。

（1）该公司2020年增值税税负率为（　　）。

A. 4.8%　　B. 3.53%　　C. 3.35%　　D. 2.79%

（2）该公司2020年企业所得税贡献率为（　　）。

A. 3.24%　　B. 25%　　C. 25.58%　　D. 44%

（3）该公司2020年期间费用率为（　　）。

A. 5.29%　　B. 9.41%　　C. 9.68%　　D. 13.09%

（4）该公司2020年存货周转率为（　　）次。

A. 12.5　　B. 10　　C. 8.33　　D. 5

（5）该公司2020年固定资产综合折旧率为（　　）。

A. 7.43%　　B. 14.05%　　C. 14.86%　　D. 15.76%

4. 某县城房地产开发公司系增值税一般纳税人，于2017年10月受让一宗土地使用权，依据受让合同支付地价款8 000万元（已取得财政部门监制的财政票据），当月办妥土地使用证并支付了相关税费。自2017年11月起至2021年10月末，该房地产开发公司使用受让土地60%（其余40%尚未使用）的面积开发建造一栋写字楼，并在2021年11月至2022年2月期间全部销售，依据销售合同共计取得含税销售收入18 900万元。在开发过程中，根据建筑承包合同支付给建筑公司的不含税劳务费和材料费共计6 200万元，开发销售期间发生管理费用700万元、销售费用400万元、利息费用500万元（只有70%能够提供金融机构的证明）。

其他相关资料：该公司所在省政府允许扣除地方教育附加。该公司发生与转让写字楼相关并可以抵扣的增值税进项税799.52万元；发生转让环节的印花税9.45万元；契税税率为3%；其他开发费用扣除比例为4%。

要求根据上述资料回答下列问题。

（1）该房地产开发公司增值税销项税额为（　　）万元。

A. 1 164.22　　B. 519.05　　C. 720.05　　D. 900

（2）该房地产发公司计算土地增值额时可扣除的城市维护建设税和两个教育附加合计为（　　）万元。

A. 90　　B. 72　　C. 51.91　　D. 36.47

（3）该房地产开发公司计算土地增值额时可扣除的“取得土地使用权所支付的金额”为（　　）万元。

A. 4 944　　B. 5 240　　C. 6 030　　D. 8 240

（4）该房地产开发公司销售写字楼应缴纳的土地增值税为（　　）万元。

A. 1 023.33　　B. 1 056.39　　C. 985.84　　D. 963.43

5. 中国公民孙某2021年度取得下列所得：

（1）每月应发工资薪金20 000元，公司每月按规定标准为其扣缴“三险一金”合计4 000元。

（2）取得兼职收入3 500元。

（3）利用业余时间出版一部摄影集，取得稿酬20 000元。

（4）取得特许权使用费收入2 000元。

（5）拍卖其收藏品取得收入40 000元，不能提供合法、完整、准确的收藏品财产原值凭证。

（6）1月孙某出售自己持有的限售股，取得转让收入100 000元，无法准确计算全部限售股原值。

（7）11 月购入企业债券 1 000 份，每份买入价 10 元，另支付购买债券的相关税费共计 150 元。当月将买入的债券一次卖出 600 份，每份卖出价 12 元，另支付卖出债券的相关税费共计 110 元。12 月末债券到期，孙某取得债券利息收入 2 500 元。

已知：孙某有一儿一女，儿子就读于某幼儿园大班，女儿 1 岁。专项附加扣除由孙某 100% 扣除。

要求：根据上述资料，回答下列问题

（1）孙某 2021 年取得兼职收入被预扣预缴个人所得税为（　　）元。（单选）

A. 560　　B. 540　　C. 378　　D. 700

（2）关于孙某拍卖其收藏品所得的个人所得税政策，表述不正确的有（　　）。（多选）

A. 按转让收入额的 15% 确认为该收藏品的原值及合理费用

B. 按转让收入额的 85% 确认为该收藏品的应纳税所得额

C. 按转让收入额的 3% 确认为该收藏品的原值及合理费用

D. 按转让收入额的 3% 确认为该收藏品的应纳税所得额

E. 应纳个人所得税 1 200 元

（3）孙某 2021 年 1 月转让限售股应缴纳个人所得税为（　　）元。（单选）

A. 20 000　　B. 19 445　　C. 17 000　　D. 12 000

（4）孙某卖出债券及取得的债券利息收入应缴纳个人所得税为（　　）元。（单选）

A. 200　　B. 500　　C. 300　　D. 700

（5）孙某对 2021 年综合所得汇算清缴时，应确认年度收入额为（　　）元。（单选）

A. 259 900　　B. 255 600　　C. 255 100　　D. 260 400

（6）孙某全年综合所得的应纳税所得额为（　　）元。（单选）

A. 123 600　　B. 135 600　　C. 131 600　　D. 147 600

模拟试卷（一）答案及解析

一、单项选择题（下列各题的备选答案中，只有一个正确选项，请将正确选项的字母填写在括号中，多选、错选、不选均不得分。每小题1分，共计30分）。

1.【参考答案】D

【解析】辅导期增值税一般纳税人专用发票的领用实行按次限量控制，主管税务机关可根据纳税人的经营情况核定每次专用发票的供应数量，但每次发放专用发票数量不得超过25份。所以选项D错误。纳税信用A级的纳税人可一次领取不超过3个月的增值税发票用量，纳税信用B级的纳税人可一次领取不超过2个月的增值税发票用量。选项A正确。对于存在以下几种监控情况的纳税人，领用发票时进行提醒，后续开展跨区域税收风险协作管理：法定代表人或业主存在关联非正常户且信用等级较低的纳税人；法定代表人或业主存在关联欠税纳税人；由信用等级为D级或严重税收失信的纳税人的法定代表人或业主注册等级或者负责经营的纳税人。选项C正确。

2.【参考答案】B

【解析】《税收征管法》第八十八条规定，当事人对税务机关的处罚决定逾期不申请行政复议也不向人民法院起诉、又不履行的，作出处罚决定的税务机关可以采取本法第四十条规定的强制执行措施，或者申请人民法院强制执行。

3.【参考答案】B

【解析】《税务行政复议规则》（国家税务总局令第21号）。对国家税务总局的具体行政行为不服的，向国家税务总局申请行政复议。对行政复议决定不服，申请人可以向人民法院提起行政诉讼，也可以向国务院申请裁决。国务院的裁决为最终裁决。

4.【参考答案】A

【解析】为进一步落实“放管服”改革要求，税务总局决定自2019年9月15日起，将增值税一般纳税人税务注销一般流程办理时间压缩至10个工作日内。

5.【参考答案】D

【解析】《国家税务总局关于欠税追缴期限有关问题的批复》规定，纳税人已申报或税务机关已查处的欠缴税款，税务机关不受追征期规定的限制，应当依法无限期追缴税款。

6.【参考答案】D

【解析】纳税人因有特殊困难，不能按期缴纳税款的，可以延期缴纳税款。延期缴纳税款的核准税务机关是指省级税务局。

7.【参考答案】D

【解析】《税收征管法》第五十四条规定，税务机关有权进行下列税务检查：到车站、码头、机场、邮政企业及其分支机构检查纳税人托运、邮寄应纳税商品、货物或者其他财产的有关单据、凭证和有关资料。AC 选项有扣缴义务人，B 选项，税务没有上路执法权。

8.【参考答案】A

【解析】根据国家税务总局发布的《关于纳税人权利与义务的公告》，税务机关依法为纳税人的商业秘密和个人隐私保密，但是不包括税收违法行为信息。

9.【参考答案】B

【解析】纳税人负有纳税申报义务，连续三个月所有税种均未进行纳税申报的，认定为正常户。

10.【参考答案】D

【解析】《税收征管法实施细则》第一百零九条规定，《税收征管法》及本细则所规定期限的最后一日是法定休假日的，以休假日期满的次日为期限的最后一日；在期限内有连续 3 日以上法定休假日的，按休假日天数顺延。

11.【参考答案】A

【解析】《税收征管法》第六十九条规定，扣缴义务人应扣未扣、应收而不收税款的，由税务机关向纳税人追缴税款，对扣缴义务人处应扣未扣、应收未收税款百分之五十以上三倍以下的罚款。

12.【参考答案】D

【解析】《税收征管法》第七条规定，税务机关应当广泛宣传税收法律、行政法规，普及纳税知识，无偿地为纳税人提供纳税咨询服务。

13.【参考答案】D

【解析】略

14.【参考答案】B

【解析】选项 AD：国家税务总局（省级、市级不行）可以通过规章的形式设定警告和罚款；选项 C：国务院可以通过行政法规的形式设定除限制人身自由以外的税务行政处罚。

15.【参考答案】A

【解析】（1）纳税人取得综合所得可以享受专项附加扣除；（2）纳税人取得经营所得没有综合所得的，可以享受专项附加扣除。

16.【参考答案】B

【解析】选项 A：开采稠油减征 40% 资源税；选项 C：从衰竭期矿山开采的矿产品

减征30%资源税；选项D：自2018年4月1日至2023年12月31日，对页岩气资源税（按6%的规定税率）减征30%。

17.【参考答案】C

【解析】选项C：厂房、机械或者设备等货物进口后发生的建设、安装、装配、维修或技术援助费用不计入关税完税价格，但是保修费用除外。

18.【参考答案】B

【解析】房地产开发企业中的一般纳税人，销售自行开发的房地产老项目，可以选择适用简易计税方法按照5%的征收率计税。

19.【参考答案】D

【解析】税务机关对增值税涉税风险疑点进行排查时，发现纳税人涉嫌骗取出口退税、虚开增值税专用发票等增值税重大税收违法行为的，终止为其办理留抵退税，并自作出终止办理留抵退税决定之日起5个工作日内，向纳税人出具终止办理留抵退税的《税务事项通知书》。

20.【参考答案】C

【解析】创业投资企业采取股权投资方式投资于未上市的中小高新技术企业2年以上的，可以按照其投资额的70%在股权持有满2年的当年抵扣该创业投资企业的应纳税所得额，当年不足抵扣的，可以在以后纳税年度结转抵扣。

二、多项选择题（下列各题的备选答案中，至少有两个正确选项，请将正确选项的字母填写在括号中，多选、少选、错选、不选均不得分。每小题1分，共计20分）。

1.【参考答案】BCD

【解析】年度关联交易总额超过10亿元的企业，应当准备主体文档。

2.【参考答案】ACD

【解析】对向市场监管部门申请一般注销的纳税人，税务机关在为其办理税务注销时，进一步落实限时办结规定。对未处于税务检查状态、无欠税（滞纳金）及罚款、已缴销增值税专用发票及税控专用设备，且符合下列情形之一的纳税人，优化即时办结服务，采取“承诺制”容缺办理，即，纳税人在办理税务注销时，若资料不齐，可在其作出承诺后，税务机关即时出具清税文书。

（1）纳税信用级别为A级和B级的纳税人。（选项A）

（2）控股母公司纳税信用级别为A级的M级纳税人。

（3）省级人民政府引进人才或经省级以上行业协会等机构认定的行业领军人才等创办的企业。（选项D）

（4）未纳入纳税信用级别评价的定期定额个体工商户。

（5）未达到增值税纳税起征点的纳税人。（选项C）

纳税人应按承诺的时限补齐资料并办结相关事项。若未履行承诺的，税务机关将对其法定代表人、财务负责人纳入纳税信用D级管理。

3.【参考答案】BD

【解析】选项AC不属于车船税的征税范围。

4.【参考答案】ABC

【解析】选项D：属于税务机关作出的征税行为，申请人对其不服的，行政复议是行政诉讼必经前置程序。

5.【参考答案】ABD

【解析】《二手车流通管理办法》（商务部 公安部 工商行政管理局 国家税务总局令2005年第2号）规定，二手车经销企业销售二手车时，应当向买方开具税务机关监制的统一发票。因二手车销售统一发票不是有效的增值税扣税凭证，为维护购买方纳税人的进项抵扣权益，《国家税务总局关于明确二手车经销等若干增值税征管问题的公告》（国家税务总局公告2020年第9号）规定，从事二手车经销业务的纳税人除按规定开具二手车销售统一发票外，购买方索取增值税专用发票的，纳税人应当为其开具征收率为0.5%的增值税专用发票。甲应当向乙开具一张二手车销售统一发票。如果乙索取增值税专用发票，甲应当再开具一张征收率为0.5%的增值税专用发票交给乙。发票可以开两张，但增值税只缴纳一份。

6.【参考答案】BD

【解析】根据国家税务总局办公厅关于印发《税务机关政府信息公开申请办理规范》的通知（税总办发〔2020〕35号）的规定，补正期限一般不超过15个工作日。申请人补正后仍无法明确申请内容的，税务机关应当通过与申请人当面或者电话沟通等方式明确其所需获取的政府信息，经沟通，税务机关认为申请内容仍不明确的，可以根据客观事实作出无法提供的决定。

7.【参考答案】ABD

【解析】车辆被退回生产企业或者经销商的，纳税人申请退税时，自纳税人办理纳税申报之日起，按已缴税款每满1年扣减10%计算退税额，未满1年的按已缴纳税款全额退税。2018年1月到2019年7月已经满1年了，所以应退税额 $=10\times(1-1\times10\%)=9$ 万元。

8.【参考答案】BD

【解析】选项B，在零售环节缴纳消费税的金银镶嵌首饰不得扣除外购珠宝玉石的已纳消费税税款，选项D，酒类产品一般不允许抵扣以前环节已纳的消费税税额（葡萄酒除外）。

9.【参考答案】ABD

【解析】根据《个人所得税专项附加扣除暂行办法》第十七条的规定，纳税人在主要工作城市没有自有住房而发生的住房租金支出。根据《个人所得税专项附加扣除暂行办法》第二十条的规定，纳税人及其配偶在一个纳税年度内不能同时分别享受住房贷款利息和住房租金专项附加扣除。

10.【参考答案】CD

【解析】《国家税务总局关于企业所得税若干政策征管口径问题的公告》（国家税务总局公告 2021 年第 17 号）规定，企业购买的文物、艺术品用于收藏、展示、保值增值的，作为投资资产进行税务处理。文物、艺术品资产在持有期间，计提的折旧、摊销费用，不得税前扣除。企业按照市场价格销售货物、提供劳务服务等，凡由政府财政部门根据企业销售货物、提供劳务服务的数量、金额的一定比例给予全部或部分资金支付的，应当按照权责发生制原则确认收入。

11.【参考答案】ACD

【解析】转让旧房地产及建筑物的扣除项目包括：取得土地使用权时按国家统一规定缴纳的有关费用，旧房及建筑物的评估价格，支付的评估费用，转让环节缴纳的税款。

12.【参考答案】ABD

【解析】根据《财政部 税务总局关于支持小微企业融资有关税收政策的通知》（财税〔2017〕77 号）、《财政部 税务总局关于延长部分税收优惠政策执行期限的公告》（财政部 税务总局公告 2021 年第 6 号）的规定，自 2018 年 1 月 1 日至 2023 年 12 月 31 日，对金融机构与小型企业、微型企业签订的借款合同免征印花税，《财政部 国家税务总局关于调整房地产交易环节税收政策的通知》（财税〔2008〕137 号）规定，对个人销售或购买住房暂免征收印花税。《中华人民共和国印花税法》第十二条规定，无息或者贴息借款合同免征印花税。

13.【参考答案】ABD

【解析】税务机关在通知纳税人缴纳税款、滞纳金，要求当事人提供有关资料，办理有关涉税事项时均可使用《税务事项通知书》。

14.【参考答案】CD

【解析】税务行政许可事项：企业印制发票审批、对纳税人延期缴纳税款核准、对纳税人延期申报核准、对纳税人变更纳税定额的核准、增值税专用发票（增值税税控系统）最高开票限额审批、对采取实际利润额预缴以外的其他企业所得税预缴方式的核定。

15.【参考答案】CD

【解析】授权性规范是规定人们可以为一定的行为或者不为一定的行为，或者可以要求他人为一定的行为或者不为一定的行为的法律规范。命令性规范是规定人们必须为一定行为的法律规范。禁止性规范是规定人们不应当为一定行为的法律规范。强制性规范是指必须依照法律适用，不能依个人意志予以变更和排除适用的规范。命令性规范通常属于强制性规范。

16.【参考答案】ACD

【解析】依职权的行政行为是行政主体依照职权主动作出的行政行为，故选项 A 正确；针对特定对象实施的行政行为属于具体行政行为，故选项 C 正确；外部行政行为是行政主体依法对公共事务的管理活动，故选项 D 正确。

17.【参考答案】BCD

【解析】选项 A 应当征收土地增值税；选项 B 不属于土地增值税的征税范围；选项 C 免征土地增值税；选项 D 暂免征收土地增值税。

18.【参考答案】BCD

【解析】风险应对过程中，可采取风险提醒、纳税评估、税务审计、反避税调查、税务稽查等差异化应对手段。

19.【参考答案】ABC

【解析】依据《中华人民共和国企业所得税法》及其实施条例规定，实际管理机构，是指对企业的生产经营、人员、财务、财产等实施实质性全面管理和控制的机构。

20.【参考答案】ABC

【解析】在计算企业所得税应纳税所得额时，以下项目不得扣除：（1）向投资者支付的股息、红利等权益性投资收益款项。（2）税收滞纳金。（3）罚金、罚款和被没收财物的损失。（4）未经核定的准备金支出。（5）企业之间支付的管理费、企业内营业机构之间支付的租金和特许权使用费，以及非银行企业内营业机构之间支付的利息。（6）与取得收入无关的其他支出。

三、判断题（判断各题正误，正确的打“√”，错误的打“×”。每小题 1 分，共计 10 分）。

1.【参考答案】×

【解析】《财政部 税务总局关于广告费和业务宣传费支出税前扣除有关事项的公告》（财政部 税务总局公告 2020 年第 43 号）第三条规定，烟草企业的烟草广告费和业务宣传费支出，一律不得在计算应纳税所得额时扣除。

2.【参考答案】√

【解析】根据《国家税务总局关于在新办纳税人中实行增值税专用发票电子化有关事项的公告》（国家税务总局公告 2020 年第 22 号）第二条的规定，电子专票由各省税务局监制，采用电子签名代替发票专用章，属于增值税专用发票，其法律效力、基本用途、基本使用规定等与增值税纸质专用发票相同。

3.【参考答案】√

【解析】根据《国家税务总局关于在新办纳税人中实行增值税专用发票电子化有关

事项的公告》（国家税务总局公告2020年第22号）第五条的规定，税务机关按照电子专票和纸质专票的合计数，为纳税人核定增值税专用发票领用数量。

4.【参考答案】×

【解析】根据国家税务总局关于发布《国际运输船舶增值税退税管理办法》的公告（国家税务总局公告2020年第18号）第十一条的规定，运输企业购进船舶取得的增值税专用发票，已用于进项税额抵扣的，不得申报船舶退税，已用于船舶退税的，不得用于进项税额抵扣。因此这句话的前半句是正确的，但结论是错误的，运输企业购进船舶申报退税应取得增值税专用发票。

5.【参考答案】√

【解析】根据《财政部 税务总局关于明确无偿转让股票等增值税政策的公告》（财政部 税务总局公告2020年第40号）第二条的规定，自2019年8月20日起，金融机构向小型企业、微型企业和个体工商户发放1年期以上（不含1年）至5年期以下（不含5年）小额贷款取得的利息收入，可选择中国人民银行授权全国银行间同业拆借中心公布的1年期贷款市场报价利率或5年期以上贷款市场报价利率，适用《财政部 税务总局关于金融机构小微企业贷款利息收入免征增值税政策的通知》（财税〔2018〕91号）规定的免征增值税政策。

6.【参考答案】√

【解析】根据《财政部 税务总局关于明确无偿转让股票等增值税政策的公告》（财政部 税务总局公告2020年第40号）第三条的规定，土地所有者依法征收土地，并向土地使用者支付土地及其相关有形动产、不动产补偿费的行为，属于《营业税改征增值税试点过渡政策的规定》（财税〔2016〕36号附件1）第一条第（三十七）项规定的土地使用者将土地使用权归还给土地所有者的情形，可以按规定享受增值税免税政策。

7.【参考答案】√

【解析】根据《财政部 税务总局关于资源税有关问题执行口径的公告》（财政部 税务总局公告2020年第34号）第七条的规定，纳税人以自采原矿洗选加工为选矿产品（通过破碎、切割、洗选、筛分、磨矿、分级、提纯、脱水、干燥等过程形成的产品，包括富集的精矿和研磨成粉、粒级成型、切割成型的原矿加工品）销售，或者将选矿产品自用于应当缴纳资源税情形的，按照选矿产品计征资源税，在原矿移送环节不缴纳资源税。

8.【参考答案】×

【解析】根据《国家税务总局关于简并税费申报有关事项的公告》（国家税务总局公告2021年第9号）的解读，对于耕地占用税、印花税、资源税等一次性税源，纳税人可以在发生纳税义务后立即填写税源明细表，也可以在申报时填报所有税源信息。

9.【参考答案】×

【解析】依据《中华人民共和国车辆购置税法》的规定，纳税人自产自用应税车辆的计税价格，按照纳税人生产的同类应税车辆的销售价格确定，不包括增值税税款。甲公司应缴纳车辆购置税 =15 ×10% =1.5 万元。

10.【参考答案】×

【解析】卷烟在生产（委托加工）进口环节征收消费税的基础上，在批发环节加征消费税。生产（委托加工）进口环节和批发环节都采用复合计税方法，零售环节不征消费税。

11.【参考答案】×

【解析】税务机关对应缴未缴的缴费人、扣缴义务人（不含灵活就业人员、城乡居民以及特殊缴费）生成《逾期未缴款清册》，采用科学、合理的办法对缴费人进行催缴处理。

12.【参考答案】√

【解析】该项目的单位开发成本 =20 000 ÷（50 000 +2 000）=0.3846 万元。该项目的住宅可扣除开发成本 =50 000 ×0.3846 =19 231 万元。

13.【参考答案】×

【解析】根据《财政部 国家税务总局关于规范个人投资者个人所得税征收管理的通知》（财税〔2003〕158 号）的规定，个人独资企业、合伙企业的个人投资者以企业资金为本人、家庭成员及其相关人员支付与企业生产经营无关的消费性支出及购买汽车、住房等财产性支出，视为企业对个人投资者利润分配，并入投资者个人的生产经营所得，依照“经营所得”项目计征个人所得税。

14.【参考答案】×

【解析】根据国家税务总局关于印发《土地增值税管理规程》的通知（国税发〔2009〕91 号）的规定，房地产开发企业将开发的部分房地产转为企业自用或用于出租等商业用途时，如果产权未发生转移，不征收土地增值税，在税款清算时不列收入，不扣除相应的成本和费用。

15.【参考答案】×

【解析】自 2020 年 1 月 1 日至 2022 年 12 月 31 日，对物流企业自有（包括自用和出租）或承租的大宗商品仓储设施用地，减按所属土地等级适用税额标准的 50% 计征城镇土地使用税。

16.【参考答案】√

【解析】略。

17.【参考答案】√

【解析】根据《中华人民共和国耕地占用税法》第十条的规定，耕地占用税的纳税义务发生时间为纳税人收到自然资源主管部门办理占用耕地手续的书面通知的当日。纳税人应当自纳税义务发生之日起30日内申报缴纳耕地占用税。

18.【参考答案】×

【解析】根据《财政部 自然资源部 税务总局 人民银行关于将国有土地使用权出让收入、矿产资源专项收入、海域使用金、无居民海岛使用金四项政府非税收入划转税务部门征收有关问题的通知》（财综〔2021〕19号）的规定，税务部门征收国有土地使用权出让收入、矿产资源专项收入、海域使用金、无居民海岛使用金四项政府非税收入应当使用财政部统一监（印）制的非税收入票据，按照税务部门全国统一信息化方式规范管理。

19.【参考答案】×

【解析】扣缴义务人不能申请延期缴纳税款。

20.【参考答案】√

【解析】略。

四、综合实务题（共5小题，每小题8分，共计40分）。

1.【参考答案】

（1）12月购进新设备的成本不能一次性税前列支。

因为根据税法相关规定，企业在2018年1月1日至2023年12月31日期间新购进的设备、器具，单位价值不超过500万元的，允许一次性计入当期成本费用，在计算应纳税所得额时扣除，不再分年度计算折旧。本题购入设备价值超过500万元，所以不能享受该优惠。

（2）当年的会计利润 = 8 000 − 5 100 + 700 − 100 − 800 − 1 800 − 200 + 150 + 280 − 130 − 200 = 800（万元）

（3）转让非独占许可使用权应调减应纳税所得额 = 500 + (700 − 100 − 500) × 50% = 550（万元）

一个纳税年度内，居民企业技术转让所得不超过500万元的部分，免征企业所得税；超过500万元的部分，减半征收企业所得税。

技术转让的范围包括居民企业转让专利技术、计算机软件著作权、集成电路布图设计权、植物新品种、生物医药新品种、5年（含5年）以上非独占许可使用权以及财政部和国家税务总局确定的其他技术。

（4）研究开发费用应调减应纳税所得额 = 300 × 100% = 300（万元）

业务招待费扣除限额1 = (8 000 + 700) × 0.5% = 43.5（万元）

业务招待费扣除限额2 = 80 × 60% = 48（万元）

业务招待费应调增应纳税所得额 = 80 − 43.5 = 36.5（万元）

研究开发费及业务招待费共计调减应纳税所得额 = 300 - 36.5 = 263.5（万元）

（5）广告费扣除限额 =（8 000 + 700）× 15% = 1 305（万元）

广告费应调增应纳税所得额 = 1 500 - 1 305 = 195（万元）

（6）业务（7）应调减应纳税所得额 150 万元。

（7）残疾职工工资应调减应纳税所得额 50 万元。

工会经费扣除限额 = 400 × 2% = 8 万元，应调增应纳税所得额 = 18 - 8 = 10 万元

职工福利费扣除限额 = 400 × 14% = 56 万元，应调增应纳税所得额 = 120 - 56 = 64 万元

职工教育经费扣除限额 = 400 × 8% = 32 万元，应调增应纳税所得额 = 33 - 32 = 1 万元

合计应调增应纳税所得额 = -50 + 10 + 64 + 1 = 25（万元）

企业安置残疾人员的，计算企业所得税时，在按照支付给残疾职工工资在税前据实扣除的基础上，按照支付给残疾人员工资的 100% 加计扣除。

（8）业务（9）应调增应纳税所得额 = 7 + 15 = 22（万元）

（9）企业所得税的应纳税所得额 = 800 - 550 - 300 + 36.5 + 195 - 150 + 25 + 22 = 78.5（万元）

（10）应缴纳的企业所得税 = 78.5 × 25% = 19.63（万元）

2.【参考答案】（1）D；（2）B；（3）AD；（4）CD；（5）C

【解析】（1）对疫情防控重点保障物资生产企业为扩大产能新购置的相关设备，允许一次性计入当期成本费用在企业所得税税前扣除。购进设备的税金可从销项税额中抵扣，不构成实际支出，故 D 选项正确。

（2）单位和个体工商户将自产、委托加工或购买的货物，通过公益性社会组织和县级以上人民政府及其部门等国家机关，或者直接向承担疫情防治任务的医院，无偿捐赠用于应对新型冠状病毒感染的肺炎疫情的，免征增值税、消费税、城市维护建设税、教育费附加、地方教育附加。企业和个人直接向承担疫情防治任务的医院捐赠用于应对新型冠状病毒感染的肺炎疫情的物品，允许在计算企业所得税或个人所得税应纳税所得额时全额扣除。

（3）纳税人自产应税消费品用于连续生产应税消费品的，不缴纳消费税，纳税人自产应税消费品用于其他方面的，于移送使用时纳税。自产轿车用于管理部门，不能视同销售，无须计提销售税额，管理部门领用自产轿车，属于所有权未发生改变的内部处置资产，无须确认企业所得税视同销售收入。在境内购置应税车辆的单位和个人，为车辆购置税的纳税人。购置，是指以购买、进口、自产、受赠、获奖或者其他方式取得并自用应税车辆的行为。

（4）纳税信用 A 级纳税人有权要求税务机关 10 日内对异常凭证进行核实，暂不做

进项转出等处理。接收异常凭证的纳税人，如认为所对应的经营业务真实，应自收到《税务事项通知书》之日起10个工作日内向主管税务机关提出核实申请，并提供相关证明材料。

（5）销项税额 = 800 × 13% = 104万元。进项税额合计 = 71.5 + 18 = 89.5万元。免税项目应分摊进项税额 = 330 ÷ (330 + 800) × 18 = 5.26万元。应纳增值税 = 104 − (89.5 − 5.26) = 19.76万元。

3.【参考答案】（1）B；（2）A；（3）D；（4）B；（5）C

【解析】（1）增值税税负率 = 240 ÷ 6 800 × 100% = 3.53%

（2）企业所得税贡献率 = 220 ÷ 6 800 × 100% = 3.24%

（3）期间费用率 = (360 + 280 + 250) ÷ 6 800 × 100% = 13.09%

（4）平均存货 = (400 + 600) ÷ 2 = 500万元，存货周转率 = 5 000 ÷ 500 = 10次。

（5）固定资产平均原值 = (3 300 + 3 700) ÷ 2 = 3 500万元，固定资产综合折旧率 = 520 ÷ 3 500 × 100% = 14.86%。

4.【参考答案】（1）A；（2）D；（3）A；（4）B

【解析】（1）房地产开发企业中的一般纳税人销售自行开发的房地产项目，适用一般计税方法计税，按照取得的全部价款和价外费用，扣除当期销售房地产项目对应的土地价款后的余额计算销售额。

销项税额 = (全部价款和价外费用 − 当期允许扣除的土地价款) ÷ (1 + 税率) × 税率。注意只对受让土地的60%进行开发并且全部销售，所以只能扣除8 000 × 60%的地价款。

该房地产开发公司增值税销项税额 = (18 900 − 8 000 × 60%) ÷ (1 + 9%) × 9% = 1 164.22（万元）

（2）城市维护建设税及附加以实际缴纳的增值税为计税（征）依据，用销项税额减去准予抵扣的进项税额，计算出来的增值税应纳税额为依据计算城市维护建设税及教育附加。该房地产开发公司计算土地增值额时可扣除的城市维护建设税和两个教育附加合计 = (1 164.22 − 799.52) × (5% + 3% + 2%) = 36.47万元。

（3）取得土地使用权所支付的金额是指纳税人取得土地使用权支付的地价款和按国家统一规定缴纳的有关费用之和。纳税人在取得土地使用权时按国家统一规定缴纳的有关费用，包括按国家统一规定缴纳的有关登记、过户手续费和契税。此题需要注意的是该房地产开发公司只开发了60%的土地全部销售，所以要按照比例计算准予扣除的取得土地使用权的金额为8 000 × 60% + 8 000 × 3% × 60% = 4 944万元。

（4）该房地产开发公司计算土地增值额时可扣除的开发费用 = 500 × 70% + (4 944 + 6 200) × 4% = 795.76（万元）

转让收入 = 18 900 − 1 164.22 = 17 735.78（万元）

扣除项目金额 = 4 944 + 6 200 + 795.76 + 36.47 + 9.45 + (4 944 + 6 200) × 20% = 14 214.48（万元）

土地增值额 = 17 735.78 − 14 214.48 = 3 521.3（万元）

增值率 = 3 521.3 ÷ 14 214.48 × 100% = 24.77%，适用 30% 的税率。

该房地产开发公司销售写字楼应缴纳的土地增值税 = 3 521.3 × 30% = 1 056.39 万元。

5.【参考答案】（1）B；（2）ABCD；（3）C；（4）D；（5）B；（6）B

【解析】（1）①劳务报酬所得以每次收入额为预扣预缴应纳税所得额，每次收入不超过 4 000 元的，减除费用 800 元后的余额为收入额。②孙某 2021 年取得兼职收入被预扣预缴个人所得税 = (3 500 − 800) × 20% = 540 元。

（2）①纳税人不能提供合法、完整、准确的财产原值凭证，不能正确计算财产原值的，按转让收入额的 3% 征收率计算缴纳个人所得税；拍卖品为经文物部门认定是海外回流文物的，按转让收入额的 2% 征收率计算缴纳个人所得税。②应纳个人所得税 = 40 000 × 3% = 1 200 元。ABCD 四个选项全部错误。

（3）①限售股原值无法确认，应按转让收入的 15% 作为限售股原值及合理税费。②转让限售股应缴纳的个人所得税 = 100 000 × (1 − 15%) × 20% = 17 000 元。

（4）①一次卖出债券应扣除的买价及相关费用 = (1 000 × 10 + 150) ÷ 1 000 × 600 + 110 = 6 200 元，卖出债券应缴纳的个人所得税 = (600 × 12 − 6 200) × 20% = 200 元；②债券利息收入应缴纳的个人所得税 = 2 500 × 20% = 500 元；③孙某卖出债券及取得的债券利息收入应缴纳个人所得税 = 200 + 500 = 700 元。

（5）纳税年度收入 = 20 000 × 12 + 3 500 × (1 − 20%) + 20 000 × (1 − 20%) × 70% + 2 000 × (1 − 20%) = 255 600（元）

（6）孙某全年综合所得的应纳税所得额 = 255 600 − 5 000 × 12 − 4 000 × 12 − 1 000 × 12 = 135 600（元）

模拟试卷（二）

一、单项选择题（下列各题的备选答案中，只有一个正确选项，请将正确选项的字母填写在括号中，多选、错选、不选均不得分。每小题 1 分，共计 20 分）。

1. 扣缴义务人不按规定扣缴税款，造成税款流失的，税务机关应（　　）。

A. 向扣缴义务人追缴应扣未扣税款

B. 向扣缴义务人追缴税款，并处少缴税款一倍以上五倍以下的罚款

C. 向纳税人追缴税款，对扣缴义务人处应扣未扣税款百分之五十以上三倍以下的罚款

D. 向纳税人追缴税款，对扣缴义务人处未扣税款百分之五十以上五倍以下的罚款

2. 从事生产、经营的纳税人、扣缴义务人未按照规定的期限缴纳或者解缴税款的，由税务机关发出限期缴纳税款通知书，责令缴纳或者解缴税款的最长期限不得超过（　　）。

A. 5 日　　B. 10 日　　C. 15 日　　D. 30 日

3. A 公司账证健全，未在规定期限内进行纳税申报，经税务机关责令限期改正，逾期仍未申报，根据《税收征管法》的规定，税务机关有权（　　）。

A. 采取税收保全措施　　B. 责令提供纳税担保

C. 直接征收税款　　D. 核定应纳税额

4. 未达到起征点的定期定额户连续（　　）个月达到起征点，应当向税务机关申报，提请重新核定定额。

A. 2　　B. 3　　C. 4　　D. 5

5. 关于跨区域涉税事项报验管理，下列说法错误的是（　　）。

A. 经营地跨区域涉税事项信息反馈后，不需要另行向机构所在地税务机关反馈

B. 纳税人合同需要延期的，可向经营地或机构所在地税务机关申请延期

C. 同一个市内，纳税跨县区提供建筑服务需要向机构所在地申请开具跨区涉税事项申报

D. 在省内注册成立的建筑安装企业总机构直接管理的项目部无须就地预缴企业所得税

6. 关于税务机关查询获得的资料，下列说法中正确的是（　　）。

A. 经市级税务局局长批准，可以用于税收以外的用途

B. 不得用于税收以外的用途

C. 经省级税务局局长批准，可以用于税收以外的用途

D. 经县级税务局局长批准，可以用于税收以外的用途

7. 根据税收征管法及有关规定，下列说法中正确的是（　　）。

A. 纳税人享受减税、免税待遇的，在减税、免税期间可以不办理纳税申报

B. 纳税人采取邮寄方式办理纳税申报的，以税务机关收到申报日期为实际申报日期

C. 纳税人通过银行缴纳税款的，税务机关可以委托银行开具完税凭证

D. 担保书须经纳税人、纳税担保人签字盖章后方为有效

8. 下列财产中，不属于税务机关采取税收保全措施时应当包括的财产是指（　　）。

A. 高档消费品

B. 易腐烂的商品

C. 个人及其所抚养家属维持生活必需的住房和用品

D. 金银首饰

9. 按照《国家税务总局关于开具〈无欠税证明〉有关事项的公告》的规定，下列关于《无欠税证明》的开具的相关表述中不正确的是（　　）。

A. “不存在欠税情形”，是指纳税人在税收征管信息系统中，不存在应申报未申报记录且无应缴未缴的税款

B. 已实行实名办税的纳税人到主管税务机关申请开具《无欠税证明》的，需办税人员持有效身份证件、登记证照副本或税务登记证副本申请开具

C. 《无欠税证明》是税务机关根据税收征管信息系统记载信息出具，仅证明截至到开具时间节点，纳税人在税收征管信息系统中不存在欠税情形。纳税人如申报不实，税务机关仍然要依法追缴税款

D. 由于开具《无欠税证明》前需要获取纳税人在全国范围内的申报和缴税情况，因此，会存在申请开具日期和证明截止时间不一致的情况

10. 按照《国家税务总局关于进一步简化企业开办涉税事项办理程序压缩办理时间的通知》（税总发〔2019〕126号）的要求，企业开办首次申领发票涉及相关事项需要填写、确认的文书是（　　）。

A. 新办纳税人涉税事项综合申请表

B. 增值税一般纳税人登记表

C. 纳税人领用发票票种核定表

D. 增值税专用发票最高开票限额申请单

11. 对未处于税务检查状态、无欠税（滞纳金）及罚款、已缴销增值税专用发票及税控专用设备的下列（　　）纳税人，优化即时办结服务，采取“承诺制”容缺办理。

A. 纳税信用级别为 C 级的纳税人

B. 纳入纳税信用级别评价的定期定额个体工商户

C. 达到增值税纳税起征点的纳税人

D. 控股母公司纳税信用级别为 A 级的 M 级纳税人

12. 下列行为应视同销售货物征收增值税的是（　　）。

A. 企业将上月购进的办公用品转移至分支机构使用

B. 企业将购进的酒发给职工作为福利

C. 将委托加工收回的卷烟用于赠送客户

D. 将自产货物用于换取生产资料

13. 2023 年 8 月，某省会城市居民李某出租自有商铺取得当月含税租金收入 93 000 元，李某出租商铺应缴纳的增值税为（　　）元。

A. 0　　B. 900　　C. 1 834.95　　D. 5 380.95

14. 某企业签订进料加工复出口货物合同，2022 年 9 月进口料件到岸价格折合人民币 300 万元，当月将部分完工产品出口，FOB 价折合人民币 400 万元，该企业进料加工计划分配率为 70%，完工产品内销时适用的增值税征税率为 13%，退税率为 9%，则当期不得免征和抵扣的税额为（　　）万元。

A. 11.2　　B. 4.8　　C. 3.2　　D. 8.4

15. 在进行税（费）种认定的过程中，按照（　　）的管理理念，由纳税人根据自身生产经营范围和发生的应税行为，依法选择相应税费种申报缴纳税费。

A. 加强事中事后监管　　B. 优化纳税服务

C. 方便税务机关管理　　D. 还责还权于纳税人

16. 下列选项中，属于行政处罚公示制度要求的是（　　）。

A. 某省税务局在其官方网站公示各执法单位名单

B. 某市税务局稽查局执法人员制作现场笔录

C. 某市税务局稽查局执法人员用执法记录仪记录留置送达文书的过程

D. 某县税务局第一税务分局制作笔录，记载纳税人陈述、申辩内容

17. 税务行政处罚决定依法作出后，当事人逾期既不申请行政复议也不向法院起诉、经催告仍不履行的，税务机关依法可以采取的措施是（　　）。

A. 将查封、扣押的财物拍卖以抵缴罚款

B. 每日按罚款数额的 5% 加收罚款

C. 申请公安机关强制执行

D. 与当事人达成执行和解协议，约定分阶段履行或者减免罚款

18. 2018 年 6 月 1 日，境外投资者甲用境内居民企业乙分回的利润 100 万直接投资于境内丙企业，并于当日缴纳了预提所得税，甲符合境外投资者以分配利润直接投资暂

不征收预提所得税的规定，甲可在（　　）前追补享受并申请退还已缴纳税款。

A. 2021 年 6 月 1 日　　B. 2022 年 6 月 1 日

C. 2023 年 6 月 1 日　　D. 2024 年 6 月 1 日

19. 在对某企业进行特别纳税调整时，将企业与其关联方的合并利润或者亏损在各方之间采用合理标准进行分配的方法，这种方法称之为（　　）。

A. 可比非受控价格法　　B. 再销售价格法

C. 交易净利润法　　D. 利润分割法

20. 甲公司对市税务局稽查局作出的不予行政奖励的决定不服，向市税务局申请复议。市税务局审理后认为，市税务局稽查局已经履行了相应职责，决定驳回甲公司的复议申请。甲公司不服，决定向人民法院提起诉讼，按照规定，被告应当是（　　）。

A. 市税务局稽查局　　B. 市税务局

C. 市税务局和市税务局稽查局　　D. 省税务局

二、多项选择题（下列各题的备选答案中，至少有两个正确选项，请将正确选项的字母填写在括号中，多选、少选、错选、不选均不得分。每小题 1 分，共计 20 分）。

1. 下列商品中，在零售环节需要缴纳消费税的有（　　）。

A. 金银首饰　　B. 高档化妆品

C. 甲类卷烟　　D. 超豪华小汽车

2. 以下列方式取得的车辆中，应缴纳车辆购置税的有（　　）。

A. 购置的已税二手汽车　　B. 以受赠方式取得的自用汽车

C. 自产自用的汽车　　D. 购买自用的汽车

3. 主管税务机关结合销售方取得机动车的相关凭据判断其经营规模，并动态调整机动车发票领用数量。“相关凭据”包括（　　）。

A. 增值税专用发票

B. 海关进口增值税专用缴款书

C. 货物进口证明书

D. 机动车整车出厂合格证

E. 法院判决书、裁定书、调解书，以及仲裁裁决书、调解书，公证债权文书

4. 税务机关信息公开机构应当建立台账、对收到政府信息公开申请及办理情况逐一记载。应登记的内容主要包括（　　）。

A. 收到申请的时间　　B. 申请情况

C. 办理情况　　D. 申请人的家庭住址信息

E. 复议诉讼情况

5. 税务机关起草的政府信息公开答复文书，其类型主要包括（　　）。

A. 予以公开　B. 不予公开　C. 部分公开　D. 无法提供

E. 不予处理

6. 下列选项中，属于自用于应当缴纳资源税情形的有（　　）。

A. 非货币性资产交换　B. 样品

C. 连续生产非应税产品　D. 偿债

E. 开采耗用

7. 深化税收征管改革的工作原则，除坚持党的全面领导以外，还包括（　　）。

A. 坚持依法治税　B. 坚持为民便民

C. 坚持问题导向　D. 坚持改革创新、坚持系统观念

8. 根据《网络直播营销管理办法（试行）》，国家网信部门和国务院公安、商务、文化和旅游、税务、市场监督管理、广播电视等有关主管部门需要共同建立健全的工作机制包括（　　）。

A. 线索移交　B. 信息共享

C. 会商研判　D. 教育培训

9. 下列税务机关首次发现的纳税人行为，适用“首违不罚”的事项有（　　）。

A. 纳税人丢失账簿和记账凭证

B. 纳税人违规以收取手续费方式替人代开发票

C. 纳税人未按规定将其全部银行账号向税务机关报送

D. 纳税人未按规定向主管税务机关报送开具发票的数据且没有违法所得

10.《国家税务总局关于纳税信用管理有关事项的公告》（国家税务总局公告 2020 年第 15 号）中推出四项优化纳税信用管理的措施，新措施的具体内容可以概括为（　　）。

A. 增加非独立核算分支机构自愿参与纳税信用评价

B. 增加纳税信用评价前指标复核机制，满足纳税人合理需求

C. 调整纳税信用起评分的适用规则

D. 调整 D 级评价保留 2 年的措施，适当放宽有关标准

11. 下列企业中，2021 年发生的广告费和业务宣传费支出所得税税前扣除限额比例是当年销售（营业）收入 30% 的有（　　）。

A. 化妆品制造或销售企业　B. 医药制造企业

C. 调味制造企业　D. 饮料制造（不含酒类制造）企业

E. 酒类制造企业

12. 某增值税一般纳税人购买车辆，在申报缴纳车辆购税前发现发票开具错误，如该纳税人已抵扣增值税，申请开具红字发票时，应退还给 4S 店的发票联次包括（　　）。

A. 发票联　　B. 报税联　　C. 注册登记联　　D. 抵扣联
E. 存根联

13. 下列车辆属于车辆购置税应税范围的是（　　）。
A. 起重机（吊车）　　B. 小汽车
C. 电动摩托车　　D. 垃圾车

14. 税务违法当事人在对税务机关作出的税务行政处罚决定不服时，其享有的权利有（　　）。
A. 申请行政复议权　　B. 要求行政赔偿权
C. 提起行政诉讼权　　D. 暂停缴纳税款权

15. 企业固定资产的大修理支出作为长期待摊费用的条件是必须同时满足（　　）。
A. 修理支出达到取得固定资产时的计税基础 50% 以上
B. 修理后固定资产的使用寿命延长 2 年以上
C. 修理支出达到原值的 20% 以上
D. 修理后改变用途

16. 从 2021 年 8 月 1 日开始，与增值税、消费税合并申报的附加税费包括（　　）。
A. 城市维护建设税　　B. 教育费附加
C. 印花税　　D. 地方教育附加

17. 直接抵免主要适用于（　　），以及就（　　）在境外被源泉扣缴的预提所得税。
A. 企业就来源于境外的营业利润所得　在境外所缴纳的企业所得税
B. 来源于境外的股息、红利等权益性投资所得　利息，租金，特许权使用费，财产转让等所得
C. 发生于境外的股息、红利等权益性投资所得　利息，租金，特许权使用费，财产转让等所得
D. 全部所得

18. 根据《中华人民共和国企业所得税法》的相关规定，下列固定资产不得计提折旧在税前扣除的有（　　）。
A. 已足额提取折旧但仍在使用的旧设备
B. 以经营租赁方式租入的生产线
C. 以融资租赁方式租入的机床
D. 与经营活动无关的小汽车
E. 已建成未投入使用的办公楼

19. 纳税人取得下列旅客运输服务凭证中，可以计算抵扣进项税额的有（　　）。
A. 北京至香港的航空运输电子客票行程单
B. 滴滴公司开具的增值税电子普通发票

C. 神州出租车公司开具的增值税普通发票

D. 注明旅客身份信息的广州至武汉的高铁车票

20. 税务总局、省税务机关结合计算机扫描结果，开展人工专业复评，形成千户集团税收风险分析报告。人工专业复评主要包括（　　）。

A. 常规风险分析　　B. 税收经济分析

C. 行业重点剖析　　D. 重大事项分析

三、判断题（判断各题正误，正确的打“√”，错误的打“×”。每小题 0.5 分，共计 10 分）。

1. 烟草企业实际发生的，不超过当年销售收入 15% 的广告费和业务宣传费，准予在计算应纳税所得额时扣除。（　　）

2. 拍卖行受托拍卖文物艺术品，委托方按规定享受免征增值税政策的，拍卖行可以自己名义就代为收取的货物价款向购买方开具增值税普通发票，对应的货物价款不计入拍卖行的增值税应税收入。（　　）

3. 充分发挥税收大数据作用，依托税务网络可信身份体系对发票开具、使用等进行全环节即时验证和监控，实现对虚开骗税等违法犯罪行为惩处从事后打击向事前事中精准防范转变。（　　）

4. 2021 年基本实现企业税费事项能掌上办理，个人税费事项能网上办理。（　　）

5. 对于按照集成电路生产企业享受企业所得税税收优惠政策的，优惠期自获利年度起计算。（　　）

6. 实行核定征收的个体工商户，不适用年应纳税所得额不超过 100 万元的部分，在现行优惠政策基础上，再减半征收个人所得税政策。（　　）

7. 自 2021 年 1 月 1 日起，个体工商户、个人独资企业、合伙企业和个人申请代开货物运输业增值税发票时，税务机关不再预征个人所得税。（　　）

8. 已按软件产品享受增值税退税政策的电子出版物，可以再申请享受增值税先征后退政策。（　　）

9. 由于疫情防控重点保障物资生产企业购置设备一次性扣除政策的截止时间是 2021 年 3 月底，某公司 2021 年 2 月春节前购买设备未及时享受一次性扣除政策的，该公司只能在 2021 年预缴第一季度（或 3 月）税款时选择进行一次性扣除。（　　）

10. 对于无法区分原生岩石矿种的粒级成型砂石颗粒，不征收资源税。（　　）

11. 以前欠缴的土地闲置费、城镇垃圾处理费，由原执收（监缴）单位负责征缴入库。（　　）

12. 二手车所有人不通过二手车经销商和二手车拍卖企业等将车辆直接出售给买方的。应当由二手车交易市场经营者按规定向买方开具二手车销售统一发票。（　　）

13. 根据最新的税收征管要求，为防止职务犯罪风险，办税服务厅将取消人工现金收付通道，不提供收取现金、找零服务。（　　）
14. 购置已征车辆购置税的车辆，不再征收车辆购置税。（　　）
15. 纳税人到外县（市）销售自产应税消费品的，于应税消费品销售后，向销售地主管税务机关申报缴纳消费税。（　　）
16. 王某所在单位 2019 年 4 月按照累计预扣预缴法计算王某工资、薪金应纳税额时，应补（退税）余额为 -1 500 元，纳税人申请退税，税务机关应当及时办理。（　　）
17. 根据《中华人民共和国印花税法》的规定，没有单独列明的增值税税款应当作为应税合同的计税依据。（　　）
18. 纳税人应纳的资源税，应当向机构所在地主管税务机关申报缴纳资源税。（　　）
19. 某公司获准占用耕地建造厂房，应当在收到自然资源主管部门办理耕地手续的书面通知之日起 15 日内缴纳耕地占用税。（　　）
20. 缴纳义务人依据《征缴土地闲置费决定书》向税务部门申报缴纳土地闲置费，税务部门开具缴费凭证。（　　）

四、综合实务题（共 5 小题，每小题 8 分，共计 40 分）。

1. 位于市区的某文创企业为增值税一般纳税人。2021 年 5 月经营业务如下：

（1）完成文创产品设计服务，收取服务费价税合计 954 万元，尚未开具发票。

（2）转让 2015 年购买的本市区商品房一套，取得含税销售额 515 万元，购房发票记载的该商品房的购入价为 200 万元。企业选择简易计税方法计征增值税。

（3）取得流动资金存款利息收入 2 万元。

（4）购买燃油小汽车 1 辆自用，取得机动车销售统一发票，支付含税款项 39.55 万元。

（5）向境外客户提供广告投放地在境外的广告服务，取得收入 200 万元。

（6）员工因公境内出差，取得注明旅客身份信息的航空电子客票行程单，票价总计 4.8 万元，燃油附加费总计 0.65 万元，民航发展基金总计 0.54 万元。

（7）支付信息技术服务费，取得增值税专用发票注明金额 400 万元、税额 24 万元。

（其他相关资料：小汽车车船税年税额 480 元/辆；员工与该企业签订了劳动合同。）

要求：根据上述资料，按照下列顺序计算回答问题，如有计算需计算出合计数。

（1）计算业务（1）的销项税额。

（2）计算业务（2）应缴纳的增值税。

（3）判断业务（3）是否需要缴纳增值税，并说明理由。

（4）计算业务（4）应缴纳的车辆购置税；2021 年应缴纳的车船税。

（5）判断业务（5）是否需要缴纳增值税，并说明理由。

（6）判断业务（6）能否抵扣进项税额，并说明理由。

（7）计算 5 月可抵扣的进项税额。

（8）计算 5 月应缴纳的增值税。

（9）计算 5 月应缴纳的城市维护建设税、教育费附加和地方教育附加。

2. 从事化妆品制造的甲公司和从事化妆品销售的乙公司是关联企业。根据甲、乙两公司签订的广告费和业务宣传费分摊协议约定：2021 年，甲公司发生的不超过当年销售（营业）收入税前扣除限额比例内的广告费和业务宣传费支出的 30% 归集至乙公司扣除。2021 年，甲公司年销售（营业）收入 1 000 万元，当年实际发生广告费和业务宣传费 500 万元，乙公司销售收入为 2 500 万元，当年实际发生广告费和业务宣传费 1 000 万元。请回答下列问题。（1）甲公司 2021 年广告费和业务宣传费应调增的应纳税所得额是（　　）万元。

A. 90　　B. 200　　C. 290　　D. 300

（2）甲公司可以结转以后年度扣除的广告费和业务宣传费是（　　）万元。

A. 90　　B. 200　　C. 300　　D. 500

（3）乙公司 2021 年广告费和业务宣传费应调增的应纳税所得额是（　　）万元。

A. 160　　B. 200　　C. 300　　D. 840

（4）乙公司可以结转以后年度扣除的广告费和业务宣传费是（　　）万元。

A. 90　　B. 160　　C. 250　　D. 750

3. 二手车车商甲是一般纳税人，其经营模式是先收购二手车，之后再转卖给其他消费者，以赚取中间的零售差价。2021 年 5 月，甲以 10 万元的价格向乙公司销售了一台前期 8 万元收购的小汽车。

（1）该项业务甲应纳增值税额是（　　）元。

A. 398　　B. 497.51　　C. 597.01　　D. 2 985.07

（2）下列关于二手车车商甲办理增值税纳税申报的说法中，错误的是（　　）。（单选）

A. 需要填写“增值税纳税申报表附列资料（一）”（本期销售情况明细）中“简易计税方法计税”中“3% 征收率的货物及加工修理修配劳务”相应栏次

B. 在“增值税纳税申报表附列资料（一）”（本期销售情况明细）“3% 征收率的货物及加工修理修配劳务”相应栏次中填写金额 2 985.07 元

C. 应当填写在“增值税纳税申报表（小规模纳税人适用）”“应征增值税不含税销售额（3% 征收率）”相应栏次

D. 在“增值税纳税申报表（一般纳税人适用）”“应纳税额减征额”及“增值税减免税申报明细表”减税项目相应栏次中填写 2 487.56 元

（3）如果购买方乙公司是一般纳税人，则下列关于甲开具发票的说法中，正确的有（　　）。（多选）

A. 甲应当向乙开具一张二手车销售统一发票

B. 如果乙索取增值税专用发票，甲可以向乙开具一张征收率为 0.5% 的增值税专用发票

C. 甲只能开具一张二手车销售统一发票，不得开具其他发票

D. 如果甲已开具一张二手车销售统一发票，为乙再开具一张增值税专用发票，需要缴纳两次税

E. 如果甲已开具一张二手车销售统一发票，为乙再开具一张增值税专用发票，只需要缴纳一次税

4. 甲科技有限公司成立于 2018 年 10 月，为增值税一般纳税人，企业所得税实行查账征收。主要经营计算机硬件、办公用品及耗材的销售。2021 年 7 月主管税务机关根据风险识别系统的提示，将该纳税人列入增值税、企业所得税纳税评估对象，对其 2020 年度增值税、企业所得税的纳税情况开展纳税评估。该公司 2020 年度部分申报数据如下：

（1）增值税申报表填报的销售额 1 820 万元，应纳增值税 0.2 万元。

（2）企业所得税年度申报表填报的营业收入 1 820 万元，营业成本 1 630 万元，利润总额 150 万元，应纳企业所得税 42 万元。

（3）预收账款期初余额为 0，期末余额为 236 万元。

请根据以上资料，计算并回答下列问题（计算结果保留两位小数）。

（1）该公司的增值税税负率为（　　）。

A. 0.01%　　B. 0.1%　　C. 0.6%　　D. 1%

（2）该公司的企业所得税负担率为（　　）。

A. 2.5%　　B. 2.8%　　C. 25%　　D. 28%

（3）关于甲公司预收账款的风险描述，正确的是（　　）。

A. 预收账款余额偏大，甲公司可能存在多列成本风险

B. 预收账款余额增加较多，甲公司可能存在商品已发出但收入未确认风险

C. 预收账款余额偏大，甲公司可能存在多计支出风险

D. 预收账款余额偏大，甲公司可能存在多计收入风险

5. 赵某系某高校退休教授，2021 年下半年发生如下业务：

（1）为某广告公司提供平面设计服务，取得设计费 150 000 元以及方案创意奖励 6 000 元。

（2）将一套闲置住房对外出租，一次性预收全年租金 32 000 元。

（3）将一套位于天津市的别墅转让，取得转让收入 5 200 000 元，该别墅于 2020 年 5 月购进，购进时支付价款 3 000 000 元。

（4）将 2015 年购买的股票出售，取得收入 120 000 元，该股票的购买价为 80 000 元。

（5）向香港某中介公司咨询境内投资业务，该公司不派人来内地，以邮件、电话方式提供咨询服务，赵教授支付给香港中介公司咨询费 10 000 元、资料费 1 000 元。

（6）将一项技术专利权转让给内地某企业，取得收入 130 000 元。

已知：以上收入均为含税收入，赵教授按次缴纳增值税。

要求：根据上述资料，回答下列问题。

（1）赵教授提供平面设计服务应缴纳增值税（　　）元。

A. 4 346. 93　　B. 4 543. 69

C. 1 485. 15　　D. 1 544. 55

（2）赵教授转让别墅行为应缴纳增值税（　　）元。

A. 0　　B. 104 761. 90

C. 247 619. 05　　D. 240 000. 00

（3）赵教授应代缴香港中介公司增值税（　　）元。

A. 0　　B. 320. 39

C. 622. 64　　D. 1 517. 24

（4）赵教授合计应缴纳增值税（　　）元。（不含代扣代缴的增值税）

A. 249 163. 6　　B. 252 162. 74

C. 249 620. 74　　D. 252 619. 88

模拟试卷（二）答案及解析

一、单项选择题（下列各题的备选答案中，只有一个正确选项，请将正确选项的字母填写在括号中，多选、错选、不选均不得分。每小题 1 分，共计 20 分）。

1.【参考答案】C

【解析】扣缴义务人不按规定扣缴税款，造成税款流失的，税务机关应向纳税人追缴税款，对扣缴义务人处应扣未扣税款百分之五十以上三倍以下的罚款。

2.【参考答案】C

【解析】《税收征管法实施细则》第七十三条规定，从事生产、经营的纳税人、扣缴义务人未按照规定的期限缴纳或者解缴税款的，纳税担保人未按照规定的期限缴纳所担保的税款的，由税务机关发出限期缴纳税款通知书，责令缴纳或者解缴税款的最长期限不得超过 15 日。

3.【参考答案】D

【解析】《税收征管法》第三十五条规定，纳税人有下列情形之一的，税务机关有权核定其应纳税额：

（1）依照法律、行政法规的规定可以不设置账簿的；

（2）依照法律、行政法规的规定应当设置账簿但未设置的；

（3）擅自销毁账簿或者拒不提供纳税资料的；

（4）虽设置账簿，但账目混乱或者成本资料、收入凭证、费用凭证残缺不全，难以查账的；

（5）发生纳税义务，未按照规定的期限办理纳税申报，经税务机关责令限期申报，逾期仍不申报的；

（6）纳税人申报的计税依据明显偏低，又无正当理由的。

4.【参考答案】B

【解析】未达到起征点的定期定额户连续 3 个月达到起征点，应当向税务机关申报，提请重新核定定额。

5.【参考答案】C

【解析】《国家税务总局关于明确跨区域涉税事项报验管理相关问题的公告》（2018 年第 38 号）

6.【参考答案】B

【解析】税务机关查询获得的资料不得用于税收以外的用途。

7.【参考答案】C

【解析】《税收征管法实施细则》第四十六条规定，税务机关收到税款后，应当向纳税人开具完税凭证。纳税人通过银行缴纳税款的，税务机关可以委托银行开具完税凭证。

8.【参考答案】C

【解析】《税收征管法》第三十八条规定，个人及其所扶养家属维持生活必需的住房和用品，不在税收保全措施的范围之内。

9.【参考答案】B

【解析】《国家税务总局关于开具〈无欠税证明〉有关事项的公告》（国家税务总局公告2019年第47号）规定，已实行实名办税的纳税人到主管税务机关申请开具《无欠税证明》的，办税人员持有效身份证件直接申请开具，无须提供登记证照副本或税务登记证副本。

10.【参考答案】A

【解析】按照《国家税务总局关于进一步简化企业开办涉税事项办理程序压缩办理时间的通知》（税总发〔2019〕126号）的要求，企业开办首次申领发票涉及相关事项需要填写、确认“新办纳税人涉税事项综合申请表”。

11.【参考答案】D

【解析】《国家税务总局关于进一步优化办理企业税务注销程序的通知》（税总发〔2018〕149号）规定，对未处于税务检查状态、无欠税（滞纳金）及罚款、已缴销增值税专用发票及税控专用设备，且符合下列情形之一的纳税人，优化即时办结服务，采取“承诺制”容缺办理，即：纳税人在办理税务注销时，若资料不齐，可在其作出承诺后，税务机关即时出具清税文书。

（1）纳税信用级别为A级和B级的纳税人；

（2）控股母公司纳税信用级别为A级的M级纳税人；

（3）省级人民政府引进人才或经省级以上行业协会等机构认定的行业领军人才等创办的企业；

（4）未纳入纳税信用级别评价的定期定额个体工商户；

（5）未达到增值税纳税起征点的纳税人。

12.【参考答案】C

【解析】选项A，属于内部处置，所以不缴纳增值税；选项B，属于将外购的货物用于集体福利，不得抵扣进项税，不属于视同销售的情况；选项D，是特殊销售方式，不是视同销售。

13.【参考答案】A

【解析】自 2023 年 1 月 1 日起，其他个人，采取一次性收取租金形式出租不动产取得的租金收入，可在对应的租赁期内平均分摊，分摊后的月租金收入未超过 10 万元的，免征增值税。

14.【参考答案】B

【解析】计划分配率指的就是进料加工业务中的进口免税料件，由于这部分进口材料是免税的，所以在计算出口退税时要扣除。进料加工出口货物耗用的保税进口料件金额 =400×70% =280 万元，当期不得免征和抵扣税额抵减额 =280×（13% −9%）=11.2 万元，当期不得免征和抵扣税额 =400×（13% −9%）−11.2 =4.8 万元。

【提示】11.2 万元是当期不得免征和抵扣税额抵减额，而不是当期不得免征和抵扣的税额。

15.【参考答案】D

【解析】按照《税收征管操作规范》税（费）种认定的相关规定，按照还责还权于纳税人的管理理念，由纳税人根据自身生产经营范围和发生的应税行为，依法选择相应税（费）种申报缴纳税费。税务机关仅负责维护征收属性相关内容。

16.【参考答案】A

【解析】选项 A 是行政处罚公示制度的要求；选项 B、C、D 是行政处罚全过程记录制度的要求。

17.【参考答案】C

【解析】税务行政处罚决定依法作出后，当事人逾期既不申请行政复议也不向法院起诉、经催告仍不履行的，税务机关依法可以采取的措施是选项 C，申请公安机关强制执行。

18.【参考答案】A

【解析】根据《关于扩大境外投资者以分配利润直接投资暂不征收预提所得税政策适用范围的通知》，境外投资者按照本通知规定可以享受暂不征收预提所得税政策但未实际享受的，可在实际缴纳相关税款之日起三年内申请追补享受该政策，退还已缴纳的税款。

19.【参考答案】D

【解析】《企业所得税法实施条例》第一百一十一条。

20.【参考答案】C

【解析】经复议的案件，复议机关决定维持原行政行为的，作出原行政行为的行政机关和复议机关是共同被告；复议机关改变原行政行为的，复议机关是被告。复议机关驳回复议申请或者复议请求的，属于“复议机关决定维持原行政行为”，但以复议申请不符合受理条件为由驳回的除外。

二、多项选择题（下列各题的备选答案中，至少有两个正确选项，请将正确选项的字母填写在括号中，多选、少选、错选、不选均不得分。每小题2分，共计20分）。

1.【参考答案】AD

【解析】选项A，金银首饰、铂金首饰、钻石及钻石饰品在零售环节征收消费税。选项D，自2016年12月1日起对超豪华小汽车，在生产（进口）环节按现行税率征收消费税基础上，在零售环节加征消费税。

2.【参考答案】BCD

【解析】车辆购置税的纳税人是指在中华人民共和国境内购置应税车辆的单位和个人。其中购置是指以购买、进口、自产、受赠、获奖或者其他方式取得并自用应税车辆的行为。

3.【参考答案】ABCDE

【解析】根据《国家税务总局 工业和信息化部 公安部关于发布〈机动车发票使用办法〉的公告》（国家税务总局 工业和信息化部 公安部公告2020年第23号）的规定，主管税务机关可以结合销售方取得机动车的相关凭据判断其经营规模，并动态调整机动车发票领用数量。取得机动车的相关凭据包括（1）增值税专用发票；2海关进口增值税专用缴款书；（3）货物进口证明书；（4）机动车整车出厂合格证；（5）法院判决书、裁定书、调解书，以及仲裁裁决书、调解书，公证债权文书；（6）国家税务总局规定的其他凭证。

4.【参考答案】ABCE

【解析】根据国家税务总局办公厅关于印发《税务机关政府信息公开申请办理规范》的通知（税总办发〔2020〕35号）第二条的规定，政府信息公开申请应登记的内容主要包括：收到申请的时间、申请情况、办理情况和复议诉讼情况。

5.【参考答案】ABCDE

【解析】根据国家税务总局办公厅关于印发《税务机关政府信息公开申请办理规范》的通知（税总办发〔2020〕35号）第五条第（一）项的规定，答复书主要分为予以公开、不予公开、部分公开、无法提供、不予处理等5种类型。

6.【参考答案】ABCD

【解析】根据《财政部 国家税务总局关于资源税有关问题执行口径的公告》（财政部 国家税务总局公告2020年第34号）第二条的规定，纳税人自用应税产品应当缴纳资源税的情形，包括纳税人以应税产品用于非货币性资产交换、捐赠、偿债、赞助、集资、投资、广告、样品、职工福利、利润分配或者连续生产非应税产品等。

7.【参考答案】ABCD

【解析】中共中央办公厅、国务院办公厅《关于进一步深化税收征管改革的意见》提出，坚持党的全面领导，确保党中央、国务院决策部署不折不扣落实到位，坚持依法治税，善于运用法治思维和法治方式深化改革，不断优化税务执法方式，着力提升税收法治化水平，坚持为民便民，进一步完善利企便民服务措施，更好满足纳税人缴费人合理需求，坚持问题导向，着力补短板强弱项，切实解决税收征管中的突出问题，坚持改革创新，深化税务领域“放管服”改革，推动税务执法、服务、监管的理念和方式手段等全方位变革，坚持系统观念，统筹推进各项改革措施，整体性集成式提升税收治理效能。

8.【参考答案】ABCD

【解析】根据《网络直播营销管理办法（试行）》第四条的规定，国家网信部门和国务院公安、商务、文化和旅游、税务、市场监督管理、广播电视等有关主管部门建立健全线索移交、信息共享、会商研判、教育培训等工作机制，依据各自职责做好网络直播营销相关监督管理工作。

9.【参考答案】ACD

【解析】根据国家税务总局关于发布《税务行政处罚“首违不罚”事项清单》的公告（国家税务总局公告 2021 年第 6 号）的规定，“首违不罚”清单包括：纳税人未按照《中华人民共和国税收征收管理法》及实施细则等有关规定设置、保管账簿或者保管记账凭证和有关资料；纳税人未按照《中华人民共和国税收征收管理法》及实施细则等有关规定将其全部银行账号向税务机关报送；纳税人未按照《中华人民共和国税收征收管理法》及实施细则、《发票管理办法》等有关规定缴销发票且没有违法所得；纳税人使用税控装置开具发票，未按照《中华人民共和国税收征收管理法》及实施细则、《发票管理办法》等有关规定的期限向主管税务机关报送开具发票的数据且没有违法所得。纳税人违规以收取手续费方式替人开发票不适用“首违不罚”是因为收取手续费属于违法所得。

10.【参考答案】ABCD

【解析】根据《国家税务总局关于纳税信用管理有关事项的公告》（国家税务总局公告 2020 年第 15 号）的规定，国家税务总局推出“两增加，两调整”的完善措施，即增加非独立核算分支机构自愿参与纳税信用评价，增加纳税信用评价前指标复核机制，满足纳税人合理需求，调整纳税信用起评分的适用规则，调整 D 级评价保留 2 年的措施，适当放宽有关标准。

11.【参考答案】ABD

【解析】《财政部 国家税务总局关于广告费和业务文传费支出税前扣除有关事项的公告》（财政部 国家税务总局公告 2020 年第 43 号）第一条规定，对化妆品制造或销售、医药制造和饮料制造（不含酒类制造）企业发生的广告费和业务宣传费支出，不超过当年销售（营业）收入 30% 的部分，准予扣除；超过部分，准予在以后纳税年度结转扣除。

12.【参考答案】AC

【解析】根据关于发布《机动车发票使用办法》的公告（国家税务总局工业和信息化部公安部公告2020年第23号）的规定，如该纳税人已抵扣增值税，在申请开具红字发票时，应将其所持的机动车销售统一发票的发票联、报税联、注册登记联退还给4S店。因该纳税人已抵扣增值税，不回退抵扣联。而存根联留存在销售方，并未交给购货方。

13.【参考答案】BD

【解析】根据《财政部 税务总局关于车辆购置税有关具体政策的公告》第一条，地铁、轻轨等城市轨道交通车辆，装载机、平地机、挖掘机、推土机等轮式专用机械车，以及起重机（吊车）、叉车、电动摩托车，不属于应税车辆。

14.【参考答案】AC

【解析】税务违法当事人在对税务机关作出的税务行政处罚决定不服时，其享有的权利有申请行政复议权、提起行政诉讼权。

15.【参考答案】AB

【解析】税法所指固定资产的大修理支出，是指同时符合下列条件的支出：

（1）修理支出达到取得固定资产时的计税基础50%以上；

（2）修理后固定资产的使用年限延长2年以上。

16.【参考答案】ABD

【解析】自2021年8月1日起，在全国推行增值税、消费税分别与城市维护建设税、教育费附加、地方教育附加申报表整合。

17.【参考答案】ABC

【解析】根据《企业境外所得税收抵免操作指南》，直接抵免主要适用于企业就来源于境外的营业利润所得在境外所缴纳的企业所得税，以及就来源于或发生于境外的股息、红利等权益性投资所得，利息，租金，特许权使用费，财产转让等所得在境外被源泉扣缴的预提所得税。

18.【参考答案】ABD

【解析】根据《中华人民共和国企业所得税法》规定，在计算应纳税所得额时，企业按照规定计算的固定资产折旧，准予扣除。下列固定资产不得计算折旧扣除：（1）房屋、建筑物以外未投入使用的固定资产；（2）以经营租赁方式租入的固定资产；（3）以融资租赁方式租出的固定资产；（4）已足额提取折旧仍继续使用的固定资产；（5）与经营活动无关的固定资产；（6）单独估价作为固定资产入账的土地；（7）其他不得计算折旧扣除的固定资产。

19.【参考答案】BD

【解析】A选项属于国际运输服务，只有国内运输服务才能计算抵扣；C选项的增值税普通发票不能计算抵扣，只有增值税电子普通发票才可以。

20.【参考答案】ACD

【解析】根据国家税务总局关于印发《千户集团税收风险管理工作规程（试行）》的通知第二十一条规定，人工专业复评主要包括常规风险分析、行业重点剖析和重大事项分析。

三、判断题（判断各题正误，正确的打“√”，错误的打“×”。每小题 0.5 分，共计 10 分）。

1.【参考答案】×

【解析】《财政部 国家税务总局关于广告费和业务宣传费支出税前扣除有关事项的公告》（财政部 国家税务总局公告 2020 年第 43 号）第三条规定，烟草企业的烟草广告费和业务宣传费支出，一律不得在计算应纳税所得额时扣除。

2.【参考答案】√

【解析】《国家税务总局关于明确二手车经销等若干增值税征管问题的公告》（国家税务总局公告 2020 年第 9 号）第三条规定，拍卖行受托拍卖文物艺术品，委托方按规定享受免征增值税政策的，拍卖行可以自己名义就代为收取的货物价款向购买方开具增值税普通发票，对应的货物价款不计入拍卖行的增值税应税收入。

3.【参考答案】√

【解析】《中共中央办公厅 国务院办公厅关于进一步深化税收征管改革的意见》提出，充分发挥税收大数据作用，依托税务网络可信身份体系对发票开具、使用等进行全环节即时验证和监控，实现对虚开骗税等违法犯罪行为惩处从事后打击向事前事中精准防范转变。

4.【参考答案】×

【解析】《中共中央办公厅 国务院办公厅关于进一步深化税收征管改革的意见》指出，2021 年基本实现企业税费事项能网上办理，个人税费事项能掌上办理。

5.【参考答案】√

【解析】略。

6.【参考答案】×

【解析】根据《国家税务总局关于落实支持小型微利企业和个体工商户发展所得税优惠政策有关事项的公告》（国家税务总局公告 2021 年第 8 号）第二条第（一）项的规定，对个体工商户经营所得年应纳税所得额不超过 100 万元的部分，在现行优惠政策基础上，再减半征收个人所得税。

7.【参考答案】×

【解析】根据《国家税务总局关于落实支持小型微利企业和个体工商户发展所得税优惠政策有关事项的公告》（国家税务总局公告 2021 年第 8 号）第三条的规定，自

2021 年 4 月 1 日起，个体工商户、个人独资企业、合伙企业和个人申请代开运输业增值税发票时，税务机关将不再预征个人所得税。

8.【参考答案】×

【解析】《财政部 税务总局关于延续宣传文化增值税优惠政策的公告》（财政部 税务总局公告 2021 年第 10 号）第五条规定，已按软件产品享受增值税退税政策的电子出版物不得再按本公告申请增值税先征后退政策。

9.【参考答案】×

【解析】根据《财政部 国家税务总局关于延续实施应对疫情部分税费优惠政策的公告》（财政部 国家税务总局公告 2021 年第 7 号）的规定，对疫情防控重点保障物资生产企业购置设备一次性扣除政策的截止时间是 2021 年 3 月底。根据《国家税务总局政策法规司减税降费政策即问即答》（2021 年第一期），该企业既可在 2021 年预缴第一季度（或 3 月）税款时进行一次性扣除也可以选择 2022 年办理汇算清缴时统一申报，享受一次性扣除政策。

10.【参考答案】×

【解析】根据《财政部 国家税务总局关于资源税有关问题执行口径的公告》（财政部 国家税务总局公告 2020 年第 34 号）第七条的规定，对于无法区分原生岩石矿种的粒级成型砂石颗粒，按照砂石税目征收资源税。

11.【参考答案】×

【解析】根据《国家税务总局 财政部 自然资源部 住房和城乡建设部 中国人民银行关于土地闲置费、城镇垃圾处理费划转有关征管事项的公告》第四条的规定，划转税务部门征收以前欠缴的土地闲置费、城镇垃圾处理费，由税务部门负责征缴入库。原执收（监缴）单位和税务部门要加强部门协同，做好征管资料交接、欠缴金额确认等工作。

12.【参考答案】√

【解析】略。

13.【参考答案】×

【解析】根据《国家税务总局办公厅关于税费征收过程中人民币现金收付有关事项的通知》（税总办函〔2021〕7 号）第一条的规定，线下办税缴费服务场所（含办税服务厅、代办机构等）应设置人工现金收付通道，提供收取现金、找零服务。

14.【参考答案】√

【解析】车辆购置税实行一次性征收。购置已征车辆购置税的车辆，不再征收车辆购置税。

15.【参考答案】×

【解析】纳税人到外县（市）销售或者委托外县（市）代销自产应税消费品的，于应税消费品销售后，向机构所在地或者居住地主管税务机关申报纳税。

16.【参考答案】×

【解析】扣缴义务人向居民个人支付工资、薪金所得时，应当按照累计预扣预缴法计算预扣税款，余额为负值时，暂不退税。

17.【参考答案】√

【解析】根据《中华人民共和国印花税法》的规定，应税合同的计税依据，为合同所列的金额，不包括列明的增值税税款。

18.【参考答案】×

【解析】纳税人应纳的资源税，应当向应税产品的开采或者生产所在地主管税务机关缴纳。

19.【参考答案】×

【解析】根据《中华人民共和国耕地占用税法》第十条的规定，耕地占用税的纳税义务发生时间为纳税人收到自然资源主管部门办理占用耕地手续的书面通知的当日。纳税人应当自纳税义务发生之日起30日内申报缴纳耕地占用税。

20.【参考答案】√

【解析】根据《国家税务总局等五部门关于土地闲置费 城镇垃圾处理费划转有关征管事项的公告》（国家税务总局 财政部 自然资源部 住房和城乡建设部 中国人民银行公告2021年第12号）的规定，土地闲置费要由自然资源部门向缴纳义务人（土地使用权人）出具《征缴土地闲置费决定书》等文书。

四、综合实务题（共5小题，每小题8分，共计40分）。

1.【参考答案】

（1）业务（1）的销项税额 = 954 ÷（1 + 6%）× 6% = 54（万元）

（2）业务（2）应缴纳的增值税 =（515 − 200）÷（1 + 5%）× 5% = 15（万元）

（3）业务（3）不需要缴纳，存款利息收入不征收增值税。

（4）业务（4）应缴纳的车辆购置税 = 39.55 ÷（1 + 13%）× 10% = 3.5（万元）

业务（4）2021年应缴纳的车船税 = 480 ÷ 12 × 8 = 320（元）

应缴纳的车辆购置税和2021年应缴纳的车船税合计 = 3.5 + 0.03 = 3.53（万元）

（5）业务（5）不需要缴纳，向境外单位提供广告投放地在境外的广告服务免增值税。

（6）业务（6）可以抵扣进项税额。

与单位签订了劳动合同的员工发生的国内旅客运输服务，取得注明旅客身份信息航空电子行程单的，可以扣除进项税额。

（7）5月可抵扣进项税额 = 39.55 ÷（1 + 13%）× 13% +（4.8 + 0.65）÷（1 + 9%）× 9% + 24 = 29（万元）

（8）5 月应缴纳的增值税 = 54 - 29 + 15 = 40（万元）

（9）5 月应缴纳的城市维护建设税、教育费附加和地方教育附加 = 40 ×（7% + 3% + 2%）= 4.8（万元）

2.【参考答案】（1）C；（2）B；（3）A；（4）C

【解析】（1）根据《财政部 税务总局关于广告费和业务宣传费支出税前扣除有关事项的公告》（财政部 税务总局公告 2020 年第 43 号）的规定，甲公司广告费和业务宣传费的扣除比例为销售收入的 30%。2021 年甲公司广告费和业务宣传费税前扣除限额 = 当年销售(营业)收入 × 30% = 1 000 × 30% = 300 万元，实际发生广告费和业务宣传费 500 万元，超出限额 500 - 300 = 200 万元，按照分摊协议，甲公司分摊到乙公司的广告费和业务宣传费扣除限额 = 90 × 30% = 90 万元，根据《财政部 税务总局关于广告费和业务宣传费支出税前扣除有关事项的公告》（财政部 税务总局公告 2020 年第 43 号）第二条的规定，对签订广售费和业务宣传费分摊协议的关联企业，其中一方发生的不超过当年销售（营业）收入税前扣除限额比例内的广告费和业务宣传费支出可以在本企业扣除。也可以将其中的部分或全部按照分摊协议归集至另一方扣除，所以，甲公司 2021 年度纳税调增的广告费和业务宣传费 = 分摊至乙公司的部分 + 超限额部分 = 90 + 200 = 290 万元。

（2）甲公司结转以后年度扣除的广告费和业务宣传费 = 500 - 300 = 200（万元）

（3）乙公司广告费和业务宣传费的扣除比例为销售收入的 30%。乙公司当车广告费和业务宣传费的税前扣除限额 = 当年销售（营业）收入 × 30% = 2 500 × 30% = 750 万元，从甲公司分摊转移来的广告费和业务宣传费扣除限额为 90 万元，则乙公司 2021 年度允许扣除的广告费和业务宣传费 = 750 + 90 = 840 万元。根据《财政部 税务总局关于广告费和业务宣传费支出税前扣除有关事项的公告》（财政部 税务总局公告 2020 年第 43 号）的规定，乙公司在计算本企业广告费和业务宣传费支出企业所得税税前扣除限额时，可将归集至本企业的广告费和业务宣传费不计算在内，故乙公司 2021 年度纳税调增的广告费和业务宣传费 = 1 000 - 840 = 160 万元。

（4）乙公司结转以后年度扣除的广告费和业务宣传费 = 1 000 - 750 = 250（万元）

3.【参考答案】（1）B；（2）C；（3）ABE

【解析】（1）《国家税务总局关于明确二手车经销等若干增值税征管问题的公告》（国家税务总局公告 2020 年第 9 号）规定，从事二手车经销业务的纳税人销售其收购的二手车，纳税人减按 0.5% 征收率征收增值税。简易计税应纳税额 = [100 000 ÷（1 + 0.5%）] × 0.5% = 497.51 元。

（2）根据《国家税务总局关于明确二手车经销等若干增值税征管问题的公告》（国家税务总局公告 2020 年第 9 号）的规定，二手车车商（一般纳税人）在办理增值税纳税申报时，减按 0.5% 征收率征收增值税的销售额，应当填写在“增值税纳税申报表附列资料（一）”（本期销售情况明细）“二、简易计税方法计税”中“3%征收率的货物及加工修理修配劳务”相应栏次，即[100 000÷(1+0.5%)]×3%=2 985.07元，对应减征的增值税应纳税额，按销售额的2.5%计算并填写在“增值税纳税申报表（一般纳税人适用）”“应纳税额减征额”及“增值税减免税申报明细表”减税项目相应栏次，即这[100 000÷(1+0.5%)]×2.5%=2 487.56元。

（3）《二手车流通管理办法》（商务部 公安部 工商行政管理总局 国家税务总局令2005年第2号）规定，二手车经销企业销售二手车时，应当向买方开具税务机关监制的统一发票。因二手车销售统一发票不是有效的增值税扣税凭证，为维护购买方纳税人的进项抵扣权益，《国家税务总局关于明确二手车经销等若干增值税征管问题的公告》（国家税务总局公告2020年第9号）规定，从事二手车经销业务的纳税人除按规定开具二手车销售统一发票外，购买方索取增值税专用发票的，纳税人应当为其开具征收率为0.5%的增值税专用发票。甲应当向乙开具一张二手车销售统一发票。如果乙索取增值税专用发票，甲应当再开具一张征收率为0.5%的增值税专用发票交给乙。发票可以开两张，但税只缴纳一次。

4.【参考答案】（1）A；（2）D；（3）B

【解析】（1）增值税税负率=当期应纳增值税÷当期应税销售收入=0.2÷1 820=0.01%。

（2）企业所得税负担率=当期应纳所得税÷利润总额=42÷150=28%。

（3）预收账款余额变化较大，甲公司可能存在商品已发出但未计收入风险。

5.【参考答案】（1）D；（2）C；（3）C；（4）A

【解析】（1）小规模纳税人提供平面设计服务，应纳增值税=(150 000+6 000)÷(1+1%)×1%=1 544.55（元）

（2）个人将购买不足2年的住房对外销售的，按照5%的征收率全额缴纳增值税。

应纳增值税=5 200 000÷(1+5%)×5%=247 619.05（元）

（3）境外单位或者个人在境内提供应税行为，在境内未设有经营机构的，扣缴义务人，按照下列公式计算应扣缴税额：

应扣缴税额=接受方支付的价款÷(1+税率)×税率

应代扣代缴增值税=(10 000+1 000)(1+6%)×6%=622.64（元）

（4）业务（2）：白2021年4月1日至2022年12月31日，其他个人采取一次性收取租金形式出租不动产取得的租金收入，可在对应的租赁期内平均分摊，分摊后的月租金收入未超过15万元的，免征增值税，所以应纳增值税为0。

业务（4）：个人从事金融商品转让业务免征增值税。

业务（6）：纳税人提供技术转业、技术开发和与之相关的技术咨询、技术服务免征增值税。赵教授合计应纳增值税=1 544.55+247 619.05=249 163.6元。